DuMont Dokumente:

eine Sammlung von Originaltexten, Dokumenten und grundsätzlichen Arbeiten zur Kunstgeschichte, Archäologie, Musikgeschichte und Geisteswissenschaft

Für Rüdiger T.

Karin Thomas

Bis Heute:

Stilgeschichte der bildenden Kunst im 20. Jahrhundert

DuMont Buchverlag Köln

Abbildungen vordere Umschlaginnenklappe:
l.o. David Salle, War mein Mann Arzt oder Patient. Zeitgeist Painting Nr. 1, 1982.
Acryl auf Leinwand, 396,2 × 297,2 cm. Mary Boone Gallery, New York
r.o. Julian Schnabel, Two Swans in Love, 1982. Öl auf Holz, 263 × 173 cm. Im Besitz des Künstlers
u. Jiři Georg Dokoupil, 4711, 1985. Gebrannter Ton mit Pigmentfarben bemalt, 38 × 48 × 15,5 cm.
Galerie Paul Maenz, Köln

CIP-Kurztitelaufnahme der Deutschen Bibliothek

Thomas, Karin:
Bis Heute : Stilgeschichte d. bildenden Kunst im
20. Jh. / Karin Thomas. – 7., erw. u. überarb.
Aufl. – Köln : DuMont, 1986.
(DuMont-Dokumente)
ISBN 3-7701-1939-8

7. erweiterte und überarbeitete Auflage 1986

Satz und Druck: Rasch, Bramsche
Buchbinderische Verarbeitung: Bramscher Buchbinder Betriebe

Printed in Germany ISBN 3-7701-1939-8

Inhalt

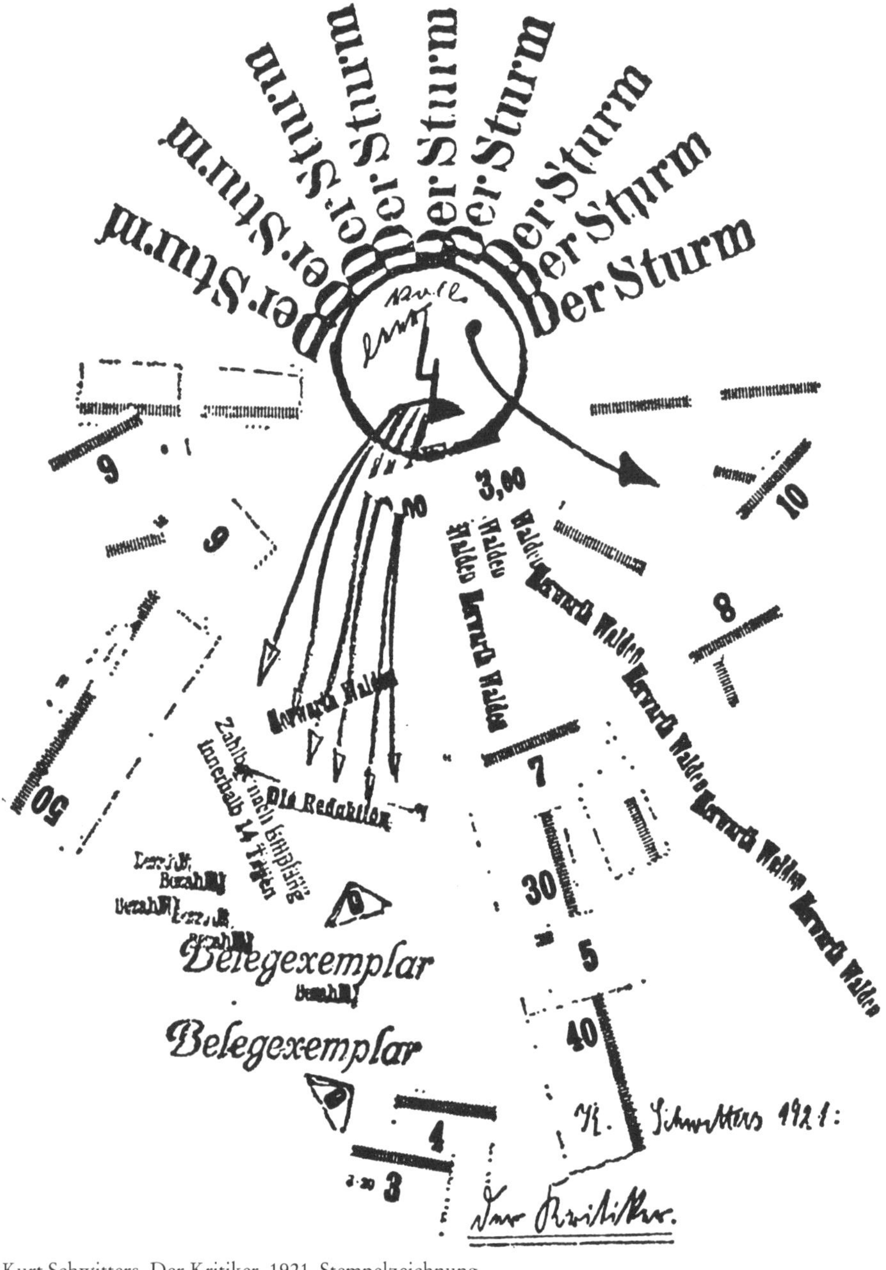

Kurt Schwitters, Der Kritiker, 1921. Stempelzeichnung

Glossar der Fachbegriffe

Abklatschverfahren

Von Oscar Dominguez 1936 entdecktes automatisches Druckverfahren zur unmittelbaren Anschauung eines absichtslosen Spiels.
Schwarze Gouacheflächen werden mit Hilfe eines zweiten Papierblattes abgedruckt, wobei die entstehende Bildform dem Zufall breite Einwirkung bietet.

Abstraktion

Der Begriff ›abstrakt‹ entwickelte sich aus der Antiposition zur gegenständlichen Figuration und bezeichnet zugleich zwei unterschiedliche Formen von ungegenständlicher Kunst:

1. die konstruktive Abstraktion, die geometrische Ordnungsstrukturen visualisiert,
2. die lyrische Abstraktion, die als informelle Kunst Ausdruck der intuitiven Kreativität ist.

Action Painting

Von dem amerikanischen Kritiker Harold Rosenberg geprägte Bezeichnung für Jackson Pollocks gestische Malaktion, die die Farbe mit Hilfe der Tröpfeltechnik unmittelbar auf die am Boden liegende Leinwand aufspritzt.

Akkumulation

Anhäufung von Gebrauchsgegenständen zu einem reliefartigen Arrangement in durchsichtigen Behältern oder auf einer festen Matte (Arman).

Aktion

Unmittelbare Präsentation eines künstlerischen Denkprozesses mit Hilfe theatralischer Mittel, um durch die überraschende Pointe des improvisierten Geschehens das Leben selbst, die Aktualität einer Problematik mit größtmöglicher Eindringlichkeit zu demonstrieren.

Ambiente

Mit diesem Begriff wird die charakteristische Atmosphäre gekennzeichnet, die – verursacht durch die besonderen räumlichen Verhältnisse und durch die Art der Gesamtkomposition – von einer künstlerischen Raumgestaltung (Environment) ausgestrahlt wird.

American Scene

Bezeichnung für die realistische Malerei in den USA während der zwanziger und dreißiger Jahre. Sie zielte auf eine möglichst wirklichkeitsadäquate Wiedergabe des typischen amerikanischen Lebensstils ab. Da sich mit der ›American Scene‹ erstmals ein nationaler Stil für die USA herausgebildet hatte, spricht man für den Abstrakten Expressionismus der vierziger Jahre von der ›New American Scene‹, um auch für diese Stilrichtung das nationale Moment und damit Amerika als Entstehungsort bewußt zu machen, obwohl diese Richtung sich durch ihre abstrakte Gestik völlig von der realistischen Figuration der eigentlichen ›American Scene‹ aus den zwanziger Jahren unterscheidet.

Analytische Malerei

Richtung der Malerei in den siebziger Jahren, die sich im Anschluß an die Concept Art mit ihren eigenen Grundlagen auseinandersetzt, indem sie die Relationen zwischen Malgrund, Farbmaterial und Farbauftrag ebenso untersucht wie die Bedingungen, die der Malerei vom Bildträger und der Bildfläche gesetzt werden.

Anti-Form

Bezeichnung für die Arte Povera, von R. Morris 1968 eingeführt und aus der Tendenz dieser Richtung zur Formlosigkeit abgeleitet. Sie impliziert neben der Verwendung von Naturstoffen auch die Einbeziehung prozessualer Veränderungen.

Arabeske

Phantasiereich verschlungene und verschnörkelte Ornamentverzierung, die vor allem für den Jugendstil typisch ist.

Art brut

Bezeichnung, die der Maler Jean Dubuffet für die spontanen, unreflektierten, aus dem Unbewußten sich nährenden künstlerischen Ausdrucksformen von Geisteskranken, Kindern oder Laienmalern fand und in seiner eigenen Kunst nachahmte.

Art Déco

Seit der Pariser Ausstellung von 1925, ›Exposition Internationale des Arts Décoratifs et Industriels Modernes‹, gebräuchliche Bezeichnung für den Designstil der zwanziger und dreißiger Jahre als eine Formenmischung aus Tradition und Modernismus.

Arte Cifra

Bezeichnung für eine sich in der zweiten Hälfte der siebziger Jahre in Italien entwickelnde Kunstrichtung mit extrem subjektiven Formulierungen in Gestalt von mehrdeutigen emblemhaften Chiffren.

Arte Povera

1967 von G. Celant geprägte Bezeichnung für eine als Reaktion auf die klare Geometrie der Minimal Art aufkommende Materialkunst, die ihre Arbeiten betont mit Hilfe dürftiger Stoffe wie Filz, Kohle, Steine, Sand, Zement ausführt und deren Material- und Gestaltungsqualitäten herausstellt.

Assemblage

Ausweitung des flächigen Tafelbildes in die Dreidimensionalität, indem diverse Materialien zu raumplastischen Bildern geformt werden. Die Assemblage entwickelt sich aus dem collagierenden Combine Painting.

ASSO

Abkürzung für die ›Assoziation revolutionärer bildender Künstler‹, eine kommunistisch orientierte deutsche Künstlerorganisation, die 1928 gegründet wurde und einen expressiv-realistischen Stil und klassenkämpferische Inhalte bevorzugte. Wichtige Zentren waren um 1930 Berlin und Dresden.

Automatismus

Unmittelbare schöpferische Gestaltung aus der uneingeschränkten Empfänglichkeit der intuitiven Imagination heraus, wobei eine planende Überlegung durch die motorische Aktion ausgeschaltet wird.

Avantgarde

Wegbereitergruppe für eine neue künstlerische Idee oder Richtung.

Body Art

Stilrichtung der ausgehenden sechziger Jahre, bei der der Körper des Künstlers als Ausdrucks- und Manipulationsmedium dient. Solche Aktionen können vor Publikum stattfinden oder auch als private Handlung nur durch Video- oder Filmaufzeichnung festgehalten werden.

Bruitismus

Futuristisch-dadaistische Vorform einer mixed-medialen Synthese von Tonkunst, Literatur und theatralischer Inszenierung, die simultan mit den visuellen Eindrücken auch eine akustische Sensibilität aktivieren soll.

Chiffre

Verschlüsselte Zeichensprache, die einen bestimmten (individuellen oder kollektiven) Bedeutungscode besitzt und auf nichtsichtbare Sinnhorizonte hinter dem Zeichen verweist. Nur wer den Code entschlüsseln kann, versteht auch die Symbolik des Zeichens.

Chromatische Farbqualität

Bezeichnung für die auf reiner Lichtwertigkeit beruhende Tonalität einer Farbe.

Cinematismus
Futuristische Technik einer Synchronmalerei, die im Nebeneinander verschiedener Perspektiven die psychologisch empfundene Simultaneität eines schnellen Bewegungsablaufes auf dem Tafelbild als dynamisches Geschehen abbildet.

Collage
Aus dem kubistischen Papier collé entwickelte Form der Materialmontage auf einer Fläche.

Colour Painting
Eine in Amerika während der fünfziger Jahre entwickelte Form der abstrakten Malerei, die das reine Erscheinungsvermögen der Farbe als qualitative Tonalität, als Raum bestimmendes Element oder als Leuchtsignalwert analysiert.

Combine Painting
Einfügung von Objekten in das gemalte Tafelbild. Dieses Collageverfahren wurde vor allem von Rauschenberg praktiziert.

Computer-Kunst
Visualisiert zeichenautomatische Strukturen, um die Programmierungsvariationen statistischer Sachverhalte in Bildkombinationsfolgen darzustellen.

Concept Art
Kunstrichtung ab 1965, die sich von der traditionellen Kreativitätsvorstellung als Erfindung subjektiver Bildwelten abwendet und eine systematische Analyse der Bedingungen anstrebt, unter denen Kunst als System existent ist. Diese gedanklichen Prozesse werden mit Hilfe von Texten, Diagrammen und Fotografien für den Rezipienten ›umschrieben‹.

Décollage
Veränderung von Gebrauchsmaterialien durch destruktive Handlungen wie Zerreißen, Verwischen, Verbrennen, Übermalen mit dem Ziel, konsummechanische Eigenschaftsvorstellungen von den Gegenständen abzubauen und neue ästhetische Erscheinungsmöglichkeiten zu gewinnen.

Decorative Art
siehe Pattern Painting

Demonstrationskunst
Versteht sich als erlebnishafte Trainingspraxis für bewußte Erfahrungs- und Tätigkeitshaltung. Dabei wird ein besonderes Handlungsangebot bereitgestellt, das im Geschehensablauf ein genaues Kennenlernen seiner Bedingungskausalität vermittelt.

Divisionismus

Vom Neoimpressionismus (Seurat) konzipierte Methodik der physiologischen Lichtanalyse, die eine optische Bestandsaufnahme der Lichtwertigkeit verschiedenster Farbpigmente beabsichtigt.

Emblematik

Bezeichnung für eine Ausdrucksform, die sich bestimmter Zeichen als bildlicher Sinnträger bedient. Die benutzten Zeichen (= Embleme) beinhalten feststehende Bedeutungen und Eigenschaften und bilden jeweils ein geschlossenes Zeichensystem, das seine eigene Ordnung konstituiert.

Environment

Künstlerische Gestaltung von Räumen, wobei im Medienverbund verschiedene Materialien benutzt werden, um die Assoziationsfähigkeit und Reflexionsbereitschaft des Betrachters unmittelbar anzusprechen.

Fallenbild

Von Daniel Spoerri praktizierte Technik, die Restbestände einer Situation auf ihrer zufälligen Unterlage zu befestigen und das so entstandene Relief als Bild zu benutzen. Spoerri verwendet diese Technik mit Vorliebe bei Restbeständen von Mahlzeiten, wobei alle Gegenstände mit Kunstharzbinder auf der Tischplatte festgeklebt werden.

Farbdripping

Durch Pendelschwingung wird die Farbe aus einem siebartigen Behälter auf eine flach ausgebreitete Leinwand gespritzt. Das Verfahren erfordert die simultane Aktion des Künstlers und schaltet die formanalytische Reflexion aus (Pollock).

Farbfeldmalerei

In Amerika nach dem Action Painting aufkommende Stilrichtung, für die der absolute Einsatz der Farbe in Farbflächen und -bahnen sowie ein riesiges Leinwandformat typisch sind.

Figuration libre

Bezeichnung für eine vitale erzählerische Malerei in Frankreich, die sich in den achtziger Jahren als Reaktion auf konzeptuelle Kunsthaltungen ausbildet. Typisch sind sowohl Elemente aus der Sub- und Alltagskultur, wie auch aus den Traditionen der Hochkultur, die sehr freizügig und nach individuellem Temperament miteinander vermischt werden.

Fin de siècle

Allgemeine Typisierung für die kulturelle Situation in Europa am Ende des 19. Jahrhunderts, die durch eine weit verbreitete Weltuntergangsstimmung gekennzeichnet war. Als

Gegenströmung zu diesem sich selbst als dekadent empfindenden Endzeitgefühl formierte sich zur gleichen Zeit die neue Avantgarde des fortschrittlichen Modernismus.

Flimmereffekt Bezeichnung für eine optische Täuschung, die den starken Kontrast regelmäßiger chromatischer Farbbahnen als dreidimensionalen, raumplastischen Bewegungszustand synthetisiert (Vasarely).

Fluxus Dem Happening ähnliche Aktionsform der frühen sechziger Jahre, bei der aber eine Trennung zwischen Künstler/Akteur und Publikum besteht. Der Ablauf folgt einer Partitur, die wie in der Musik eine gewisse Verarbeitung des Konzepts in improvisatorischer Weise gestattet. Angestrebt wird die Erzeugung »unspezialisierter Formen von Kreativität« (Maciunas).

Fotomontage Collage eines Bildes aus gerissenen oder zerschnittenen Fotos und Druckfragmenten, die dann als Vorlage für eine Fotolithografie dienen kann.

Fotorealismus Kunstrichtung nach der Pop Art, die die Möglichkeiten fototechnischer Manipulation der Wirklichkeitserscheinung auf die Leinwandmalerei überträgt.

Frottage Von Max Ernst entdeckte automatische Durchreibetechnik, bei der die Maserung einer rauhen Reliefoberfläche mit Hilfe von Bleistiftschraffierung auf ein Blatt Papier oder auf Leinwand übertragen wird. Die Frottage dient der Imagination als Aktivierungsvorlage.

Fumage Von Paalen 1938 erfundenes Räucherverfahren, bei dem mit Hilfe einer Flamme Sengspuren auf Papier erzeugt werden. Die Fumage dient ebenso wie die Frottage als automatische Gestaltungsform zur Aktivierung der Imagination.

Funk Art Kennzeichnung für die environmentale Kunst der amerikanischen Neodadaisten Kienholz, Thek und Conner, die in bizarren Horror-Räumen die ironisch-satirische Kritik am kleinbürgerlich-schäbigen American way of life durch den provokativen Schock formulieren.

Gestik Sammelbegriff für die Gesamtheit der Ausdrucksgebärden, die zur Verbildlichung der künstlerischen Idee oder einer subjektiven Emotionsbewegung aktiviert werden.

Grattage Eine mit dickem Farbauftrag präparierte Fläche wird durch Zerschneiden und Zerkratzen mit kalligrafischen Texturen überzogen, die durch die Veränderung der Farbdichte zugleich optische Farbe-Licht-Schatteneffekte erzeugen.

Happening Improvisiertes Aktionsgeschehen im Sinne einer Collage aus Ereignissen, das elementaren Theaterformen verwandt ist. Da es keine fortlaufende Handlung gibt, sind spontane Reaktionen von Künstler und Publikum jederzeit möglich, und Alltagsgegenstände unterschiedlichster Herkunft können zu selbständigen Akteuren werden.

Hard Core-Malerei Bezeichnung für die amerikanische West-Coast-Pop Art (Mel Ramos, Wayne Thiebaud), die ihre Ikonografie aus der grellen Leuchtfarbenpalette der modernen Reklame und der Warenhauskultur mit ihrer kühlen entindividualisierten Etikettierung bezogen hat.

Hard Edge Innerhalb der Farbfeldmalerei eine Richtung, die die einzelnen Farbflächen in klar definierten, meist geometrischen Formen anordnet und durch scharfkantige Umrisse voneinander abgrenzt.

Historismus Geisteswissenschaftliche Richtung des 18. und 19. Jahrhunderts, deren weltanschauliche Deutung der Zeitsituation aus den Bedingungen historischer Traditionen erfolgt.

Hyperrealismus siehe Fotorealismus

Ikonografie Wissenschaft von den Bildern, ihrer Traditionsverhaftung sowie ihres inhaltlichen und formalen Bedeutungswandels.

Illusion Täuschungseffekt in der Malerei durch die spezifische Darstellungsform, die das Wirkliche im Abbild als Wirkliches erleben läßt. Bis zum Impressionismus galten die Parallelprojektion und die Objektverkleinerung als Mittel zur Illusionserzeugung.

Individuelle Mythologie Bildnerische Suche nach einer verlorengegangenen arkadischen Geborgenheit, die mit dem Eintauchen in unterbewußte Träume und mythologische Vorstellungen sowie durch meditative Übung wieder freigelegt werden soll. Damit verbunden ist eine neue Zeichenmystik, die den dargestellten Dingen im Sinne magischer Symbolik beigegeben wird.

Informel

Abkehr von der geregelten Formstruktur und Hinwendung zur spontanen Gestik des künstlerischen Schöpfungsprozesses aus der Imagination.

Instrumentarium

Materialien der Prozeßdemonstration, die als Lernvehikel dienen und außerhalb dieses Geschehens keine Bedeutung mehr haben.

Junk-Culture

Kennzeichnung für die vom Konsum der modernen Massenzivilisation verbrauchten Materialien, die durch künstlerische Verarbeitung in einen neuen Erscheinungszusammenhang überführt werden.

Kalligrafie

Schriftartige Linienführung in der bildnerischen Gestaltung, die vor allem für traditionelle chinesische und japanische Kunst typisch ist. Verschiedene europäische und amerikanische Künstler haben im 20. Jahrhundert diese schriftartige Form der Zeichnung übernommen und mit neuer Bedeutung gefüllt.

Kalligramm

Poetisches Textbild, bei dem die Buchstaben so angeordnet werden, daß die Worte die Form der genannten Gegenstände annehmen.

Kinetik

Als kinetische Objekte werden bewegliche Kunstprodukte bezeichnet, die entweder als thermisch-mechanisch bewegte Mobiles funktonieren oder durch elektromotorischen Antrieb in Bewegung versetzt werden.

Kolorit

Durch eine spezifische Farbgebung verursachte Wirkung eines Bildes.

Konkrete Kunst

Geometrisch-abstrakte Malerei, die auf der unmittelbaren Verwendung der ›konkreten‹ Bildelemente Fläche, Linie, Volumen, Raum und Farbe beruht und häufig einen Bildaufbau nach mathematischen Regeln aufweist. Ausgangspunkt ist Albers' ›Hommage to the Square‹, wo sich Farbe und Fläche in der reinen Selbstaussage demonstrieren.

Konkrete Poesie

Freie, nicht sprachlogische Bildsyntax, die mit Buchstaben-, Laut- und Figurationsmontagen eine neue poetische Informationssprache entwickelt und mit dem Klangwert und der bildplastischen Qualität der Sprachelemente operiert. Dabei kann die spontane Wirkung durch den Medienverbund von Film und Tonband gesteigert werden.

Kontra- oder Eckrelief

Von Wladimir Tatlin konstruierte abstrakte Relieftafeln aus Metallplatten, Holzbalken, Glasteilen und Drähten, die das verwendete Material durch die Montage in einem spezifischen Raumkontext in ein neues Funktionsgefüge überführen.

Kubofuturismus

Stilrichtung ab 1910, die kubistische und futuristische Elemente miteinander verbindet.

Kuborealismus

Stilrichtung im zweiten Jahrzehnt des 20. Jahrhunderts, die realistische und kubisch abstrahierende Gestaltungsformen zu einem stereometrischen, technisch modernistischen Stil vereinigt.

Land Art

Kennzeichnung für eine Kunstrichtung der frühen siebziger Jahre, die große Landschaftsformationen mit gestaltverändernden Formstrukturen überzieht. Diese künstlerische Intention läßt sich am besten in weit überschaubaren Landschaften realisieren, etwa am Meeresstrand oder in der Wüste (Dibbets, de Maria).

Manierismus

Kennzeichnung für einen exaltierten Stil, der seine Ausprägung in der italienischen Stilentwicklung von der Renaissance zum Barock als bewußte Überbetonung einer formalen Attitüde fand. Als manieriert gilt daher heute eine überzogene Unausgewogenheit zwischen Form und Inhalt.

Maschinenkunst

Kennzeichnung für das künstlerische Werk Tatlins, das die raumfunktionalen Bedingungen technischer Konstruktion im abstrakten Modell entwickelt. Die Maschinenkunst verfolgt das Ziel, der Kunst eine praktische Gesellschaftsfunktion zu geben.

Materialkunst

Im Gegensatz zur Abstraktion der konzeptuellen Kunst und der geometrisch streng formalen Minimal Art stehende Stilrichtung, die das Eigenschaftspotential von durch Kunst noch unverbrauchten Materialien auslotet und dabei auch zu so dürftig erscheinenden Werkstoffen wie Filz, Blei und Gummi greift, um deren Beschaffenheit und Reizmöglichkeiten zu ergründen.

Materialbild

Bezeichnung für Bilder, die aus Objet trouvé-Materialien wie Sand, Kies, Sackleinen, Schwamm, Holz usw. komponiert sind und den herkömmlichen Rahmen des Tafelbildes sprengen.

Minimal Art

Bezeichnung für eine Kunstrichtung der Gegenwart, die ihr kompositorisches Repertoire auf wenige axiomatische Formkategorien reduziert.

Mixed Media

1. Sammelbegriff für eine interdisziplinäre Kunstaktion, ausgeführt im Medienverbund von Musik, Film, Tanz, Licht, Ton, Video.
2. Kennzeichnung eines Kunstobjektes, das heterogene Materialien zusammenfügt.
3. Sammelbegriff für alle Formen einer materialexpansiven Collagierung, z. B. Assemblage, Combine Painting, Environment.

Monochromie

Modulative Malerei mit einer einzigen Farbtonalität im Gegensatz zur Polychromie.

Multimedia

Synonymer Begriff für Mixed Media, der den Verbund diverser Ausdrucksmedien in der Kunstproduktion kennzeichnet.

Multiple

Künstlerisches Serienobjekt, das aufgrund seiner industriell technischen oder druckgrafischen Anfertigung in hoher Auflage auf dem Markt entsprechend der Nachfrage angeboten wird.

Narrative Art

Richtung der Kunst in den ausgehenden siebziger Jahren, die mit Fotos, Bildern, Zeichen und Texten auf sehr subjektive Weise ›Geschichten erzählt‹. Dabei werden manchmal mehrere Bilder zu Sequenzen zusammengestellt und mit begleitenden Texten kommentiert, beides als integrale Bestandteile der künstlerischen Arbeit.

Die ›Neuen Wilden‹

Sammelbezeichnung für die durch stark expressive Farbigkeit und chiffrenartige persönliche Zeichen gekennzeichnete, erzählerische Malerei in Deutschland seit den ausgehenden siebziger Jahren.

New Image Painting

Bezeichnung für die neue Malerei als Gegenbewegung zur konzeptuellen Kunst in den USA. Wie die Neuen Wilden in Deutschland verfolgt diese Rückwendung zur Malerei eine neue Innerlichkeit mit symbolischen oder parallelen Bildbezügen.

Nouvelles Tendances

Sammelbezeichnung für die europäische Kunstentwicklung nach dem Informel, wobei der französische Nouveau

Réalisme aufgrund seiner Ziele mit der niederländischen Gruppe ›Nul‹, den Italienern Lucio Fontana und Piero Manzoni sowie mit den deutschen Zero-Künstlern in Parallele gesetzt wird.

Novecento

Restaurative Reaktionsbewegung der italienischen Kunst auf den Fortschrittsgeist des Futurismus, die sich mit dem Faschismus verbündet.

Objet trouvé

Von Dada und Surrealismus entdecktes künstlerisches Gestaltungsmittel in Form von zufällig gefundenen Abfallprodukten wie Etiketten, Briefmarken, Konservenbüchsen, verschlissenen Metall- und Textilwaren, die in Collagearbeiten eingefügt werden. Die künstlerische Verwendung gibt den Abfalldingen eine neue ästhetisch orientierte Zweckfunktion außerhalb des konsumbestimmten Verbrauchsmechanismus.

Op Art

Abkürzung für Optical Art, die sich mit den Möglichkeiten der dynamischen Licht-Farbe-Modulation beschäftigt. Dabei ist die kinetische Op Art der beweglichen Lichträume und Lichtkörper von der gemalten Op Art auf der Bildfläche zu unterscheiden. Die gemalte Op Art nutzt die Sehträgheit der menschlichen Netzhaut aus, die bestimmte polychrome Farbserienstrukturen als irisierende, plastische Monochromie wahrnimmt.

Orphismus

bezeichnet eine Kunstrichtung, die aus dem Kubismus hervorging und die kubistische Bildkonstruktion mit Hilfe reiner, prismatisch gebrochener Farben in den Bereich des Expressionistischen als Deutung menschlichen Erlebens überführte.

Papier collé

Von den Kubisten 1912 entwickelte Kombinationstechnik von Malerei und Realien wie Tapeten, die zu abstrakten Klebebildern komponiert werden (erste Grundform der Collage).

Pattern Painting

Dekorative (daher auch als Decorative Art bezeichnete), farbenfrohe Richtung in der Malerei der ausgehenden siebziger und frühen achtziger Jahre, die ornamentale und folkloristische Formen aus diversen Kulturen miteinander verbindet. Dabei können sowohl patchworkartige Muster, die wie Tapeten wirken, wie auch großflächige Figurationen entstehen.

Performance

Aktionskunst der siebziger Jahre, bei der der Künstler im Gegensatz zur den vorangegangenen Happening- und Fluxus-Aktionen ohne jede Publikumsbeteiligung allein agiert und auf bestimmte strukturelle Zusammenhänge des Lebens hinweist.

Permutation

Verfahren in der Konkreten Kunst, eine Serie von Farbmengenfeldern durch Phasenverschiebung zu variieren.

Piktogramm

Bezeichnung für ein kürzelhaftes, aber dennoch allgemein verständliches Bildsymbol, das durch seinen Zeichencharakter in der Lage ist, nonverbal einen bestimmten Inhalt zu vermitteln.

Pop Art

Integriert in den sechziger Jahren die Eigenschaften moderner Verbrauchskulturen in die Bildsprache und benutzt dafür die ästhetische Dimension der Reklameglamour mit grellen und psychologisch wirksamen Effekten und Figurationen, um den optischen Reiz moderner Umwelt mit sachlicher Klarheit zu artikulieren.

Politkunst

Künstlerische Auseinandersetzung mit sozioökonomischen und politischen Zeitstrukturen, wobei die Aussage oft zur Polemik und zum provokativen Schock neigt. Beliebte Darstellungsmedien sind das Plakat, die Schautafel und die Fotomontage.

Postmoderne

Wie ›Transavantgarde‹ und ›Nachmoderne‹ internationale Sammelbezeichnung für die zeitgenössische Kunsttendenz seit 1978, die an die konzeptuelle Kunst anschloß, um zugleich in starke Opposition zur klar definierten Objektivität von Minimal und Concept Art zu treten. Typisch für diese postmoderne Malerei ist ein beliebiger Rückgriff auf das Zeichenrepertoire der Mythen- und Kulturgeschichte, ein rigoroser Subjektivismus, der Mut zu verblüffenden Bilderfindungen durch historische Bildzitate, das Abklopfen mythischer Bilder auf ihren Emotionsgehalt und eine lustvolle Sinnlichkeit im spontanen Umgang mit Farben und Formen.

Präzisionismus

Kuborealistische Stilrichtung in den USA während der zwanziger und dreißiger Jahre, die ihre modernistischen Motive aus den amerikanischen Stadt- und Industrielandschaften herholt und eine stereometrisch prägnante Bildstruktur besitzt.

Prozeßdemonstration

Aktionsangebot, das durch die Handlung selbst ein genaues Kennenlernen der Bedingungsfaktoren dieser Handlung vermitteln will. Bestimmte Instrumentarien begrifflicher, gestischer oder dinglicher Natur dienen dabei als Trainingshilfen, durch die der Rezipient zu einem aktiven Selbsterfahrungsprozeß gelangen kann.

Prozeßkunst

Richtung innerhalb der Materialkunst, die in ihrem Arbeitsvorgang den Entstehungsprozeß stärker betont als das Endprodukt und somit die Erscheinungen eines Veränderungsvorganges thematisiert.

Rayogramm

Von Man Ray entwickeltes fotomechanisches Verfahren, bei dem eine lichtempfindliche Platte durch die unmittelbare Berührung mit aufgelegten Gegenständen verändert wird. Dabei ergeben sich bei mehrfacher Belichtung reizvolle Zufallsformen. Christian Schad hat mit seiner ›Schadographie‹ ein ähnliches Verfahren wie das Rayogramm konzipiert.

Rayonismus

Eine von Michail Larionow initiierte Bewegung der abstrakten Malerei, in der die Dynamik des Lichtes zum Ausdruck gebracht werden soll.

Readymade

Von Marcel Duchamp 1915 erstmalig bewußt praktizierter Akt in der Kunst, der vorgefundene, oft industriell produzierte Gebrauchsobjekte ohne oder mit geringfügiger Veränderung in der Erscheinung mit Titeln versah und zum Kunstwerk erklärte (›Fontäne‹).

Rotorelief

Von Duchamp geprägter Begriff für konstruierte Metall- oder Glasscheiben, die durch optische Lichtbrechungseffekte bei Drehung plastische Wirkungen erzielen und dabei fortwährend ihre eigene optische Erscheinung ändern.

Semantische Malerei

Lyrisch-abstrakte Kunstrichtung, die ihre Bildmotivik aus symbolischen Zeichen aufbaut und diese als Chiffren bestimmter Denk- und Gefühlsinhalte benutzt.

Sequenz

Subjektiv komponierte Bildfolge, die eine individuell erfundene oder gestaltete Geschichte erzählt und in diesem Sinne oft mit begleitenden Texten versehen ist. Die Sequenz wird häufig in der künstlerischen Fotografie angewendet.

Serielle Kunst

Vom Konstruktivismus entwickeltes Darstellungsprinzip mit Wiederholungscharakter bestimmter Elemente, wobei das Spektrum von lückenloser Reihung über Progression bis zu geregelter Permutation (Phasenverschiebung) reichen kann.

Shaped Canvas

Aus der Farbfeldmalerei hervorgehender objekthafter Bildträger, bei dem die Formationen auf der Bildfläche auch die äußere Gestalt des Bildes beeinflussen. Dabei wird das Schema der rechteckigen Bildformate gänzlich zugunsten langgestreckter, ovaler oder rhomboider Formen aufgegeben, das Farbgeschehen verlagert sich oft auch auf die Bildränder und bezieht die Rahmung und die Kanten in die Darstellungsstruktur mit ein.

Signalkunst

Benutzt die optisch psychologische Schockwirkung der öffentlichen Signaltafeln und Verkehrszeichen als ästhetische Reizmodelle, um die poetische Dimension dieser Alltagsbildsprache bewußt zu machen und kreativ auszuwerten.

Simultandichtung

Erste dadaistische Form einer mixed-medialen Kunstaktion im Verbund von literarischer, theatralischer und musikalisch-kabarettistischer Darbietung, die zugleich die Möglichkeiten der akustischen Lautmodulation ausnutzt (Cabaret Voltaire, Zürich).

Spritzmalerei

Farbauftrag, der nicht mit dem Pinsel oder dem Spachtel vorgenommen wird, sondern mit einem Zerstäuber oder mit der Spritzpistole, wobei scharfe Konturen mit Hilfe von Schablonen hergestellt werden.

Spurensicherung

Spezielle Richtung innerhalb der individuellen Mythologie, die mit Hilfe von Spuren und Zeichen vergangener Kulturen und Lebenserfahrungen assoziationsstarke Symbole mit suggestiver Reizwirkung schaffen will. Dabei dienen Inventare, Fotodokumente und wissenschaftliche Forschungen der Archäologie und Ethnologie als Materialien der Spurensicherung, die dann durch die individuelle Kommentierung des Künstlers neues Eigenleben erhalten.

Subkultur

In komplexen Gesellschaften Lebensweise von in sich abgeschlossenen ethnischen, beruflichen oder altersmäßig gegliederten Gruppen, deren Normen zu den herrschenden Konventionen der Gesamtgesellschaft kontrastieren.

Supports/Surfaces Name einer Vereinigung französischer Künstler in den siebziger Jahren, die sich parallel zur Analytischen Malerei ausdrücklich mit den Grundlagen der Malerei – nämlich Bildträger (Support) und Bildfläche (Surface) unter Einbeziehung von politischem Gedankengut des Marxismus und Maoismus beschäftigte.

Synästhesie Verschmelzung der Sinneseindrücke, so daß z.B. das Sehen bestimmter Farben mit dem Hören entsprechender Töne und umgekehrt verbunden ist.

Systemic Painting Parallelrichtung zur Minimal Art im Bereich der Malerei, die sich in der zweiten Hälfte der sechziger Jahre auch als Fortentwicklung der Farbfeldmalerei herausbildet. Kennzeichnend ist ein von systematischen Strukturen gesteuerter Bildaufbau.

Tachismus Kunstrichtung des Abstrakten Expressionismus in Frankreich, die durch spontane Farbaktion ihren imaginativen Vorstellungen unmittelbar Ausdruck verleiht (taches = frz. Farbflecken).

Transavantgarde Seit den siebziger Jahren vielfach benutzter Begriff für ein gewandeltes Verhältnis der zeitgenössischen Kunst zu ihrer eigenen Stilentwicklung. An die Stelle eines einzigen, jeweils dominanten Avantgarde-Stils tritt mit der Transavantgarde das seit 1976 zu beobachtende pluralistische Nebeneinander verschiedenen Formengutes aus beliebigen Hoch- und Subkulturen sowie diverser historischer Stilmittel und mythologischer Bilder, die individuell miteinander kombiniert werden.

Transformer Richtung der Performance, in der das Prinzip der Veränderung und Verwandlung ganz subjektiv auf die Person des agierenden Künstlers Anwendung findet. Dabei werden bestimmte gesellschaftliche Fixierungsmechanismen sozioökonomischer, kultureller Art und vor allem auch geschlechtliche Rollenklischees problematisiert.

Trompe-l'œil Aus dem Französischen übernommener Standardbegriff für die Augentäuschung in der realistischen Malerei, die auf der zweidimensionalen Fläche die Täuschung von Raumtiefe und damit die Illusion von Wirklichkeit erzeugt.

Verwischung

Technik der Décollage, indem durch chemische Ätzung oder Farbübermalung bedruckte Texturen oder Bildteile verwischt werden. Bei Fotos wird die Verwischung durch Fotosäure erreicht.

Wilde Malerei
Wilde Style

In Anlehnung an den Fauvismus um 1980 geprägte Bezeichnung für die neue subjektivistische und expressive Malerei in Deutschland sowie für die New Yorker Graffiti-Szene, da für beide Richtungen spontane Malgesten und emotionale Bilderzählungen typisch sind.

Vorwort

Mit dem Ziel, Kontinuität und Wandel der Kunstentwicklung im 20. Jahrhundert aufzuzeigen, entwirft das Buch eine Problemgeschichte der bildenden Kunst vom Nachimpressionismus Cézannes und Seurats bis hin zu den stilpluralistischen Tendenzen der Postmoderne in der ersten Hälfte der achtziger Jahre. Der Hauptakzent liegt dabei auf den Kunstströmungen der vier letzten Jahrzehnte, weil diese bisher wohl in ausführlichen Teildarstellungen, nicht aber in einer geordneten Gesamtübersicht zugänglich sind. Die interpretierende Untersuchung der vielschichtigen Gruppierungen und Kunstkonzeptionen der letzten Jahre erscheint jedoch nur fruchtbar auf dem Hintergrund einer problemkritischen Analyse von Kubismus, Expressionismus, Dada, Surrealismus und Realismus, die mit ihren Programmen das theoretische und maltechnische Fundament der modernen Kunst in der radikalen Abwehr vom klassizistischen und naturalistisch-illusionistischen Kunstbegriff geschaffen haben.

Verstand sich der Künstler des 19. Jahrhunderts als der geniale Gestalter einer hinter der erscheinenden Wirklichkeit liegenden objektivierbaren Wahrheit des Geistes, so besinnt sich der Künstler des beginnenden 20. Jahrhunderts auf seine relativierte Aussagemöglichkeit, die ihm die Erkenntnis der Wissenschaft abnötigt. Der Künstler der Moderne sieht sich aus dieser bewußtseinskritischen Grundposition gezwungen, im Kunstwerk die Infragestellung der Wirklichkeit und der eigenen Existenz zu thematisieren. Konkret äußert sich dieses relativierte künstlerische Selbstverständnis in der experimentellen Erforschung der bildnerischen Mittel, in der Erprobung einer neuen Bildsprache als Kommunikationsträger des eigenen Inneren sowie in der Suche nach objektivierbaren Kriterien der Gegenstandsbenennung wie Raum – Fläche – Farbe – Bewegung – Lichtwirkung – haptische Qualität – Veränderung.

Diesen theoretischen Grundsatzfragen der modernen Kunst will das Buch in der Analyse ihrer kontinuierlichen Präzisierung durch die Kunstentwicklung nachgehen, um so die Vielzahl neuer Kunsttechniken und Kunstprogramme verstehbar zu machen. Die Expansion der Kunst, die sich im ersten Jahrzehnt des 20. Jahrhunderts noch innerhalb der festen Gattungsformen Tafelbild, Zeichnung, Skulptur bewegte, inzwischen aber alle festen Gattungsgrenzen relativiert und ganz neue Medien integriert hat, soll in ihren einzelnen Entwicklungsstufen einsichtig werden.

Zugleich verweist das Buch auf die Annäherung der Kunst an die Problematik und Methodik der modernen Wissenschaften, vornehmlich der Naturwissenschaften, der Soziologie und Psychologie, der Psychoanalyse und Existentialphilosophie sowie der Semiotik und

Kreativitätsforschung. Da das Buch in diesem Sinne problemgeschichtlich orientiert ist, werden die unterschiedlichen Fragestellungen der Kunst jeweils von ihren Anfängen bis zur Gegenwart verfolgt, damit die zeitgenössische Kunst in ihrer konzeptionellen Zielsetzung transparent wird.

Mit der Auswahl der hier genannten Künstler soll keine Rangordnung aufgestellt werden. Angesichts des Umfangs heutiger Kunstproduktion wäre der Anspruch vermessen, sie auf dem Boden totaler Information darstellen zu können. Es geht hier also nicht um eine enzyklopädische Bemühung, sondern um die exemplarische Demonstration wichtiger Artikulationsweisen aktueller Kunst, wobei der innovative Wert und die adäquate Realisierung der jeweiligen künstlerischen Konzeption als Orientierungsmaßstäbe gewählt sind.

Karin Thomas April 1986

Die Wende von der Tradition zur Moderne

I Der Expressionismus (1885–1925)

Der im ersten Jahrzehnt des 20. Jahrhunderts vornehmlich in Skandinavien, Deutschland und Frankreich anzutreffende Expressionismus läßt sich kaum als eine formal eindeutig definierbare Stilrichtung wie der zeitgleiche Kubismus oder Futurismus beschreiben. Expressionistische Kunst ist weniger ein neuer Stil als ein künstlerischer Reflex auf die tiefgreifende Umbruchsituation, die das soziale Klima nach der Jahrhundertwende in allen Regionen Europas prägt. Kulturell oszilliert die Zeit zwischen apokalyptischem Weltenschmerz und neu erwachendem Ich-Bewußtsein, politisch zwischen den verbrauchten Strukturen monarchistischer Traditionen und den radikalen Ideen einer Revolutionsgesellschaft, die sich selbst die Instrumente der Herrschaft aneignet. Es wundert nicht, daß sich inmitten dieser widerstreitenden geistigen Energien ein ungeheures Spannungsfeld ausbildet, das ebenso die schreckensvollen Vorstellungen von Großstadtsumpf und Kriegsvernichtung enthält wie den euphorischen Traum vom neuen Menschen und die paradiesische Vision einer wiedergewonnenen Unmittelbarkeit zwischen Mensch und Natur.[1]

Immer da, wo wir diesen zwischen Verunsicherung und neuer Transzendenz extrem hin- und herpendelnden Zeitgeist in der Kunst nach der Jahrhundertwende reflektiert finden, sprechen wir von einer expressionistischen Kunst. So ist diese Kunstrichtung viel stärker von einer leidenschaftlich vorgetragenen Ich-Aussage geprägt, als daß sie der Kunst einen neuen Formenkanon bereitstellen würde. Das revolutionäre Pathos, das den Expressionismus dennoch zu einer avantgardistischen Kunstrichtung der Moderne macht, resultiert somit nicht aus einem neuen Stilkonzept, sondern aus dem freiheitlichen Mut, das Individuum und dessen emotionales Zeiterleben in den Mittelpunkt der künstlerischen Aussage zu setzen. Die sinnlich wahrnehmbare Wirklichkeit dient dem Expressionismus nur noch als auslösender Impuls für das innere Erlebnis oder als Sinnbildträger für eine spezifische Seelenlage. So sind die Werke des Expressionismus durchweg ein sublimierter Aufschrei des um Befreiung ringenden, aber ohnmächtigen Individuums. Sie besitzen eine lapidar einfache, direkte Bildsprache, deren Vokabular aus einer ungebrochenen, starken, großflächigen Farbigkeit, einer expressiven spannungsgeladenen Pinselführung und einer ausdruckssteigernden Deformierung der Form besteht, manchmal bis zur karikaturhaften Entstellung getrieben. Ähnlich wie die Kubisten wenden sich die sog. Expressionisten gegen die eindruckstrunkene Sinnenkunst des Impressionismus, verarbeiten aber zugleich das durch ihn gewonnene unmittel bare Farb- und Lichterlebnis zugunsten eines starken Ausdrucksgehaltes und einer emotionalen Farbaussage.

I Ursprünge des Expressionismus

Der Impressionismus (1855–1900) formiert sich in Frankreich als eine Synthese aus romantischen und realistischen Kunstvorstellungen und bietet daher im strengen Sinne keine neue Ästhetik an. Romantisch wirkt die Liebe der großstädtischen Pariser Künstler Monet, Renoir, Sisley zur idyllisch-schönen Natur. In der weit überschaubaren Landschaft der französischen Provinzen spielt sich für diese Maler der atmosphärische Wechsel des flimmernden Lichtes am eindrucksvollsten ab. Realistisch ist das Ziel der Impressionisten, den Wirklichkeitsbestand in seiner fast grenzenlosen Vielschichtigkeit darzustellen. Sie verzichten im wertfreien Anblick der vorgegebenen Realität auf jede Auswahl ihrer Sujets im Stil des Idealismus, der die Praxis des künstlerischen Schaffens als einen Veredlungsprozeß der erscheinenden Wirklichkeit zum gereinigten d. h. repräsentativen Bild definiert hat.

Die impressionistischen Maler erstreben ein unverfälschtes Bild von der Umwelt, das frei ist von Vernunfterfahrung und Phantasieanregung, da beide – Vernunft und Phantasie – die stoffliche Beschaffenheit der tastbaren Wirklichkeit durch ein spezifisches Struktursystem des Sehens überfremden. Daher wollen sie jeden Gegenstand nur als Summe von Farbreizen erleben und lösen die Dinge in eine Vielzahl von Farbstrichen und Farbtupfern auf (Farbtafel 2). Diese impressionistische Pinselstrichtechnik entwickelt sich zwischen 1880 und 1885. Sie zerlegt die Farben, die dem Auge im gegenständlichen Aussehen als Mischungen erscheinen, analytisch in die Farbskala des Spektrums, das nun in der Reduktion auf reine Farben die Palette der Impressionisten bestimmt. Aus dem strichartigen Auftrag der Farben auf die Leinwand resultiert eine doppelte Wirkung: einerseits die Rhythmisierung des Bildes[2] und andererseits der von üblichen Sehkonventionen unabhängige malerische Aufbau des Bildorganismus.

Obwohl die impressionistische Malerei nach reiner Darstellung des Stofflichen strebt, wird sie entgegen ihrem künstlerischen Anliegen zum Höhepunkt eines malerischen Illusionismus, da sie mit der Aufhebung der Materialität in reine Lichtfarbeffekte eine Sublimierung des Quantitativen praktiziert und so nur das energetische Erscheinen im Bild als den wahren Kosmos postuliert.

Die Künstler des Nachimpressionismus reflektieren über die Möglichkeiten der impressionistischen Maltechnik und versuchen mit dem antirealistischen Illusionismus der Farbstrichtechnik eine ästhetische Neuorientierung zu gewinnen. Seurat und Cézanne nutzen die impressionistische Maltechnik zur Erlangung einer objektivistisch-formalen Bildkonzeption, van Gogh dagegen macht den Farbstrich ebenso wie die Nabis zum empfindsamen Sprachelement eines lyrischen Bildausdrucks.

VINCENT VAN GOGH (1853–1890) erhebt den Farbstrich zum Ausdruckswert der eigenen Innerlichkeit, so daß man an seinen Bildern die Phasen seiner psychischen Verfassung ablesen kann; die dargestellten Landschaften, Gegenstände und Personen spiegeln gleichwertig nebeneinander die Suche nach der persönlichen Identität im Umweltgefüge. 1888 schreibt der Künstler in einem Brief an den Bruder Théo über seine Farbstudien: »Ich hoffe immer, hierin noch etwas zu entdecken. Man muß die Liebe zweier Liebender durch die Ehe zweier Komplementärfarben, durch ihre Mischung und durch ihre Kontraste und durch das geheimnisvolle Vibrieren verwandter Töne ausdrücken. Den Gedanken einer Stirn durch das Strahlen eines hellen Tons auf einem dunklen Hintergrund, die Hoffnung durch irgendeinen Stern, die Glut eines Wesens durch das Leuchten der untergehenden Sonne. Das ist gewiß keine realistische Illusionstechnik, aber ist es nicht etwas tatsächlich Vorhandenes?«

Wenn van Gogh Szenen des Lebens malt, so stehen diese in Bezug zu seiner eigenen Gefühlswelt und offenbaren Mühsal und Elend der menschlichen Kommunikationsmöglichkeit (Abb. 2). Die Natur der Dinge aber wird in ihrer kosmischen Kraft und schöpferischen Wandlungsfähigkeit zum trostspendenden Offenbarungsquell der menschlichen Wesensbestimmung. Die rhythmische Farbvibration der gemalten Landschaften und Dinge löst die eigene innere Spannung auf. »Nun habe ich danach getrachtet, in die Landschaft dieselbe Empfindung zu legen wie in die Figur; das gleichsam krampfhafte und leidenschaftliche Sicheinwurzeln in die Erde und ein dabei doch Halblosgelöstsein durch die Stürme.« Traditionelle pantheistische Vorstellungen von der Allbeseelung der Natur kehren in van Goghs Bildern wieder, da sie die Welt der Dinglichkeit in ihrer Erscheinungsvielfalt zum hinweisenden Sprachraum des Lebens erheben.

In seinen maltechnischen Studien gelangt van Gogh zu einer Vereinfachung der impressionistischen Farbenlehre mit Hilfe einer stärkeren Betonung der Linie. Entgegen der Intention des frühen Impressionismus dient die Farbe bei van Gogh der Gestaltung von raumgreifender Materialität. Seine Bilder sind von dem starken Willen zu malerischer Geschlossenheit geprägt, so daß die impressionistische Farbdynamik von einer linearen Statik gefesselt wird, die jedoch die Möglichkeiten der Farbvibration nicht beeinträchtigt.

Die Beseelung der Umwelt durch den eigenen Gefühlsimpuls wird ein wesentliches Erbe, das der nachfolgende Expressionismus von van Gogh übernimmt. So erinnert der Ausdruck von Angst in den Landschaften des norwegischen Malers Edvard Munch an van Goghs verdüsterte Sujets aus der Zeit des drohenden Wahnsinns, da das Gefühl innerer Einsamkeit und Ausweglosigkeit die ganze Natur überschattet. Auch die Wiederkehr bestimmter Motive als Chiffren der ganz persönlichen Gefühlsartikulation wie das Sonnen-, Baum- und Sämannmotiv wird von vielen expressionistischen Künstlern als spezifische Aussagegebärde der eigenen Subjektivität übernommen.

HENRI DE TOULOUSE-LAUTREC (1864–1901) überträgt um 1886 in Anlehnung an die Malweise van Goghs die Technik der flimmernden Farbvibration auf seine Porträtstudien und schafft mit der spektralen Lichtwirkung ein dynamisches Milieukolorit, das mit der Prägnanz der Karikatur die jeweilige intime Eigenart des dargestellten Charakters zur Geltung bringt. Die Farbe entfaltet sich auch hier nicht in impressionistischer Freiheit, sondern will mit ihren technischen Möglichkeiten das Zeichnerisch-Formale unterstreichen und die besonderen Leidenschaften des porträtierten Menschen hervorkehren. Der wesentliche Unterschied zwischen Lautrec und van Gogh zeigt sich in van Goghs Naturerleben und Lautrecs gesellschaftsbezogener Großstadtpassion. Beide Eigentümlichkeiten erlangen im nachfolgenden Expressionismus große Bedeutung; die Beseelung der Natur findet sich bei den Expressionisten als Angstschrei des durch die Großstadtmisere entwurzelten Menschen wieder, dessen Sehnsucht nach einer neuen heilen Welt nur noch eine zivilisationsferne Natur sublimieren könnte.

Die soziologische Milieustruktur, der Kontrast zwischen bürgerlich-aristokratischer Gesellschaft und Artistenwelt, wird von Lautrec im flüchtigen Eindruck einer individuellen Geste eingefangen und offenbart Realität und Wunschtraum der porträtierten Figur (Abb. 3). Dieses Transparentmachen seelischer Empfindungen in der Gebärde der gemalten Gestalten kehrt wieder in den Bilder der ›Brücke‹-Maler Kirchner, Nolde und Mueller.

Neben van Gogh und Toulouse-Lautrec hat auch der deutsch-österreichische Sezessions- und Jugendstil entscheidenden Einfluß auf den Expressionismus ausgeübt. Der Jugendstil entsteht um die Jahrhundertwende in ausgesprochener Opposition zur Vermassungstendenz der modernen technisierten Industriegesellschaft und will durch Transformation des Gegenstandes in die zweckunabhängige, nur ästhetisch reizvolle Ornamentik ein Gegengewicht zur Gebrauchsgüterwelt schaffen. Es ist daher nur konsequent, wenn aufgrund dieser Position das Kunstgewerbe mit erlesenen Schmuckutensilien wie Vasen, Sesseln, Lampen reiche Blüte trägt und der kunsthandwerkliche Gegenstand zum begehrten Objekt aufsteigt, da er im Gebrauch die Möglichkeiten abstrakt-schmückender Ausgestaltung ständig vor Augen führen kann. Der ornamentale Jugendstil entwickelt seine strenge Linie aus pflanzlichen Dekorformen und steigert sich mit wachsender Abstraktion in ein reines Wellenspiel, das in Analogie zur Melodiebewegung der Musik verstanden sein will. Diese Art der Linienführung erscheint wieder in den Bildern von Edvard Munch, der jedoch den reinen Ästhetizismus des Jugendstils in eine dynamische Sprachgestik der seelischen Stimmung umfunktioniert.

Die proletarische Verelendung infolge des Industrialisierungsprozesses bringt in Skandinavien eine psychoanalytisch orientierte Kunst hervor, die in pessimistischer Ausweglosigkeit die herrschenden Verhältnisse anklagt und eine Rettung vor der Vermassungsgefahr nur in der sozial-resignierenden Kultivierung der Individualität sieht (Ibsen, Strindberg). Der geistige Begründer dieser Bewegung ist in Kierkegaard zu suchen, der sein philosophisches Fragen auf den Bereich der menschlichen Existenz und ihrer konventionellen Gesellschaftseinrichtungen konzentriert. Beeinflußt von diesem geistigen Klima seiner Heimat, sieht Edvard Munch sein malerisches Anliegen darin, durch die spezifische Darstellung des Humanen Gedanken- und Sittenfreiheit zu vertreten: »Ich will Wesen darstellen, die atmen, fühlen, lieben und leiden. Der Betrachter soll sich darüber Rechenschaft geben, was an ihnen Heiliges ist, so daß er vor ihnen den Hut abnimmt, als wäre er in der Kirche.«

In der malerischen Technik ist EDVARD MUNCH (1863–1944) dem Nachimpressionismus von van Gogh, Toulouse-Lautrec und Seurat verbunden. Die dunkle, aber farbintensive Palette des Künstlers spiegelt einerseits die leuchtende Lichtfülle nordischer Landschaften und wird zugleich zum Filter der menschlichen Psyche, zum Ausdrucksraum von Angst und Leere. Um 1890 bestimmt eine blaue Grundtönung die Bilder von Munch, die Farbe wird zum Ausdrucksmedium von Krankheit, Elend, Vereinsamung, Tod, zum transparenten Spiegel für die fatalistische Lebenssituation der arbeitenden Bevölkerung.

Georg Lemmen, Illustrationen zu O. J. Bierbaum, ›Die vernarrte Prinzeß‹, 1898

Edvard Munch, Der Schrei, 1895

In seinem fast krankhaften Frauenhaß zeigt sich Munch selbst als Leidender innerhalb der Verhältnisse seiner Zeit; er empfindet das Streben der Frau nach realer Gleichberechtigung manisch verzerrt als Demütigung des Mannes (Anlehnung an Strindbergs Dramen). Diese Übersteigerung des Emotionalen wird jedoch typisch für die Äußerungsweise der expressionistischen ›Brücke‹-Künstler, die ihre Umwelt weniger aus der distanzierten Reflexion als vielmehr aus dem spontanen Sensus der Erregung interpretieren.

Außer van Gogh und Munch gelten auch der Belgier James Ensor und der Deutsche Lovis Corinth als Wegbereiter einer expressionistischen Bildsprache. So prägt sich der Ekel gegenüber den Erscheinungen des Lebens bei JAMES ENSOR (1860–1949) in einer tiefen Kluft zwischen Ich und Umwelt aus, die keine Vermittlung durch die Natur mehr gestattet. Das Verzweifeln am gesellschaftlich festgefügten Dasein schlägt in Psychose und Schizophrenie um; die impressionistische Lichtwirkung der Farbe wird zum Träger rein psychischer Vorgänge. Mehr noch als Munch benutzt Ensor die Skala der Lichtfarben als Medium zur subjektiven Mitteilung des Seelischen.

Beeinflußt vom mythologischen Stil Böcklins, mischt die halluzinatorische Phantasie bei Ensor die Farben zu absolut ungewohnten Raumeinheiten, und religiös-mythische Vorstellungen übersetzen das real Faßbare in schockierend bunte Tänze von Masken und Skeletten, die sich dem grotesk-absurden Lachen eines selbstentfremdeten, gestörten Ich-Bewußtseins hingeben (Abb. 1).

Ensor führt den Kampf zwischen Ich und Welt, der bei van Gogh als existentielle Unmittelbarkeit seelischer Betroffenheit beginnt, zur radikalen Polarisierung, die den absoluten Rückzug des Individuellen auf sich selbst nur noch in der Groteske ertragen kann. Leo Navratil weist in seiner Analyse schizoider Figurationen auf, daß die Maske als deformierte Gestalt bei den an Schizophrenie erkrankten Menschen typisches Ausdrucksmedium ihrer geheimen Lebensangst ist, vergleichbar der kultischen Maske bei den primitiven Völkern.[3] Als Symbol für das Mythische, Archetypische und Unwandelbare dient die Maske dem Schutz des Ichs gegen die total zusammenbrechende Außenwelt. So zeigt Ensor in seinen Skelett- und Maskenbildern mit übergroßer Schärfe die Psychose des von Weltangst erfüllten Menschen seiner Zeit und nimmt in dieser subjektiven Interpretation moderne Erkenntnisse der Psycholanalyse vorweg. Ähnliches werden wir im Symbol der Maske bei Max Beckmann wiederfinden.

Obwohl LOVIS CORINTH (1858–1925) mit dem Hauptteil seines malerischen Œuvres den Konventionen des 19. Jahrhunderts verbunden ist und daher von vielen Interpreten als Erbe des deutschen Realismus in der Tradition Trübners und Leibls angesehen wird, dürfte er dennoch als der bedeutendste deutsche Vorläufer einer expressionistischen Ausdruckssprache gelten. Denn durch die vitale subjektive Leidenschaft, mit der Corinth traditionelle Bildgenres wie Porträt und Selbstporträt, mythologische und literarische Darstellung, Stillleben, Akt und Landschaft ins Bild setzt, nimmt er – vornehmlich mit seinen Gemälden ab 1911 – die spontane, emotionale Malgebärde und die sehr persönliche Bildsprache der ›Brücke‹-Expressionisten vorweg. In Spätwerken wie *Ecce homo,* 1925, gelingt Lovis Corinth zudem eine symbolische Bildverdichtung, die dem traditionellen mythologischen oder religiösen Sujet eine visionäre Verweiskraft auf die Kriegsschrecken des 20. Jahrhunderts verleiht. Ähnlich wie bei den ›Brücke‹-Malern liegt die Modernität der Corinthschen Bildaussage nicht in der Findung eines neuen Stils, sondern es ist der Mut zur ›stillosen‹ Stilsynthese[4] aus Realismus, Impressionismus und spontaner Farbgebärde, worin Corinth seine expressive Modernität bekundet (Abb. 4).

2 Sensualistischer Expressionismus in Frankreich

Der Expressionismus, der sich zunächst nur im Einzelwerk von Malern wie Munch, Ensor und Corinth als persönliche Ausdrucksgebärde niederschlägt, breitet sich ab 1900 mehr und mehr auf alle Bereiche der Kunst aus und wird zur umfassenden Lebensanschauung, die auf die verschiedenen Gattungen künstlerischer Ausdrucksweisen wie Dichtung, Theater, Tanz, Film, Plastik übergreift. Der expressionistische Stil konkretisiert sich im Revoltieren gegen soziale Ungerechtigkeit, im Verzweifeln an den konventionellen Gütern der Kultur, im Begeisterungssturm für alle natürliche Ursprünglichkeit, im Kampf gegen Krieg und

Gewalt und letztlich im vagen Hoffen auf die Errichtung einer neuen Welt, die dem Individuum die Werte freier Selbstentfaltung eröffnet. So zeigt die expressionistische Dichtung das Großstadtmilieu als monströsen Raum der inhumanen Entfremdung. Sie schreit ihren Protest und Weltschmerz in ohnmächtiger Wut und Verzweiflung heraus, da die visionäre Zukunftshoffnung auf den heilen Menschen sich infolge der fortschreitenden Vermassung zugleich als uneinlösbare Utopie erweist.

In der radikalen Abkehr vom erhabenen idealistischen Menschenbild des 19. Jahrhunderts malen expressive Künstler in Frankreich und Deutschland das Häßliche, Gemeine, das Tabuisierte ebenso wie die ursprüngliche Schönheit des Natürlichen und veranschaulichen dadurch mit den Mitteln des Kontrastes ihr psychisch-impulsives Betroffensein vom negativen Erfahrungshorizont des Lebens und vom falschen Wertgefüge herrschender Vorurteile.

Die retrospektiven Ausstellungen der nachimpressionistischen Meister Seurat, van Gogh, Gauguin, Cézanne nach 1900 im Louvre veranlassen die junge Avantgarde aus der Schule des Neoimpressionisten Gustave Moreau, mit dem technischen Repertoire des Impressionismus eine Malerei zu schaffen, die frei von jeder erzählfreudigen Weitschweifigkeit die subjektiven Leidenschaften und das brodelnde Leben der Umwelt spontan in die Sprache der Farbimpulse umsetzt. »Die Kunst ist dionysisch, eine Hymne an die Freude, eine Trunkenheit des Geistes. Das Genie wäre also ein Mensch, der unentwegt spontan handelt.« (Derain). Zu den ersten Vertretern einer expressionistischen Malerei in Frankreich zählen Matisse, Derain, Vlaminck, Rouault, Suzanne Valadon, Utrillo, Dufy, van Dongen und der Picasso der Blauen Periode.

Fauvismus

Aus der Antiposition zum Kubismus inszeniert HENRI MATISSE (1869–1954) die Gegenbewegung des Pariser Fauvismus. 1905 gründet er den unabhängigen Pariser ›Herbstsalon‹ und stellt dort zusammen mit Vlaminck und Derain seine ersten Bilder aus. Da, wo die Malweise von Matisse aus der vitalen Gestik der reinen Farben lebt, zeigt sich der Einfluß von Derain, mit dem Matisse einige Zeit in Collioure zusammengelebt hat. Die Freude an der Arabeske und die Poetisierung des Erotischen im anmutigen Aktbild (Farbtafel 1) provozieren jedoch bei Matisse im Laufe der Zeit eine wachsende Distanz zur fauvistischen Haltung der spontanen Auflehnung gegen das Ästhetisch-Schöne schlechthin.

Befreit vom Zwang aller Formkategorien wollen die Fauvisten ihr Erleben in die malerisch-physische Tat umsetzen, so daß ihre antiformalistische Malweise von den zeitgenössischen Kritikern zunächst als diejenige von »wilden Tieren« (Fauves) abqualifiziert worden ist. Das Erbe von Gauguin zeigt sich als flächig-vitale Breitenwirkung der reinen Farbe in den Landschaften von ANDRÉ DERAIN (1880–1954) und MAURICE DE VLAMINCK (1876–1958), indem die Freiheit der wilden Natur und des leidenschaftlichen Temperaments durch die Leuchtintensität der Primärfarben Rot, Blau und Gelb eingefangen wird. In der Beschränkung auf die reine Naturfarbe soll die mechanisch arbeitende Künstlerhand »instinkthaft, ohne Methode eine menschliche, keine künstlerische Wahrheit« aussprechen (Vlaminck).

Georg Rouault,
Kreuzigung

GEORGES ROUAULTS (1871–1958) von tiefer Gläubigkeit geprägte Bilder bannen das innere Drama der leidenden Seele auf die Leinwand. Die in ihrer Armut erschreckenden Gesichter Rouaults werden zu einer Verherrlichung der vom Glauben gespeisten Menschlichkeit, da sie aus dem Abschaum der Zivilisation das Humane in visionärer Deutlichkeit herausschälen. Bei Rouault tritt die Leuchtkraft der Farbe trotz der flächenmäßigen Beschränkung mit großer Intensität in Erscheinung, da sie – ähnlich wie im gotischen Glasfenster – aus dem dunklen Hintergrund hervorbricht und durch den Kontrast zum rahmenden Schwarz sich selbst verstärkt.

SUZANNE VALADON (1867–1938) steht in der Nachfolge von Degas und Lautrec, und daher rückt auch sie die Menschen des Zirkusmilieus in den Mittelpunkt des malerischen Interesses. Die naiv-volkstümliche Ursprünglichkeit ihrer Bilder, die dem subjektiven Erlebnishorizont ihrer Jugendzeit als Zirkusakrobatin entspringt, macht Suzanne Valadon zur Expressionistin ebenso wie ihren Sohn MAURICE UTRILLO (1883–1955), der die Szenen der Kunstwelt vom Montmartre in seinen Bildern thematisiert. Utrillo geht vom impressionistischen Pointillismus aus, wie er bei Pissarro und Sisley erscheint. In der Fortentwicklung seiner Malerei findet Utrillo eine eigene poetische Sprache zur Darstellung der einfachen, unscheinbaren Wirklichkeit eines alten Mauerwerks, einer Gasse, eines Straßenwinkels. Seine Farbskala beschränkt sich auf spektralfarblich nur angehauchte Tönungen, die den Bildern den Ausdruck von eigentümlicher Melancholie und Einsamkeit verleihen.

Ebenso wie Suzanne Valadon bevorzugt auch der in Paris lebende Holländer KEES VAN DONGEN (1877–1968) die Artistenszene; viele seiner Bilder sind Akte von Schauspielerinnen und Tänzerinnen. Die Farbe wirkt bei van Dongen übersatt; so steht ein schreiendes Rot neben giftigem Gelbgrün. Der zeitgenössische Kunsthistoriker Germain Bazin empfindet van Dongens Farbkombinationen als fast unerträglich in der nervösen Überreizung der Sinne, aber zugleich ästhetisch im versöhnlichen Akkord der Gesamtkomposition, die er mit den harmonischen Dissonanzen von Ravel und Strawinsky vergleicht.

Wie alle Maler der Pariser Fauves ist auch RAOUL DUFY (1877–1953) ein ausgesprochener Individualist, der sein Werk thematisch auf den eigenen Erfahrungshorizont begründet. 1905 beeindruckt ihn im Herbstsalon die Farbenfülle von Derain, Matisse und Vlaminck. Mit den reinen Farben der Fauvisten malt Dufy die Szenen seiner Heimat, den Hafen von Le Havre, die normannischen Pferde auf der Rennbahn von Deauville und den von ihm so häufig besuchten Konzertsaal. Ähnlich wie Matisse liebt Dufy die Arabeske; und die poetische Heiterkeit, die aus seinen Gemälden und Aquarellen spricht, distanziert ihn von der düsteren Sensibilität, wie sie bei Rouault und dem Picasso der Blauen Periode am stärksten begegnet.

Mit vielen Gemälden von der Blauen Periode (1905–1906) bis hin zu seinem großen, farblich kaum differenzierten Wandbild *Guernica* zum spanischen Bürgerkrieg ist PABLO PICASSO (1881–1973) dem Expressionismus verbunden, hier zeigt der ansonsten als Meister des Kubismus geschätzte Spanier seine Fähigkeit zu tiefer Leidenschaft. Sein expressionistisches Werk, angefangen von den traurigen Harlekinen der Blauen Periode bis hin zu den Goya ähnlichen Stierkampfszenen (1927) und schließlich *Guernica* (1937), sprengt in seiner Vielseitigkeit die Grenzen einer spezifischen Stilanbindung und umfaßt eine vielschichtige Skala von Gefühlen, die romantisch-morbide Melancholie und den schreienden Protest gegen Krieg und Gewalt ebenso einschließt wie die elementare Lust am vitalen Kampf.

Die ›Peintres maudits‹

Eine expressive Kunst findet nach den Fauvisten in Frankreich ihre Fortsetzung nur in den Werken der Emigranten Modigliani (Italien), Soutine (Litauen) und Chagall (Rußland), die alle Paris zu ihrem ständigen Wohnsitz erwählen. Der expressive Stil formiert sich bei diesen Künstlern aus der Aversion gegen die Vorherrschaft des Kubismus in den Jahren zwischen 1910 und 1915. Die Neigung zur suggestiven Deformation, zum Häßlichen, zum phantastischen Traum, zum freien Ausdruck der Intuition ist ihnen trotz ihrer ausgeprägten individuellen Eigenart gemeinsam, sie bilden die Brücke vom Fauvismus zum Surrealismus, der in den dreißiger Jahren eine neue programmatische Bewegung der Subjektivität in Frankreich unter anderen Vorzeichen entzünden kann.

AMEDEO MODIGLIANI (1884–1920) verzerrt seine Gestalten zu verängstigten Wesen; seine Bilder zeichnen sich durch eine kühne Linienführung aus, die den matten transparenten Farben eine feste Konturierung verleiht. Seine Freundschaft mit Utrillo findet ihren Niederschlag in der Stimmung von wehmütiger Vereinsamung, die besonders in den eigenwilligen länglich geformten Gesichtern und in den fast ätherisch zarten Aktbildern zum Ausdruck gelangt.

MARC CHAGALL (1889–1985) sprengt die konventionellen Formen, damit er um so stärker und unmittelbarer den religiösen Gehalt seines Empfindens sichtbar machen kann. Legenden, russisch-bäuerliche Mythen und chassidische Religiosität verweben sich bei ihm zu sehnsuchtsvollen Lyrismen, die aus der Fülle des Gegenständlichen und Figürlichen eine

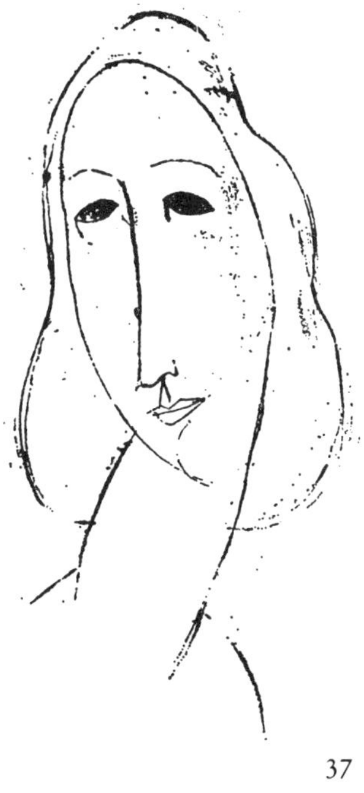

◁ Pablo Picasso, Stier und Pferd, 1927

Amedeo Modigliani, Frauenkopf, um 1917

Fabel in Bildern dichten. So entstehen phantastisch-naive Visionen, in denen Uhren und Haustiere am Himmel hängen, Pferde und Bräute durch die Lüfte schweben und mythische Tierleiber ganze Städte beherbergen. Das Liebespaar, der überall sprießende Blumenstrauß, die Kuh, der Geiger auf dem Dach, dies alles gehört bei Chagall zum ständig wiederkehrenden Inventar einer subjektiven Figurensymbolik, die den Erinnerungs- und Gefühlsgehalt seiner russisch-jüdischen Heimat in lyrischen Bildern chiffriert. Chagalls Inhalte leben aus der Wärme einer spezifischen Farbgebung, die das reine Licht der Impressionisten und Fauvisten mit der verhaltenen Leuchtfülle der russischen Sakralkunst verbindet (Farbtafel 4).

CHAIM SOUTINE (1894–1943), der mit Chagall und Modigliani das Atelier der Heimatlosen in Paris teilt, personifiziert am deutlichsten die Haltung des ›Peintre maudit‹; in der Art, wie das inhaltliche Material halluzinatorisch zu fast brutalen Stilleben der Verwesung oder zu apokalyptischen Landschaften gerafft wird, steht Soutine in unmittelbarer Nähe zum nordischen und deutschen Expressionismus. Wie Corinth ist Soutine durch seine heftige Malweise ein Expressionist, ohne sich dessen bewußt zu sein. Vor allem mit der Reihe seiner ›Schlachtbilder‹ in denen er rohes Schlachtfleisch in seiner bis zur Ekelerregung gesteigerten Sinnlichkeit zur Schau stellt, sind seine emotionalen Farbsetzungen so schreiend und aggressiv vital wie ähnliche Genreszenen bei Corinth, in denen sich tiefgreifende, persönliche Kindheitserlebnisse niedergeschlagen haben.

3 Der deutsche Expressionismus

Obwohl der deutsche Expressionismus eng mit dem zwiespältigen Metropolenklima Berlins vor, während und nach dem Ersten Weltkrieg verbunden ist, sind seine eigentlichen Quellen in der norddeutschen Provinz sowie in Dresden und – mit Blick auf den ›Blauen Reiter‹ – in München zu suchen. Hier kultiviert man mit der Suche nach der heilen Natur und mit einer individuellen mystischen Innerlichkeit eine romantische Großstadtflucht, bevor diese verschiedenen expressiven Regionalströmungen in Berlin zusammentreffen und dort den spezifischen Berliner Großstadt-Expressionismus hervorbringen.

Die ›Brücke‹ und ihr Umfeld

Landschaftliche Bindung und expressives Naturgefühl sind bei Paula Modersohn-Becker, Christian Rohlfs und Emil Nolde, die dem norddeutschen Raum entstammen, am stärksten ausgeprägt (Farbtafel 5).

Die große Nähe zu der jeweiligen Landschaft, in der diese Einzelgänger unter den deutschen Expressionisten gelebt und gearbeitet haben, schlägt sich eindrucksvoll und eigentümlich in einer individuellen malerischen Handschrift nieder. Bei PAULA MODERSOHN-BECKER (1876–1907) ist es die Moorlandschaft um Worpswede, auf die sich viele Bildthemen der Künstlerin beziehen: Moorbauern, bäuerliches Ambiente, Blumen, Früchtestilleben, bäu-

erliches Gerät, wobei gerade die einfachen, selbstverständlichen Dinge des Alltäglichen bei ihr eine stille poetische Monumentalität erlangen, in der sich menschliche Wärme und respektvolle Distanz miteinander vereinen.

Das Landschaftsbild steht bei CHRISTIAN ROHLFS (1845–1938) im Mittelpunkt des Werkes. Stark beeinflußt von der impressionistischen Pleinairmalerei Monets, Sisleys und Pissarros entwickelt Rohlfs eine sehr eigenständige Malweise, in der ihm die bildnerische Vergegenwärtigung des atmosphärischen Lichtes ohne die pointillistische Gegenstandsauflösung gelingt. Unter den deutschen Expressionisten bleibt Rohlfs dem sinnenfrohen Impressionismus am stärksten verbunden, zumal er auch in seinen Figurenkompositionen auf dramatisch-dissonante Spannungen verzichtet und sich statt dessen in einer lyrisch-temperamentvollen Farbgestik bewegt, der die Suche nach der reinen Harmonie der Dinge auch dort oberstes Ziel bleibt, wo Krieg und Gewalt die Schönheit der Natur zu überlagern drohen.

Im Gegensatz zu Rohlfs ist EMIL NOLDE (1867–1956) prototypisch für einen norddeutschen Expressionismus, der Erlösungssehnsucht, Weltenschmerz und poetische Naturnähe zu einer Synthese der Widersprüche zusammenzubringen vermag. Eine tiefe Gläubigkeit befähigt Nolde, im mythischen Bild Gott und die Schöpfung zu vereinen, weil im biblischen Wort die ganze Weite menschlicher Gefühle enthalten ist. Trotz seines Einzelgängertums hat Nolde enge Kontakte zu ähnlich gestimmten Künstlern in Deutschland. So wird er 1906 für kurze Zeit Mitglied in der Künstlergruppe ›Die Brücke‹, die sich ein Jahr zuvor im Dresdner Atelier Ernst Ludwig Kirchners gebildet hat.

Zu den Mitgliedern der ›Brücke‹ zählen neben Kirchner die Maler Bleyl, Schmidt-Rottluff, Heckel, Mueller, Pechstein und zeitweise Nolde. Angeregt durch die Negerplastiken und Balkenschnitzereien im Dresdner ethnografischen Museum, wendet sich Kirchner der im Mittelalter gepflegten Technik des Holzschnitts zu, um in dieser grafischen Kunstform die expressive Intensität und naive Ursprünglichkeit der Naturvölker für sich fruchtbar zu machen. Überhaupt wird die grafische Kunst ein wesentliches Experimentierfeld der ›Brücke‹; gemeinsam verfeinert man in Kirchners Atelier die Möglichkeiten des Holzschnitts, der Radierung und der Lithografie, gemeinsam kämpft man »unbeeinflußt von Kubismus und Futurismus für eine menschliche Kultur, die der Boden einer wirklichen Kunst ist« (Kirchner-Chronik, 1913). In der bewußten Anknüpfung an romantische Traditionen versteht sich die ›Brücke‹ in ihrem Programm von 1906 als geistige Erneuerungsbewegung der Jugend: »Mit dem Glauben an Entwicklung, an eine Generation der Schaffenden wie der Genießenden, rufen wir alle Jugend, die die Zukunft trägt, wollen wir uns Arm- und Lebensfreiheit verschaffen gegenüber den wohlangesessenen älteren Kräften. Jeder gehört zu uns, der unmittelbar und unverfälscht das wiedergibt, was ihn zum Schaffen drängt.«

Im Gegensatz zum abstrakt-synästhetischen Expressionismus des ›Blauen Reiter‹ verkündet die ›Brücke‹ kein theoretisches Programm mit intellektueller Absicht. Vielmehr gilt ihren Künstlern die harmonische Identität von Leben und Werk als sichtbarer Ausdruck einer geistigen Einstellung, in deren Mittelpunkt der Mensch als künstlerisches Problem steht; dieser findet durch die kulturelle Tat sein wahres, d. h. humanes Wesen. Unter diesem Aspekt ist auch der Rückgriff auf die mittelalterliche Technik des Holzschnitts zu begreifen, der im Gegensatz zu den als modernistisch empfundenen Parallelströmungen des Kubismus und Futurismus steht. Das kulturelle Erbe der »ursprünglichen Quellen« soll aktualisiert werden in der Verknüpfung mit den modernen künstlerischen Perspektiven, wie sie von den Neoimpressionisten im sinnenfreudigen Farberlebnis erschlossen worden sind (Seurat, Signac).

Wie die Peintres maudits und die Fauvisten werfen die ›Brücke‹-Künstler alle formalen Kategorien einer auf technischem Raffinement beruhenden Ästhetik über Bord und ergeben sich dem impulsiven Farbenrausch, so daß Nolde im Moment der Inspiration statt des Pinsels den Mallappen in die Farbe taucht und das innere Erlebnis im unmittelbaren Affekt zum Ausdruck gelangen läßt. Neben der technisch entgrenzten Farbensinnlichkeit steht die fast spröde Strenge des Holzschnitts, die besonders in den Akt-Bildern der ›Brücke‹-Maler den Farbenrausch mit der nervösen Rhythmik schneidender Konturen paart (Heckel, Kirchner, Nolde). Die ›Brücke‹-Künstler betrachten Strindberg, Dostojewskij und Nietz-

Erich Heckel, Schlafende Negerin, 1908

sche als ihre geistigen Väter, da auch sie ihr individuelles Suchen auf den wahren, großen Menschen richten und die Tragik des subjektiven Scheiterns durch die konventionelle Beengung aufzeigen. So ist der hektische Rhythmus, die drastisch schreiende Linie in den Aktbildern pessimistischer Ausdruck des in Konventionen erstickenden Lebenshungers, der in seiner freiheitlichen Entfaltung unweigerlich mit den gesellschaftlichen Zwängen kollidiert. Dagegen spiegeln die Landschaftsbilder in ihrer visuell berückenden Farbenfülle die reine Lebensfreude, die nur in der Natur noch möglich ist, wobei sich die fauvistische Leuchtkraft mit der nordischen Skala der kräftigen Farben von Edvard Munch verbindet. In der Zeit, da Nolde intensiver mit den ›Brücke‹-Freunden in Kirchners Atelier arbeitet, zeigen auch seine Akte die rhythmisch aufbegehrende Spontaneität und Wildheit, die in gesteigertem Maße bei Heckel und Kirchner zum Ausdruck gelangt. Kirchner, Heckel und Otto Mueller sind sich in ihrem Bildausdruck am ähnlichsten, wenn auch Muellers Farbpalette wesentlich verhaltener wirkt als der morbide Kontrast der Heckelschen Farbgestik.

ERNST LUDWIG KIRCHNERS (1880–1938) und ERICH HECKELS (1883–1970) frühe Landschaften (1907–1912) verarbeiten neoimpressionistische Techniken, später zeigt sich in den Straßenszenen die fauvistische Farbintensität mit einer starken Vorliebe für kontrastreiche Blaugrün- und Orangerottöne (Farbtafel 3).

Bei KARL SCHMIDT-ROTTLUFF (1884–1976) ist der Farbsinn ebenso wie die Konturierung am meisten akzentuiert und ausgereift, die starke Flächigkeit, die den Bildern der ›Brücke‹-Maler eigen ist, weicht hier einer perspektivisch-monumentalen Räumlichkeit, die aus der Beschäftigung mit dem Kubismus resultiert (Farbtafel 6).

MAX PECHSTEIN (1881–1955), der von den ›Brücke‹-Künstlern zuerst breite Resonanz gefunden hat, nähert sich oft einer dekorativen Oberfläche, die in vitaler Direktheit fast zu effektvoll mit den technischen Formen der Expressionisten spielt.

Typisch ist jedoch für alle ›Brücke‹-Maler, daß sie zu einem gemeinsamen Konzept in Form und Inhalt finden, in dem sich ihr künstlerisches Programm ohne verbale Programmatik niederschlägt. Dabei haben in den Dresdner Jahren Akt und Landschaft tragende Bedeutung. Während der Akt, liegend oder in spontaner Bewegung, einer eigenständigen Formfindung dient, stellt die Landschaft das Motiv für die Entäußerung der Emotion in Farbimpulsen; d. h. die einzelnen Farben stehen nicht ausschließlich wie bei den Impressionisten im Dienst der atmosphärischen Erscheinung von Realität als solcher, sondern sie sind darüber hinaus sinnbildlicher Verweis auf spezifische Gefühlswerte. So sind die flächig gesetzten Farben, die der Intuition folgen, das primäre, aus ihnen geht dann im Vorgang des Malens die Gegenstandsform hervor. Auf diese Weise »entsteht der farbige Flächenstil, der von allen Mitgliedern der Künstlergruppe ›Brücke‹ ab 1910 geübt wird. Akt und Landschaft fügen sich zu einem Motiv zusammen. Nackte Menschen in der freien Natur werden zum Ausdruck ursprünglichen und zuständlichen Seins, bedeuten eine Möglichkeit der Überwindung gesellschaftlicher Zwänge. Der Mensch wird als Teil der Natur empfunden, ordnet sich ein, ist ihr zugehörig. Dies auch im Sinne der Befreiung des Eros, der Befreiung des Körperlichen aus der Enge der verlogenen bürgerlichen Moralbegriffe.«[5]

Mit häufigen Ausstellungsbeteiligungen als Gruppe im Rahmen der Berliner ›Neuen Secession‹ schaffen sich die ›Brücke‹-Künstler zahlreiche Kontakte, u. a. auch zur ›Neuen Künstlervereinigung‹ in München um Wassily Kandinsky. 1911 verlagern die ›Brücke‹-Maler ihre Aktivitäten von Dresden nach Berlin, um sich einen breiteren Wirkungskreis zu erschließen.

1912 beteiligen sich Heckel, Kirchner, Pechstein und Mueller an Kandinskys Almanach ›Der Blaue Reiter‹, womit die Auflösung der Gruppe und das Eingehen der einzelnen Künstlerpersönlichkeiten in andere Malergruppierungen beginnt. 1913 löst sich die ›Brücke‹ dann endgültig auf, und ein Jahr später malt Ernst Ludwig Kirchner seine grellfarbigen, mondän-aggressiven Berliner Straßenszenen, in denen bereits das Typische des Berliner Großstadt-Expressionismus zum Ausdruck kommt.

Der Blaue Reiter

›Der Blaue Reiter‹ bildet durch seine synästhetisch-abstrakten Absichten eine Gegenbewegung zum Expressionismus der Dresdner ›Brücke‹ aus. 1910 entsteht in München die ›Neue Münchener Künstlervereinigung‹ durch die Initiative Kandinskys, der mit seiner überragenden Persönlichkeit vielfältig begabte Künstler an sich fesselt. Anläßlich einer Auseinandersetzung um Kandinskys Werk *Das Jüngste Gericht* kommt es zu einer Spaltung der ›Neuen Münchener Künstlervereinigung‹, aus der dann die Gruppe ›Der Blaue Reiter‹ mit den Malern Kandinsky, Marc, Macke, Klee und Jawlensky hervorgeht.

Um 1910 versucht WASSILY KANDINSKY (1866–1944) eine synästhetische Darstellung des musikalischen Zusammenklangs durch die Farbe, die im Betrachter eine Vorstellung der seelischen Gestimmtheit des Künstlers durch audiovisuelle Impulse auslösen soll. Kandinsky wird zu dieser Expansion des malerischen Reizes infolge der Emanzipierung der

Wassily Kandinsky, Vignette ›Der Blaue Reiter‹ – Katalog 1912

Farbe von ihrer konventionellen Funktion der Dingbezeichnung veranlaßt. Theoretisch ist dieses Konzept durch das naturwissenschaftliche Wissen von der beliebigen Verwandlungsmöglichkeit des materiellen Seins in Energie und in der malerischen Praxis durch die impressionistisch-fauvistische Reduktion der Realität auf den Lichtwert des Farbpunktes vorbereitet worden. Mit seinem Buch ›Über das Geistige in der Kunst‹ (1911) und dem Aufsatz ›Über die Formfrage‹ (1912) im ›Blauen Reiter‹ schafft Kandinsky die ästhetisch-theoretischen Voraussetzungen für eine Lösung der künstlerischen Gestaltungsmittel von ihrer konventionellen Beschränkung auf die Funktion der Dingbezeichnung. Die Definition der eigenen Kunstaussage als visuelle Transparenz der musikalischen Akkorde, als Farbsymphonie eines seelischen Klanggefüges, setzt mit der qualitativen Gleichsetzung von Farbwert, geometrischer Figur und musikalischem Akkord die alten künstlerischen Mittel Farbe und Linie zur Möglichkeit frei, gleichwertige Aussageträger zu sein (Farbtafel 8).

Die »unermeßliche Freiheit der Kunst« in der »Synthese« ihrer Gattungen, die Kandinsky mit seinem Werk erstrebt, wird für FRANZ MARC (1880–1916) zum Argument für die Zugehörigkeit zum ›Blauen Reiter‹, wie er in seinem Aufsatz ›Die Wilden Deutschlands‹ bekennt. Marc sucht in seinen Schriften und Bildern durch religiöse Überhöhung den großen Seinszusammenhang auf der Basis von Kandinskys Kunsttheorie, so plant er zusammen mit Kandinsky und den Freunden im ›Blauen Reiter‹ eine moderne Illustration der Bibel.

Das bildnerische Werk von Marc entwirft ein lyrisches Naturbild, das dem Erbe der Romantik in der religiös pantheistischen Durchdringung der Natur verbunden ist. In der Reduktion auf einfachste Formen will Marc den typischen Gestaltzusammenhang der Natur symbolhaft erfassen. »Ich male überhaupt nur mehr das Allereinfachste, denn nur in dem liegt die Symbolik, das Pathos, das Geheimnisvolle in der Natur.« Die für Marc signifikante Tierstudie wird als Kristallisationspunkt von rhythmischem Natursein verstanden, und die Farbe – in transparente Lichtbahnen gestaffelt – macht die Harmonie der religiösen Transzendenz wie ein durchsichtiger Filter gegenwärtig (Farbtafel 12).

Die Benutzung der impressionistischen Farbintensität hat Marc von AUGUST MACKE (1887–1914) übernommen und für sein Ziel der Durchgeistigung von Natur fruchtbar gemacht. Macke verwendet die Möglichkeiten der Farbe zur lyrisch-heiteren Verwandlung der natürlichen Erscheinungen in geordnete Raumkompositionen, die ihre Strukturierung aus der Leuchtkraft der Farbe beziehen (Farbtafel 11).

Der Russe ALEXEJ VON JAWLENSKY (1864–1941) trägt den Einfluß von Matisse mit der Benutzung von kraftvollen Farben und pointierter Konturierung in die Künstlergruppe des ›Blauen Reiter‹. Seine Bilder sind abstrakte Meditationen, die sowohl das heimatliche Erbe russischer Ikonenkunst und Folklore verraten als auch die künstlerische Auseinandersetzung mit den Werken der großen französischen Meister des Nachimpressionismus.

1911 soll eine in der Münchner Galerie Thannhauser veranstaltete Ausstellung mit ihren Exponaten das theoretische Fundament der Schriften demonstrativ im Kunstwerk selbst bestätigen. Neben Kandinsky, Marc, dem rheinländischen August Macke und Gabriele Münter sind auch die Franzosen Henri Rousseau und Robert Delaunay eingeladen, deren Werke die Künstlerfreunde um Kandinsky zutiefst bewundern. Aus dieser deutsch-franzö-

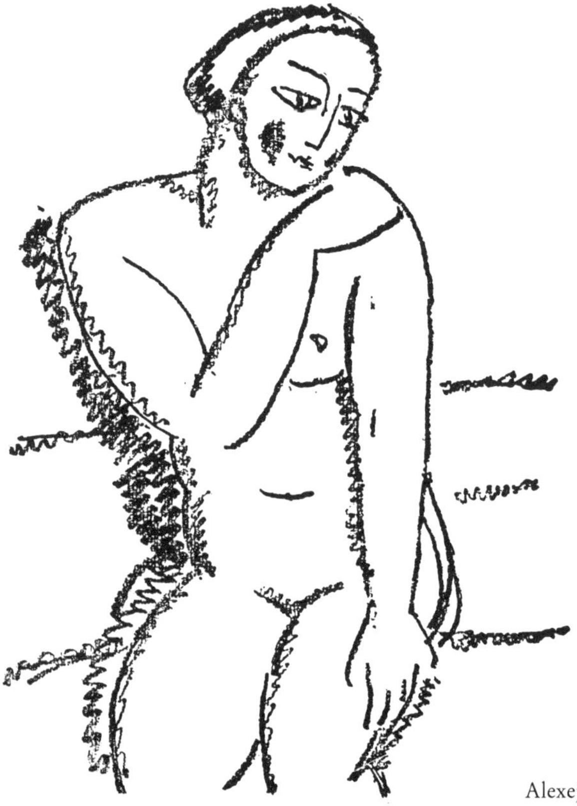

Alexej von Jawlensky, Sitzender Akt, o.J.

sischen Ausstellungskooperation entwickelt sich ein intensiver und sehr fruchtbarer künstlerischer Ideenaustausch, so daß kubistisch-abstrakte Einflüsse von Delaunay fortan bei den Künstlern des ›Blauen Reiter‹ deutlich nachweisbar sind.

Vor allem August Macke ist von der Fähigkeit Delaunays beeindruckt, Licht nicht nur in seiner physikalischen Erscheinungsweise, sondern auch als spirituelle Dimension durch Farbvaleurs auszudrücken und gleichzeitig durch eine kubische Aufgliederung des Volumens in prismatische Farbkörper Materie in Energien zu verwandeln, ohne daß die gegenständliche Motivik dabei aufgelöst wird (Farbtafel 9). Diese eigenständige Verarbeitung kubistischer Körperzerlegung durch Delaunay vermag die Münchner Ausstellung von 1911 an wichtigen Gemälden des Franzosen aus der Eiffelturm-, Paris- und Kathedralenserie zu exemplifizieren, und die Resonanz der Ausstellung ist so groß, daß sie durch weitere Städte Deutschlands wandert und auf ihrer Tournee u. a. auch Paul Klee zutiefst beeindruckt. Man bewundert und übernimmt Delaunays prismatische Aufgliederung der Körpervolumen in gestaffelte Farbflächen und nutzt dabei die Spannung zwischen den Farbvaleurs, die als vibrierende Rhythmik die Bildkomposition durchpulst. Eindrucksvolle Beispiele dieser Anverwandlung kubistischer Einflüsse über die Rezeption Delaunays bieten die Aquarelle, die Macke, Marc und Klee während einer gemeinsamen Tunisreise 1914 in den lichtdurchfluteten Wüsten- und Küstenlandschaften Nordafrikas zu Papier bringen.[6]

Mit der regen Ausstellungstätigkeit der expressionistischen Gruppen in Deutschland wächst auch ihre Zusammenarbeit, vor allem im Kontext der publizistischen und ausstellerischen Initiativen, die von der Berliner ›Sturm‹-Galerie ausgehen, wo 1913 eine große Gruppenausstellung den Höhepunkt und auch schon den Beginn vielfältiger Differenzierungen markiert. Eine radikale Zäsur setzt jedoch der Ausbruch des Ersten Weltkrieges, der das abrupte Ende der Kontakte zwischen deutschen und französischen Künstlern mit sich bringt.

Großstadt-Expressionismus

Mit der Übersiedlung des deutschen Expressionismus in die Metropole Berlin ist ein tiefgreifender Wandel dieser Kunstrichtung in Form und Inhalt verbunden; das sehnsüchtig romantische ›Zurück zur Natur‹ verblaßt nun hinter einer engagierten Auseinandersetzung mit den sozialen Strukturen des Großstadt-Milieus, zumal das Berliner Kunstpublikum dieser Zeit aufgrund seines ausgeprägten Sachverstandes eine ausgesprochene Herausforderung für Künstler aller Disziplinen darstellt.

Die Dekade des Berliner Großstadt-Expressionismus von 1910 bis 1920 läßt sich in drei Phasen untergliedern: in die Vorkriegszeit bis 1914, in die Kriegsjahre bis 1918 und in die Nachkriegszeit.[7] Im Berliner Kulturklima findet sich vor dem Ersten Weltkrieg ein vielschichtiges Nebeneinander von reaktionären und revolutionären Ideen. Während die Monarchie den letzten Akt ihrer kaiserlichen Hofhaltung im Berliner Gesellschaftsleben noch einmal mit allem Operettenpomp ausbreitet, brodeln in den intellektuellen Zirkeln bereits die radikalen Gedanken einer ästhetischen und sozialen Revolution, Gedanken, an denen sich die Künstler aktiv beteiligen, wobei Herwarth Waldens ›Sturm‹-Galerie die verschiedensten Strömungen zusammenführt.

1910 kommt der Exzentriker OSKAR KOKOSCHKA (1886–1980) von Wien nach Berlin, um an Herwarth Waldens literarischer Zeitschrift ›Der Sturm‹ mitzuarbeiten. Kokoschkas bildnerisches Frühwerk schafft eine fruchtbare Verbindung zwischen der subtilen Jugendstil-Empfindsamkeit von Gustav Klimt oder Egon Schiele, dem Symbolismus, der ornamentalen Illustrationskunst der Wiener Werkstätten und den provokativen Farbgebärden des deutschen Expressionismus als Ausdruck des sehnsüchtigen Aufschreis nach dem neuen Menschen. Alle Werke Kokoschkas, die nun in der kurzen Zeit seiner Berliner Zusammenarbeit mit dem ›Sturm‹ entstehen, thematisieren eine dramatische, psychologisierende Seelenaussage im Widerstreit von idealisierender Reinheit und dunklen Triebkräften, eine Thematik, die auch in der berühmten von Kurt Pinthus 1920 herausgegebenen Anthologie expressionistischer Lyrik ›Menschheitsdämmerung‹ immer wieder anklingt. Der Ausbruch des Ersten Weltkrieges unterbricht das Schaffen Kokoschkas und zwingt ihn zum Militärdienst. Wie

Oskar Kokoschka,
Der gefesselte Kolumbus, 1916

viele andere seiner Künstlerfreunde wird er verwundet, und die grauenvollen Kriegserlebnisse beenden abrupt die Vision vom neuen Menschen. Das Pathos romantischer Sehnsüchte verschwindet unter dem Gestank der Leichen, hinter Hunger und brutaler Gewalt, Bilder des Infernos, die LUDWIG MEIDNER (1884–1966) unter dem Titel *Revolution* bereits 1913 vorausgesehen hat (Abb. 8). 1915 malt Kirchner sein *Selbstbildnis als Soldat,* nachdem ihn der Frontdienst körperlich und seelisch an den Rand der Zerstörung gebracht hat.

1915 wird der Kriegsfreiwillige George Grosz als »dienstunbrauchbar« entlassen und kommt fortan wie Max Beckmann und Otto Dix nicht mehr los von dem, was der Schützengraben vor Augen geführt hat. Der expressionistische Aufschrei wird nun zur schneidenden Kriegsanklage und zum engagierten pazifistischen Aufruf, der auch in das unruhige politische Tagesgeschehen der Nachkriegszeit und der Weimarer Republik eingreift. Die romantische Empfindsamkeit einer stürmischen Jugend aus den Vorkriegsjahren weicht der apokalyptischen Vision menschlicher Selbstzerstörung oder der sarkastischen Ironie. OTTO DIX (1891–1969) und GEORGE GROSZ (1893–1959) zeigen mit beißender Satire die Kriegsfolgen zwischen blindem Revanchismus und brutaler Kriegsgewinnlermanipulation einerseits sowie Armut und Arbeitslosigkeit bei der proletarischen Bevölkerung andererseits auf (Abb. 6 und 7) und verbinden dabei das emotionale Engagement expressionistischer Ausdrucksgebärden mit der Dingnähe der Neuen Sachlichkeit und der ironischen Provokation des Dadaismus, der mit John Heartfield, Raoul Hausmann, Walter Mehring und Richard Huelsenbeck ab 1920 ebenfalls in Berlin heimisch wird. Dazu kommt eine neue jüngere Generation, die das Ausdrucksrepertoire des Expressionismus, vor allem den Holzschnitt mit seinen starken Schwarzweißkontrasten, in den Dienst des politischen Kampfes gegen soziale Mißstände und gegen nationalistische Restaurationstendenzen von rechts während der Weimarer Republik stellt. Künstlerische Sprachorgane dieses linksengagierten Nachkriegs-Expressionismus sind die Zeitschriften ›Die Aktion‹ und ›Der Gegner‹ aus dem Malik-Verlag.

An den Kunstakademien formieren sich allenthalben Gruppierungen mit kämpferischen Programmen und Manifesten, die in regen Austausch miteinander treten, Ausstellungen organisieren und in ihren künstlerischen Konzeptionen sich aller Stileinflüsse bedienen, die der europäischen Avantgarde mit Kubismus, Futurismus, Expressionismus, Verismus und Dadaismus um 1920 verfügbar sind.

1918 konstituiert sich in Berlin unter dem Einfluß der Novemberrevolution die ›Novembergruppe‹, zu deren Mitgliedern die Maler Kandinsky, Feininger, Otto Griebel, Karl Völker, die Bildhauer Arp, Belling, Ewald Mataré sowie die Architekten Gropius, Poelzig und Mies van der Rohe zählen; an Ausstellungen der Gruppe nehmen u. a. Otto Dix und George Grosz teil. In Dresden verfolgen LEA (1906–1977) und HANS GRUNDIG (1901–1958), SELLA HASSE (1878–1963) und ALFRED FRANKE (1884–1945) eine sozialkritische, linkspolitische Grafik, deren klassenkämpferisches Programm ab 1928 von der kommunistisch orientierten ›Assoziation revolutionärer bildender Künstler‹ (ASSO) fortgesetzt wird. CONRAD FELIXMÜLLER (1897–1977) gründet nach dem Krieg 1919 die ›Dresdner Sezession‹, eine nachexpressionistische Bewegung, die im Verlauf der zwanziger Jahre das Großstadtbild des Expressionismus mit der Kritik des sozialen Realismus vereinigt. Dieses spannungsreiche Klima der Nachkriegsjahre zwischen Depression und linkspolitischem Aktivismus führt im Rheinland zur Gruppierung der ›Kölner Progressiven‹ um FRANZ W. SEIWERT (1894–1933) und HEINRICH HOERLE (1895–1936) sowie in Düsseldorf zum ›Jungen Rheinland‹, wo die Initialzündung von OTTO PANKOK (1893–1966), GERT WOLLHEIM (1894–1974) und der berühmten Galeristin Mutter Ey ausgeht. Zu diesem Kreis engagierter Modernisten stoßen bald u. a. der junge Max Ernst, Karl Schwesig, Otto Dix (aus Dresden kommend) und der polnische Jude JANKEL ADLER (1895–1949) hinzu. Obwohl das ›Junge Rheinland‹ eine stattliche Reihe von avantgardistischen Stileinflüssen der Zeit assimiliert, ist seine Grundintention dennoch expressionistisch, indem man den »Mythos von Neuerertum und Antiakademismus, von Fortschrittsglauben und Erweiterung der Bildwelten« intensiv zu kultivieren trachtet.[8] In der politischen Gesinnung trifft man sich mit den anderen linkspolitischen Künstlergruppierungen in Deutschland, doch pflegt das ›Junge Rheinland‹ im Unterschied zur ›Novembergruppe‹ und später zur ›ASSO‹ eher anarchistische als kommunistische Neigungen.

Ein Einzelgänger im Umfeld des Kriegsexpressionismus bleibt MAX BECKMANN (1884–1950). Gemälde wie *Kreuzabnahme* (1917) und *Die Nacht* (1918/19) verschlüsseln das Thema Kriegsfolgen und Großstadt-Babylon zwischen Chaos und Grausamkeit in metaphysisch verdichteten Allegorien (Abb. 5), deren dramatisch-expressive Intensität und visionäre Kraft ansonsten nur noch in den Kriegsapokalypsen Ludwig Meidners zu finden ist.[9] Dabei gelingt es Beckmann, Szenen, die der christlichen oder mythologischen Ikonografie entstammen, durch eine eigenwillige Körpersprache der Figuren mit einer tiefreichenden Verweiskraft auszustatten, die das Sujet als solches weit übersteigt. Immer wieder schält sich die Polarität zwischen der anonymen aggressiven Großstadtmasse und dem vereinzelten Individuum als das Spannungsfeld heraus, in dem sich das Menschliche verliert oder nur mühsam behaupten kann. Erst in den dreißiger Jahren wird sich Beckmanns abgrundtiefer Abscheu gegenüber der Stadt und ihrer Gleichsetzung als Hure Babylon mit dem Krieg in eine zwiespältige Mischung aus Faszination und Angst verwandeln, als er auf der Flucht vor den Nazis die Metropole New York mit ihrem pulsierenden Fortschrittsdrang kennenlernt.

4 Expressionistische Skulptur

Die Kunstgeschichte hat die expressionistische Skulptur in Deutschland mit Ausnahme von Wilhelm Lehmbruck und Ernst Barlach (Abb. 10) lange Zeit völlig vernachlässigt, obwohl es eine stattliche Reihe von expressionistischen Malern und Grafikern gibt, die auch ein herausragendes skulpturales Œuvre hervorgebracht haben. Dazu zählen Käthe Kollwitz, die ›Brücke‹-Künstler Ernst Ludwig Kirchner, Erich Heckel, Karl Schmidt-Rottluff und Emil Nolde sowie Rudolf Belling und Otto Freundlich.

Die frühesten expressionistischen Plastiken entstehen als Holzschnitzereien in den Ateliers der Dresdner ›Brücke‹-Maler, deren Interesse an einer roh bearbeiteten Holzskulptur einerseits dem Einfluß Paul Gauguins und andererseits der Faszination durch die afrikanische und ozeanische Volkskunst entspringt. Das Interesse für ethnografische Kunst ist um die Jahrhundertwende in ganz Europa anzutreffen. Ab 1905 beschäftigen sich Pablo Picasso und André Derain mit einer plastischen Konzeption, die an afrikanische Fetische angelehnt ist. In den europäischen Museen entstehen in wachsendem Maße Völkerkunde-Abteilungen – u. a. auch in Dresden –, die auf viele Künstler eine große Anziehungskraft ausüben. 1911 schreibt Kirchner an einen Hamburger Kunstsammler: »Es ist gut für das Malen und Zeichnen, Figuren zu machen, es gibt der Zeichnung Geschlossenheit, und es ist ein sinnlicher Genuß, wenn Schlag für Schlag mehr die Figur aus dem Stamm herauswächst. In jedem Stamm steckt eine Figur, man braucht sie nur herauszuschälen.«[10] In ihren formalen Merkmalen weisen die ›Brücke‹-Skulpturen – besonders von Heckel (Abb. 9) und Kirchner – eine starke Anlehnung an die ikonenhaften Holzschnitzereien der afrikanischen Kunst auf. Die Figuren sind sehr blockhaft, unpoliert, zuweilen wie mittelalterliche Heiligenfiguren mit opaken Farben bemalt. Ihre Formen entwickeln sich aus dem Baumwuchs heraus; Emil Noldes Holzarbeiten, die 1913 während einer Südseereise entstehen, lassen sogar noch die ursprüngliche Gestalt des Holzstückes erkennen.

Ernst Barlach, Gruppe im Sturm, 1919

Käthe Kollwitz, Die Witwe, 1922/23

Während des Ersten Weltkrieges erlebt die expressionistische Skulptur in ähnlicher Weise wie die Malerei eine veränderte thematische Ausrichtung. Der Rückgriff auf die mittelalterliche religiöse Ikonografie tritt in Gestalt des ›Ecco homo‹, der ›Pietà‹ oder der Märtyrerfigur in den Dienst einer verzweifelten spirituellen Suche nach dem Humanen innerhalb einer von Aufruhr und Chaos zerwühlten Gegenwart. In diesem Sinne benutzen WILHELM LEHMBRUCK (1881–1919), ERNST BARLACH (1870–1938), KÄTHE KOLLWITZ (1867–1945), der junge CHRISTOPH VOLL (1897–1939) und BERNHARD HOETGER (1874–1949) die seit dem Mittelalter vertraute christliche Leidensmotivik, um ihrer pazifistischen Gesinnung und tiefen Trauer angesichts der gigantischen Todesmaschinerie des Krieges Ausdruck zu geben (Abb. 10). Wie sehr die Ausdrucksgebärde dieser expressionistischen Skulptur mit ihrer Anklage und Trauer auf Resonanz stößt, macht die Tatsache deutlich, daß expressionistische Bildhauer eine Reihe von Kriegermahnmalen schaffen. Dabei geben Wilhelm Lehmbrucks *Sitzender Jüngling* und *Der Gestürzte* (Abb. 11), Käthe Kollwitz' *Turm der Mütter* und ihr Denkmal: *Die Eltern* (1924–32), Bernhard Hoetgers Bremer *Pietà für die Gefallenen der Novemberrevolution* (1919–22), die von den Nationalsozialisten zerstört wird, und Ernst Barlachs *Kriegsdenkmal für die Güstrower Kathedrale* dem traditionellen Kriegerdenkmal mit ihrem anklagenden Pazifismus eine neue Dimension: sie ehren nicht mehr den soldatischen Heldentod, sondern das Leid der unschuldigen Opfer, der Kinder und Mütter, der Krüppel und Hungernden und ebnen damit einer sozialkritischen Kunst den Weg in die Denkmalkunst.

Während die meisten expressionistischen Bildhauer ihr Formenrepertoire aus Anregungen durch die mittelalterliche und ethnografische Kunst entwickeln, sind Lehmbrucks schlanke Figuren ebenso wie GEORG KOLBES (1877–1947) Tanzgestalten und Allegorien (Abb. 13) in ihrer sensiblen, psychologisierenden Gestik dem Einfluß Rodins verpflichtet.

Der zeitgleiche französische Kubismus wird der deutschen expressionistischen Skulptur durch den kosmopolitischen Rumänen ALEXANDER ARCHIPENKO (1887–1964) verfügbar gemacht, der 1908 nach Paris kommt, um sich dort den Kubisten der ersten Stunde, Picasso, Braque und Gris, anzuschließen. Sehr bald gründet Archipenko eine eigene Kunstschule von hoher Reputation und tritt um 1920 in Berlin in engen Kontakt zu Waldens ›Sturm‹-Galerie, mit der er auch eine rege publizistische Tätigkeit ausübt. In seinem plastischen Werk gelingt es Archipenko, mit den Möglichkeiten der kubistischen Form eine rhythmische Expressivität zu erobern, wie sie von Mary Wigman und Gret Palucca aus den Experimenten einer avantgardistischen Ausdruckstanzkonzeption entwickelt wird (Abb. 14). Archipenkos Werk, das sich sehr rasch internationaler Anerkennung erfreuen kann, beeinflußt u. a. auch RUDOLF BELLING (1886–1972), der sich ebenfalls mit der plastischen Vergegenwärtigung der tänzerischen Rhythmik durch die kubische Formaufgliederung beschäftigt (Abb. 12). Auch OTTO FREUNDLICH (1878–1943) wird vom Kubismus beeinflußt; sein Œuvre vereinigt formale Anregungen von Picasso, Delaunay und Arp mit konstruktivistischen Formideen sowie mit einer philosophisch vertieften sozialkritischen Legitimation der Kunst, wie sie von der Novembergruppe postuliert wurde. 1937 wird Freundlichs kubische Kopfplastik *Der neue Mensch* von 1912 als Prototyp ›Entarteter Kunst‹ auf dem Titelblatt des Münchner Ausstellungskataloges gebrandmarkt werden, und der Künstler selbst wird nach einer vergeblichen Odyssee durch Europa in der Flucht vor den Nationalsozialisten im polnischen KZ Maidanek umkommen.

5 Nachklänge des Expressionismus

Der Expressionismus fauvistischer Herkunft findet seine Fortsetzung u. a. in den Künstlergruppen Lateinamerikas, die ihr Anregungsmaterial aus dem mythologischen und volkskünstlerischen Fundus indianischer Kulte und aus Anregungen der europäischen expressiven Bildsprache schöpfen. Ihr bedeutendster Vertreter ist DIEGO RIVERA (1886–1957), der – geprägt von der Freundschaft mit Modigliani – nach einem Aufenthalt in Paris eine Synthese der fauvistisch-expressionistischen Ideen mit den Mythen der Maya- und Aztekenkunst schafft. Er greift auf die Technik der Freskenmalerei zurück und läßt in seinen sozialkritischen und heimatgeschichtlich orientierten Wandbildern die erdigen Farben Mexikos in ihrer Leuchtkraft erstrahlen.

Ebenfalls von Modigliani beeinflußt erscheinen die schlanken Gestalten von Giacometti und Marini. Während bei MARINO MARINI (geb. 1901) die symbolische Stilisierung der Figur durch die raffinierte Handhabe von Farbe und Linie fast zum Dekorativen tendiert, erforscht ALBERTO GIACOMETTI (1901–1966) in seinen Skulpturen die Fragmentierung des

Volumens und die Zerlegung der Oberfläche in lavaartige Strukturen, die den stelenartigen Werken den expressiven Ausdruck schemenhafter Gestalten verleihen. Später wird sich daraus eine emotionale plastische Konzeption entwickeln, die bis in die fünfziger Jahre prägend bleibt. So ist das Frühwerk Lucio Fontanas eine Weiterführung dieser Entmaterialisierung Giacomettis, gleiches gilt für die fragilen Skulpturen der Germaine Richier.

Der expressive Primitivismus findet mit der spektakulären Vorstellung der europäischen Avantgarde durch die berühmte New Yorker ›Armory Show‹ 1913 auch in Amerika große Bewunderung und ruft in der Folge auf dem neuen Kontinent nachhaltige Wirkung bis hinein in die Entstehungsgeschichte des Abstrakten Expressionismus um 1940 hervor. Dabei erweist sich der Abstrakte Expressionismus als eine Synthese aus expressiver Ausdrucksgebärde und gegenstandsfreier Bildaussage.

In Europa tritt die expressive Bildsprache in den vierziger Jahren erneut als Reflex auf den Krieg in Erscheinung, wobei expressive Elemente eindrucksvoll in den Kriegszeichnungen Henry Moores aus den Londoner U-Bahn-Schächten während der Bombardierung auszumachen sind.

An den gequälten Aufschrei des deutschen Expressionismus erinnern die Arbeiten der belgisch-holländischen ›Cobra‹-Gruppe, die mit heftigen Maleruptionen und zerfetzten Figurationen Psychogramme des selbstentfremdeten Menschen zeichnen. Asger Jorn treibt die Zersetzung der menschlichen Physiognomie an die äußerste Grenze des Überganges in den zerfließenden Strom der Auflösung und versucht so die Urform des Gestaltungsprozesses zu ergründen, der »planlos, aber zwangsläufig« geschieht. Solche Deformation wird von Jorn bewußt angewendet, um die psychoanalytische Erkenntnis der als schizophren symptomatisierten Auflehnung »gegen die sogenannte normale oder reale Außenwelt« bildnerisch zu notieren und dadurch eine Basis der praktischen Erforschung unbewußter Schichten des Kreativen zu erlangen.[11]

In den ausgehenden siebziger und frühen achtziger Jahren wird es dann schließlich auch in Deutschland selbst wieder einen Neoexpressionismus geben, der das Thema Großstadt aufgreift und zugleich nach der langen Dominanz eines strengen Formenkanons den Mut zu emotionalen Malgebärden und subjektiven Bildaussagen zurückerobert.

Anmerkungen

1 Paul Vogt, Einführung, in: Deutscher Expressionismus 1905–1920, erweiterte deutsche Ausgabe des Kataloges von New York und San Francisco 1980/81, München 1981, S. 9ff.

2 Die Rhythmisierung des Bildes wird in der Malweise der Futuristen wesentliche Ausdrucksform zur Darstellung von Bewegung an sich; siehe Kapitel Futurismus, siehe S. 79.

3 Leo Navratil, Schizophrenie und Kunst, 1965.

4 Zdenek Felix, Der Werdegang eines Außenseiters, in: Lovis Corinth, Katalog Museum Folkwang Essen und Kunsthalle der Hypo-Kulturstiftung München, 1985/86, S. 12ff.

5 Wolf-Dieter Dube, Die Künstlergruppe ›Brücke‹, in: Deutscher Expressionismus 1905–1920, a.a.O., S. 103.

6 Siehe dazu Magdalena M. Moeller, Delaunay, Macke und die Rheinischen Expressionisten, in: Katalog Delaunay und Deutschland, hrsg. von Peter-Klaus Schuster, Staatsgalerie moderner Kunst im Haus der Kunst, München 1985/86, S. 243 ff.

7 Eberhard Roters, Großstadt-Expressionismus: Berlin und der deutsche Expressionismus, in: Deutscher Expressionismus 1905–1920, a. a. O., S. 247 ff.

8 Ulrich Krempel, in: Katalog Am Anfang: Das Junge Rheinland, Städtische Kunsthalle, Düsseldorf 1985, S. 15.

9 Sarah O'Brien-Twohig, Die Hölle der Großstadt, in: Max Beckmann Retrospektive, Katalog Haus der Kunst, München u. a., 1984, S. 96 ff.

10 Stephanie Barron, Die Skulptur des Expressionismus: Eine Einführung, in: Katalog Skulptur des Expressionismus, deutsche Ausgabe München 1984, S. 21.

11 Siehe Asger Jorn, Katalog der Galerie van de Loo, München, Juni 1965.

II Der Kubismus (1907–1915)

Selten sind in der Kunstgeschichte innerhalb so kurzer Zeit zwei so gegensätzliche Tendenzen in der Kunst aufgetreten wie Fauvismus und Kubismus. Ihr fast gleichzeitiges Erscheinen ist vermutlich ein Zeichen dafür, daß der Fauvismus einen Grenzpunkt markiert, an dem die Malerei umschwenken und dem anderen Extrem zustreben muß. Die Dominanz der Farbe in der Malerei der Fauvisten opfert mit der Auflösung der Gegenstände in körperlose Farbenergien das Strukturgerüst fester Konturen. Dagegen richtet der Kubismus, der sich wie der Fauvismus aus dem Nachimpressionismus entwickelt, sein Augenmerk auf die strukturelle Verfestigung des Gegenstandes durch eine stringente Bildkonstruktion und baut dabei auf die methodisch gewonnenen Erkenntnisse von Cézanne und Seurat auf. Der Kubismus leistet als erste Kunstrichtung dieses Jahrhunderts die Besinnung von Malerei und Skulptur auf ihre bestimmenden Prinzipien und erobert mit der Abstraktion neue Horizonte künstlerischer Artikulation.

1 Präkubismus

Die Nachimpressionisten Cézanne, Seurat und Signac können sich nicht wie Monet, Sisley und Renoir in unbefangener Freude dem reinen Seherlebnis der Farben hingeben, sondern suchen eine strukturhafte Objektivierung des Bildaufbaus durch die methodische Aufgliederung von Farbe und Raum.

Während van Gogh die Gegenstände und Landschaften zu Porträts seiner psychischen Verfassung macht, verbannt PAUL CÉZANNE (1839–1906), der von Pissarro die Technik der impressionistischen Farbzerlegung übernommen hat, das subjektive Temperament aus seinem Bildausdruck. Mit dieser Reduktion der individuellen Beeinflussung kann er jene Elementargebilde der Farbe und des Raumes zur Erscheinung bringen, die er als die ursprünglichen, objektiven Bausteine des Malerischen begreift.

Im Bereich der Farbe erschließt Cézannes Koloristik neue Dimensionen von Farbeigenschaften, die nur durch die Zurücknahme aller Bewegungsmomente und durch die Transformation des Stofflichen in immaterielle Farbwirkung sichtbar werden können. Hiermit begründet Cézanne innerhalb der nachimpressionistischen Farbexperimentation eine rationale Methodisierung der Farbanalyse, die von Seurat mit wissenschaftlichem Anspruch weiterbetrieben wird.

Die für den nachfolgenden Kubismus so wichtige Neuerung innerhalb der impressionistischen Formensprache vollzieht Cézanne an dem Phänomen der Räumlichkeit, die er auf ihre Elementarformen untersucht, indem er den subjektiven Täuschungseffekt dreidimensionaler Bildwirkung minimalisiert. Die idealistische und realistische Malerei hatte bis zu den Impressionisten den Eindruck räumlicher Tiefe mit den illusionistischen Mitteln der perspektivischen Objektverkleinerung und Farbverwischung technisch bewältigt. Cézanne aber stellt seine Figuren und Gegenstände unmittelbar auf die Bildfläche und enthebt sie dadurch weitgehend dem subjektiven Raumempfinden, so daß eine objektivierte Relation zwischen atmosphärischem Raum und Figur, nicht aber deren perspektivisch wahrgenommenes Erscheinungsbild wiedergegeben wird.

Auch das Volumen der dargestellten Gegenstände und Gestalten unterwirft Cézanne einem Reduktionsprozeß, indem die Körperlichkeit in geometrische Grundelemente wie Kugel, Kegel und Zylinder zerlegt wird, die ihrerseits dann wieder zu differenzierten Formen kombiniert werden können. 1904 schreibt Cézanne an Emile Bernard: »Alle Formen in der Natur lassen sich auf Kugel, Kegel und Zylinder zurückführen. Man muß mit diesen einfachen Grundelementen beginnen, dann wird man alles machen können, was man will.« Mit diesen Forschungen im Bereich der Farbe und der körperlichen Ausdehnung im Raum erobert Cézanne neue objektivierbare Sprachmittel malerischer Aussage, die für den Kubismus bahnbrechend werden (Abb. 16).

GEORGES SEURAT (1859–1891), der Begründer des Neoimpressionismus, rationalisiert mit wissenschaftlichen Methoden die impressionistische Pinselstrichtechnik durch seinen divisionistischen Pointillismus, der von den italienischen Futuristen aufgenommen und weitergeführt wird. Auch Seurat reinigt wie Cézanne sein Bildgefüge von der impressionistischen Skizzenhaftigkeit des flüchtigen Momenteindrucks und atomisiert die unkontrollierten Farbstriche der Impressionisten zu rasterartigen Punkten; diese minimalen Farbelemente formen sich durch strukturelle Gliederung zu systematischen Musterungen und rhythmisieren den Bildaufbau. Aufgrund seiner methodischen Gliederung der Farbe in einem Kategorienschema, das zwischen Lichtfarben, Lokalfarben und Komplementärfarben differenziert, bezeichnet Seurat seine wissenschaftlich orientierte Farbenlehre als Chromo-Luminarismus.

Mit dem Begriff Divisionismus kennzeichnet Seurat seine technisch-wissenschaftliche Methodik der physiologischen Lichtanalyse, die eine Bestandsaufnahme der Licht-Gegenstand-Beziehung durch die Untersuchung der Wirkungsweise bestimmter Pigmente auf die menschliche Netzhaut darstellt.[1] Diese Methodik unterscheidet sich von der impressionistischen Farbenanalyse dadurch, daß nicht mehr die stoffliche Farbmischung auf der Palette untersucht wird, sondern eine chemisch-physiologische Relation, deren Kenntnis eine wissenschaftlich kontrollierte Verwendung der Farbelemente ermöglicht.

Die Definition der Farbreinheit, die sich bei den Impressionisten aus der Zugehörigkeit einer Farbe zum Bereich des Spektrums ableitet, verlagert sich bei Seurat von der Beschreibung ihrer atmosphärischen Erscheinung zur chemo-strukturellen Analyse, die vom subjektiven Farbreiz abstrahiert und daher frei von Gefühlswerten elementar begriffen und methodisch verwendet werden kann. Diese Tendenz zur Verwissenschaftlichung der malerischen Technik beruht auf dem Einfluß positivistischer Strömungen in der Philosophie des ausgehenden 19. Jahrhunderts, die sich in Anlehnung an die Naturwissenschaften nur auf die Konstatierung von konkret erfaßbaren Gesetzmäßigkeiten und Regeln innerhalb der inneren und äußeren Wahrnehmung beschränken. Seurats wissenschaftliche Lichtforschung begründet die neoimpressionistische Schule, aus der Signac als der bedeutendste Schüler von Seurat hervorgeht. Auch PAUL SIGNAC (1863–1935) erhebt die Farbe zum konstitutiven Prinzip der gegenständlichen Formen und präzisiert wie sein Lehrer das Punktmaterial zu statischen Farbgefügen aus gleichartigen Farbelementen, die den Bildaufbau durch ihre rhythmische Struktur gliedern (Farbtafel 2).

Sowohl bei Cézanne als auch bei Seurat und Signac resultiert der Ausdruck einer zeitlosen Starre und Monumentalität aus dem objektivierten Bildaufbau, der sich bei Cézanne aus der geometrischen Analyse des Volumens und bei Seurat aus der Divisionierung der Farbe begründet. Cézanne und Seurat überwinden mit ihrer bewußten Gliederung des Bildgefüges die Raumillusion des impressionistischen Farbennaturalismus und rehabilitieren die methodische Kenntnis des Volumens in ihrer Bedeutung für die Rhythmisierung des Bildes in Raumeinheiten. So erarbeitet der Präkubismus das malerische Material abstrakter Formen, das im analytischen und synthetischen Kubismus kompositionell ausgewertet wird.

2 Analytischer Kubismus

Die kubistische Malerei ist als Gegenpol zum Fauvismus nicht mehr an der reinen Farberscheinung der Dinge interessiert, sondern stellt sich die formale Analyse der meßbaren Körperlichkeit zur Aufgabe. Dabei wird die Farbwirkung durch Beschränkung auf variierte Grau-, Grün- und Brauntöne in den Hintergrund gedrängt, damit die thematische Auseinandersetzung mit der raumfixierten Körperstruktur um so stärker zum Ausdruck gelangen kann.

Die prinzipielle Abwendung der Kubisten von der Darstellung atmosphärischer Erscheinungszustände entspringt der Erkenntnis, daß der totale Illusionismus impressionistischer Leinwandmalerei die sinnhafte Wahrnehmung der Dinge irrtümlich als deren tatsächliche Wirklichkeit präsentiert.

Aus dieser Erkenntnis ergibt sich als notwendige Konsequenz, daß die nachimpressionistische Kunst nicht mehr unreflektiert die Darstellung des reinen Erscheinens übernehmen darf, sondern eine neue Formensprache schaffen muß, die das spezifische Gestaltwerden des Gegenständlichen durch prinzipielle Raumanalyse begründet. Nicht mehr das Scheinen, sondern Wesen und Ursache des Erscheinens werden zum Fragepunkt der kubistischen Kunst. Cézanne liefert dazu die grundlegenden Materialien mit seinen reduktiv aus der Natur gewonnenen geometrischen Urformen: Zylinder, Kugel und Kegel. Die entscheidende Radikalisierung der Cézanneschen Methodik für die Bildkomposition akzentuiert sich bei den Kubisten im grundsätzlichen Verzicht auf tiefenperspektivische Illusion. Während Cézanne die Dreidimensionalität zugunsten einer stärkeren Volumisierung der Gegenstände reduziert, vollziehen Braque und Picasso, die Begründer kubistischer Malweise, mit der Zerstörung der illusionären Perspektivendarstellung die logische Konsequenz aus der Einsicht, daß eine objektive Wirklichkeitsanalyse der Malerei unbedingt auf die zweidimensionale Realität der Leinwandfläche fundiert werden muß. Diese Besinnung auf den objektiv-realen Ausgangspunkt aller Malerei führt zu der Reflexion über das Abhängigkeitsverhältnis der Dinge vom räumlichen Relationsgefüge, denn jedes Ding ist in seinem spezifischen Aussehen von den Gesetzen der umgebenden Räumlichkeit geprägt, so daß jenes Erscheinen, das bisher von der Kunst als Wirklichkeit akzeptiert worden ist, nur eine beschränkte Ansicht der Dingeigenschaften freilegen kann.

Pablo Picasso, Georges Braque und Juan Gris nutzen die Farb- und Formstudien der Spätimpressionisten, indem sie Raum und Gegenstand gleichermaßen in facettenartige Struktureinheiten zerlegen und mit diesen kompositorischen Bauelementen ein artifizielles, flächenadäquates Ordnungssystem erstellen, das den dargestellten Gegenstand nicht mehr den Gesetzen der perspektivischen Raumansicht unterwirft, sondern ihn in verschiedenen Proportionalverhältnissen und Ansichten simultan nebeneinander auf der Bildfläche präsentieren kann.

Diese Gegenstandszerlegung strebt eine Eigenschaftserforschung der körperlichen Wirklichkeit im Sinne von Sichtbarmachung tatsächlicher Meßverhältnisse an. Die technische Ausführung dieser Eigenschaftsanalyse bedient sich der theoretischen Logik einer konstruierten Raumordnung, die als solche nicht mehr der einseitigen Abhängigkeit des perspektivischen Illusionsraumes unterworfen ist. So kann sie den Gegenstand simultan in seinen verschiedenen Ansichten präsentieren und erreicht eine vielschichtigere Darstellung der meßbaren Volumenverhältnisse als in der perspektivischen Blickbegrenzung.

Der primäre Anlaß für GEORGES BRAQUES (1882–1963) Abwendung von der anfänglich betriebenen fauvistischen Malweise ergibt sich aus der Beschäftigung mit kultischen Negerplastiken, in denen massiv und eindrucksvoll die Wirkungsbreite kubisch-einfacher Strukturierung der Reliefoberfläche aufleuchtet. Auf der großen Cézanne-Gedächtnisausstellung 1907 im Pariser Herbstsalon findet Braque jene geometrischen Bauvolumen auf dem Leinwandgemälde wieder, die ihm in den Negermasken aufgefallen waren, und er beschäftigt sich danach eingehend mit Cézannes aperspektivischem Raumaufbau durch kubische Formen. Diese Anregung veranlaßt Braque zur Einführung der kubischen Elemente Cézannes in seine fauvistische Landschaftsmalerei, die er nun durch gestaffelte Raumeinheiten verfestigt, indem er sie in organische Kreisformen und eckig-tektonische Strukturen differenziert. Die emotionale Dynamik im Bildausdruck fauvistischer Landschaftsmalerei verwandelt sich nun durch schematisierende Rationalisierung in eine zeitenthobene, starre Monumentalität. 1908 zeigt Braque diese gegliederten Landschaftsbilder erstmals in Daniel-Henry Kahnweilers Pariser Galerie, wo sie sofort von den Kritikern mit der Kennzeichnung ›kubistisch‹ belegt werden.

Gleichzeitig mit Braques ersten Werken im kubistischen Stil entsteht Picassos Bild *Les Demoiselles d' Avignon* (1907), das die kubistische Geometrisierung in die Figurendarstel-

1 Henri Matisse, Luxus, 1907

2 Paul Signac, Die roten Türme (Detail), 1913

3 Ernst Ludwig Kirchner, Der Knabe mit dem Vogel, 1918/19

4 Marc Chagall, Das bäuerliche Leben, 1925

5 Emil Nolde, Blumengarten, 1919

6 Karl Schmidt-Rottluff, Mond im Dorf, 1924

7 Paul Klee, U 1 (201) ›Burg und Sonne‹, 3/1928

8 Wassily Kandinsky, Im Blau, 1925

9 Robert Delaunay, Propeller, 1923

10 Lyonel Feininger, Architektur II (Der Mann von Potin), 1921

11 August Macke, Mutter und Kind im Park, 1914

12 Franz Marc, Füchse, 1913

13 Carlo Carrà,
Stilleben mit Siphon, 1914

14 Umberto Boccioni, Der Lärm der Straße dringt in das Haus, 1911

15 Georges Braque, Flasche und Zeitung, 1911

16 Pablo Picasso, Flasche, Glas und Geige, 1913

17 Oskar Schlemmer, Einzelfigur auf grauem Grund, 1928

18 Willi Baumeister, Flächenbalance, 1920

19 Laszlo Moholy-Nagy, Komposition Z VIII, 1924

20 Francis Picabia, Federn, 1921

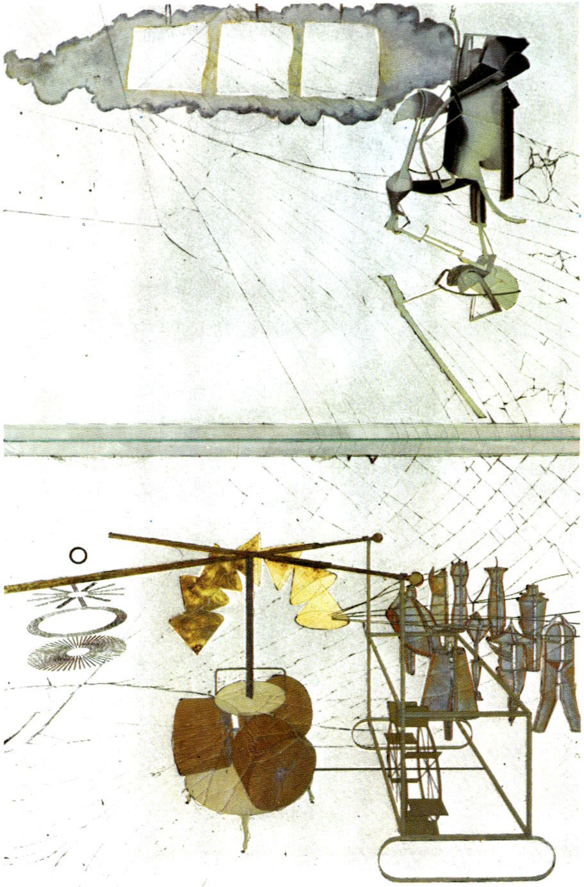

21 Marcel Duchamp, Die Neuvermählte von ihren Junggesellen entkleidet, 1915–23

22 Kurt Schwitters, Merzbild 15 A: Das Sternenbild, 1920

23 Max Ernst, Deux figures ambigues, 1919/20

24 Salvador Dali, Geburt der flüssigen Wünsche, 1932

25 René Magritte, Der wunde Punkt, 1955

26 Giorgio de Chirico,
Beunruhigende Musen, 1916

27 Joan Miró,
Person, einen
Stein nach
einem Vogel
werfend, 1926

28 Kasimir Malewitsch, Komposition, 1919

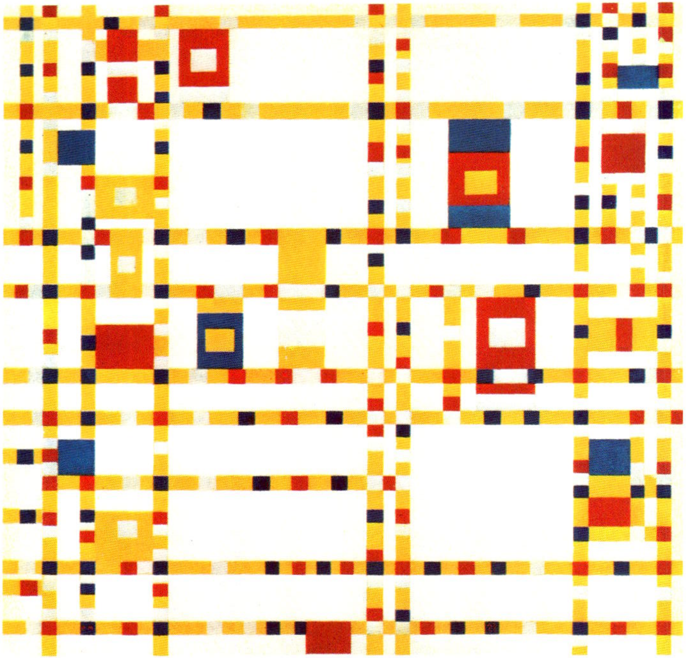

29 Piet Mondrian, Broadway Boogie-Woogie, 1942/43

30 Josef Albers, Huldigung an das Quadrat: Grüner Duft, 1963

31 Victor Vasarely, Eridan rouge, 1957/1964

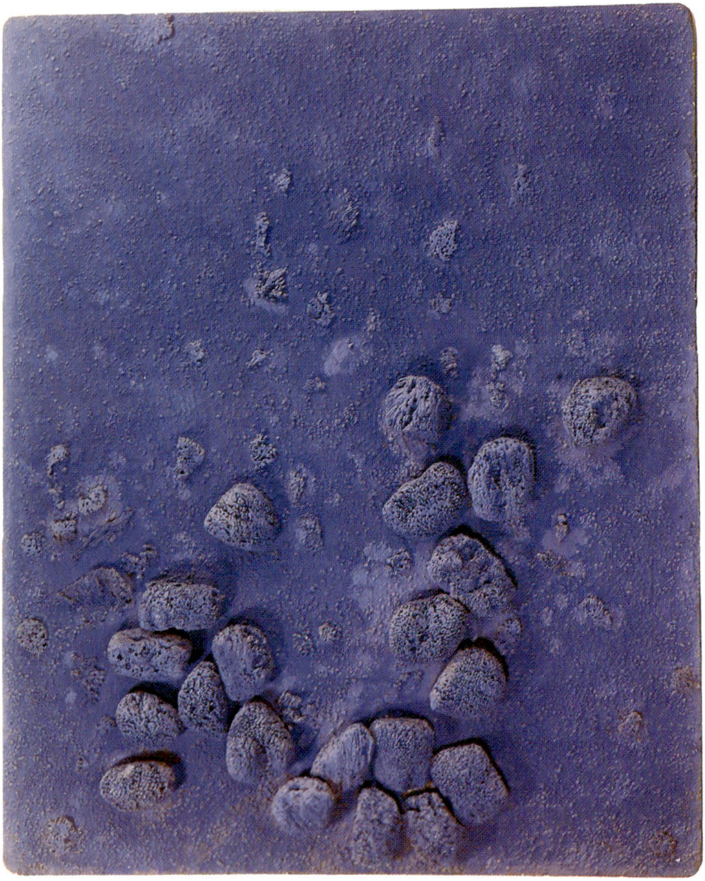

32 Yves Klein, Blaues Schwammrelief, 1958

33 Ad Reinhardt, Red Painting, 1952

lung einführt (Abb. 18). Auch PABLO PICASSO (1881–1973) findet durch die formale Auseinandersetzung mit den Plastiken primitiver Kulturen und durch die Begegnung mit Cézanne zum kubistischen Bildaufbau, obwohl die malerische Entwicklung vor 1907 bei Picasso im Vergleich zu Braques früher fauvistischer Periode völlig anders verlief.

In der ersten Epoche seines Schaffens nach der spanischen Akademiezeit in Barcelona steht Picasso dem schwermütigen Symbolismus und Jugendstil näher als dem hellen Farbenrausch fauvistischer Prägung. Der erste Paris-Aufenthalt 1900 bringt ihn in Berührung mit den impressionistischen Meistern der gesellschaftsbezogenen Milieudarstellung, Toulouse-Lautrec und Degas, die den Anstoß für die zwischen 1901 und 1905 gemalten Bilder der ›Blauen Periode‹ mit ihrer subtilen Schilderung des inneren menschlichen Verhaltens auslösen. Picasso stellt schon in dieser expressiven Periode seine trauernd-melancholischen Gestalten vor einen farblich undifferenzierten Hintergrund, der in seiner transparent wirkenden blauen Grundierung keine perspektivische, sondern eine stimmungsbezeichnende Funktion erfüllt. Um 1905 verändert sich die Tönung des Leinwandgrundes in ein wärmeres Rosa und Terrakotta. Die melancholisch wirkenden Harlekine treten zurück hinter die Darstellung von archaisch-magischen Figuren der spanischen Heimat Picassos. Um 1907 entwickelt Picasso gemeinsam mit Braque den analytischen Kubismus anhand von Stilleben, Landschaften und Figurenbildern (Farbtafeln 15, 16). Schließlich weitet sich die Anwendung der theoretischen Logik innerhalb einer mathematisch freien Raumordnung auf die rein abstrakte Konstruktion von geometrischen Formstrukturen aus, die keine Beziehung mehr zum natürlichen Gegenstandsgefüge aufweisen, sondern ein Kombinationsspiel mit körperlichen Formen betreiben.

3 Entstehung der Collage

Um 1912 verlagert sich das kubistische Experiment der Formanalyse mit den ›Papiers collés‹ und den ersten Collagen auf die konsequente Suche nach einer formalen Befreiung der Farbe von ihrem traditionellen Beschreibungscharakter (Farbtafel 16). Der Wille, die Farbe von der Form zu trennen, resultiert aus der Erfahrung, daß die Farbe durch ihre Existenz als solche in Analogie zum musikalischen Tonakkord ein Spannungsverhältnis erzeugen kann, das ohne jede formale Manipulation reale Wirklichkeit besitzt. Braque erklärt dazu: »Setzen Sie einen gelben Fleck auf die Leinwand und in die gegenüberliegende Ecke einen zweiten, so entsteht sogleich eine Beziehung zwischen den beiden Flecken.« Damit liefert Braque den Beweis, daß Farbe keine formale Kategorie ist, sondern eine eigenständige deskriptive Wirklichkeit offenbart, die zu inhaltlicher Aussage allein durch Farbe auffordert.

1912 setzt Braque diese theoretische Erkenntnis mit den farbigen Klebebildern (Papiers collés) in die künstlerische Realität um und bringt die neuerkannte Eigenschaft der Farbe durch die abstrakte Kombination formloser Farbflecken zur Geltung. Indem Braque verschiedenfarbige Tapetenfragmente aufklebt, benutzt er die Farbe als Thema, gleichwertig einem gemalten Gegenstand. Die Vorstellungskraft des Künstlers isoliert die Farbe als Tonwert und macht sie zum selbständigen Sujet, so daß er nun von dieser Position aus synthetisch »in Formen und Farben denken«[2] und die kreative Bildwirklichkeit aufbauen kann. Die Trennung von Form und Farbe befreit die Malerei von dem Zwang, die Farbe nur als Mittel anekdotischer Beschreibung von Gegenständlichkeit zu verwenden und eröffnet dadurch eine Expansion der Kunst in das breite Spielfeld der abstrakten Einbildungskraft.[3]

Im gleichen Jahr fügt auch Picasso in sein *Stilleben mit dem Rohrstuhl* Stücke von gepreßtem Wachstuch in die Leinwandmalerei ein und begründet damit die Technik der Collage. Während Braque in seinen Klebebildern die deskriptive Eigenschaft der Farbe in die Fähigkeit freisetzt, sich selbst als Bildinhalt auszuweisen, leistet Picasso die Befreiung von der strengen technischen Kategorisierung der flächigen Ölmalerei durch die Einführung gegenständlicher Materialien in das Tafelbild. Indem Picasso reales, bereits geformtes Material zu neuen Kompositionen anordnet und dem Malprozeß einverleibt, eliminiert er die illusorische Existenz des Gegenstandes in der flächigen Leinwandmalerei. Damit verfolgt die Collagetechnik in dem Streben nach realer Gewißheit, nach Objektivität der Kunst, die gleiche Absicht wie der analytische Kubismus.

Der Schriftsteller Pierre Reverdy erklärt dieses kubistische Ziel im einem Aufsatz von 1917: »Wir leben in einer Epoche der Kunst, in der man nicht auf mehr oder minder angenehme Weise Geschichten erzählt, sondern in der man Werke hervorbringt, die außerhalb des Lebens stehen und doch an ihm teilhaben, und ohne die Dinge des Lebens anzudeuten oder nachzubilden, eine eigene Existenz führen. Daher ist die Kunst in höchstem Grade wirklich. Aber ich meine damit eine künstlerische Wirklichkeit, und nicht den Realismus; er ist nämlich genau das Gegenteil von unseren Bestrebungen.«[4]

Die Erfindung der Collage-Technik durch Braque und Picasso erlangt eminente Bedeutung für die Expansion der bildenden Kunst aus dem Bereich der gegenständlichen Beschreibung in das Wirkungsfeld der Einbildungskraft. So benutzen die nachfolgenden Futuristen und Dadaisten die Collage als künstlerischen Ausdruck ihrer Auseinandersetzung mit der modernen, von Technik bestimmten Wirklichkeit, und bis in die Gegenwart zehren die Stilrichtungen verschiedenster Prägung vom Konstruktivismus bis zu Pop Art, Neuem Realismus und Konzeptkunst von den methodischen Errungenschaften dieser ersten Klebebilder.

4 Synthetischer Kubismus

Ab 1913 leistet die kubistische Malerei eine kritische Bestandsaufnahme ihres analytischen Prozesses und schafft die notwendige Rückbesinnung auf die Manifestation im Gegenständlichen, ohne die neugewonnenen Ergebnisse der Abstraktion zu verleugnen. Die nun folgende synthetische Periode des Kubismus realisiert die Vermittlung zwischen der analytisch gewonnenen, abstrakten Struktur und den Gegebenheiten der dinghaften Wirklichkeit. Picasso, Braque und Juan Gris erfinden nach den Papiers collés eine spezifische Anschauungsform des Dinglichen durch die wechselseitige Funktionalisierung von sachlichem Bildinhalt und struktureller Flächengliederung, die jedoch beide Bereiche des Bildaufbaus in ihrer gestalthaften Autonomie beläßt. Der thematisierte Gegenstand weist sich selbst als gemalt aus und wird zugleich transparent für das orchestrale Aufleuchten eines formalen Ordnungsgefüges der Fläche, die ihrerseits neue ästhetische Möglichkeiten der dinglichen Darstellung eröffnet.

Die Phase der Reduktion des dreidimensionalen Illusionismus ist in der synthetischen Flächenmalerei des späten Kubismus gänzlich abgeschlossen, die Imitation von perspektivischer Körperansicht weicht der gebauten Flächenarchitektur. »Die Malerei ist von allen Künsten die freieste. Formen und Farben spielen in der Fläche, bilden ein Gewebe, dessen Vielfalt bis ins Unendliche geht; nicht Grenze, sondern tausendfältig geknüpfte Beziehung ist ihrem Wesen gemäß« (Gris). Die fast monochrom erscheinende Farbgestik des analytischen Kubismus erlangt im synthetischen Kubismus nach ihrer Lösung aus dem Zwang formaler Kategorisierung wieder Leuchtkraft und Variationsbreite; sie steigert sich durch den Einfluß der futuristischen Dynamik zu intensivierter Ausdrucksfähigkeit.[5]

Die dynamisch lyrische Kompositionskraft der verselbständigten abstrakten Farbwirkung erzeugt ein spezifisches Spannungsverhältnis zum linearen Strukturgefüge des architektonischen Bildaufbaus. So wird die monumentale Starre Cézannescher Prägung in den analytisch gemalten Bildern jetzt von der harmonischen Bewegung der rhythmisierten Farbwerte abgelöst, die wie musikalische Akkorde zusammenklingen.

JUAN GRIS (1887–1927) übernimmt nach einem gemeinsamen Aufenthalt mit Picasso in Céret (Sommer 1913) die Rolle des denkerischen Experimentators und wird zum wichtigsten Vertreter des synthetischen Kubismus, weil Gris eine konsequente Rationalisierung der Bildkomposition verfolgt, die dem Betrachter eine überzeugende Sinngebung vermitteln will. Gris ordnet lineare Form und abstrakte Farbe zu synthetischen Kompositionen, ohne der Farbe eine Beeinträchtigung ihrer abstrakten Freiheit zuzufügen, indem er das Licht von einer Seite so auf die Gegenstände einwirken läßt, daß die kantige Schärfe seiner kubistischen Lineatur der Logik von Schattenwirkung entspricht und auf diese Weise der Weg von der »malerischen Mathematik« zu einer »darstellenden Physik«[6] beschritten wird (Abb. 17).

Diese Rückbesinnung auf die dinghafte Wirklichkeit erweist sich für Gris deswegen als rational notwendig, weil Malerei für ihn ex definitione Beschreibung der Erscheinungsvielfalt von Wirklichkeit sein soll und nur insofern zur rein mathematischen, konstruktiven Analyse legitimiert ist, als dadurch neue bildnerische Mittel erschlossen werden. Daher benutzt Gris auch die Klebetechniken der Collagierung mit einer stärkeren Tendenz zur demonstrativen Selbstdarstellung des materiellen Elementes. Die gleiche Absicht findet sich bei Picasso und Braque, wenn Zeitungsfragmente, einzelne Buchstaben und Inschriften als tastbare Wahrzeichen aus dem schöpferischen Arsenal der Dingwelt in die Malerei integriert werden. Der Ausbruch des Ersten Weltkrieges sprengt die Geschlossenheit der synthetisch-kubistischen Kunstperiode, Picasso trennt sich von Braque und Gris, um für sich selbst die Beschäftigung mit dem kubistischen Formexperiment zu beenden. Gris' kreative Schaffenskraft innerhalb der kubistischen Methodik endet mit dem Beginn seiner schweren Krankheit 1921, und Braques später Nachkriegskubismus verliert sich in die dekorhafte Auflösung.

5 Futurismus und Kubofuturismus

Die erste theoretische Abhandlung über den Kubismus entsteht aus der Feder der beiden kubistischen Maler Gleizes und Metzinger, die mit ihrem malerischen Werk in der dekorativen Nachahmung des analytischen und synthetischen Kubismus von Picasso und Braque weit hinter der Bedeutung ihrer theoretischen Leistung zurückbleiben. Ihr 1912 geschriebenes Buch ›Du Cubisme‹ findet schnell großen Anklang in den fortschrittlichen Künstlerkreisen Europas und wird bald als Standard-Handbuch für kubistische Malweise verwendet. Darüber hinaus vermittelt die erste große Futuristenausstellung Februar 1912 im Kunst-Mekka Paris eine wechselseitige fruchtbare Auseinandersetzung zwischen dem französischen Kubismus und dem italienischen Futurismus.[7] Obwohl die unmittelbare Reaktion der Kubisten auf die Werke Umberto Boccionis und Gino Severinis zunächst negativ polemisch ausfällt und die futuristische Abhängigkeit vom Impressionismus mit einiger Geringschätzung konstatiert wird, zeichnet sich doch in der allgemeinen Diskussion, die der Dichter Apollinaire wachruft, ein starker Einfluß des futuristischen Dynamismus auf den Kubismus ab.

Im Gegensatz zu der malerischen Entwicklung kubistischer und expressionistischer Gestaltungsformen entstand der Futurismus gleichsam aus der Retorte im programmatischen Entwurf des Dichters Marinetti, der im literarisch-revolutionären Paris der Jahrhundertwende engste Beziehungen zu den künstlerischen Kreisen des Symbolismus und des Jugendstils pflegte. Denn während die bildende Kunst zwischen den Jahren 1905 und 1915 in Frankreich von den Formexperimenten des Kubismus und in Deutschland von den verschiedenen Ausprägungen expressiver Gestaltung bestimmt war, hatte die Malerei in Italien, gelähmt durch die einseitige Fixierung auf das klassisch-ästhetische Erbe, lange Zeit hindurch keine richtungweisende Stilepoche hervorgebracht. Erst die allmählich expandierende internationale Kunstbeteiligung an der 1895 begründeten Biennale von Venedig schaffte den geistigen Raum modernen Denkens für den eruptiven Aufstieg des Futurismus aus dem epigonalen Spätimpressionismus Italiens.

Künstlerisch begeistert von den rhythmisch-formalen Variationsmöglichkeiten des symbolistischen ›vers libre‹ und technisch fasziniert von der Geschwindigkeit moderner Verkehrsmittel wie Automobil und Lokomotive, proklamiert Marinetti am 20. Februar 1909 im ›Figaro‹ das Prinzip Bewegung im ersten Manifest des Futurismus zur ästhetischen Grundmaxime futuristischer Kunst:

»Wir wollen die kämpferische Bewegung, die fiebernde Schlaflosigkeit, den gymnastischen Schritt, den gefahrvollen Sprung, die Ohrfeige und den Faustschlag preisen.

Wir erklären, daß der Glanz der Welt um eine neue Schönheit reicher geworden ist, um die Schönheit der Schnelligkeit. Ein Rennautomobil, dessen stählernen Leib dicke Rohre schmücken, in denen glühender Schlangenatem wallt..., ein heulendes Auto, das auf Kartätschen zu laufen scheint, ist schöner als die Nike von Samothrake.«

Aus diesen Sätzen spricht ein optimistisches Kollektivbewußtsein gegenüber dem technischen Fortschritt und seinen Errungenschaften, das zu den gleichzeitig entstehenden Bildern

Umberto Boccioni, Figur in Bewegung, um 1913

von Munch mit dem Ausdruck expressiver Schwermut des vereinzelten Menschen in radikaler Weise kontrastiert.

Die provokative Behauptung Marinettis »Schönheit gibt es nur im Kampf« vollzieht den Bruch mit der Ästhetik des 19. Jahrhunderts, die das klassische Ideal der ausgeglichenen Proportion als Schönheitsideal apostrophierte. Damit tritt die Verherrlichung der modernen Welt, der bewegten Massengesellschaft, der Synthese von Natur und Technik, an die Stelle des musealen Bildungsästhetizismus akademischer Tradition. Die symbolistischen Formen des vers libre von Rimbaud und Mallarmé baut Marinetti zu nur noch assoziativ verstehbaren rhythmischen Wortreihungen aus.

Am 11. Februar 1910 findet sich eine Gruppe von fünf Malern, Boccioni, Carrà, Russolo, Balla und Severini, aus dem Kreise spätimpressionistischer Künstler Italiens zusammen, um in einer Flugschrift Marinettis Programm futuristischer Literatur als Basis ihrer Malerei zu proklamieren. Am 11. April 1910 folgt das für die Entwicklung der bildenden Kunst grundlegende ›Technische Manifest der futuristischen Malerei‹, in dem die maltechnischen Voraussetzungen für die Gestaltung des futuristischen Prinzips der Dynamik formuliert werden. Die neuartige Betrachtungsweise kristallisiert sich im Begriff des Divisionismus, der

SEVERINI

Lacerba
Firenze - 1 luglio 1914

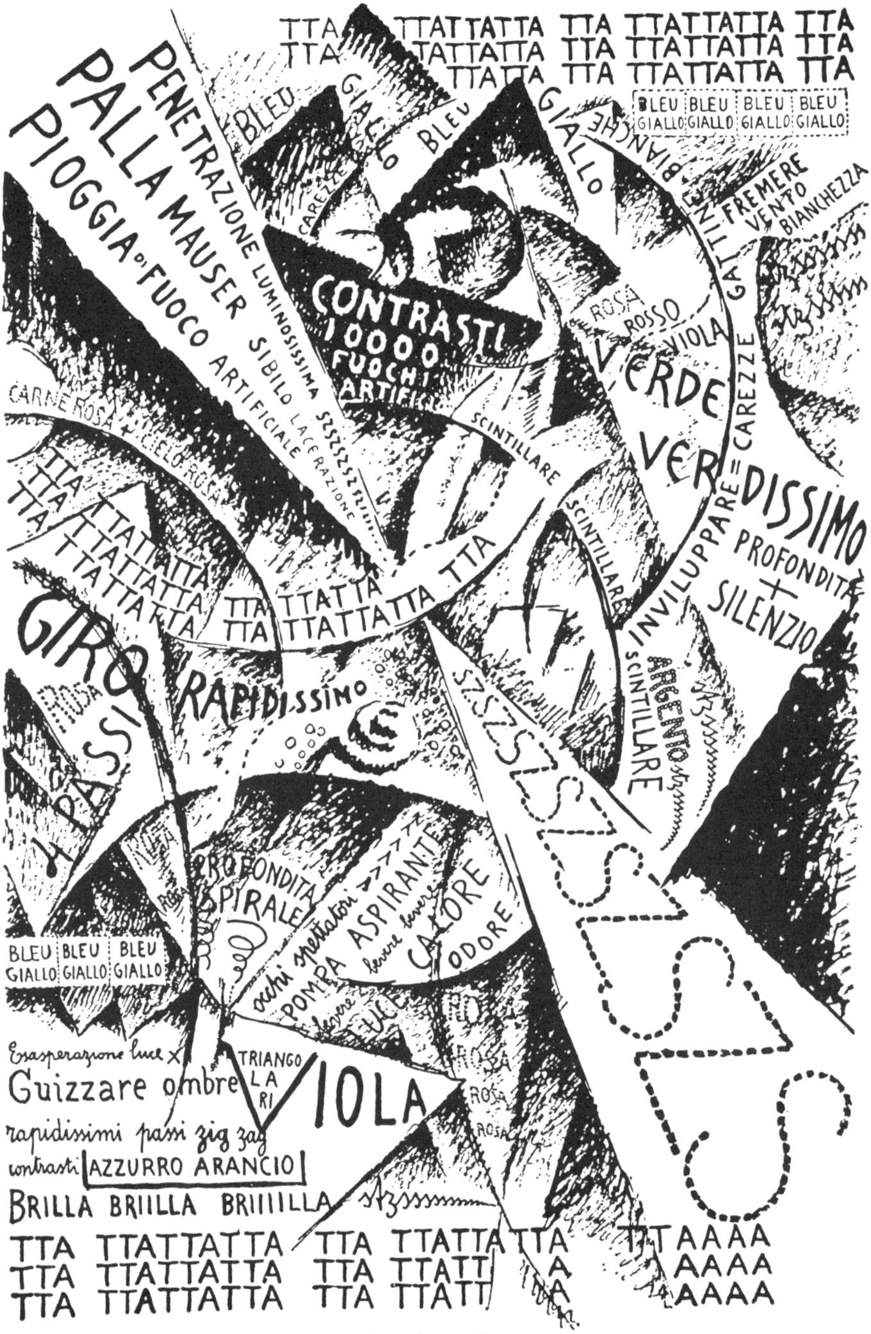

Danza serpentina

Danseuse = mer

sowohl den gehaltlichen Aspekt als auch den formal technischen Bildaufbau bezeichnet. Das künstlerische Anliegen artikuliert sich im simultanen Ausdruck der Geräusch- und Bewegungskulisse der technischen Umwelt und der von ihr psychologisch abhängigen Gefühlsbewegung. Dabei vollzieht sich in der malerischen Vorstellung eine Deformation oder Vervielfachung der Dinge, diese werden durchsichtig infolge der »visuellen Kraft, die den Röntgenstrahlen vergleichbare Resultate erzielen kann«.

Die psychologische Erklärung für die mögliche Umsetzung von Gefühlszuständen in Farbqualitäten liefert Carrà: »Wir glauben nicht zu übertreiben, wenn wir behaupten, daß Gerüche allein schon in unserem Geist Form- und Farbarabesken bestimmen ... Wenn wir uns nämlich mit Blumen, Benzin oder anderen riechenden Stoffen in ein vollständig verdunkeltes Zimmer zurückziehen, schaltet unser bildnerischer Geist alle aus der Erinnerung stammenden Empfindungen aus und baut sehr spezielle bildnerische Einheiten auf.«

Das Sichtbarmachen solcher Gefühlsvibrationen erfordert die Aufhebung des Gegenständlichen in seiner Materialität, d. h. eine Umwandlung der Quantität in Energie (Farbtafel 14). Diese Umsetzung wird einerseits erreicht durch die vom Kubismus übernommene Gegenstandsanalyse, andererseits durch die vom Neoimpressionismus entwickelte Farbzerlegung des pointillistischen »Komplementarismus«:

»Wir müssen die Farbanalysen (Divisionismus von Seurat, Signac und Cross) und die Formanalysen (Divisionismus von Picasso und Braque) kombinieren.«

Die technische Verwandlung der »dynamischen Sensation« (Gefühlsbewegung) in malerische Werte geschieht durch eine als Vibration erscheinende, farbabgestufte und teilweise deformierte Reihung der Gegenstände und Grundlinien. Die pointillistische Farbtechnik, die auf der Möglichkeit von Spannungserzeugung durch die Komplementärgesetzmäßigkeit beruht, schafft die Auflösung des Materiellen in winzige Farbenergien. In gleicher Weise wird die Linie zum Energieträger, ihre relative Bedeutung als Informationszeichen hebt sich durch ihre Umwandlung in eine Folge von rhythmischen »Kraftlinien« auf, die ebenso wie die Farbe in dem Betrachter als ästhetischen Reiz eine unmittelbare, unreflektierte Empfindung hervorrufen sollen.

»Wir wünschen die ästhetische Empfindung zu intensivieren, indem wir in gewisser Weise das Bild sich mit der Seele des Betrachters verschmelzen lassen.«

GIACOMO BALLA (1871–1958) erreicht in seinem Bild *Die Hand des Violinspielers* die Assoziation von Bewegung nicht durch die Wiedergabe einer relativen Bewegung, d. h. durch eine spezifische Finger-Geigen-Konstellation, sondern durch die fächerartige Aufreihung einer Bildabfolge auf einer festen Achse (Abb. 23). Diese als ›Cinematismus‹ bezeichnete Technik provoziert im Betrachter durch den Verzicht auf eine bestimmte Perspektive den Eindruck der Simultaneität von Bewegungen, die sich nicht mehr an Raum-Zeit-Fixierungen orientieren. Das subjektive Empfinden des Künstlers von totaler Bewegung ist so intensiv, daß räumliche und zeitliche Begrenzungen durch die Verabsolutierung

◁ Gino Severini, Danseuse = mer, 1914

des Dynamischen – ähnlich wie im expressiven Schrei Munchscher Bilder – durchbrochen werden. Diese Entmaterialisierung der Dinge macht ihre Beseelung möglich, so daß Farbe und Kraftlinie zu Artikulationsgesten des künstlerischen Empfindens werden können.

Nach 1912 schwindet der Einfluß des Pointillismus und des Expressionismus auf die Futuristen zugunsten einer stärkeren Auseinandersetzung mit dem Kubismus. Während GINO SEVERINI (1883–1966) versucht, die streng geometrischen Auflösungsmittel des Kubismus in ein psychoanalytisches Verfahren umzuwandeln, das den subjektivierten Dynamismus in reiner Form darstellt (Abb. 24), bemüht sich Balla, unbelastet von psychologischen Problemen, das Phänomen Bewegung durch das kubistische Linienspiel und die dadurch möglichen Variationen von rhythmischen Farbbrechungen in seinem Formenreichtum sichtbar zu machen. UMBERTO BOCCIONI (1882–1916) wendet sich nach 1912 der Plastik zu und überträgt dabei das technische Programm des futuristischen Manifestes auf den Bereich der Skulptur. LUIGI RUSSOLO (1885–1947) schlägt die Brücke von der futuristischen Malerei zur Musik, indem er ein Musikinstrument, das Intonarumori (Geräusch-Orgel) konstruiert, das verschieden geartete Töne simultan erklingen läßt (›Lacerba‹, 1. 7. 1913: ›Geräuschkunst‹). Angeregt durch seine Reflexionen über eine »totale Malerei, welche die tätige Mitwirkung aller Sinne verlangt« (›Lacerba‹, 1. 9. 1913: ›Die Malerei der Töne, Geräusche und Gerüche‹), schafft CARLO CARRÀ (1881–1966) in seinen Papiers collés eine Ausweitung der bildnerischen Möglichkeiten mit Hilfe der kubistischen Collagetechnik (Farbtafel 13). Nach 1916 rückt er in die Nähe von de Chirico, wird um 1920 zum Theoretiker der Pittura Metafisica[8] und wendet sich schließlich dem Neuakademismus des Novecento zu, der in der Rückwendung zum Klassizismus für die Säuberung malerischer Ausdrucksmittel eintritt und faschistoide Züge annimmt.

Damit hat der Futurismus in einer retrospektiv-reaktionären Umkehrung sein Ende gefunden, gleichzeitig aber wird das futuristische Ideengut von einigen Künstlern der russischen Avantgarde im Sinne einer fortschrittsträchtigen revolutionären Kunst der Zukunft weitergeführt, während der anarchistische Schwung futuristischer Veranstaltungen in der direkten Auseinandersetzung mit dem Pro und Kontra der Volksreaktion die Dadaisten zu ihren Züricher Dada-Abenden des Cabaret Voltaire inspiriert, wobei jedoch die Gefahr eines hypertroph nationalistisch gefärbten politischen Engagements, der die Futuristen erlagen, durch die Verabsolutierung individueller Freiheit gebannt wird. Der Eindruck der Schrecken des Ersten Weltkrieges bewirkt dann eine ironische Relativierung des unbedingten futuristischen Fortschrittsdenkens, das noch wenige Jahre vor 1914 eine orgiastische Kriegsverherrlichung durch Marinetti im Anschluß an Nietzsches »Umwertung aller Werte« ermöglicht hat.[9]

Der Gedanke Carràs von der Schaffung einer Totalkunst, die den visuellen Eindruck simultan mit Geräusch- und Geschmackswahrnehmungen verbindet, und die bruitistische Musik Russolos werden von den Dadaisten Huelsenbeck, Janco und Tzara im kabarettistischen Vortrag ihrer Simultandichtungen fortgesetzt. Die Lautgedichte des Dada-Künstlers Hugo Ball stehen in unmittelbarer Nähe zu Marinettis freien Wortreihungen, und der Versuch von Richter und Eggeling, 1918 ein »Analogieverhältnis zwischen Musik und

Malerei« zu finden, hat seine Grundlage in den futuristischen Simultanexperimenten der Ton- und Malkunst. Vor allem im Bereich der künstlerischen Techniken übt der Futurismus entscheidenden Einfluß auf die Dada-Bewegung aus. Die Verwertung moderner Fototechnik in der Malerei, die bei den Dadaisten ein bedeutendes Experimentierfeld wird, ist von den Futuristen erstmalig aufgegriffen worden, und Boccionis Übernahme von Objektfragmenten in die Komposition schafft den Brückenschlag zwischen den kubistischen Collagebildern von Picasso und Braque zu Dada und Neodada, die eine Vielzahl kombinierter Maltechniken entwickeln.

6 Orphischer Kubismus

Während Gleizes und Metzinger vorwiegend ein technisches Kompendium des Kubismus liefern, leisten die theoretischen Schriften des Dichters Apollinaire eine wesentlich gründlichere Analyse kubistischer Denkart und Gestaltungsabsicht. Apollinaire selbst wird nach 1912 zum Mittelpunkt einer eigenständigen kubistischen Stilrichtung, die sich Orphismus nennt und für den Bereich der bildenden Kunst eine ähnliche Entwicklung fordert, wie sie die hermetische Lyrik[10] des jungen italienischen Dichters Ungaretti mit ihrer reinen musikalischen Poesie im Anschluß an das futuristische Programm Marinettis vorzeichnet.

ROBERT DELAUNAY (1885–1941), der aus der Schule des Seuratschen Neoimpressionismus kommt und daher im Gegensatz zu den Cézanne verpflichteten Kubisten Picasso und Braque das Hauptgewicht auf die Farbe verlegt, wird zur tragenden Persönlichkeit des orphischen Kubismus. Delaunay konzipiert nach 1912 diese neue Variante kubistischer Malerei, indem er die denkerische Methodik des analytischen Kubismus mit den wissenschaftlich gewonnenen Farbtheorien der neoimpressionistischen Schule verbindet. Die Begegnung mit dem Futurismus in der Pariser Ausstellung provoziert die Rückbesinnung Delaunays auf das Gliederungssystem des Seuratschen Bildaufbaus, der sich als proportionierte Farbrhythmik demonstriert. Im italienischen Futurismus findet Delaunay dieses mit dem Begriff Farbdivisionismus gekennzeichnete Erbe neoimpressionistischen Ursprungs in veränderter Form wieder. Die festgefügte, fast starre Farbstrukturierung Seurats ist in ein dynamisch freies Spiel von Form und Farbe verwandelt worden, das nicht mehr eine gegenständliche Beschreibung liefert, sondern das Phänomen Bewegung an sich, also ein Abstraktum, darstellen will. Die fauvistische Leuchtkraft der Farbe in den Bildern Severinis verwandelt sich bei Delaunay in ein konstruktives Proportionsspiel mit der Farbe, das die emotionale Kraft der Farbe als Tonwert aus ihrer orchestralen Klangfähigkeit erschließt. Das farbige Licht sprengt daher bei Delaunay in seiner spektralen Leuchtkraft die grafisch betonte Lineatur und entfernt sich fast ganz von einer gegenständlich-körperhaften Fixierung. »Der zerrissene Kubismus faßte alle kämpferischen Elemente der Malerei zusammen. Mit dem Wort ›zerrissen‹ meine ich, daß im Kubismus verschiedene ›zerreißende‹ Kräfte tätig waren. Mir aber erschienen diese Anklänge an Gegenstände, diese dinglichen Abfälle in meinen Bildern als schädlich. Freilich hatte ich die Absicht, diese objektiven Bilder in

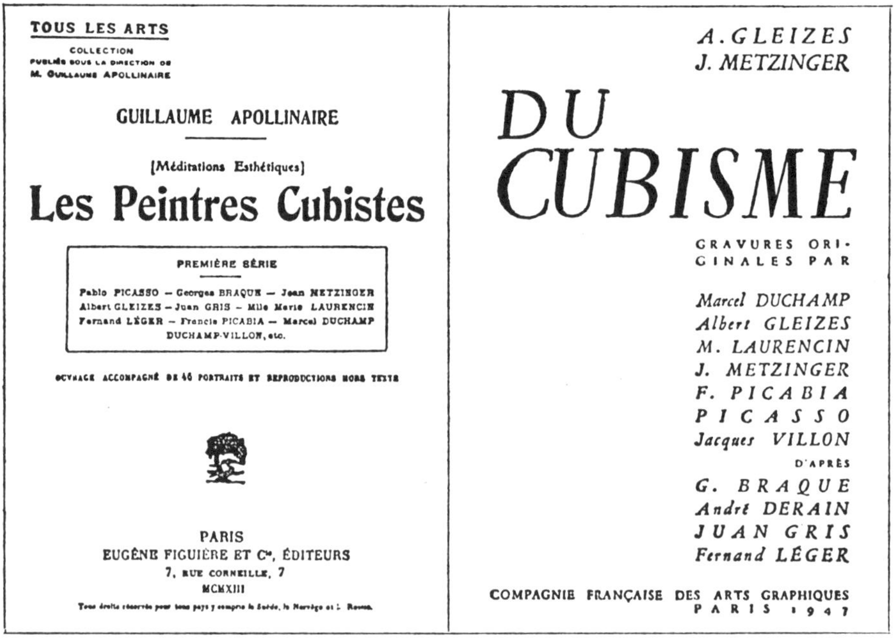
TOUS LES ARTS
COLLECTION
PUBLIÉE SOUS LA DIRECTION DE
M. GUILLAUME APOLLINAIRE

GUILLAUME APOLLINAIRE

(Méditations Esthétiques)

Les Peintres Cubistes

PREMIÈRE SÉRIE

Pablo PICASSO — Georges BRAQUE — Jean METZINGER
Albert GLEIZES — Juan GRIS — Mlle Marie LAURENCIN
Fernand LÉGER — Francis PICABIA — Marcel DUCHAMP
DUCHAMP-VILLON, etc.

OUVRAGE ACCOMPAGNÉ DE 46 PORTRAITS ET REPRODUCTIONS HORS TEXTE

PARIS
EUGÈNE FIGUIÈRE ET Cie, ÉDITEURS
7, RUE CORNEILLE, 7
MCMXIII

A. GLEIZES
J. METZINGER

DU CUBISME

GRAVURES ORIGINALES PAR
Marcel DUCHAMP
Albert GLEIZES
M. LAURENCIN
J. METZINGER
F. PICABIA
PICASSO
Jacques VILLON
D'APRÈS
G. BRAQUE
André DERAIN
JUAN GRIS
Fernand LÉGER

COMPAGNIE FRANÇAISE DES ARTS GRAPHIQUES
PARIS 1947

Erste Veröffentlichungen über den Kubismus

farbigen Rhythmen aufzulösen, aber diese Bilder waren anderer Art: diese greifbaren Formen sind als Ganzes nicht gleicher Natur, es besteht also kein Zusammenhang. Im Kubismus störten diese Anspielungen auf die Gegenstände nicht, da der Kubismus grafisch und seine Bildgestaltung linear ist, aber sobald die Farbe auftritt, deren Wesen dynamisch und dem Linearen entgegengesetzt ist, entsteht ein Konflikt. So kam ich auf den Gedanken, die Bilder, die man in der Wirklichkeit wahrnimmt, die Gegenstände, die die farbige Ordnung zerstören, auszumerzen. Ich nahm also die Malerei aus der Farbe in Angriff.«[11]

Obwohl Delaunays Bildstruktur in ihrer Tendenz zur körperlichen Auflösung antikubistisch erscheint, bleibt die Grundposition dem Kubismus verhaftet. Delaunay schafft in seinen Bildern einen rein aus Farbe aufgebauten Bildorganismus, der unabhängig von der Außenwelt in sich existiert; Licht, Farbe und rhythmische Komposition vereinen sich zu dynamischer Harmonie (Farbtafel 9).

Diese Art der Bildsyntax, die sich in hermetischer Verschlüsselung aus dem stofflich bezogenen Formsystem in die reine lyrische Malerei zurückzieht, wird von Apollinaire mit der Kennzeichnung ›orphisch‹ belegt, weil sie ganz auf den Ausdrucksapparat des Sinnlich-Wahrnehmbaren verzichtet und ihre vergeistigte Bildsprache mt abstrakter Gesetzmäßigkeit entwickelt. Diese Kunst will »reine Malerei« sein, »ebenso wie die Musik reine Literatur ist, ... um die Größe der metaphysischen Formen auszudrücken«.[12]

Fernand Léger, Jazz

Das Ziel, eine reine Malerei zu schaffen, wird zur verbindenden Idee der sonst so verschiedenen Maler des orphischen Kubismus, die ihre erste umfassende Pariser Ausstellung, die ›Section d'Or‹, zur Manifestation ihrer Absichten erheben.

»Die Werke der orphischen Maler sollen ein ungetrübtes ästhetisches Wohlgefallen hervorrufen, zugleich aber eine sinnfällige Konstruktion und eine sublime Bedeutung, das heißt das Sujet wiedergeben. Das ist reine Kunst. Das Licht der Werke Picassos enthält diese Kunst, die auch Robert Delaunay ersinnt und um die sich ferner Fernand Léger, Francis Picabia und Marcel Duchamp bemühen.«[13]

FERNAND LÉGER (1881–1955) widmet sein Werk der Darstellung von Dynamik, benutzt aber dazu in Anlehnung an den Kubismus von Braque und Picasso einen aus einfachen Kuben entwickelten Raum, so daß man seine Malerei bisweilen auch mit dem Begriff ›Zylindrismus‹ kennzeichnet. Im Gegensatz zu Braque und Picasso bleibt jedoch Légers Malerei in ihrer Motivik stärker figurativ, wobei vor allem das moderne Großstadtklima zwischen Jazz-Rhythmen und Maschinengeräuschen zum Ausdruck gelangt.

Neben den von Apollinaire angeführten Künstlern rechnen sich auch Villon und Kupka dem Orphismus zu. Die kubistischen Bilder von JACQUES VILLON (1875–1963), dem älteren Bruder des großen Dadaisten Marcel Duchamp, zeichnen sich durch ein sorgfältig gegliedertes harmonisches Liniensystem aus, das – von zarten Farbakkorden getragen – in Parallele zum Futurismus das Wesen der Bewegung zur Erscheinung bringen will. Der gebürtige Tscheche FRANK KUPKA (1871–1957), der ab 1895 in Frankreich ansässig ist, wird zum Vermittler zwischen Robert Delaunay und dem Blauen Reiter, während LYONEL FEININGER (1871–1956) die Brücke vom Orphismus zum Bauhaus schlägt, wo kubistische und expressive Elemente eine innovative Verarbeitung erleben (Farbtafel 10).

7 Kubistische Plastik

In der ersten Dekade des 20. Jahrhunderts findet einerseits die skulpturale Tradition des 19. Jahrhunderts in der verfeinerten Modelliertechnik von PIERRE BONNARD (1867–1947) und AUGUSTE RODIN (1840–1917) ihren eindrucksvollen Kulminationspunkt, andererseits kommt aber auch bereits – wie in der Malerei – ein ausgeprägtes neues Form- und Ausdrucksvokabular an die Oberfläche, das für die nachfolgenden Stilentwicklungen wegweisende Bedeutung erlangt. Diese neuen Impulse erwachsen, wie bereits erwähnt, aus dem Einfluß der ozeanischen und afrikanischen Kultplastiken, der sich zunächst bei Gauguin, Derain und de Vlaminck niederschlägt. Von Derain und Gauguin geht dann eine wesentliche Vermittlerrolle auf Picasso aus, der sich ab 1905 intensiv mit der afrikanischen Fetischkunst beschäftigt und deren blockhafte Konzeption für eigene Plastiken nutzt. Kennzeichnend für diesen ethnografischen Einfluß ist nicht mehr wie bei Rodin eine getreue Nachbildung der menschlichen Figur in ihren Bewegungen, sondern eine starke Vereinfachung der Gestalt. Bei Picasso und Constantin Brancusi erwächst aus dieser Quelle eine neue Art der Vergeistigung des Materials, die sich mit einem weiteren neuen Aspekt skulpturalen Ausdrucks paart, dem der Situation des Körpers im Raum, ein Thema, das für die kubistische Plastik prägend wird.

Für diesen zweiten Aspekt der Raumaktivierung durch das gestaltete Materialvolumen erlangt HENRI MATISSE (1869–1954) zentrale Bedeutung, denn ihm gelingt es, den Ausdruck einer Skulptur, der bei den deutschen Expressionisten noch im Volumen selbst verankert bleibt, von der Körpermasse weg in den Umraum zu verlagern, indem er seine Figuren auf lineare, ihrem Bewegungsfluß zwingend folgende Arabesken reduziert.

Das von Matisse erstmals deutlich artikulierte räumliche Umfeld einer Skulptur wird von CONSTANTIN BRANCUSI (1876–1957) in der äußersten Beschränkung der Oberflächenmodulation auf eine solche formelhafte Prägnanz gebracht, daß die Figur ein plastisches Geschehen in ihrem Umraum mit metaphorischem Verweischarakter, wie in der berühmten Skulptur des *Vogels im Raum,* entwickeln kann (Abb. 19). Indem Brancusi die langgestreckte Metallspindel seines plastischen Körpers durch eine leichte Beugung des oberen Teils in ihren symmetrischen Gleichgewichtsproportionen irritiert, gelingt es ihm, den unmittelbaren Ausdruck von konzentrierter Vibration – wie bei der Startversammlung eines abflugbereiten Vogels – zu erzeugen, obwohl sich das Material in absoluter Ruhestellung befindet. Solche Hinterlegung der kubischen Skulptur mit einem metaphorischen Verweis, der sich ganz zwanglos unmittelbar einstellt, ist auch typisch für die Verwendung kubischer Formen durch HANS ARP (1887–1966), der diese zu Urformen des Organischen sublimiert und ihre spirituelle Vitalität herausschält (Abb. 20).

Auch von Pablo Picasso geht eine zentrale Neuerung der skulpturalen Oberflächengestaltung aus, indem er durch facettenhafte Strukturierung der plastischen Außenhaut jene Vielperspektivik simultan vergegenwärtigt, die in der kubistischen Malerei mit Hilfe geschachtelter Farbfelder erreicht wird. Diese aufgegliederte Oberflächentektur ist dann kennzeichnend für die Gestaltungsprinzipien von Alexander Archipenko, RAYMOND DUCHAMP-VILLON (1876–1918) (Abb. 21), HENRI LAURENS (1885–1954) (Abb. 15), Rudolf Belling (Abb. 12) und Otto Freundlich, aber auch noch nach dem Kubismus für ALBERTO GIACOMETTI (1901–1966), Willem de Kooning und Henry Moore.

Fasziniert von dieser facettierten Oberflächenbewegung ist auch der italienische Futurist Umberto Boccioni, als er 1912 bei seinem Paris-Aufenthalt die Ateliers der Kubisten besucht und dabei skulpturale Arbeiten von Brancusi, Archipenko, Duchamp-Villon und Picasso sieht. Er übernimmt die kubistische Vielperspektivik, um auf diese Weise die Masse des skulpturalen Volumens in energetische Kraftfelder zu verwandeln und damit das futuristische Prinzip des Dynamismus, der Gleichzeitigkeit mehrerer Bewegungsabläufe, auf die Plastik zu übertragen. »Die Figuration der Bronze *Urformen von Bewegung im Raum* (1913) erscheint wie die Inkarnation menschlicher Dynamik, wie ein Vorwärtsschreiten in einem neuen Raum- und Zeitbegriff (Abb. 22). Gegen diesen in die Zukunft gerichteten Elan des ›futuristischen Supermanns‹ wirkt Rodins *Schreitender* geradezu traditionell und begrenzt in der Veranschaulichung von Aktion.«[14]

Eine weitere bedeutsame und zukunftsträchtige Innovation erbringen Picassos Materialassemblagen wie die *Gitarre* von 1912 (Abb. 34), mit denen das Konstruktionsprinzip des

›Papiers collès‹ in Richtung auf eine Objektkunst erweitert wird. Die nachfolgenden Dada- und Surrealisten-Experimente im Bereich des Plastischen werden diese Initiativen in vielschichtiger Form weiterführen. Die *Gitarre* ist kein illusionistisches Abbild einer Gitarre, sondern sie demonstriert sich durch ihr Material – Eisenblech und Draht – als ein reines Kunstobjekt, das mit einer wirklichen Gitarre nur die körpermäßige Erscheinungsform gemeinsam hat. Das Kunstobjekt Picassos verhehlt auch nicht seine Unbespielbarkeit, denn statt eines geschlossenen Resonanzkörpers, der für eine echte Gitarre wesentlich ist, besitzt das Kunstobjekt eine offene Raumeinheit aus gestaffelten Flächen. Picasso leistet mit dieser Skulptur einen ähnlichen Bewußtwerdungsvorgang, wie ihn Marcel Duchamp zur gleichen Zeit in New York mit seinen Readymades vornimmt. Er differenziert das künstlerische Objekt eindeutig als ›Konstruktion‹ vom realen Objekt und benennt damit das gleiche Phänomen, das Duchamp herausschält, wenn er deutlich macht, daß die isolierte Postierung eines Gegenstandes im musealen Raum diesen als Kunstobjekt neu definiert. Gleichzeitig erweitert er den traditionellen Kanon skulpturaler Werkstoffe um beliebige neue Materialien aus dem Alltagsleben, die er als ebenso variabel gestaltbar ausweist wie Bronze, Holz oder Stein.

Anmerkungen

1 Im Futurismus erhält der Begriff ›Divisionismus‹ eine inhaltliche Erweiterung. Er bezeichnet hier nicht mehr nur eine Reduktionsmethode, sondern darüber hinaus einen bestimmten gehaltlichen Ausdruck.

2 u. 3 Georges Braque, Gedanken und Betrachtungen über die Malerei, in: Nord-Süd, Nr. 10, Dezember 1917.

4 Pierre Reverdy, Über den Kubismus, in: Nord-Süd, Nr. 1, März 1917.

5 Siehe das Kapitel ›Futurismus und Kubofuturismus‹, S. 76ff.

6 Juan Gris, in: Europa, Potsdam 1925.

7 Siehe das Kapitel ›Futurismus und Kubofuturismus‹, S. 76ff.

8 Die Pittura Metafisica ist die Reaktion auf den futuristischen Dynamismus, sie erstrebt die Auflösung psychischer Beklemmung durch den fremdartigen Ausdruck einer entrückten Dingwelt.

9 Die politischen Ansichten der Futuristen waren mit Ausnahme des marxistisch orientierten Boccioni nationalistisch-sozialrevolutionär, woraus sich die starke Resonanz der Zeitschrift *Laberca* bei der Arbeiterschaft Italiens erklärt (siehe Brief des Genossen Gramsci über den italienischen Futurismus vom 8.9.1922, in: Leo Trotzki: Literatur und Revolution.

10 Hermetismus: Die *poesia ermetica* ist eine nach dem griechischen Gott Hermes benannte Richtung der modernen italienischen Lyrik mit den Hauptvertretern Ungaretti und Quasimodo.

11 Robert Delaunay, Aufzeichnungen, in: Art d'aujourd'hui, August 1954.

12 u. 13 Guillaume Apollinaire, Les Peintres Cubistes, VII, Oktober 1912.

14 Andreas Franzke, Skulpturen und Objekte von Malern des 20. Jahrhunderts, Köln 1982, S. 51.

III Dada und Surrealismus als erste Weltsprachen der Avantgarde (1913–1930)

Neben Futurismus, Expressionismus, Fauvismus und Kubismus entwickelt sich in der zweiten Dekade dieses Jahrhunderts auch eine anarchisch sich äußernde Kunstströmung, die auf vielerlei Weise zu schockieren und zu provozieren sucht und von der Hans Richter, ein Beteiligter, im Rückblick gesagt hat, sie sei »wie ein Gewitter über die Kunst jener Zeit hereingebrochen«.

Die europäische Geburt von Dada vollzieht sich 1916 programmatisch im Zürcher ›Cabaret Voltaire‹ mit einer literarischen Demonstration. Aber auch an anderen Orten erwachsen Dada-Aktivitäten, die dann wechselseitig in Kontakt miteinander treten. So formiert sich unter dem Vorzeichen der spektakulären Provokation eine erste internationale Kunstbewegung, die zugleich in Europa und in Nordamerika anzutreffen ist. Denn mit Marcel Duchamp besitzt die Dada-Bewegung seit 1913 einen wichtigen in New York tätigen Vorläufer, der ebenfalls der traditionellen Ästhetik mit den Mitteln des Schocks den Kampf ansagt.

Futurismus und Dadaismus weisen sich als intellektuelle und künstlerische Programme aus, die erstmalig moderne Kommunikationsmittel wie Flugblatt und Zeitschrift für die Verbreitung ihrer Ideen ausnutzen. Ebenso wie das futuristische Sprachorgan ›Lacerba‹ zeigen die verschiedenen Veröffentlichungen der Dada-Bewegung in der Benutzung freier Typografie eine Umsetzung ihres geistigen Selbstverständnisses in adäquate künstlerische Aussageformen.

Die Pariser Surrealisten-Bewegung, initiiert von den Dichtern Louis Aragon und André Breton, konstituiert sich aus futuristischen und dadaistischen Quellen. Wie Futurismus und Dada wird der Surrealismus als Stilrichtung durch programmatische Proklamationen aus Dichtermund eingeleitet, die sich in spontaner Revolte gegen den Rationalismus der formellen Kunstkonventionen wenden und die ›Sprache der Seele‹ als automatischen, unverfälschten Schöpfungsakt postulieren.

Viele Künstler der Pariser Surrealistengruppe gehören vor 1924 dem Zürcher Club Dada an und beteiligen sich an den revolutionär-provokativen Aktionen des berühmten ›Cabaret Voltaire‹. Auch die künstlerische Programmatik der futuristischen Malerei, die das Prinzip der simultanen Bewegung als visuellen Ausdruck von Seelenzuständlichkeit zum fundamentalen Promotor ihrer progressiven psychologischen Bestrebungen deklariert hatte, wird zum befruchteten Element der surrealistischen Weltanschauung, die ihre schöpferische Aktivität aus der dialektischen Bewegung der Einbildungskraft zwischen Traum und Wirklichkeit ableitet.

Im Gegensatz zu Dada und auch zum Futurismus basiert der Surrealismus jedoch auf bestimmten theoretischen Prinzipien und Definitionen, die oftmals in Widerspruch zueinander stehen und sich daher auf das heftigste bekämpfen.

1 Zürich – Dada

Dada ist das Produkt der dialektischen Spannung zwischen einem reduktiven und einem kreativen Impetus künstlerischen Schaffens. Es ist aus der Antiposition zum Expressionismus geboren, der mit seinem Subjektivitätskult und der formal noch traditionsverhafteten Gefühlssprache das gesteckte Ziel einer Sprengung tradierter Ästhetik nach Auffassung der Dada-Künstler nicht verwirklichen konnte. Die Dada-Bewegung hatte ihren europäischen Ausgangspunkt 1916 in Zürich, wo sich zu dieser Zeit eine intellektuelle Emigrantengruppe verschiedenster Herkunft, gezeichnet vom Schicksal des Ersten Weltkrieges, zur Polemik gegen akademisch-dogmatische Kleinbürgerideologie herausgefordert sah. Diese geistige Frontstellung fand ihr Ventil in den Dada-Abenden des Cabaret Voltaire, dessen Premiere der Schriftsteller Hugo Ball zusammen mit seiner Freundin Emmy Hennings, den Malern Arp, Richter und Janco und den Dichtern Huelsenbeck und Tzara am 3. Februar 1916 organisierte. Die Herkunft der Bezeichnung ›Dada‹ ist nicht eindeutig festzulegen. Huelsenbeck berichtet, daß er mit Ball zufällig in einem deutsch-französischen Lexikon bei der Suche nach einem Künstlernamen für die im Cabaret Voltaire gastierende französische Sängerin Madame LeRoy auf den Begriff gestoßen ist. Der Rumäne Ball liefert seinerseits eine Erklärungsvariante: »Dada heißt im Rumänischen ja, ja; im Französischen Hotto- und Steckenpferd. Für Deutsche ist es ein Signum alberner Naivität und zeugungsfroher Verbundenheit mit dem Kinderwagen.«

Das Sinnvolle hinter dem scheinbar Sinnlosen offenbart sich aus dieser zufälligen Begriffsbildung als typische Kennzeichnung für Dada. In ihrer kabarettistischen Arbeit versuchen die Künstler aus der Mehrschichtigkeit ihrer künstlerischen Interessen und Denkansätze die Gestaltungsvielfalt der Wirklichkeit zu erforschen. Arp erklärt dieses Anliegen folgendermaßen:

»Dada ist ohne Sinn wie die Natur. Dada ist für die Natur und gegen die Kunst. Dada ist unmittelbar wie die Natur und versucht jedem Ding seinen wesentlichen Platz zu geben. Dada ist moralisch wie die Natur. Dada ist für den unbegrenzten Sinn und die begrenzten Mittel. Das Leben ist für den Dadaisten der Sinn der Kunst. Die Kunst kann die Mittel mißverstehen und statt begrenzter Mittel unendliche Mittel anwenden. Dann wird nur Leben, nur Natur vorgetäuscht, statt Leben erschaffen. Die akademische Malerei beschreibt, gibt Illusionen statt Leben und Natur. Die akademische Malerei täuscht die Natur und das Leben vor.«

Die anarchische Tendenz der Dadaisten will die Attitüde der Überheblichkeit und den Geniekult des ausgehenden 19. Jahrhunderts in ihren dogmatischen Nachwirkungen vernichten. Dabei sieht sich jedoch die Dada-Polemik – im Gegensatz zur futuristischen

Als ich das Cabaret Voltaire gründete, war ich der Meinung, es möchten sich in der Schweiz einige junge Leute finden, denen gleich mir daran gelegen wäre, ihre Unabhängigkeit nicht nur zu geniessen, sondern auch zu dokumentieren. Ich ging zu Herrn Ephraim, dem Besitzer der „Meierei" und sagte: „Bitte, Herr Ephraim, geben Sie mir Ihren Saal. Ich möchte ein Cabaret machen." Herr Ephraim war einverstanden und gab mir den Saal. Und ich ging zu einigen Bekannten und bat sie: „Bitte geben Sie mir ein Bild, eine Zeichnung, eine Gravüre. Ich möchte eine kleine Ausstellung mit meinem Cabaret verbinden." Ging zu der freundlichen Züricher Presse und bat sie: „Bringen sie einige Notizen. Es soll ein internationales Cabaret werden. Wir wollen schöne Dinge machen," Und man gab mir Bilder und brachte meine Notizen. Da hatten wir am 5. Februar ein Cabaret. Mde. Hennings und Mde. Leconte sangen französische und dänische Chansons. Herr Tristan Tzara rezitierte rumänische Verse. Ein Balalaika-Orchester spielte entzückende russische Volkslieder und Tänze. Viel Unterstützung und Sympathie fand ich bei Herrn M. Slodki, der das Plakat des Cabarets entwarf, bei Herrn Hans Arp, der mir neben eigenen Arbeiten einige Picassos zur Verfügung stellte und mir Bilder seiner Freunde O. van Rees und Artur Segall vermittelte. Viel Unterstützung bei den Herren Tristan Tzara, Marcel Janco und Max Oppenheimer, die sich gerne bereit erklärten, im Cabaret auch aufzutreten. Wir veranstalteten eine RUSSISCHE und bald darauf eine FRANZÖSISCHE Soirée (aus Werken von Apollinaire, Max Jacob, André Salmon, A. Jarry, Laforgue und Rimbaud). Am 26. Februar kam Richard Huelsenbeck aus Berlin und am 30. März führten wir eine wundervolle Negermusik auf (toujours avec la grosse caisse: boum boum boum boum — drabatja mo gere drabatja mo bonooooooooooooo —) Monsieur Laban assistierte der Vorstellung und war begeistert. Und durch die Initiative des Herrn Tristan Tzara führten die Herren Tzara, Huelsenbeck und Janco (zum ersten Mal in Zürich und in der ganzen Welt) simultanistische Verse der Herren Henri Barzun und Fernand Divoire auf, sowie ein Poème simultan eigener Composition, das auf der sechsten und siebenten Seite abgedruckt ist. Das kleine Heft, das wir heute herausgeben, verdanken wir unserer Initiative und der Beihilfe unserer Freunde in Frankreich, ITALIEN und Russland. Es soll die Aktivität und die Interessen des Cabarets bezeichnen, dessen ganze Absicht darauf gerichtetet ist, über den Krieg und die Vaterländer hinweg an die wenigen Unabhängigen zu erinnern, die anderen Idealen leben. Das nächste Ziel der hier vereinigten Künstler ist die Herausgabe einer Revue Internationale. La revue paraîtra à Zurich et portera le nom „DADA". („Dada") Dada Dada Dada Dada.

ZÜRICH, 15. Mai 1916

Hugo Ball, Cabaret Voltaire, Erste Veröffentlichung des Dadaismus

Aggression – in ihrer provokativen Haltung durch eine ständige ironische Infragestellung der eigenen Position relativiert. Sie versteht daher ihr kabarettistisches Engagement einerseits als einen notwendigen skeptisch-analytischen Denkprozeß, der den dogmatischen Unsinn hinter der scheinbar geordneten Zivilisationsumwelt entlarvt, ebenso aber als Befreiung der subjektiven Denkperspektiven vom Ballast kultureller Konventionen und als Schlüssel zu neuen Erfahrungshorizonten. In diesem Sinne ist die Dada-Kunstzerstörung zugleich Kunstregeneration; überhaupt will Dada nicht allein Kunstrichtung sein, sondern sich als Weltanschauung darstellen, die aus dem Studium menschlicher Lebensäußerungen die Erkenntnis gewinnt, daß Kunst nur dann den direkten Bezug zur Wirklichkeit zurückerobern kann, wenn sie nicht mehr auf das künstlerische Entstehungsklima des Staffeleibildes beschränkt ist, sondern Erfahrung aus der Zufälligkeit des Materials bezieht. Diese Kunst muß an-archisch wie das Leben, die Natur sein, wobei der Begriff ›anarchisch‹ in der ursprünglichen Bedeutung einer herrschaftsfreien, dem Zufall aufgeschlossenen Welt verstanden wird. Die formal-idealistische Ästhetik von Schiller bis Hegel verschleiert in ihrer Zielsetzung, durch ein homogenes Formabbild die Materie zu kultivieren, die tatsächliche Wirklichkeit. Nur ein antiformalistisches Denken, das den Zufall der Natur akzeptiert und als kreatives Element für die Kunst fruchtbar macht, schafft nach Meinung der Dadaisten die Freiheit für regenerative Kunst.

Die Dada-Schriftsteller greifen in der Wahl ihrer künstlerischen Ausdrucksformen auf die Sprachformen zurück, die der literarische Realismus des ausgehenden 19. Jahrhunderts als Humor und Ironie entwickelt hat. Auch dort ist die Erfahrung einer Entfremdung von Einbildungskraft und Wirklichkeit Ausgangspunkt für das Streben nach einer neuen Kommunikation zwischen Geist und Welt. Ebenso wie der Realist sucht der Dada-Künstler die unmittelbare Intimität mit der Dingwelt und ist dem ästhetischen Reiz der zufälligen Entdeckung von Interessantem im unscheinbaren Detail aufgeschlossen, wie Arps Zufallcollagenspiel mit ausgeschnittenen Papierformen beweist.

HANS RICHTER (1888–1976) berichtet in seinem Buch ›Dada-Kunst und Antikunst‹ aus dem eigenen Miterleben, wie Arp und Tzara das Prinzip Zufall in ihren künstlerischen Experimenten spielerisch fanden und sich dieses Phänomens durch die psychoanalytischen Schriften von C. G. Jung bewußt wurden, der den Zufall als »Ordnung außerhalb der Kausalität« definiert.[1] MARCEL JANCO (geb. 1895) integriert den Zufall als »neues Stimulans« seinem künstlerischen Schaffen, indem er zufällig gefundene, weggeworfene, von Gebrauch entwertete Materialien wie Draht, Federn, Scherben (objets trouvés) in seine abstrakten Skulpturen einbaut und somit eine Technik begründet, die von Schwitters zur Meisterschaft geführt wird.

TRISTAN TZARA (1896–1963) komponiert Gedichte aus Zeitungsschnipseln und realisiert am radikalsten mit dieser Poetisierung des Alltags die Absage an rationale Konstruktion. Das Erlebnis des Zufalls wird im Verlauf des Experimentierens in die Typografie der Dada-Zeitschriften und in die dichterisch-bruitistischen Vorträge des Cabaret Voltaire übertragen. So entstehen die Simultangedichte von Tzara, von vielen Personen asynchron vorgetragen, die den »Sinn des Durcheinanderjagens aller Dinge« bewußt machen sollen.

Trotz aller Schmähungen, die die Dadaisten gegen vorangegangene und zeitgenössische Kunstbewegungen richten, ist ihre malerische Entwicklung – bei Arp die Nähe zum Kubismus und zum Expressionismus des ›Blauen Reiter‹, bei Richter und dem 1918 zum Zürich-Dada hinzustoßenden Picabia die Auseinandersetzung mit dem Kubismus – ohne diese Stilrichtungen nicht denkbar. In den Publikationen der Dadaisten werden Klee, Macke, Feininger gefeiert, da sie in ihren konfigurativen Abstraktionen Rhythmik sichtbar werden lassen. Auch die abstrakten Figuren von Richter und Arp leben aus ihrem rhythmischen

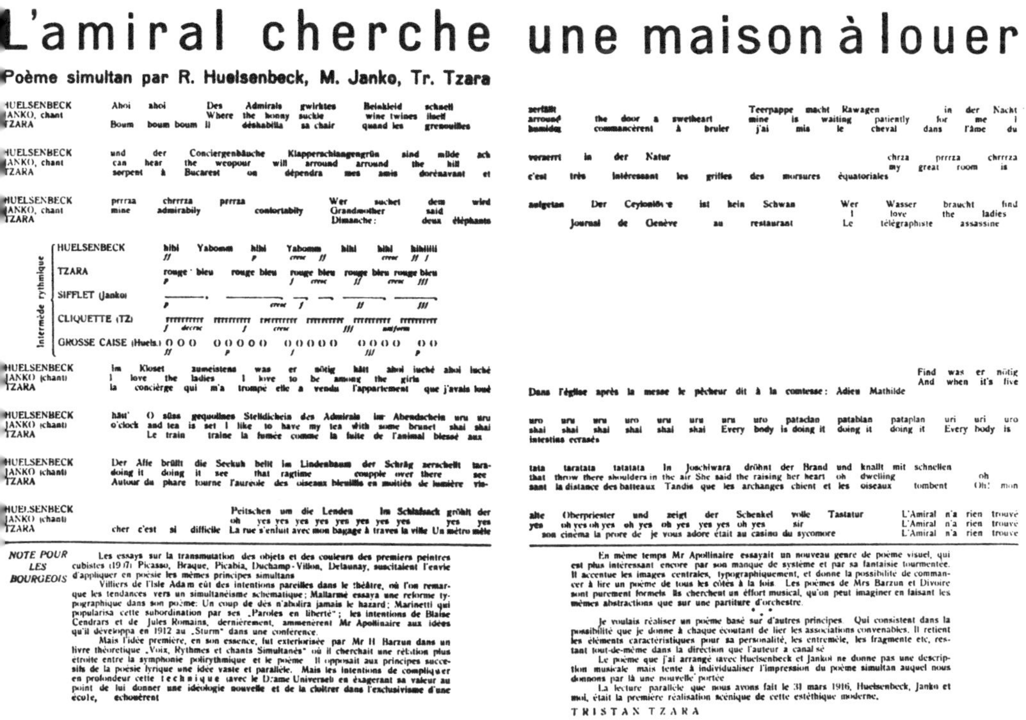

L'amiral cherche une maison à louer

Poème simultan par R. Huelsenbeck, M. Janko, Tr. Tzara

HUELSENBECK Ahoi ahoi Des Admirals gwirktes Beinkleid schnell zerfällt Teerpappe macht Rawagen in der Nacht
JANKO, chant Where the honny suckle wine twines ilself arround the door a swetheart mine is waiting patiently for me I
TZARA Boum boum boum Il déshabilla sa chair quand les grenouilles humides commencèrent à bruler j'ai mis le cheval dans l'âme du

HUELSENBECK und der Conciergenbäuche Klapperschlangengrün sind milde ach verzerrt in der Natur chrza prrrza chrrrza
JANKO, chant can hear the weopour will arround arround the hill my great room is
TZARA serpent à Bucarest on dépendra mes amis dorénavant et c'est très intéressant les griffes des morsures équatoriales

HUELSENBECK prrrza chrrrza prrrza Wer suchet dem wird aufgetan Der Ceylonlöwe ist kein Schwan Wer Wasser braucht find
JANKO, chant mine admirabily confortabily Grandmother said I love the ladies
TZARA Dimanche: deux éléphants Journal de Genève au restaurant Le télégraphiste assassine

Intermède rythmique
HUELSENBECK hihi Yabomm hihi Yabomm hihi hihi hihiiii
TZARA rouge bleu rouge bleu rouge bleu rouge bleu rouge bleu
SIFFLET (Janko)
CLIQUETTE (TZ) rrrrrrrrrr rrrrrrrrrr rrrrrrrrrr rrrrrrrrrr rrrrrrrrrr rrrrrrrrrr
GROSSE CAISE (Huels.) O O O O O O O O O O O O O O O O O O O O

HUELSENBECK im Kloset zumeistens was er nötig hätt ahoi iuché ahoi iuché Find was er nötig
JANKO (chant) I love the ladies I love to be among the girls And when it's five
TZARA la concièrge qui m'a trompé elle a vendu l'appartement que j'avais loué Dans l'église après la messe le pêcheur dit à la comtesse: Adieu Mathilde

HUELSENBECK hätt' O süss gequollnes Stelldichein des Admirals im Abendschein uru uru uro uru uru uro uru uru uro patadan patablan pataplan uri uri uro
JANKO (chant) o'clock and tea is set I like to have my tea with some brunet shai shai shai shai shai shai shai shai Every body is doing it doing it doing it Every body is
TZARA Le train traine la fumée comme la fuite de l'animal blessé aux intestins ecrasés

HUELSENBECK Der Affe brüllt die Seekuh bellt im Lindenbaum der Schräg zerschellt tara-tata taratata tatatata In Joschiwara dröhnt der Brand und knallt mit schnellen
JANKO (chant) doing it doing it see that ragtime coupple over there see that throw there shoulders in the air She said the raising her heart oh dwelling oh
TZARA Autour du phare tourne l'auréole des oiseaux bleuillis en moitiés de lumière vis-sant la distance des batteaux Tandis que les archanges chient et les oiseaux tombent Oh! mon

HUELSENBECK Peitschen um die Lenden Im Schlafsack gröhlt der alte Oberpriester und zeigt der Schenkel volle Tastatur L'Amiral n'a rien trouvé
JANKO (chant) oh yes yes yes yes yes yes yes yes yes yes yes oh yes oh yes oh yes oh yes yes yes oh yes sir L'Amiral n'a rien trouvé
TZARA cher c'est si difficile La rue s'enfuit avec mon bagage à travers la ville Un métro mêle son cinéma la prore de je vous adore était au casino du sycomore L'Amiral n'a rien trouve

NOTE POUR LES BOURGEOIS

Les essays sur la transmutation des objets et des couleurs des premiers peintres cubistes (1907) Picasso, Braque, Picabia, Duchamp-Villon, Delaunay, suscitaient l'envie d'appliquer en poésie les mêmes principes simultans

Villiers de l'Isle Adam eût des intentions pareilles dans le théâtre, où l'on remarque les tendances vers un simultanéisme schématique; Mallarmé essaya une reforme typographique dans son poème: Un coup de dés n'abolira jamais le hazard; Marinetti qui popularisa cette subordination par ses „Paroles en liberté"; les intentions de Blaise Cendrars et de Jules Romains, dernièrement, ammenèrent Mr Apollinaire aux idées qu'il développa en 1912 au „Sturm" dans une conférence.

Mais l'idée première, en son essence, fut exteriorisée par Mr H Barzun dans un livre théoretique „Voix, Rythmes et chants Simultanés" où il cherchait une rélation plus étroite entre la symphonie polirythmique et le poème. Il opposait aux principes successifs de la poésie lyrique une idée vaste et parallèle. Mais les intentions de compliquer en profondeur cette t e c h n i q u e (avec le Drame Universel) en éxagerant sa valeur au point de lui donner une idéologie nouvelle et de la cloîtrer dans l'exclusivisme d'une école, echouèrent

En même temps Mr Apollinaire essayait un nouveau genre de poème visuel, qui est plus intéressant encore par son manque de système et par sa fantaisie tourmentée. Il accentue les images centrales, typographiquement, et donne la possibilité de commancer à lire un poème de tous les côtés à la fois. Les poèmes de Mrs Barzun et Divoire sont purement formels. Ils cherchent un éffort musical, qu'on peut imaginer en faisant les mêmes abstractions que sur une partiture d'orchestre.

Je voulais réaliser un poème basé sur d'autres principes. Qui consistent dans la possibilité que je donne à chaque écoutant de lier les associations convenables. Il retient les éléments caractéristiques pour sa personalité, les entremêle, les fragmente etc, restant tout-de-même dans la direction que l'auteur a canalisé

Le poème que j'ai arrangé (avec Huelsenbeck et Janko) ne donne pas une description musicale mais tente à individualiser l'impression du poème simultan auquel nous donnons par là une nouvelle portée

La lecture parallèle que nous avons fait le 31 mars 1916, Huelsenbeck, Janko et moi, était la première réalisation scénique de cette estéthique moderne.

T R I S T A N T Z A R A

Simultangedicht ›Cabaret Voltaire‹, 1916

Spannungs- oder Harmonieverhältnis. So versuchen Richter und der Däne Viking Eggeling gemeinsam eine Kombination von Malerei und Musik zu verwirklichen, indem sie mit den Mitteln eines orchestral gesteigerten, kubistisch-figurativen Linienspiels das musikalische Prinzip der Kontrapunktik ins Bild umsetzen.

Die Aktivität des Zürich-Dada findet ihren Höhepunkt und Abschluß in der Dada-Manifestation vom 9. April 1919, die zu einer großartigen Totalkunstschau und damit zur Begründung der Aktionskunst wird. Der Vortrag der Simultangedichte Tzaras mit Maskentanz nach Zwölftonmusik endet in einer Publikumsprovokation, durch die – vergleichbar der Intention von Handkes ›Publikumsbeschimpfung‹ (1966) – einerseits die Aggression im Zuschauer provoziert, andererseits aber auch diese aggressive Haltung bewußt gemacht werden soll.

2 Die New Yorker Dada-Bewegung

Eine zentrale Vermittlungsfunktion zwischen dem New Yorker Dadaismus und der europäischen Dada-Bewegung kommt dem in Paris lebenden Künstlerdandy FRANCIS PICABIA (1878–1953) zu, der sich 1913 als einer der wenigen Europäer die Reise zur berühmten New Yorker ›Armory Show‹, der ersten großen Ausstellungsbegegnung Amerikas mit der eigenen und der europäischen Moderne, leisten kann.

Picabia selbst ist eigentlich nur in seinen theoretischen Äußerungen Dadaist. Mit seinem Werk, das sich in den kubistischen Bildern (*Maschinen, lauft schnell,* 1916) den lyrischen Abstraktionen von Kandinsky und in den Collagen (*Federn,* 1921 [Farbtafel 20]) dem Surrealismus von Max Ernst nähert, befindet er sich in einem vordadaistischen Stadium. Während seines New York-Aufenthaltes lernt Picabia den Avantgarde-Fotografen Alfred Stieglitz kennen, der 1913 auch Werke Picabias in seiner Galerie ausstellt. Dabei wirkt Picabias anarchische Malweise, die ohne verbindlichen Stil ist, weil sie ein ironisches Zitier-, Kombinations- und Verdrehspiel mit Motiv- und Stilanleihen gleichermaßen aus der damaligen Avantgarde wie aus der Kunsttradition betreibt, anziehend auf Man Ray und Marcel Duchamp, die ähnliche theoretische Vorstellungen von einem notwendigen befreienden Abbau des Formalistischen in der Kunst entwickeln wie die Zürcher Dadaisten.

MAN RAY (1880–1976) ist der jüngste unter den New Yorker Avantgardisten, und wie Picabia reizt ihn der gleichzeitige hemmungslose Umgang mit Tradition und Avantgarde, wobei er sich als einer der ersten experimentell auf die Fotografie einläßt.

Dies geschieht durch die Verwendung einer neuen fotomechanischen Technik, dem Rayogramm, das ähnlich von Christian Schad 1918 in Europa mit der Schadographie entwikkelt wird. Dieses Verfahren schafft eine collagierte Fotografie ohne Benutzung einer Kamera, indem direkte Abdrücke von Objekten auf einer lichtempfindlichen Platte hergestellt werden, die in ihrer Wirkung im vorhinein nicht eindeutig bestimmbar sind.

MARCEL DUCHAMP (1889–1968) erprobt die Dada-Theorie der systematischen Reduktion des Formalen durch die Analyse seines malerischen Arbeitsprozesses und zielt damit auf eine pointierte Darstellung erscheinender Dinglichkeit in ihren eigentlichen Zusammenhängen. Sein Weg als Künstler führt über eine Auseinandersetzung mit den Fauves und Cézanne bis zum analytischen Kubismus und futuristischen Dynamismus. Duchamp hatte ein Synthese von Kubismus und Futurismus erreicht, als sein Bild *Akt, eine Treppe hinabsteigend* im Mittelpunkt des Interesses auf der ›Armory Show‹ 1913 stand, die als erste große internationale Ausstellung modernste Kunst von Picasso und Braque bis zu den Malern der New Yorker Dada-Bewegung präsentierte. In diesem Bild vereinigt Duchamp die figurative Formanalyse mit dynamischer Rhythmisierung, so daß der Eindruck einer organischen Apparatur entsteht, die sich automatisch fortbewegt.

In der Folge seiner Entwicklung entscheidet sich Duchamp für die konsequente, antiformale Demonstration von Dinglichkeit, indem er 1917 in New York seine Readymades ausstellt, darunter die berühmte *Fontäne* (Abb. 25), ein simples, auf den Kopf gestelltes Kaufhaus-Urinoir, sowie das auf einen Hocker montierte *Fahrrad-Rad* und den *Flaschen-*

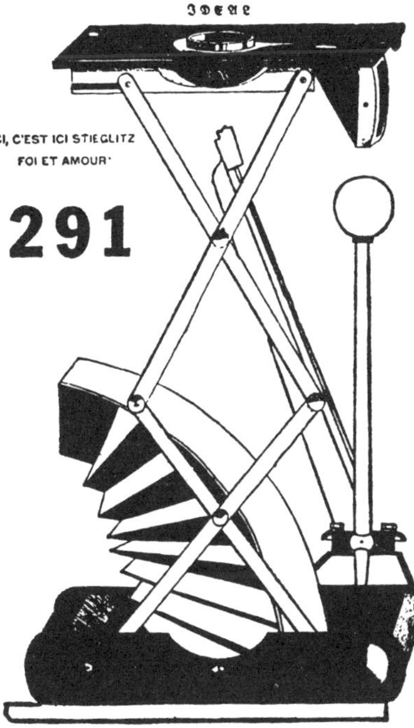

Francis Picabia, Porträt Alfred Stieglitz, aus ›291‹, New York 1916

Marcel Duchamp, Umschlag für ›The Blind Man‹, New York 1917

trockner. Mit der Ausstellung von zu Kunstobjekten umfunktionierten Gebrauchsgegenständen provoziert Duchamp eine spektakuläre Herausforderung künstlerischer Konventionen. Denn nicht mehr der Stil als Kennzeichnung eines künstlerischen Œuvres durch persönliche Handschrift ist hier konstitutiv für ein Kunstwerk, sondern allein der ideenmäßige Umgang mit Realität, der zum Beispiel das Pissoir auf den Kopf stellt und zur *Fontäne* deklariert; er allein macht das Gewöhnliche außergewöhnlich, das auf einen bestimmten Nutzen determinierte Objekt zu einem Kunstgegenstand mit neuer Funktionalität. Diese neue Funktionalität ist ihrerseits real, weil sie sich als zwingende Assoziation im Kopf des Betrachters einstellt. Die wesentliche Dimension des Kreativen liegt in dem »neuen Gedanken«, den Duchamp, wie er selbst sagt, für einen zweckdeterminierten Gegenstand gefunden hat. Kunst und Wirklichkeit erhalten hier eine ganz neue Bezüglichkeit jenseits jeder illusionären Abbildlichkeit.[2]

Nach 1917 widmet sich Duchamp bis 1923 nur noch seiner 1913 bereits entworfenen letzten Komposition, dem großen Glasbild *Die Neuvermählte, von ihren Junggesellen entkleidet* (Farbtafel 21). Aus dem konstruktiven Entwurf geht die Entwicklung einer ganz eigenwilligen Technik der Glasbearbeitung hervor, indem der Künstler die aufgemalten

Farben mit Bleidrähten einfaßt und rückseitig durch farbentsprechende Folien schützt. Das Bild, auf dem das mechanische Ritual der sexuellen Beziehung dargestellt ist, wird zum meditativen Selbstgespräch und steht in seiner absoluten Beschränkung auf die subjektivierte Traumsprache dem Surrealismus nahe. Dieses Ende der ideenmäßigen Kunstanalyse ist notwendige Folge der erreichten Identitätsstufe von Leben und Kunst, denn die einmalige Gleichsetzung eines Gegenstandes mit seinem künstlerischen Abbild macht eine wiederholte künstlerische Aussage dieser Art überflüssig. »Während das literarische Dada Opposition bezog und, indem es sich gegen etwas stellte, der Schwanz dessen wurde, gegen das es sich stellte, versuchten Picabia und ich, in völliger Ignoranz oder Indifferenz dem gegenüber, was in der Kunst vor uns getan worden war, einen Korridor des Humors zu öffnen, der nicht verfehlte in einer Traumwelt einzumünden und in der Folge in den Surrealismus.«[3]

Die Readymade-Demonstration wird von den Interpreten oft dahingehend gedeutet, daß Duchamp mit der *Fontäne* neue Dimensionen des Schönen im Bereich des Banalen und Belanglosen erschließen wollte. Diese Interpretation widerspricht der Intention des Künstlers, der seine Readymades völlig wertfrei als reine Demonstrativa der Gleichung Natur = Kunst gesehen hat. Sie ist aber fruchtbare Weiterentwicklung zu einer Kunst, die von der Null-Position Duchamps aus neue Erscheinungsmöglichkeiten des Dinglichen eröffnet und ihre künstlerische Weiterentwicklung im Neodada und in der Pop Art mit der Ästhetisierung des Trivialen erlebt.

Die andere Deutung des Readymades als ironisches Spiel oder aggressive Provokation mißversteht Duchamps Absicht durch die Unterstellung von moralischen Ambitionen, die Duchamp jedoch ganz ausgeschaltet hat, wenn er den Punkt Null (als A-Kunst definiert) mit A-Moral, d. h. mit der Entleerung von seelischen Inhalten, gleichsetzt. Provokativ ist lediglich die Wirkung der Readymades auf das Publikum, und aus dieser Reaktion entsteht für die Nachfolge Duchamps ein wichtiges Erfahrungspotential, das vor allem in den fünfziger und sechziger Jahren von den Neuen Realisten aufgegriffen wird.

In der Gestalt des Schriftstellers und Amateurboxers Arthur Cravan, der ebenfalls zum New Yorker Dada-Kreis gehört, personifiziert sich die Dada-Kunsttheorie als Lebensstil. Cravan proklamiert und praktiziert die völlige Sinnentleerung des Handelns, das Sichausliefern an den Zufall und wird so nach seinem spurlosen Verschwinden in der Karibischen See zur abenteuerlichsten Figur des Dada, zum konsequentesten Vertreter einer künstlerischen Zerstörungstendenz, die mit dem philosophischen Nihilismus korrespondiert. So sieht Camus in der totalen Revolte gegen metaphysische Transzendenz die Erlangung der Freiheit für die Wiedergeburt einer neuen Kultur, die es dem Menschen ermöglicht, die faktischen Bestimmungen seines Daseins vermittels seines freien Entwurfs zu erfahren: »In der Kunst vollendet und verewigt sich die Revolte in der echten Schöpfung, nicht in der Kritik oder dem Kommentar«.[4]

3 Dada in Berlin, Hannover und Köln

Nach dem Vorbild des Cabaret Voltaire entsteht in Berlin um 1920 durch Anregung des Zürcher Dada-Mitgliedes Huelsenbeck der Club Dada, der in seiner Aggressivität und simultanen Aktionsfreude ein neues Dadafeuer entzündet. Zu den Mitgliedern des Berliner Dada-Clubs zählen neben Huelsenbeck die Brüder Herzfelde, George Grosz, Walter Mehring, Franz Jung, Raoul Hausmann, Hannah Höch und der agitatorische ›Ober-Dada‹ Johannes Baader, der in seinem ›Dadaistischen Manifest‹ von 1918 den Expressionismus wegen seiner Introvertiertheit verdammt, das Lautgedicht im Stile der bruitistischen Simultandichtungen von Tzara fordert und die Verwendung von neuartigen Materialien in der Malerei postuliert.

Während die New Yorker Dada-Bewegung die Bewußtseinskrise der modernen Kunst analysiert, reflektiert der Berliner Dada die generelle Krise der abendländischen Kultur und wird dadurch in seinem Programm wesentlich politisch-anarchistisch und sozialkritisch. Von daher kann sich das allgemeine Unbehagen der Berliner Künstler nicht mehr durch intellektuell-distanzierte Ironie äußern, sondern muß in leidenschaftlich aggressiven Ausdrucksgebärden die aufgestaute Spannung entladen. Trotz der Bewunderung für die konstruktivistische Maschinenkunst Tatlins ist die Sprache der Dada-Malerei propagandistisch-plakative Gestik und dient der politisch-destruierenden Satire. Die politische Tendenz des Berliner Dada findet keine feste Orientierung. Neben der Sympathie für den Spartakus-Bund, den Bolschewismus und Kommunismus steht die Bewunderung von George Grosz und den Herzfelde-Brüdern für alles Amerikanische, so daß man im Grunde nur von einem allgemeinen antiautoritären Anarchismus sprechen kann. Kulturpolitisch sympathisiert man mit der nachrevolutionären Aufbruchstimmung der Avantgarde in der UdSSR, wo sich die Idee der Revolution in der Kunst mit der technologischen Fortschrittseuphorie der Futuristen zur Utopie einer freien, kosmopolitisch gesinnten und hochindustrialisierten Gesellschaft verbindet. Dagegen geißelt man mit leidenschaftlicher und zugleich bissiger Heftigkeit die Destruktion der jungen deutschen Demokratie durch die nationalistische Restaurationstendenz von rechts.

In den malerischen Techniken läßt sich dann auch ein starker Einfluß der russischen Maschinenkunst (Abb. 28), des Futurismus und des analytischen Kubismus in der Kontrastierung von Fläche und Perspektive feststellen, der sich besonders deutlich in der neu entwickelten Technik der Foto- und Plakatmontage zeigt. Die Fotomontage, eine Collage aus Stücken von Fotografien, wird zum wesentlichen künstlerischen Ausdrucksmittel der Berliner Dadaisten; sie wendet sich entsprechend dem Baader-Manifest gegen die malerischen und grafischen Techniken der Tradition und will in realistischer Zielsetzung politische und soziale Gegenwart einbeziehen. Da die Fotomontage in ihrem rhythmischen Bildaufbau abstrakte Formung mit dem Realismus der fotografischen Bauelemente verbindet, steht sie in der Mitte zwischen den kubistischen Papiers collés und den Collagen von Max Ernst, sie evoziert eine phantastische Wirkung, die von RAOUL HAUSMANN (1886–1971) selbst als »satirischer Surrealismus« definiert wird (Abb. 26). Auch hier konstituiert sich wie bei

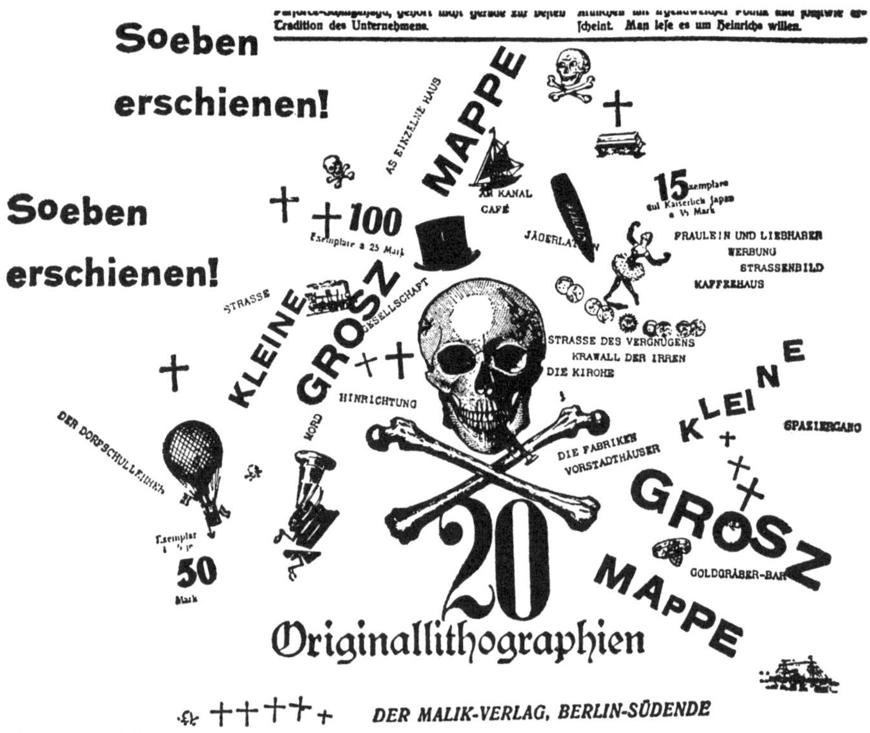

John Heartfield, Seite aus ›Neue Jugend‹, Berlin 1917

Duchamp einerseits der mögliche Umschlag in die surrealistische Phantastik und zum anderen die Hinwendung zu einem neuen Realismus in der Montage zerfetzter Fotografien und Plakate, die im Neodada von den Neuen Realisten wiederaufgegriffen wird.

Ebenso wie in den bildnerischen Techniken zeigt sich auf dem Gebiet der dadaistischen Simultandichtungen eine Weiterentwicklung zu konstruktiv-abstrakter Formfindung in den ›opto-phonetischen Gedichten‹ von Hausmann, die den bruitistischen Zufall im typografischen Abdruck zum abstrakten Bild umwandeln. Hausmann schreibt zur Entwicklung seines opto-phonetischen Gedichtes 1920: »Das Lautgedicht ist eine Verbindung von Atem und Sprachhandlung, untrennbar gebunden an einen Zeitablauf. Das soll heißen, der Atem wie der zu produzierende Laut sollen beide als Ausdruckselemente der Darstellung des (phonetischen) Laut-Gedichts eine schöpferische Rolle spielen. Um diese Komponente typografisch auszudrücken, hatte ich kleine und größere, dünnere und fettere Buchstaben verwendet, um ihnen so den Charakter einer musikalischen Schrift zu geben. So entstand das opto-phonetische Gedicht. Das opto-phonetische und das phonetische Gedicht stellen den ersten Schritt zu einer völlig nicht-objektgebundenen, abstrakten Dichtung dar.«

Durch ihre persönlichen Beziehungen zu Raoul Hausmann, mit dem sie einige Zeit zusammenlebt, ist auch HANNAH HÖCH (1889–1978) mit dem Kreis der Berliner Dadaisten verbunden. Die kunstgewerblich ausgebildete Grafikerin vermag vor allem der Collage durch das Zusammenkleben von Zeitungsschnipseln und der gleichzeitigen Applikation mit Textilien eine eigene Note zu geben, wobei auch viele Ideen, die Raoul Hausmann für sich in Anspruch nimmt, von Hanna Höch initiiert sein dürften (Abb. 27). Obwohl Hannah Höch von dem kritisch exzentrischen Gehabe der Berliner Dadaisten fasziniert ist und sich an deren spektakulären Ausstellungstourneen und Veranstaltungen beteiligt, geht ihre künstlerische Neigung eher in die Richtung von Kurt Schwitters, mit dem sie in den frühen zwanziger Jahren eine enge Seelenfreundschaft verbindet.[5]

KURT SCHWITTERS (1887–1948) begegnet 1919 den Berliner Dadaisten, als die Galerie ›Sturm‹ eine Ausstellung mit den ›Merz‹-Bildern des Hannoveraners eröffnet. Auch er arbeitet wie Raoul Hausmann an einer Mixed Media-Kunst aus Wort, Bild und Klang sowie an einer Bildform, die das Alltagsding kunstfähig macht. Die opto-phonetischen Gedichte Hausmanns inspirieren Schwitters unmittelbar zur Konstruktion seiner ›Ursonate‹, einer Lautreihung, die in ihrer zahlenmäßigen Anordnung der Vokale und Lautgedichte ein mathematisch-klassisches Formschema aufweist. Anders als Hausmann sucht jedoch Schwitters' Lautpoesie nach einer lyrischen Syntax, einer Kompositionsstruktur, die sich sowohl auf den Wortklang und das geschriebene Wortbild wie auch auf die metaphorische Sinnvielschichtigkeit von Worten bezieht.

Im Gegensatz zur aktualitätsbezogenen, explosiven Aggression der Berliner Dadaisten, die 1918 die Aufnahme von Schwitters in den exklusiven Club Dada wegen dessen antiintel-

W W
PBD
ZFM
RF RF
TZPF TZPF
MWT
RFMR
RKT PCT
SW SW
KPT
F G
KPT
R Z
KPT
RZL
TZPF TZPF
HFTL

Konkrete Poesie von Kurt Schwitters

lektueller Haltung ablehnen, kultiviert Schwitters auch in seinen Collagen eine klare, poetisierende Form, indem er aus den Abfallprodukten der Zivilisation: Schuhsohlen, Drähten, Scheuerlappen, Billets, Streichhölzern, Tuchfetzen, Geschäftspapieren Materialbilder fertigt (Farbtafel 22), eine Technik, die er mit dem Kennwort ›Merz‹ bezeichnet, ein ironisches Kürzel, abgeleitet aus dem Wort ›Commerz‹.[6]

Schwitters gibt selbst für die Merz-Collagen eine plastische Erläuterung von Sinn und Darstellungsmethode: »Die Merz-Malerei bedient sich also nicht nur der Farbe und der Leinwand, des Pinsels, der Palette, sondern aller vom Auge wahrnehmbaren Materialien und aller erforderlichen Werkzeuge. Dabei ist es unwesentlich, ob die verwendeten Materialien schon für irgendwelchen Zweck geformt waren oder nicht. Das Kinderwagenrad, das Drahtnetz, der Bindfaden und die Watte sind der Farbe gleichberechtigte Faktoren. Der Künstler schafft durch Wahl, Verteilung und Entformung der Materialien ... Das Entformen der Materialien kann schon erfolgen durch ihre Verteilung auf der Bildfläche. Es wird noch unterstützt durch Zerteilen, Verbiegen, Überdecken oder Übermalen. Bei der Merz-Malerei wird der Kistendeckel, die Spielkarte, der Zeitungsausschnitt zur Fläche, Bindfaden, Pinselstrich oder Bleistiftstrich zur Linie, Drahtnetz, übermaltes oder aufgeklebtes Butterbrotpapier zur Lasur, Watte zur Weichheit.«

Um 1920 beginnt Schwitters seinen berühmten Merzbau, die ›Schwitterssäule‹, die in ihrer raumplastischen Anhäufung verschiedenster Materialien den traditionellen Bildrahmen sprengt und die neodadaistischen Techniken der Assemblage und Akkumulation vorwegnimmt. Die Schwitterssäule wird zu einer Kombination von Skulptur, Collage und Malerei und erstreckt sich in ihrer Ausdehnung über zwei Stockwerke des Schwitters-Hauses in Hannover. Sie ist ein Produkt des Dada-Geistes, indem sie jede gesellschaftsfunktionale Ordnung aufhebt und als Spiegel des Lebenszufalls das Phänomen Veränderung materialisiert.

Auch in Köln entsteht, getragen von den Künstlern MAX ERNST (1891–1976) und JOHANNES THEODOR BAARGELD (1876–1955), eine dadaähnliche Bewegung, die jedoch schnell in den Surrealismus der Pariser Avantgarde um André Breton einmündet. In der collagierten, ironischen Darstellung entmenschlichter Gegenwart durch die mechanische Dinglichkeit *Der Hut macht den Mann* (Collage 1920) ist Max Ernst den Dadaisten verbunden, ebenso in seiner Erfindung der Frottage, die den Zufall zum Befreier der Phantasie erhebt. Diese Technik findet Max Ernst zufällig, als er die Maserung eines Holzfußbodens durch Reiben mit dem Bleistift auf einen Papierbogen überträgt und diesen Abdruck als Ausgangspunkt für ein phantastisches Fabulieren benutzt. Baargeld steht mit seinen Objektkombinationen (Fluidoskeptrik) den Assemblagen von Schwitters nahe. Mit der Übersiedlung nach Paris (1921) verläßt Max Ernst die Plattform dadaistischer Ideenwelt und verbindet sich mit den Surrealisten nach dem Scheitern der Pariser Versuche, Dada neu zu beleben.[7]

4 Pittura Metafisica

Im Rahmen der intellektuellen Kunstszene Europas nach 1910 kann das Intermezzo der italienischen Pittura Metafisica 1917, die zugleich das Ende des Futurismus in Italien einleitet, neben Dada und Futurismus als Präludium einer surrealistischen Malerei angesehen werden.

Zu Beginn des Jahres 1917 formiert sich das kurze Aufleben der ›metaphysischen Malerei‹ in Italien. Im Militärhospital von Ferrara begegnen sich die beiden italienischen Maler CARLO CARRÀ (1881–1966) und GIORGIO DE CHIRICO (geb. 1888), um für ein halbes Jahr während ihrer Rekonvaleszenz in den Räumen des Klosters von Ferrara zusammen zu malen. Die verträumte Atmosphäre dieser oberitalienischen Stadt mit ihren weiten, leeren Plätzen, archaischen Statuen, monumentalen Mauern und starren Quattrocentofresken schafft den Rahmen für Carràs Abwendung von der futuristischen Zukunftsdoktrin des großstädtischen Dynamismus, dem der Künstler bis 1916 aktiv verbunden war. Carrà verwirft den Futurismus wegen seiner funktionalistischen Tendenzen und widmet sich – beeindruckt von Giottos archaischer Formensprache – in der gemeinsamen künstlerischen Arbeit mit de Chirico dem inneren Bild der Dinge, dem die futuristische Malerei in ihrer abstrakten, funktional-psychologischen Aussagegestik keinen Raum zugestanden hat.

Die Offenheit für die magische Eindringlichkeit des Gegenständlichen wurzelt bei de Chirico in den Erlebnissen der in Griechenland verlebten Kindheit, die – gefördert durch den Einfluß des düster-phantastischen Jugendstils von Böcklin und Klinger – den mythologischen Themenkreis des Frühwerkes bestimmen. In Ferrara trifft de Chirico seinen Bruder Alberto Savinio, dessen reizempfindliche, übersensible Dichtung der gemeinsamen Suche von Carrà und de Chirico nach magischer Dingintensität entscheidende Impulse vermittelt und die Rückbesinnung auf das Erbe der großen italienischen Meister Giotto und Masaccio fördert, die das Erhabene als die eigentlich wirkliche, ideale Realität jenseits des funktionskausalen Lebensflusses gepriesen haben.

Giottos Formensprache, die das ›Große Reale‹ offenbart, verherrlicht im Gegensatz zur dynamisch-abstrakten Gestik des Futurismus das ruhende Verweilen, die erhaben-einfache Dinglichkeit. Das Ziel der Pittura Metafisica, »durch Malerei eine neue metaphysische Psychologie der Dinge zu konstruieren« (de Chirico), wird erreicht, indem das Ding der Logik einer funktionalen Umweltintegration enthoben und in die magische, ruhende Isolierung gestellt wird. Die Isolierung provoziert eine phantastische Dingerfahrung und kreiert das Rätsel, die Mythik der Dinge, die sich als bildnerische Metaphysik der Pittura Metafisica artikuliert und gerade im isolierten, banalen Gegenstand pathetische Eindringlichkeit als Aufscheinen von lyrisch-poetischer Eigenständigkeit erlangen kann. Die Hinwendung zur metaphysischen Dingverrätselung ist bei de Chirico notwendig verbunden mit seiner scheinbar antiquierten Hochschätzung der traditionellen altmeisterlichen Handwerksvirtuosität in der malerischen Technik, die für den Künstler jedoch notwendige und unverzichtbare Voraussetzung für die Entfaltung des dinglichen Sinngehaltes jenseits der figürlichen Phänomenalität bedeutet. Obwohl seine Malerei vordergründig als restaurative Fortsetzung des traditionellen klassizistischen Kunstverständnisses erscheint, schafft de Chirico mit seinem malerischen Hinweis auf die halluzinatorische Qualität des Geistes eine Psychologisierung des künstlerischen Ausdrucks: die Konzentration auf die eigene Innerlichkeit durch einen transrealen dinglichen Symbolhorizont. Mit der Einführung von alogischen Sinnzusammenhängen in das künstlerische Bild gewinnt de Chirico den wesentlichen Neuansatz für eine künstlerische Thematik, die im nachfolgenden Surrealismus ihre volle Entfaltung erlangt. De Chirico nimmt innerhalb der surrealistischen Kunstströmungen eine grundlegende Position ein, wie sie vergleichbar Marcel Duchamp im Reflexionsfeld des Dada beanspruchen kann. Während Duchamp in der spektakulären Exemplifikation seiner Readymades die absolute Neutralität der dinglichen Erscheinung postuliert und mit Hilfe der Alogik ihre Befreiung aus zweckorientierten oder rein ästhetischen Sinnzusammenhängen demonstriert, zeigt sich bei de Chirico erstmalig die suggestiv-alogische Anschauung einer metaphysischen Zuständlichkeit – Bedrohung, Angst, Leere – durch die atmosphärisch-emotionale Verfremdung der Dinge, so daß sie sich zu transparenten Projektionen menschlicher Konfliktlagen vertiefen (Farbtafel 26).

5 Surrealistische Manifeste

Die Surrealistengruppe um die Dichter André Breton, Louis Aragon und Philippe Soupault formiert sich als Fortsetzung der Pariser Dada-Bewegung, die mit Tristan Tzara als Initialkraft den exhibitionistisch-destruktiven Geist des aggressiv-satirischen Zürich-Dada weiterhin zu konservieren trachtet, obwohl die ursprüngliche Explosivität der Dada-Provokation bereits ihre spontane Schockwirkung in der Wiederholung verloren hat.[8]

Eine andere wesentliche Quelle des surrealistischen Denkens ist im psychoanalytischen und psychosomatischen Forschungsmaterial von Sigmund Freud zu suchen, da Freud erstmalig die Imaginationen des Traumes und der krankhaften Wahnzustände als gültige und ernstzunehmende Bestandteile der menschlichen Seelenwirklichkeit zum Gegenstand der wissenschaftlichen Analyse erhebt. Angeregt durch Freuds praktische Untersuchungen, richtet der Surrealismus seine Aufmerksamkeit in großer Breite auf die künstlerischen Bild- und Wortartikulationen der Geisteskranken, in denen Breton eine »Reserve an moralischer Gesundheit« im Sinne von unverfälschter, impulsiver Sensibilitätsäußerung zu entdecken glaubt.[9] Eine den Kunstprodukten der Geisteskranken vergleichbare Unmittelbarkeit der unverbildeten, lyrisch-unreflektierten Sensibilität finden die Surrealisten in den bildnerischen Werken der ›Wilden‹ Afrikas, deren Wert bereits von Kubismus und Expressionismus unter anderen Aspekten gewürdigt worden ist. Die Kunst der Naturvölker unterscheidet sich wesentlich von der Kunst der Geisteskranken dadurch, daß sie kollektive Gruppenvorstellungen widerspiegelt und die kollektive Mythologie als impulsiv wirksame poetische Triebkraft verbildlicht.

1922 nimmt André Breton die Leitung des Pariser Dada-Publikationsorganes ›Littérature‹ selbst in die Hand und gewinnt die Dadaisten Man Ray, Tristan Tzara und Francis Picabia

N° 5 — Première année 15 Octobre 1925

LA RÉVOLUTION SURRÉALISTE

LE PASSÉ

SOMMAIRE

ADMINISTRATION : 42, Rue Fontaine, PARIS (IXe)

ABONNEMENT,
les 12 Numéros :
France : 45 francs
Étranger : 55 francs

Dépositaire général : Librairie GALLIMARD
15, Boulevard Raspail, 15
PARIS (VIIe)

LE NUMÉRO :
France : 4 francs
Étranger : 5 francs

für seinen surrealistischen Feldzug, der im Juni 1924, bei der Veröffentlichung des ›I. Manifestes‹ außer von vielen Literaten auch von den Malern Marcel Duchamp und Max Ernst aktiv unterstützt wird. Diese sehr heterogenen Künstlerpersönlichkeiten aus verschiedenen Ländern finden sich in der gemeinsamen Oppositionsfront gegen die konventionelle Kultivierung eines formalen Ästhetizismus und in der Suche nach einer neuen Typologie des menschlichen Seins zusammen, die sich auf das zentrale menschliche Individualproblem, die moralisch-intellektuelle Gewissenskrise, im weitesten Sinne konzentriert. Man will sich nicht mehr mit der tradierten Klischeevorstellung begnügen, die Polaritäten: Leben – Tod, Wirklichkeit – Schein, Vergangenheit – Zukunft, Sagbares – Unsagbares, Konstruktion – Destruktion seien unvereinbare Gegensätze (Breton). Die Surrealisten akzeptieren das psychologische Phänomen, daß die Gegensätzlichkeiten – die die bisherige Kunst stets gemäß den Denkkonventionen der Jahrhunderte in ihrer strikten gedanklichen Trennung belassen hat – in der Psyche des Individuums als organische Einheit und geschlossener Lebensimpuls vorhanden sind. Daher kann als Modell für eine alogisch-synthetische Kunstproblematik nicht mehr wie bisher die Außenwelt dienen, sondern die künstlerische Blickrichtung muß sich auf das innere Modell der seelischen Konfliktsituation konzentrieren, in der Emotion und Vernunft untrennbar ein hermetisches Spannungsverhältnis inszenieren. Um den Kräften des Emotionalen, d.h. des Traumes und des Unbewußten, den Durchbruch in die bewußte Verfügbarkeit zu ermöglichen, fordert Breton den absichtlichen Verzicht des surrealistischen Künstlers auf die Vernunftkontrolle und auf den Imperativ des Sittenkodex, da sich nur durch eine antikonformistische Lebenshaltung die Unmittelbarkeit einer impulsiv freien Entäußerung der Emotion realisieren läßt, d.h. Breton proklamiert die alogische Revolution des Geistes (Breton, ›La Révolution Surréaliste‹). Das Marxsche Losungswort von der notwendigen Weltveränderung durch Revolutionierung der bestehenden Sozialverhältnisse wird von den Surrealisten in die Forderung nach Veränderung des Lebens zum Anarchismus individualisiert, damit eine Geisteskonzeption erreicht wird, die dem einzelnen nicht mehr den Primat der Vernunft diktiert, sondern das wechselseitige Reizspiel des Wirklichen und Imaginären, des Rationalen und Irrationalen respektiert und fördert.

Für die Entfaltung einer surrealistischen Malerei wird Bretons Verweis auf Picasso im Zusammenhang seiner Erklärung des Begriffs »inneres Modell« wichtig (Breton, ›Le surréalisme et la peinture‹). Obwohl Breton den Kubismus als rationalistisch strukturierte Kunst verwirft, entdeckt er in Picassos kubistischen Bildern die von ihm postulierte freie Entfaltung der individuellen Vorstellungskraft, die sich von konventionellen, wirklichkeitsdeterminierten Sehgewohnheiten emanzipiert, indem sie ihren eigenen Bildraum schafft.

Die Maler der Pariser Surrealistengruppe, die im Herbst 1925 und im Frühjahr 1926 ihre ersten gemeinsamen Ausstellungen arrangieren – Arp, de Chirico, Max Ernst, Klee, Masson, Miró, Picasso, Man Ray, Duchamp und Picabia – verwirklichen in ihren sehr heterogenen künstlerischen Gestaltungen die Bretonsche Forderung nach der subjektiven Imaginationsfreiheit.

MARCEL DUCHAMP (geb. 1887), der nach seiner dadaistischen Absage an Ästhetik und kausalmechanische Logik durch die Readymades und nach der Beendigung seines psycho-

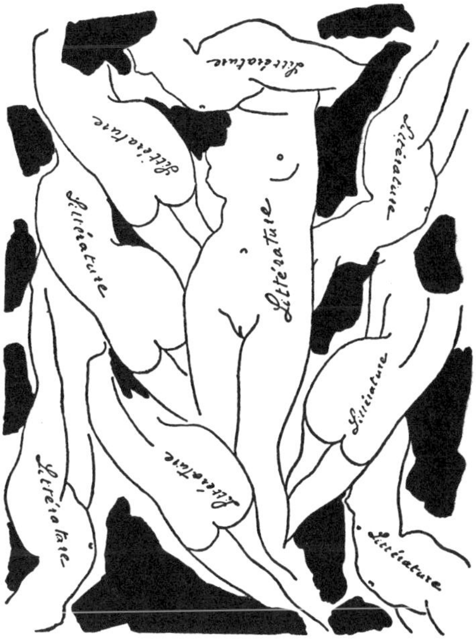

Francis Picabia, Titelseite für ›Littérature‹ Nr. 10, März 1923

analytischen Glasgemäldes, *Die Neuvermählte, von ihren Junggesellen entkleidet* (1915–23, Farbtafel 21), jede weitere künstlerische Realisation unterläßt, schafft mit diesem großen abschließenden Lebenswerk der *Neuvermählten* den symbolischen Mittelpunkt, das konkrete Modell für die surrealistische Idee von der Annäherung der Gegensätze: Konstruktion und Destruktion, Intellekt und Intuition, Planung und Zufall. Die im Verlauf der Zeit auf der Bleiglasstruktur abgelagerte Staubschicht und die Bruchstellen des Glases werden von Duchamp als Kreationen des magischen Zufalls zu wesentlichen Bestandteilen des künstlerischen Bildgefüges erklärt und verfestigt; sie integrieren sich in den figurativen Bildmythos, der eine perpetual-mobile, antizweckbezogene Maschinerie als tiefschichtiges Symbol der sexuellen Rituale darstellt.

FRANCIS PICABIA (1879–1953), der die Titelseiten der Zeitschrift ›Littérature‹ seit der Redaktionsleitung durch Breton gestaltet, experimentiert nach 1922 mit den verschiedenen Ausdrucksmöglichkeiten einer antiformalistischen, lyrischen Bildsprache, die jedoch das provokative Dada-Element ebensowenig verleugnet wie die ungezügelte Freude an einer absurden Anatomie der Dinge und Organismen sowie an einer ironischen Kombination diverser Zitate aus der Kunstgeschichte. Aber auch für Picabia bleibt ähnlich wie für Duchamp die alte dadaistische Polarität Struktur-Emotion die zentrale Bewegungskraft der Malerei. In allen Kompositionen des surrealistischen Spätwerkes von Picabia zeigt sich neben der leidenschaftlichen Sinnlichkeit die Freude an der klaren Form, selbst wenn sie von Bild zu Bild in ihrem Stil anders ist.

MAN RAY (1890–1976), der dritte Künstler des großen New Yorker Dada-Triumvirates, löst mit seiner neuen Technik der Fotocollage, dem Rayogramm, materialexpansive Impulse für den Surrealismus aus, der sich zunächst nur auf die traditionellen Formen der Malerei beschränkt. 1922 illustriert Man Ray mit den Rayogrammen die Zeitschrift ›Littérature‹ und manifestiert mit seinen phantastischen Lichtphantomen auf der fotografischen Platte die neue anti-ästhetische Ästhetik, die aus der Negation der konventionellen Malerei neue Dimensionen einer traumverhafteten Illusionsästhetik antizipiert und sich völlig von den Normen der Außenwelt befreit.

JOAN MIRÓ (1893–1983), dessen naturmythische Inspiration stark von Henri Rousseau, dem großen Naiven des französischen Impressionismus, beeinflußt worden ist, figuriert mit instinktiver Formulierungspräzision und naiver Einfalt die rhythmische Triebkraft der Natur. Die einfache biomorphe Arabeske wird zum Symbol der rhythmischen Naturmetamorphose, die aus dem unaufhörlichen Wechsel des organischen Auflebens und Vergehens stets neue gestaltliche Profilierungen aus den Tiefen ihres unbewußten Automatismus hervorbringt (Farbtafel 27).

»So kann ein Stück Faden eine Welt entstehen lassen. Von einem Ding, das man geneigt ist, für tot anzusehen, gelange ich in eine Welt. Und da ich dem ganzen einen Titel gebe, wird es erst recht lebendig. Ich finde meine Titel im Fortschreiten der Arbeit, indem ich ein Ding an das andere reihe. Wenn ich dann den Titel gefunden habe, lebe ich in seinem Bannkreise. Der Titel wird für mich hundertprozentige Realität, wie für einen anderen sein Modell, sagen wir: eine liebende Frau. Der Titel wird für mich eine scharf umrissene Wirklichkeit.«[10]

Bei Miró zeigt sich in weit stärkerem Maße als bei Duchamp, Picabia und Man Ray die schrankenlose Auslieferung der Imagination an die Einbildungskraft des psychischen Augenblicks, die André Breton mit seiner Schrift ›Genèse et perspective artistiques du surréalisme‹ (1941) in der theoretischen Definition des Automatismus programmatisch als künstlerisch adäquate Ausdrucksform des Surrealismus postuliert. Wie jedoch Mirós eigene Darstellung seines Kreativitätsprozesses demonstriert, verliert sich die künstlerische Emotion nicht restlos – wie etwa bei Tanguy – in ihre Vorstellungen, vielmehr besitzt die Mirósche Einbildungskraft in der urpersönlichen Befähigung zur Transformation des Imaginativen in das kalligrafische Zeichen eine abstrakte, aber dennoch präzis formulierende Gebärdensprache, die auf den späteren abstrakten Expressionismus und Tachismus großen Einfluß ausübt. Daher nimmt Miró innerhalb der Surrealistengruppe um Breton die Position des Außenseiters ein.

Bretons Reflexionen über den Surrealismus münden schließlich in die Beschreibung einer vernunftsunkontrollierten, automatischen Malerei. Er definiert den Automatismus als den vorbehaltlosen Verzicht des Künstlers auf Differenzierung der Funktionen von Gefühl und Intellekt mit dem Ziel, die rhythmische Einheit des inneren Bedürfnisses nach Gestaltung der subjektiven Vorstellungen unverfälscht abzubilden.

»Ein Werk kann nur in dem Ausmaße für surrealistisch gelten, als der Künstler sich bemüht hat, in den gesamten psychophysischen Bereich einzudringen ... Freud hat aufgezeigt, was in diesen abgründigen Tiefen vor sich geht: Widersprüche sind hier aufgehoben,

James Ensor, Masken im Streit um einen Gehenkten, 1891

Vincent van Gogh, Die Runde der Gefangenen, 1890

3 Henri de Toulouse-Lautrec, Der Engländer im Moulin-Rouge, 1892

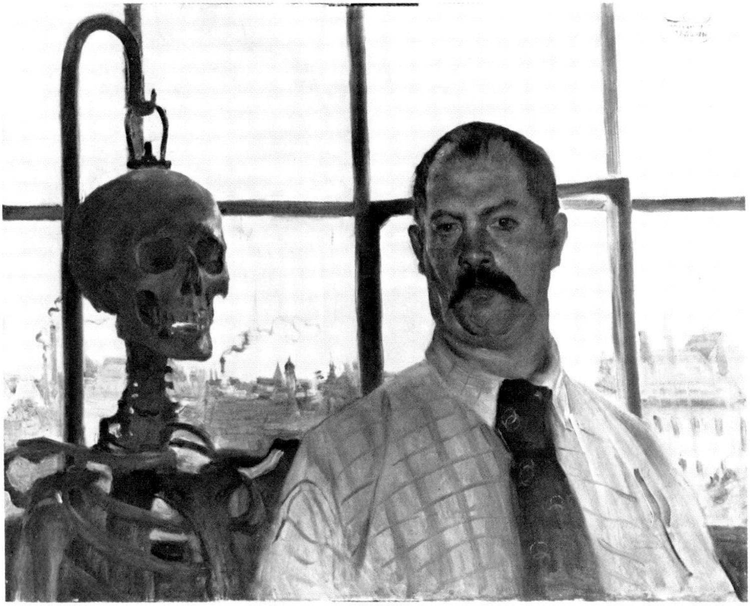

4 Lovis Coritnh,
Selbstbildnis mit
Skelett, 1896

5 Max Beckmann,
Die Nacht, 1918/19

6 George Grosz, Leichenbegängnis – Widmung an Oskar Panizza, 1917

7 Otto Dix, Prager Straße (Meinen Zeitgenossen gewidmet), 1920

8 Ludwig Meidner, Revolution (Barrikadenkampf), 1913

9 Erich Heckel, Frau mit Tuch, 1912

10 Ernst Barlach, Weinende Frau, 1923

11 Wilhelm Lehmbruck, Der Gestürzte, um 1915/16

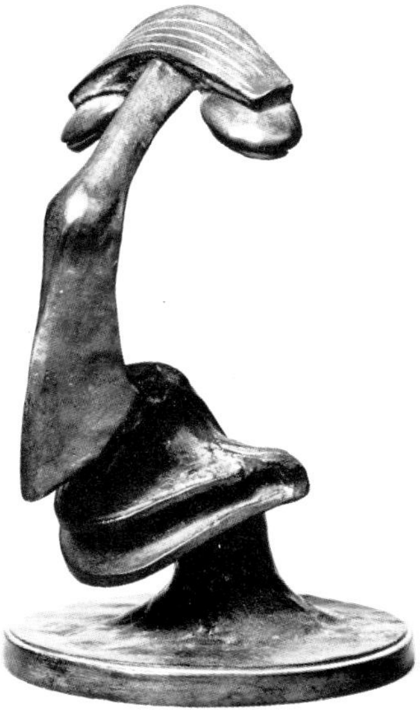

12 Rudolf Belling, Alfred Flechtheim, 1927

13 Georg Kolbe, Zorn (Flamme), 1923

14 Alexander Archipenko, Frau mit Tuch, 1911

15 Henri Laurens, Clown, 1914

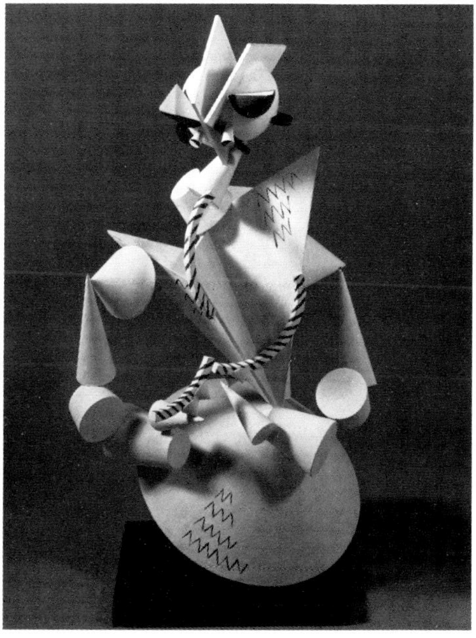

16 Paul Cézanne, Mont Saint-Victoire, 1886/88

17 Juan Gris, Gitarre, 1913

18 Pablo Picasso, Les Demoiselles d'Avignon, 1907

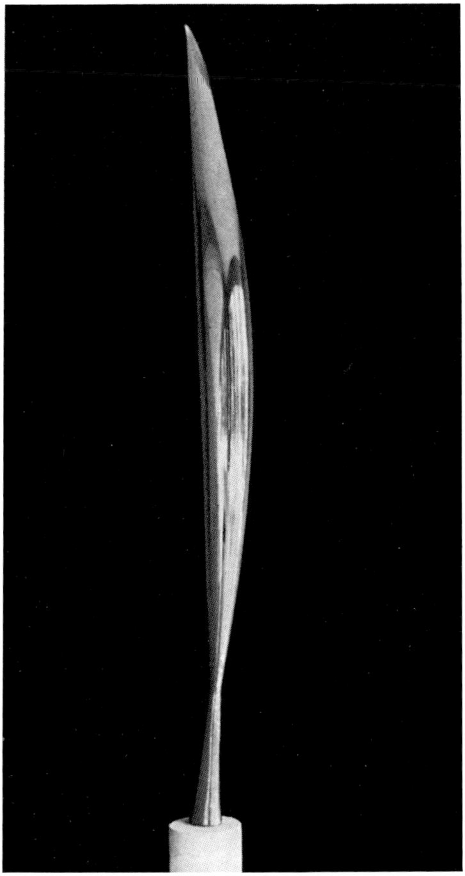

19 Constantin Brancusi, Vogel im Raum, 1926

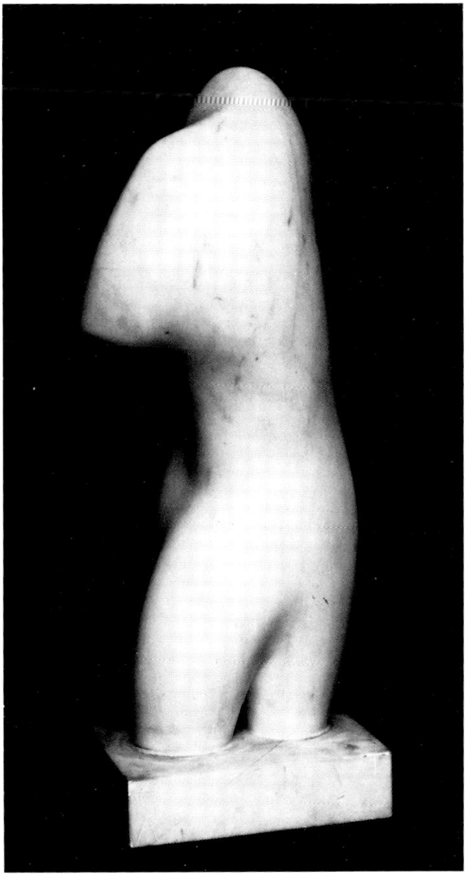

20 Hans Arp, Weiblicher Torso, 1953

21 Raymond Duchamp-Villon, Das große Pferd, 1914

22 Umberto Boccioni, Urformen von Bewegung im Raum, 1913

23 Giacomo Balla, Die Hand des Violinspielers, 1912

24 Gino Severini, Tänzerin, 1913

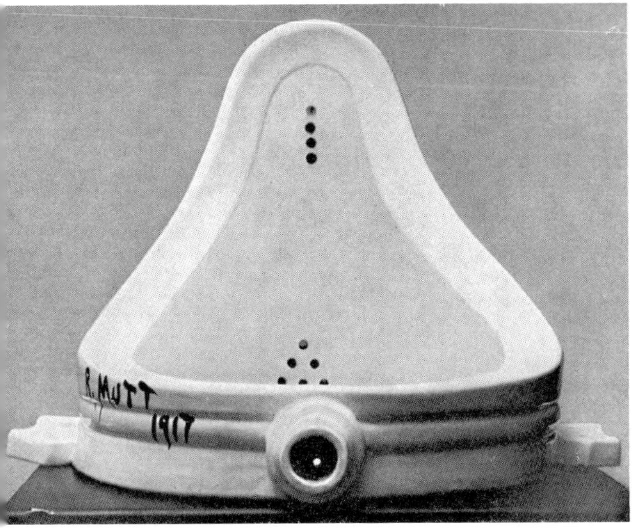

25 Marcel Duchamp, Fontäne, 1917

26 Raoul Hausmann, Tatlin at home, 1920

27 Hannah Höch, Trauer/Aus einem Ethnographischen Museum, 1925

28 ›Rosta‹ Nr. 70, revolutionäre satirische Wandzeitung der Sowjetunion, 1920

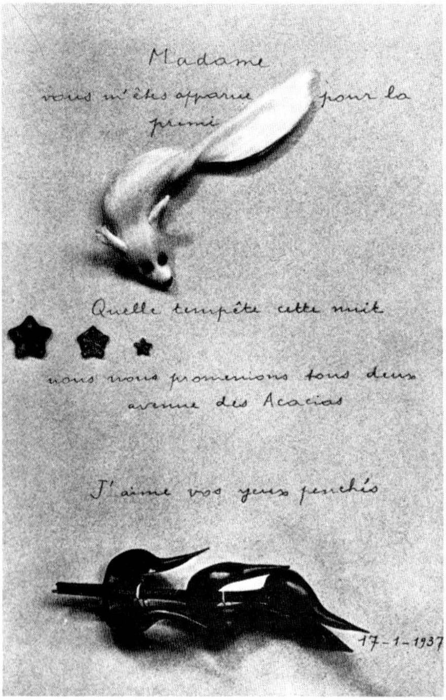

29 André Breton, Poème-objet, 1937

30 Yves Tanguy, Die Luft in ihrem Spiegel, 1937

31 Roberto E. Matta, Ich weiß wer ich bin, 1966

32 Man Ray, Cadeau, 1958 (Replik des Originals von 1921)

33 Joan Miró, Objekt, 1936

34 Pablo Picasso, Gitarre, 1912

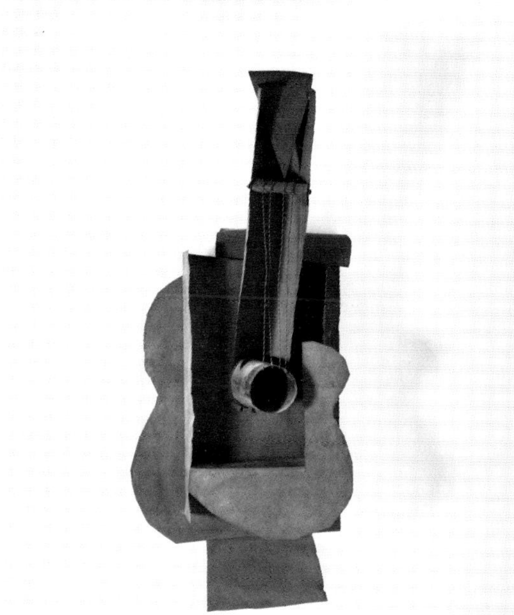

35 Max Ernst, Habakuk, 1928/29

36 Kasimir Malewitsch, Schwarzes und rotes Quadrat, um 1913

37 El Lissitzky, Proun 12 E, um 1920

38 Alexander Rodtschenko, Raumkonstruktion, 1919–20

39 Wladimir Tatlin, Eckrelief, 1915 (Rekonstruktion nach Fotografien)

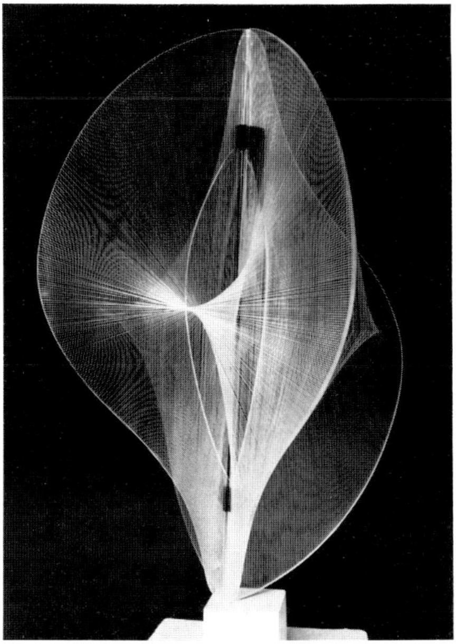

40 Naum Gabo, Lineare Konstruktion im Raum, 1949

41 Alexander Calder, Little Spider, 1939

42 Johannes Itten, Die Begegnung, 1916

43 Oskar Schlemmer, Die Geste, Tänzerin, 1922

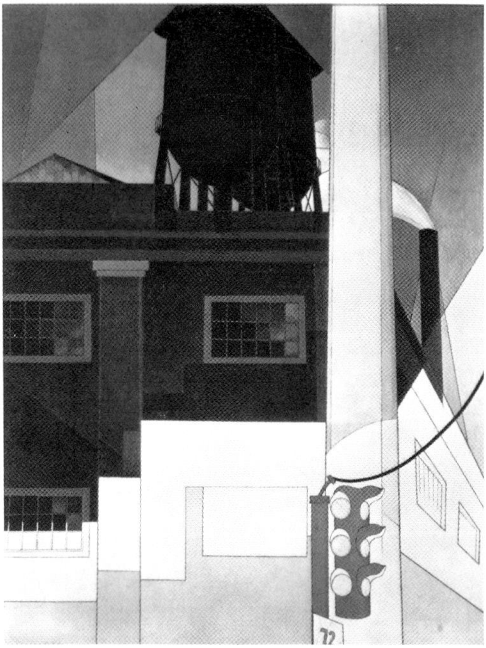

44 Charles Demuth, ›... und das Haus des Tapferen‹, 1931

45 Tamara de Lempicka, Selbstporträt, 1932

46 Charles Sheeler, Fuge, 1940

47 Edward Hopper, New York Movie (Detail), 1939

48 Anton Räderscheidt, Die Rasenbank, 1921

49 Christian Schad, Agosto der Flügelmensch und Rascha die schwarze Taube, 1929

50 Rudolf Schlichter, Bildnis Egon Erwin Kisch, 1928

51 A. A. Deineka, Die Verteidigung, Petrograd, 1927

52 Richard Oelze, Erwartung, 1935/36

GRÜNDONNER, Luther: Königsweg Kreativität, Paderborn 1998

HANDWERK MAGAZIN: München, Ausgabe Oktober 2006

HANDWERK MAGAZIN: München, Ausgabe August 2007

HARVARD BUSINESS MANAGER: Hamburg, Ausgabe Oktober 2003

HARVARD BUSINESS MANAGER: Hamburg, Ausgabe Oktober 2007

HEHENBERGER, Christian: Die Zukunft fest im Griff, Pregarten 1995

HEHENBERGER, Christian: Märkte mit Zukunft, Pregarten 1997

HEHENBERGER, Christian: Auf ins neue Jahrtausend, Pregarten 1999

HEHENBERGER, Christian: in: Handwerk Magazin, Hohe Zuwachsraten für innovative Betriebe, Bad Wörishofen, Ausgabe April 2002

HEHENBERGER, Christian: Die Zukunft in unserer Hand, Gutau 2004

HEHENBERGER, Christian: Den Gestaltern gehört die Zukunft, Gutau 2005

HEHENBERGER, Christian: Einstein für die Wirtschaft, Gutau 2006

HEHENBERGER, Christian: Dem Handwerk gehört die Zukunft, Gutau 2006

INNUNG DER MECHATRONIKER: Zukunftsinfo, Linz, Ausgabe September 2001

INSTITUT FÜR MARKETING UND TRENDANALYSEN: VIP-Zukunftsreport, Ausgabe 1, Gutau 2003

INSTITUT FÜR MARKETING UND TRENDANALYSEN: VIP-Zukunftsreport, Ausgabe 2, Gutau 2003

INSTITUT FÜR MARKETING UND TRENDANALYSEN: VIP-Zukunftsreport, Ausgabe 4, Gutau 2004

INSTITUT FÜR MARKETING UND TRENDANALYSEN: VIP-Zukunftsreport, Ausgabe 5 & 6, Gutau 2006

ISL Market Analysis 2006; Institut für Seeverkehrswirtschaft und Logistik, Bremen 2006

KORNELIUS, Martin: Einstein light, München 2005

KRÖNER, Tim: www.autos-hybrid.de, Köln 2005

MALORNY, Christian, Wolfgang BACKERRA: Die sieben Kreativitätswerkzeuge K7, Kreative Prozesse anstoßen, Innovationen fördern, München–Wien 1997

MANAGER MAGAZIN: Hamburg, Ausgabe Mai 2006

MANAGER MAGAZIN: Hamburg, Ausgabe August 2006

MANAGER MAGAZIN: Hamburg, Ausgabe November 2006

MEYENN, Karl: Albert Einsteins Relativitätstheorie, Die grundlegenden Arbeiten, Braunschweig–Wiesbaden 1990

MICHALKO, Michael: Erfolgsgeheimnis Kreativität, Was wir von Michelangelo, Einstein & Co. lernen können, Landsberg am Lech 2001

MINERALÖLWIRTSCHAFTSVERBAND: Mineralölsteuer in Europa; Darstellung des Mineralölwirtschaftsverbandes, Hamburg 2005

MÜNCHENER RÜCKVERSICHERUNGS-GESELLSCHAFT: Naturkatastrophen in Deutschland, München 1999

MÜNCHENER RÜCKVERSICHERUNGS-GESELLSCHAFT: Sturmwarnung, Fakten, Forschung, Folgen, München 2003

MÜNCHENER RÜCKVERSICHERUNGS-GESELLSCHAFT: Erneuerbare Energien, Versicherung einer Zukunftstechnologie, München 2004

MÜNCHENER RÜCKVERSICHERUNGS-GESELLSCHAFT: Topics Geo, Jahresrückblick Naturkatastrophen 2004, München 2005

MÜNCHENER RÜCKVERSICHERUNGS-GESELLSCHAFT: Megastädte – Megarisiken, München 2005

MÜNCHENER RÜCKVERSICHERUNGS-GESELLSCHAFT: Topics Geo, Jahresrückblick Naturkatastrophen 2005, München 2006

MÜNCHENER RÜCKVERSICHERUNGS-GESELLSCHAFT: Topics, Klimawandel1/2006, München 2006

NOACK, Karsten: Kreativitätstechniken, Schöpferisches Potenzial entwickeln und nutzen, Berlin 2005

NÖLLKE, Matthias: Kreativitätstechniken, Planegg 2004

ÖAMTC: So entsteht der Spritpreis an der Tankstelle; Presseaussendung vom 10.5.2004

OPASCHOWSKI, Horst W.: Deutschland 2020, Wiesbaden 2004

PARKINSON, Cyril N.: Parkinsons Gesetz und andere Studien über die Verwaltung, Düsseldorf–Wien–New-York–Moskau 1992

PATERNITI, Michael: Unterwegs mit Mr. Einstein, Reinbek bei Hamburg 2005

SCHLICKSUPP, Helmut: Kreativ-Workshop, Würzburg 1993

SCHWINGER, Julian: Einsteins Erbe, Die Einheit von Raum und Zeit, Heidelberg 1987

SEELIG, Carl: Mein Weltbild, Berlin 1998

SEXL, Roman, Herbert K. SCHMIDT: Raum – Zeit – Relativität, Braunschweig–Wiesbaden 1991

SKUPY, Hans-Horst: Das große Handbuch der Zitate, 25.000 treffende Aussprüche und Sprichwörter von A–Z, von der Antike bis zur Gegenwart, Gütersloh–München 1993

SPEKTRUM DER WISSENSCHAFT: Einstein, Das neue Weltbild der Physik, Ausgabe 01/05, Heidelberg

STACHEL, John: The Collected Papers of Albert Einstein, Princeton University Press 1987

STATISTIK AUSTRIA: Bevölkerungsprognose 2005–2050, Wien 2005

STATISTISCHES BUNDESAMT: Entwicklung des deutschen Außenwanderungssaldos, Ost-West-Wanderungen, Wiesbaden 2006

TOYOTA FINANCIAL SERVICES: www.toyota.com, Torrance U.S.A. 2005

TRENDLETTER: Zukünftige Entwicklungen in Gesellschaft, Wirtschaft, Management, Marketing und Technologie, Nr. 7, Bonn 2004

TRENDLETTER: Gesundheit: So sieht der Markt im Jahr 2020 aus, Nr. 5, Bonn 2007

TRENDLETTER: Immobilien: Neue Nutzungen für alte Substanz, Nr. 5, Bonn 2005

TRENDLETTER: Alterung der Gesellschaft, Rohstoffmangel, Bonn 2006/2007

TRENDLETTER: Essen der Zukunft: Das sind die Megatrends, Bonn 2006/2007

TRENDLETTER: Schwerpunkt-Thema China, Bonn 2006/2007

TROUT, Jack, Steve RIVKIN: Die Macht des Einfachen, Warum komplexe Konzepte scheitern und einfache Ideen überzeugen, Wien–Frankfurt 1999

UN: World Population Prospects, New York 2006

UPI: Umwelt- und Prognose-Institut e.V., Darstellung vom 18.07.2006

WATZLAWICK, Paul: Wie wirklich ist die Wirklichkeit, München 1985

WHEELER, John A.: Gravitation und Raumzeit, Die vierdimensionale Ereigniswelt der Relativitätstheorie, Heidelberg 1991

WIEKE, Thomas: Kreativität im Job, Wie Sie Ideen entwickeln und Denkblockaden lösen, Frankfurt am Main 2002

WIRTSCHAFTSKAMMER ÖSTERREICH: Länderprofile der zehn osteuropäischen Beitrittsländer 2003/2004/2005/2006/2007

WIRTSCHAFTSKAMMER ÖSTERREICH: Länderprofil Türkei 2006

WISSENSCHAFTLICHER BEIRAT der Bundesregierung: Globale Umweltveränderungen (WBGU), Berlin 2002

WORD ECONOMIC OUTLOOK: International Monetary Fund 2006

Weiterführende Homepage-Adressen

www.acia.uaf.edu: Auswirkungen der Klimaveränderungen auf die Arktis

www.arctic-council.org: Klimaschutz in der Arktis

www.atmosphere.mpg.de/enid/660

www.awi-bremerhaven.de: Stiftung Alfred-Wegener-Institut für Polar- und Meeresforschung

www. cicero.uio.no: Center for International Climate and Environmental Research – Oslo

www.die-gdi.de/die_homepage.nsf/FSdfor?OpenFrameset

www.iasc.no: International Arctic Science Committee

www.icarp.dk: International Conference on Arctic Research Planning

www.icij.org/water: Privatisierung des Wassers

www.ipcc.ch: UN-Klimarat

www.irn.org: NGO zu Flüssen und Staudämmen

www.iucn.org/themes/wani/: bei der Weltnaturschutzunion

www.mad.zmaw.de/wdc-for-climate: World Data Center of Climate

www.menschen-recht-wasser.de

www.unesco.org/water: Unesco Wasser-Portal

www.unfccc.int: UN-Klimarahmenkonvention

www.wmo.ch: World Meteorological Organization

de.wikipedia.org/wiki/Permafrost: zu den Permafrostböden

de.wikipedia.org/wiki/Treibhauseffekt: zum Treibhauseffekt

verdrängte Gefühle toben sich schrankenlos aus, die Zeit bedeutet nichts mehr, und an die Stelle der realen Außenwelt tritt die seelische Realität, die einzig dem Gebote der Lust gehorcht. Der Automatismus führt uns in gerader Linie dorthin.«[11]

Die Anwendung des kreativen Automatismus in der surrealistischen Malerei zeitigt ihre Aufspaltung: einmal in den symbolischen Automatismus, der von Max Ernst erstmalig in seiner Frottage-Technik exemplifiziert wird, und zum anderen in den gestisch-rhythmischen Automatismus von André Masson. Der entscheidende Unterschied der beiden Realisationsformen des Automatismus akzentuiert sich einerseits als rauschhaft-gestische Entfaltung des impulsiven Figurationsflusses, zum anderen als Integration des Absurden, Zufälligen und Halluzinatorischen in den künstlerischen Kompositionsakt, der in Gestalt von Frottagen den Kräften des Materials folgt, damit sich das rationale Kalkül weitgehend reduziert.

Mit seiner Frottage-Technik, dem Durchreiben von Materialien wie Mauern, Fußböden, Holzbalken, Gewebestrukturen mit Bleistiftschraffuren auf ein Blatt Papier, installiert sich MAX ERNST (1891–1976) ein offenes Ausgangsmaterial, das sich als halluzinatorischer Fixpunkt für die figurativen Arabesken der Zufallsvision anbietet. Der Zufall artikuliert sich bei ihm als unvorhersehbare Befreiung spezifischer Bildformationen aus dem unerschöpflichen Vorrat des Unbewußten. Das ins Bewußtsein gehobene Bild unterwirft sich dann in einem zweiten Akt der Gestaltung dem rational-dialektischen Bezugssystem der Parodie, Negation, Ironie, Verfremdung. Dieser Schritt der künstlerischen Konkretion, die Collagierung der zufällig gewonnenen Bildfragmente, intendiert in der poetischen Verkettung von heterogenen Materialien die systematische Ausbeutung der wesensfremden Wahrnehmungs- und Halluzinationsdaten als Bildmetaphern des rätselhaften Lebens, als Sinnbilder der menschlichen Seelensituation. Mit dieser Form des symbolischen Automatismus verwandelt Max Ernst die dadaistische Zielsetzung der Bewußtseinserhellung durch Provokation in die Bewußtseinserhellung durch die Wiederentdeckung eines umfassenden Problemwissens, das aus einem universalen Bezugssystem schöpft und die Dankkategorien – grotesk, absurd – nicht als einschränkenden Vorbehalt dem Reflexions- und Wahrnehmungstrieb voranstellt (Farbtafel 23).

ANDRÉ MASSON (1896–1966) praktiziert in seiner vom Kubismus beeinflußten Malerei erstmalig den kalligrafisch-rhythmischen Automatismus als Alternativform zum symbolischen Automatismus. Masson profiliert seine figurativen Formationen aus einem wirren Kurven- und Linienfluß, der sich zugleich der kubistischen Bildarchitektonik bedient, um die einzelne genetische Bildform dem Strudel des Liniengewirrs zu entreißen. Der lyrisch-gestische Trieb des Malens erfährt in der explosiven Entladung ein ästhetisch-ursprüngliches Nacherleben des rhythmisch-organischen Schaffensaktes der Natur aus dem Ur-Chaos.

André Masson löst mit seinen nervös-wirren Farb-Form-Gestikulationen jene ästhetische Kultivierung des motorisch gesteuerten, impulsiven Malprozesses aus, der später in Jackson Pollocks spontanen farbekstatischen Malprozessen seinen Kulminationspunkt finden wird.

Bei YVES TANGUY (1900–1955) erhält der rhythmische Automatismus eine andere Artikulation des sensitiven Bilderlebnisses als bei André Masson. Während Masson seine Blickrich-

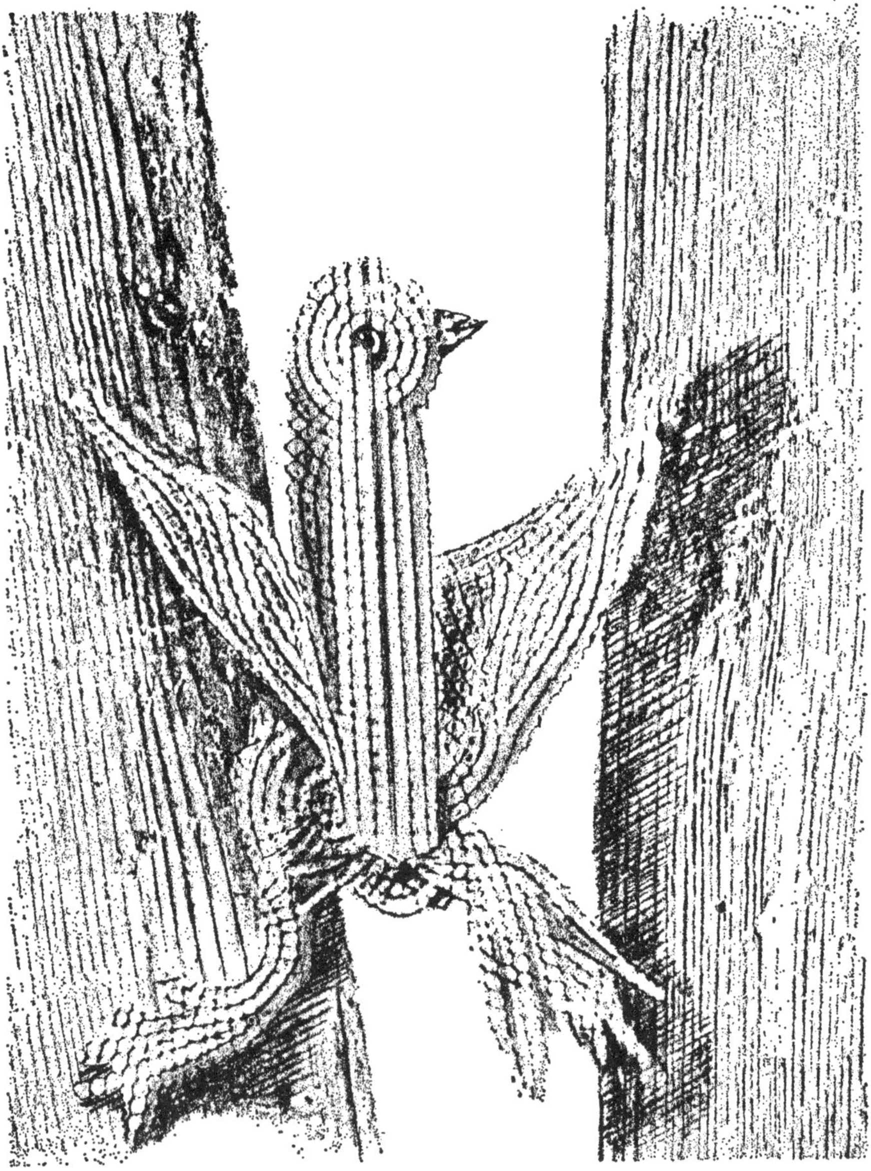

Max Ernst, Frottage aus ›Histoire Naturelle‹, 1960

tung auf die Genese des einzelnen Vorstellungsbildes aus dem Chaos im halluzinativen Nacherleben konzentriert, läßt sich Tanguy in seinen Bildern von den Lichtbewegungen tragen, die sich im Verlauf des entfesselten Nachempfindens von Farbverschmelzungen und Luftmetamorphosen in eine total verinnerlichte, schwebend-transparente Traumatmosphäre verflüchtigen. Phantastisch unwirkliche Maschinerien vollziehen in dieser Bildwelt ihre träumerischen Bewegungen mit regelmäßiger Rhythmik (Abb. 30). Bei Tanguy steigert sich die Erforschung des Traumes durch das vorbehaltlose Eindringen in die halluzinative Lichtempfindung zum schlafwandlerisch-unmittelbaren Erlebnis eines unbekannten Mediums, das nur dem Eingeweihten seine absurden Rätsel verstehbar aufschlüsselt.

Die zweite Generation der surrealistischen Malerei, die in den Jahren zwischen 1935 und 1940 zur Blüte gelangt, befruchtet die Bretonsche Theorie des Automatismus mit neuen Kreativitätsimpulsen im Hinblick auf das tiefenpsychologische Verständnis des gestischen Malaktes. Auch in der zweiten Periode des Surrealismus finden sich grundsätzlich die beiden Varianten – symbolischer und rhythmischer Automatismus – wieder, die jedoch mit neuen bewußtseinsanalytischen Intentionen gefüllt werden.

OSCAR DOMINGUEZ (1906–1957), der sich 1934 den Surrealisten anschließt, zeugt aus der gestischen Ekstase seiner Phantasie die neue malerisch-spielerische Zufallstechnik des sogenannten ›Abklatschverfahrens‹: »Mit einem dicken Pinsel stellenweise verdünnte schwarze Gouache auf glattes Papier streichen, über das man dann mit leichtem Druck ein gleiches Blatt legt, danach das zweite Blatt vorsichtig abheben« (Dictionnaire abrégé du Surréalisme). Der Zufall konzipiert aus dem spielerischen Gleiten des Pinsels eine kosmische Vision, die ihre Organismen vollkommen realitätsenthoben aus dem Reich des impulsiv sich entäußernden Unterbewußtseins schöpft. Dominguez erforscht mit seinen malerischen Experimenten nicht nur die Möglichkeiten einer Verabsolutierung des motorischen Automatismus, sondern er verleiht auch dem symbolischen Automatismus neue Aktivität und Zukunftsperspektivik, indem er ein großes Arsenal von zweckentbundenen Maschinen und Apparaturen zu metaphysisch-funktionalem Eigenleben erweckt, die sich den Normen des Nutzeffektes völlig entziehen und sich damit zum symbolischen Zeichen der unbewußten Wunschvorstellungen des von der Technik bedrängten Menschen vertiefen. Dominguez formuliert innerhalb des Surrealismus eine Sinnsprache der Dinge, die auf spätere Formen eines in Pop Art verkleideten Dingsymbolismus starken Einfluß ausübt.

Der automatische Surrealismus gibt der vom Dadaismus eingeleiteten materialtechnischen Expansion der Kunst einen neuen Akzent, indem er neue symbolische und tiefenpsychologische Deutungshorizonte und Sinngebärden der Dinglichkeit eröffnet.

Auch WOLFGANG PAALEN (1905–1959), der vor seinem Anschluß an den Pariser Surrealismus der Gruppe ›Abstraction-Création‹ angehört hat, und Roberto Matta, der 1939 in die Vereinigten Staaten auswandert, erschließen der Kunst mit ihrer Erfindung der automatistischen reinen Malgeste Bereiche einer bis dahin nie bewußt gewordenen gestischen Form der kreativen Aktivität, die vor allem in der systematischen Weiterentwicklung durch den amerikanischen Begründer des abstrakten Expressionismus, Arshile Gorky, zum Fundament eines neuen Abstraktionsverständnisses wird. Die Werke des chilenischen Malers ROBERTO

E. MATTA (geb. 1912) repräsentieren nach dem Urteil von André Breton den »absoluten Automatismus« in strengster Konsequenz, da sie den Weg zur innersten Seele, zum phantastischen Drama der menschlichen Zwiespältigkeit als »psychologische Morphologien« gefunden haben (Abb. 31). Das Eindringen in den Reflex- und Reizmechanismus der impulsiven phantastischen Aktion mit dem Ziele, ihre motorischen Triebkräfte freizulegen, kristallisiert sich bei Matta als zentrales Anliegen einer Totalerneuerung künstlerischer Imagination. Während seines Amerikaaufenthaltes wird Matta zum führenden Inspirator der amerikanischen neuen Abstraktionsbewegung, die während der fünfziger Jahre die internationale Kunstszene mit ihrer aktionell-expressiven Bildaussage beherrscht.

6 Der Kult des Absurden

Die von Breton und Eluard postulierte Methode der bildnerisch-paradoxen Konkretion eines schizoiden Zustandes durch den psychoanalytischen Akt des paranoiden Simulierens wird von dem exzentrischen Maler Salvador Dali und dem für die moderne Filmkunst bahnbrechenden Regisseur Luis Buñuel erstmalig im künstlerischen Experiment der ›paranoisch-kritischen Geistestätigkeit‹ formuliert, die mit Hilfe von künstlerischen Illustrationen den Betrachter zur spontanen Methode einer irrationalen Erkenntnis anregen will.

Diese Kunst, die Formen des exhibitionistischen de Sade-Manierismus, des psychischen Horrorschocks, der automatischen Bildcollagierung und der kritischen Interpretation miteinander vereinigt, steht in engem Kontext mit der Entwicklung des absurden surrealistischen Theaters, das in Louis Aragon und Antonin Artaud seine ersten namhaften Vertreter hervorbringt.

Die fundamentale Bedeutung des absurden Theaters für die gesamte Entwicklung der surrealistischen Kunst liegt in der analytischen Problemerforschung des Absurden. Die ersten absurden Stücke von Aragon aus dem Jahre 1924 ›L'armoire à glace un beau soir‹ und ›Le libertinage‹ inszenieren sketchartig unsinnige Figurenkonstellationen und groteske Spannungsabläufe, die sich in einer spezifisch erregten Atmosphäre als Konzentration auf das Emotionale abspielen. Das absurde Moment liegt in dem Einmünden einer zunächst konventionellen Handlungssituation in den hellsichtigen Nonsens des automatischen Phantasieflusses. Bei Artaud erhält die automatisierte Literatur des Absurden psychoanalytisch-veristischen Hintergrund, da sie kraft ihrer autobiografischen Anspielungen zur rücksichtslosen Enthüllung der tiefsten inneren Konfliktsituation des Dichters wird. Indem Artaud mit magischer Gestik wahrheitsgetreu im Ausschöpfen seiner eigenen psychischen Imagination die schweifenden Traumbilder der erregten Phantasie anschaubar macht, füllen sich die Begriffe – grausam, absurd – mit den szenischen Illustrationen einer übermächtigen Triebhaftigkeit des menschlichen Inneren. Dabei lösen sich alle kategorialen Differenzierungen des moralisch-sozialen Vernunftapparates in das unentwirrbare Chaos der Konflikte auf; das Absurde wird zur Definition der triebmächtigen chaotischen Widersprüchlichkeit des menschlichen Wesens schlechthin. Diese Bewußtwerdung von Absurdität ist dem rationalen

Denken prinzipiell verwehrt, sie kann nur durch die illustrative Gebärde ausgelöst werden: »Das Theater kann nur dann wieder es selbst werden, ... wenn es dem Zuschauer wahrheitsgetreu die sich jagenden Traumbilder bietet, in denen seine verbrecherischen Neigungen, seine erotischen Zwangsvorstellungen, seine Wildheiten, seine Chimären, seine utopischen Vorstellungen vom Leben und den Dingen, ja sein Kannibalismus sich entladen, auf einer Ebene, die nicht angenommen und illusorisch ist, sondern innerlich.«[12]

Dieses Nachvollziehen der seelischen Konfliktsituationen mit Hilfe der automatisch literarischen Phantasie, die sich in absurden Vorstellungen entfaltet, findet mit den lyrischen Traumdramen von Ionesco außerhalb der szenisch brutalen Grausamkeit ihre Fortsetzung. Ionescos Stück ›Impromtu pour la Duchesse de Windsor‹ (1957) spielt mit dem Unsinn, um hinter dem Nonsens-Dialog die Identität von Tragik und Komik zu entlarven und damit die rationale Sinndeutung der Sprache in ihrer subjektiven Gebrauchsform durch die Konversation ad absurdum zu führen. Nicht die Worte, sondern die Leere hinter dem gesprochenen Wort eröffnet die seelische Situation. Bezeichnenderweise charakterisierte Dali Ionescos Stück nach der Premiere mit der Bemerkung:

»Es war sehr ergreifend.«[13]

In Analogie zur vordergründigen szenischen Handlung des absurden Theaters will SALVADOR DALI (geb. 1904) das Szenarium seiner weiten exotisch üppigen Landschaften verstanden wissen, in denen sich die dunkle Wunderwelt der paranoischen Halluzination des Unbewußten im erregenden Mirakel vollzieht, als realistischer Ausgangspunkt für den assoziativen Prozeß der paranoisch-kritischen Geistestätigkeit (Farbtafel 24).

Auch Luis Buñuel bettet in seinem ›Andalusischen Hund‹ (Un Chien Andalou, 1929) die Traumaktionen der Irrationalität mit vorher geplantem Kalkül in einen veristischen Geschehensrahmen mit dem Ziele, daß die Wahnvorstellungen des Deliriums denkerische Prozesse im Zuschauer auslösen. Die paranoisch-kritische Geistestätigkeit des Betrachters vollzieht sich in der Weise, daß er anhand von vorgestellten Traumvorgängen das Anormale als irrationale Möglichkeit im rationalen Wirklichkeitsfluß begreift und gleichzeitig die Kräfte des unkontrollierten Wahns hinter seiner rational verdrängten Triebtätigkeit wiederfindet. Ebenso wie Artaud benutzt Dali für diesen analytischen Prozeß einer kritischen Manipulation paranoider Schizophreniezuständlichkeit die unmittelbar stimulierenden oder schokkierenden Szenerien der blutigen Grausamkeit, der ekelerregenden Verwesung, des erotischen Exzesses und des Narzißmus, da sie nach Freuds psychoanalytischen Forschungen automatistische Phantasieaktivität bewirken und daher besonders geeignet sind, die paranoisch-kritische, interpretative Geistestätigkeit zur irrationalen Erkenntnis von Wahnvorstellungen auszulösen:

»Die Beteiligung aktiver, systematischer, für die Paranoia kennzeichnender Elemente gewährleistet den produktiven Entwicklungscharakter, welcher der paranoisch-kritischen Tätigkeit zu eigen ist. Das Vorhandensein aktiver, systematischer Elemente bedeutet nicht, daß der Gedankenablauf willkürlich gelenkt, noch daß der Intellekt in irgendeiner Weise am Geschehen beteiligt wäre; denn bei der Paranoia unterscheidet sich, wie man weiß, die Komponente der aktiv-systematischen Struktur in ihrer Substanz absolut nicht von der

Wahnvorstellung selbst. Jede Wahnvorstellung paranoider Natur, mag sie auch momentan und sprunghaft auftreten, trägt die systematische Struktur schon zur Gänze in sich und objektiviert sich ja nur im nachhinein durch das Eingreifen der Kritik. Die kritische Tätigkeit spielt dabei nur die Rolle eines Entwicklers von Bildern, Assoziationen, inneren Zusammenhängen und systematischer Ausfeilung, die bedeutungsvoll sind und schon in dem Augenblick existieren, da die Wahnvorstellung auftritt...«[14]

Die Absurdität des menschlichen Seinwollens und Seinkönnens zeigt bei Dali und Buñuel gerade durch die vordergründige anekdotische Darbietung der Triebwelt mit kalter, manieristisch faszinierender Sachlichkeit und parodistischer Gestik ihre erschreckende Brutalität, indem sie die menschliche Teilnahmslosigkeit und isolierte Narzißhaftigkeit im Erleiden des Triebes genau registriert. Das Absurde konkretisiert sich im surrealistischen Realismus der paranoisch-kritischen Tätigkeit als höchste Steigerung der Satire; die paranoische Kritik manifestiert den quälenden Widerspruch, die Kluft zwischen Rationalität und Irrationalität, zwischen narzißhafter Trieblust und sozialer Rücksicht als unüberbrückbare seinsmäßige Spaltung des menschlichen Geistes, die das Kandinsky-Ideal eines produktiven Ausgleiches zwischen Vernunft und Emotion als schwärmerische Illusion einer nicht existenten Harmonie der menschlichen Psyche zu Grabe trägt.

Neben Dali sucht vor allem auch der belgische Künstler RENÉ MAGRITTE (1898–1967) eine spezifisch metaphysische Ausdrucksform, die traumatisch hintergründige Assoziationen im Betrachter auf Grund ihrer suggestiven Strahlkraft auslöst. Für Magritte wird die Auseinandersetzung mit der metaphorischen Dingsprache in den Bildern de Chiricos zum entscheidenden Impuls seiner Hinwendung zum Surrealismus. Magritte löst ähnlich wie Max Ernst die Dinge aus ihrem gewohnten Kontext und setzt sie in die totale Verwirrung, indem er scheinbare Nonsens-Dingkonstellationen komponiert, in denen die Bildgegenstände in ambivalenter Doppelbezüglichkeit sowohl isoliert als auch in einem symbolischen Bezugsrahmen jenseits kausaler Bezeichnungsformen aufleuchten. Magritte integriert auch das geschriebene Wort, d. h. die sprachlogische Definition der Dinge, in den Verwirrungsprozeß, indem er Nutzgegenstände mit emotional gewonnenen Bezeichnungen versieht, die in keinem logischen Bezug zum gemalten Gegenstand stehen (Farbtafel 25).

Diese Identitätsspaltung zwischen Gegenstand und üblicher Darstellung durch Bild und Wort gewinnt den Gegenständen die Aura des Mysteriösen wieder zurück, die den Phänomenen der Welt ursprünglich eigen ist und die heute nur noch wenigen Realitäten zugesprochen wird, insofern sie sich dem menschlichen Nutzmechanismus entzogen haben. Magritte ersetzt die kausallogische Identität der Gegenstände durch den Begriff der ›Ähnlichkeit‹, den er als Kreativitätsordnung der Verbildlichung analog zur Weltrealität definiert. Die Dinge werden wie im kausalen Nutzungsmechanismus der Vernunft in eine verfügbare symbolische Struktur gebracht, die jedoch nicht mehr der Ratio, sondern dem spontanen Willen der Phantasie entspringt. »Die Kunst des Malers verdient dann wirklich Kunst der Ähnlichkeit zu heißen, wenn sie darin besteht, das Bild eines Gedankens zu malen, der der Welt ähnlich ist, denn ›Ähnlich-Sein‹ ist ein spontaner geistiger Akt, nicht aber eine Beziehung von Ähnlichkeit, mag sie der Vernunft oder dem Wahn entstammen.«[15]

7 Objektkunst – Verwandlung des Gegenstandes

Die bereits von den Kubisten entwickelte Objektkunst, die neben den traditionellen Bildhauerwerkstoffen das Kombinieren von bisher kunstfremden Materialien wie Pappe, Holz, Draht u. a. kunstwürdig macht, erreicht bei den Dadaisten und Surrealisten einen ersten Kulminationspunkt, der wegweisende Maßstäbe für die weitere Stilentwicklung der Moderne setzt. Während einige Künstler aus dem europäischen Dadakreis wie Hans Arp, Johannes Itten, Johannes Th. Baargeld und Marcel Janco zunächst die kubistischen Anfänge eines materialanalytischen Umgangs mit ungewöhnlichen Werkstoffen experimentell weiterführen, erhält die Objektkunst durch Kurt Schwitters, Marcel Duchamp, Raoul Hausmann und Man Ray über das Materialexperiment hinausgehende innovative Ausdrucksqualitäten. So realisiert die ›Merzkunst‹ von Kurt Schwitters, in der Relief, Freiplastik, Architektur, Dichtung, Bühnenkunst, Collage und Zeichnung eine homogene Synthese eingehen, die dadaistische Vision einer Verbindung von Kunst und Leben im Sinne eines modernen Gesamtkunstwerkes. Die Grenzen zwischen Kunst und Leben heben sich auf in der konkreten Künstlerbiografie Kurt Schwitters', der die Merzkunst zum poetischen Reflex seines individuellen Lebens macht.

Politischen und sozialkritischen Verweischarakter auf den von Gegensätzen zerrissenen Zeitgeist der Jahre nach dem Ersten Weltkrieg besitzt der berühmte Dada-Objektkopf von Raoul Hausmann, *Der Geist unserer Zeit,* 1919. Hausmann macht hier aus einer gewöhnlichen Pappmaché-Puppe, wie sie von Friseurlehrlingen zum Erlernen des Perückenmachens benutzt wird, ein Symbol des apparategesteuerten Menschen moderner Massen- und Industriezivilisation, der gemäß seiner technokratischen Vorprogrammierung zu funktionieren hat. Hausmann: »Ich wollte den Geist unserer Zeit enthüllen, den Geist eines jeden in seinem Urzustand. Man erzählte sich bare Wunder über das Volk der Dichter und Denker. Ich glaubte es besser zu kennen. Ein gewöhnlicher Mensch hat nur die Fähigkeiten, die ihm der Zufall auf den Schädel geklebt hat, das Gehirn ist leer.«[16]

Der Verweishorizont, den die Pappmaché-Puppe aus dem Friseurgeschäft bei Hausmann erhält, resultiert aus der künstlerischen Idee, den Kopf zu polieren und ihn danach mit allerlei Gegenständen zu bekleben, die sich dann zur Pointe der Titelgebung verdichten: »Ich krönte [den Kopf] mit einem Faltbecher, heftete ihm einen schönen Geldbeutel an den Hinterkopf und setzte ein kleines Schmuckkästchen auf sein rechtes Ohr. In dieses plazierte ich noch einen typografischen Zylinder und ein Pfeifenrohr. Nun zur linken Seite. Hier hatte ich Lust zu neuem Material. Auf einem Holzlineal befestigte ich ein Messinggewinde von einem alten Photoapparat. Dann betrachtete ich mein Werk. Aha, ich brauchte noch diesen kleinen weißen Karton mit der Nummer 22, denn offensichtlich hatte der Geist unserer Zeit nur eine numerische Bedeutung.«[17]

In dieser Pointe vom ›Geist unserer Zeit‹ verlieren die Alltagsgegenstände ihre gewöhnliche Funktion, sie erfahren ihre Metamorphose in die künstlerische Idee. So geschieht hier in komplexer Form mit mehreren kombinierten Gegenständen, die im Alltag keinen Zusammenhang besitzen, der gleiche Vorgang, den Duchamp mit seiner *Fontäne* (Abb. 25) an dem isolierten Kaufhauspissoir vollzieht. Indem Duchamp das Urinoirbecken auf den Kopf stellt, gibt er dem gewöhnlichen Gegenstand eine ungewöhnliche Dimension, die als polemische Provokation mit innovativen Reizen auf den Betrachter wirkt und dessen Assoziationskraft mobilisiert.[18]

Diese dadaistische Erfahrung, daß Gegenstände in einer ungewöhnlichen Kombination oder durch provokante Kommentierung mit einem überraschenden Titel zur intellektuellen, erotischen, parodistischen oder ironischen Pointe werden können, inspiriert die Surrealisten um André Breton zu einer wahren Orgie von Objektmontagen, in denen sie die Verwandlungsfähigkeiten von gewöhnlichen Gegenständen durch ungewöhnliche Kombinationen weiter ausloten. Durch Duchamps Readymades ist zugleich die Ambivalenz der Wertsetzungen deutlich ins Reflexionsfeld der Kunst getreten. Was zunächst nur Protest gegen die Bedeutung »und die ungefragte Größe, die Erhabenheit und Kostbarkeit eines Kunstwerks« war, indem Duchamp dagegen »die scheinbar fraglose Bedeutungslosigkeit beliebiger Gegenstände des Alltags« setzte, öffnet plötzlich über diesen Antikunst-Aspekt hinaus die Dimension einer neuen künstlerischen Setzung von Bedeutung für den bedeutungslosen Gegenstand in der Metamorphose der Objektkunst.

Zu den meist zitierten, weil auch frappierendsten Beispielen dieser surrealistischen Dingmetamorphose dürfte *Cadeau* (1921) von Man Ray gehören, ein aufgestelltes Plätteisen, dessen Bügelfläche in der Mitte eine Reihe aufgeschweißter Polsternägel aufweist (Abb. 32). Das Objekt hat in seinem beißend aggressiven Witz den Charakter eines Readymades: Als Funktionsgegenstand zum Bügeln ist dieses dadaistisch-surrealistische ›Geschenk‹ unbrauchbar, die bedrohliche Wirkung, die von den Nägeln ausgeht, ist vielmehr eine unverblümte ironische Provokation, die Man Ray durch den Werktitel *Cadeau* noch deutlich unterstreicht. Der Dadaist Hans Richter hat im Rückblick auf die dadaistische Objektkunst sehr treffend darauf aufmerksam gemacht, daß die Aufhebung des Nützlichkeitseffekts der Gegenstände Voraussetzung dafür ist, daß Man Ray ihnen Verweischarakter für menschliches Verhalten geben kann: »Der Un-Nützlichkeitseffekt zeigt uns die Dinge von ihrer, man könnte sagen, menschlichen Seite. Er befreit! Eben weil die Dinge unnütz waren, berührten sie uns und sprachen auf eine lyrische Weise. Der Humor der Un-Nützlichkeit der Maschine ist von Man Ray entdeckt worden.«[19]

Die Surrealisten feiern Man Ray als den ersten Objektkünstler, dem es gelungen ist, die Vision Lautréamonts von einer provozierenden Kombination absolut wesensfremder Dinge zu einer neuen, die Phantasie stimulierenden Einheit konkret vollzogen zu haben. Was bisher Experimentierfeld der Malerei blieb, verlagert sich in den ausgehenden zwanziger Jahren mehr und mehr in den Bereich eines plastischen Umgangs mit vorgefundenen Materialien, mit den sog. ›Objets trouvés‹. Wie kaum ein anderer Surrealist versteht es Salvador Dali in den ausgehenden zwanziger und dreißiger Jahren, die Methode Lautréamonts in einer pointierten Objektkunst aus Alltagsfundstücken zur Anschauung zu bringen. Dabei gelingt es ihm, seinen Objet trouvé-Arbeiten stets einen erotischen Fetischcharakter beizugeben, der seine Quellen im ausgeprägten Interesse der Surrealisten an der Psychoanalyse, der Psychopathologie und den Sexualwissenschaften hat. Diese Art der erotisch anspielungsreichen Objektkunst wird auch von KURT SELIGMANN (1900–1962) und MERET OPPENHEIM (1913–1985) intensiv betrieben, wobei vor allem das *Frühstück im Pelz* (1936) der seinerzeit jungen und schönen ›femme surréaliste‹ Meret Oppenheim internationale Berühmtheit erlangen kann. Die frappierende Pointe dieses Objektes resultiert aus seinem hintergründigen Wortwitz: »Die übliche Erklärung für das pelzbesetzte Frühstücksgeschirr – Verfremdung von Tasse, Untertasse und Löffel durch den Pelzüberzug, Zerstörung der ursprünglichen Gebrauchsfunktionen zugunsten eines surrealen ›fonctionnement symbolique‹ – trifft nur die Hälfte des Tatbestandes. Der Nichtfranzose muß wissen, daß ›déjeuner‹ nicht Frühstück, sondern Gabelfrühstück bedeutet. Ein ›Déjeuner en fourrure‹ wäre also das mondäne Mahl mit Austern und Champagner, zu dem sich die Damen im Pelz einfinden.«[20]

Eine interessante Variante des Objet trouvé-Einsatzes im surrealistischen Objekt läßt sich bei Max Ernst beobachten. Max Ernst begnügt sich nicht mit der bloßen Kombination der Fundstücke, sondern er unterzieht diese einer doppelten Verwandlung, indem er wie bei *Habakuk* (1928/29) die aus Blumentöpfen und Röhren gewonnene Plastik in Gips abgießt und die Abgüsse dann erst zur Figur kombiniert (Abb. 35). Dieser zweifache Verwandlungsvorgang, den Max Ernst hier an seinen Alltagsfundstücken vornimmt, schafft als Resultat ein »autonomes, imaginäres Gebilde, das das Geheimnis seiner Formwerdung nicht mehr ohne weiteres preisgibt«.[21]

Joan Miró geht schließlich noch einen Schritt weiter und kombiniert dieses Abformverfahren mit der Verwendung echter Realien. Auf diese Weise schafft er sich mit dem Objet trouvé als Ausgangsmaterial ein vielschichtig verwendbares Ausdrucksinstrumentarium, das nicht mehr allein auf die schlagkräftige Pointe abzielt, sondern den Dingen ein quasi literarisches Interpretationsfeld innerhalb des komplexen Objektarrangements eröffnet. Die Montage der verschiedenen echten und abgeformten Realien ist dazu da, ein Wirkungsfeld für neue metaphorische Korrespondenzen herzustellen. Diese Art der Objektkunst wird unter der Bezeichnung Neodada und Neosurrealismus in den sechziger Jahren eine vielschichtige Weiterentwicklung als Interpretation der modernen Zivilisationswirklichkeit erleben.

Während bei den meisten Arbeiten der frühen surrealistischen Objektkunst die Spannung zwischen der nicht aus dem Bewußtsein getilgten alltäglichen Nutzfunktion und der neugesetzten provokativen Nutzlosigkeit des Objet trouvé für die künstlerische Pointe ausschlaggebend ist, läßt Miró diesen Alltagsutilitarismus fast völlig in der Montage seiner Objekte verschwinden. Indem er sie – quasi abstrakt – wie Formen und Farben nutzt, relativiert er ihren dinglichen Funktionscharakter zur unwesentlichen Nebensache und gibt ihnen dadurch die Fähigkeit, in seinem Assemblagearrangement wie in einem künstlichen Kosmos neue Relationen einzugehen. Auf diese Weise verbindet sich hier die surrealistische Dingmetaphorik mit dem Konstruktionsgedanken der vorausgegangenen kubistischen Materialexperimente (Abb. 33).

Auch René Magritte praktiziert in seiner Objektkunst der dreißiger Jahre diese völlige Verwandlung von Fundstücken, um sie einer rein künstlerischen literarischen Korrespondenz zuzuführen. 1932 bemalt er eine Totenmaske Napoleons mit blauweißen Wolkenarrangements. Solche Verfremdung einer profanen Devotionalie ist nur scheinbar ein Entweihungsakt, denn mit seiner provokanten Wirkung erlangt dieser verwandelte Politfetisch durch die Übermalung eine phantastische Aura, die das Fundstück als solches weit übersteigt.

Der Aspekt einer neuen Sinngebung für die Fundstücke des Alltäglichen taucht auch in den Objektmontagen auf, die Pablo Picasso – angeregt durch die surrealistische Objektkunst – gelegentlich in den dreißiger und frühen vierziger Jahren ausführt. Eine der populärsten Plastiken Picassos, der *Stierkopf* (1942), vollzieht diese Verwandlung von Objets trouvés in einen anderen Sinnhorizont mit Hilfe eines simplen Fahrradsattels und einer Fahrradlenkstange, deren geniale Montage die verblüffende Assoziation eines Stierschädels mit Hörnern hervorbringt. Aus zwei Alltagsgegenständen formt sich etwas ganz anderes, ein Symbol, das die dadaistische Dingvergegenwärtigung trotz seiner auffällig readymadehaften Pointierung eben durch seine sinnbildliche Assoziationskraft weit überschreitet. Werner Spies hat den Unterschied zwischen dem Duchamp-Readymade eines auf einen Hocker aufmontierten kopfstehenden *Fahrrad-Rades* (1917) und Picassos *Stierkopf* deutlich formuliert: »Ist Duchamp darauf aus, die Inkongruenz zweier Objekte als polemischen nicht überwindbaren Bruch darzustellen, so geht es Picasso darum, die formevozierende Kraft von Gegenständen zu erkunden und durch die Umstellung banaler Wirklichkeitselemente eine höhere Wirklichkeit zu schaffen.«[22]

Aus solcher Metamorphose des banalen Alltagsfundstücks zum künstlerischen Symbol wird die Skulptur der vierziger und fünfziger Jahre wichtige Anregungen im freien Umgang mit den Werkstoffen Eisen und Stahl beziehen.

Anmerkungen

1 Hans Richter, Dada-Kunst und Antikunst, Köln [4]1978, S. 30ff.
2 Andreas Franzke, Der Gegenstand und seine Verwandlung. Das Objekt im Dada und Surrealismus, in: Katalog ›Skulptur im 20. Jahrhundert‹, Basel Merian-Park 1984, S. 88.
3 Aus einem Gespräch von J. Schuster mit Marcel Duchamp, in: Le Surréalisme même, Nr. 2, 1957.
4 Albert Camus, Der Mensch in der Revolte, Hamburg 1952.
5 Siehe dazu Götz Adriani (Hrsg.), Hannah Höch, Fotomontagen, Gemälde, Aquarelle, Köln 1980.
6 Richard Humphreys, Kurt Schwitters: An Introduction, in: Katalog Kurt Schwitters, Tate Gallery, London 1985, S. 13.
7 Detaillierte Auskunft über die verschiedenen Dada-Zentren und ihre Künstler liefert Hans Richter, Dada-Kunst und Antikunst, a. a. O.
8 Patrick Waldberg, Der Surrealismus, Köln 1965.
9 André Breton, L'Art des Fous, La Clé des Champs, In: La Clé des Champs, Paris 1953.
10 Joan Miró, Interview, aufgezeichnet von Yvon Tallandier, in: XXe Siècle, Paris 1964.

11 André Breton, Genèse et Perspective artistique du Surréalisme, Paris 1941.
12 Antonin Artaud, Le théâtre et son double, Paris 1938.
13 Martin Esslin, Das Theater des Absurden, Frankfurt 1964.
14 Salvador Dali, La Conquête de l'Irrationnel, in: Editions surréalistes, Paris 1935.
15 René Magritte, in: Ausstellungskatalog der Galerie Rive Droite, Paris 1960.
16 Willy Rotzler, Objektkunst. Von Duchamp bis zur Gegenwart, Köln [2]1975, S. 41
17 a. a. O.
18 Siehe dazu auch S. 92f.
19 Hans Richter, zitiert in: Willy Rotzler, Objektkunst, a. a. O., S. 64.
20 Willy Rotzler, a. a. O., S. 85.
21 Andreas Franzke, Skulpturen und Objekte von Malern des 20. Jahrhunderts, Köln 1982, S. 111.
22 Werner Spies, Picasso. Das plastische Werk, Stuttgart 1983, S. 179.

IV Konstruktivismus und Gegenstandslosigkeit (1910–1945)

Die Kunstgeschichte ist oft geneigt, die Vielfalt der Stilrichtungen nach 1910 in Europa, die mit den Möglichkeiten der Abstraktion operieren – Kubismus, Futurismus, synthetischer Expressionismus, russischer Konstruktivismus, Bauhaus, De Stijl und Dada –, in dem Schmelztiegel der pauschalen Kennzeichnung ›abstrakte Kunst‹ zu sammeln, ohne das Prinzip Abstraktion als solches in seiner geschichtlichen Entwicklung zu untersuchen.

Alle Kunst – gegenständliche wie ungegenständliche – bleibt immer konkret, da sie als Leinwandbild oder Skulptur stets ein neues reales Etwas darstellt. Künstlerische Kreativität definiert sich so betrachtet wesentlich als der Wille zur Konkretion, wobei der Begriffsinhalt von konkret nach moderner Kunstauffassung nicht identisch ist mit ertastbarer Vergegenständlichung. Vielmehr kann bereits die verbal anschauliche Beschreibung einer künstlerischen Idee die Konkretion leisten, ohne daß noch eine Materialisation notwendig ist.

Die Identität von Abstraktion und Konkretion ist bereits von der ersten großen Stömung moderner Abstraktionskunst, dem Kubismus, erkannt worden, der, von der Tatsache der vorgegebenen Leinwandfläche ausgehend, eine gegenstandsunabhängige künstlerische Wirklichkeit innerhalb eines zweidimensionalen Bezugssystems erstellt. Basierend auf dem realen Gegenstand, leistet der Kubismus in der Bildgestaltung eine kubisch facettierte Aufgliederung der gegenständlichen Erscheinung und schafft gleichzeitig mit diesem Modell der neugewonnenen Raumstrukturierung den synthetischen Neuaufbau des Bildes. So erweist sich der Kubismus in seiner Zerlegung des Gegenstandes als Kunst des reduktiven Abstrahierens, jedoch nicht als totale Abstraktion vom Gegenständlichen. Im Gegensatz zum Konstruktivismus, der meßbare Gesetzmäßigkeiten in ihrer absoluten Gestalt gegenstandsunabhängig durch reine geometrische Formen veranschaulicht, wird im Kubismus der erscheinende Gegenstand keineswegs nivelliert. Der Kubismus benutzt die Kategorie Abstraktion als rationales Mittel mit dem Zweck, einen ordnenden Formenapparat zu gewinnen, der das Strukturgefüge der erscheinenden Natur als operative Formel herauskristallisiert.

In anderer Funktion stellt sich das Prinzip der reduzierend wirkenden Abstraktion bei den Künstlern des ›Blauen Reiter‹ – Klee und Kandinsky – dar, die das schematisierende Konstruktionsmaterial des Kubismus mit der Emotionalität der expressionistischen Kunst verbinden. Die Diskrepanz zwischen den Kubisten und den abstrakten Künstlern des ›Blauen Reiter‹ verdeutlicht sich in der unterschiedlichen Begriffsbestimmung von Form. Betrachtet der strenge Kubismus die Form als eine meßbare Struktureinheit, so definiert Kandinsky in seinem Aufsatz ›Über die Formfrage‹ die Form als »äußeren Ausdruck eines inneren Inhaltes«, als Signum der seelischen »Vibration«. Die Gemeinsamkeit zwischen dem Kubismus und dem ›Blauen Reiter‹ liegt in der Gleichzeitigkeit von Abstraktion und Realistik, wobei Realistik von beiden Stilrichtungen nicht als anekdotischer Realismus verstanden wird, sondern als Präsentation von Gegenständlichkeit an sich durch die Zurücknahme aller »künstlichen Verfeinerung auf das äußerste Minimum«[1], damit das Erscheinen des dinglichen Wesens in reiner Substantialität zur Geltung gelangt. So verwundert es nicht, daß Juan Gris und Franz Marc in gleicher Weise ihr künstlerisches Schaffen als einen Balanceakt auf der Scheidelinie zwischen Figuration und Abstraktion auffassen. Während aber die kubistische Realistik die meßbaren Eigenschaften in ihrer wesenhaften Funktionalität für das dingliche Sosein zur Erscheinung gelangen läßt, gewinnt der emotional bestimmte ›Blaue Reiter‹ symbolhafte Zeichen der Dinglichkeit, die gemäß der spezifischen Seelenvibration des Künstlers zu neuen Kompositionsgebilden zusammengefügt werden können.

Dieses Verfahren läßt sich am deutlichsten bei PAUL KLEE (1879–1940) ablesen, der ein kalligrafisches Instrumentarium der Figuration besitzt und dieses zu Abbildern seiner inneren Vorstellung von der kosmischen Wiedergeburt komponiert (Farbtafel 7). Diese Symbole sind zugleich Inhalte und Formen. Bei Klee verselbständigt sich die Linie zur proportionierten Kraft der harmonischen Schwingung, die zugleich exakt bezeichnendes Demonstrativum und dynamischer Klangakkord ist, sie präzisiert die Vorstellungen des seelischen Mikrokosmos und verweist als esoterische Bewegung auf die Gestaltungsenergie des Geistes. Diese figurative Zeichensprache überführt die Unordnung der greifbaren Umwelt in eine poetische Ordnung der freien Phantasie, ohne das drohende Chaos der natürlichen Verhältnisse zu verleugnen. Sie wird von einer transparenten Farbmaterie volumisiert, die den grafisch stofflosen Charakter der Signaturen unterstreicht, indem sie die Verflüchtigung der Figuren in die Schwerelosigkeit durch ihre subtile kontrapunktische Komposition fördert. Klee benutzt die Abstraktion als reduzierendes Stilmittel, um aus der Dinglichkeit ein subjektives Zeichenalphabet zu gewinnen, das mit exakten Bildelementen die Vorstellungen seiner visionären Phantasie im Bilde beschreibt und damit eine geistige Alternative zur realen Wirklichkeit postuliert.

Ähnlich wie Klee verläßt auch FRANK KUPKA (1871–1957) nicht den Bezugsrahmen der Gegenständlichkeit. Obwohl Kupka im Anschluß an den orphischen Kubismus Delaunays die Abstraktion als ersehnte Befreiung des Geistes von der bloßen Gegenstandsnachahmung empfindet, bleibt jedoch die Gegenständlichkeit als solche im künstlerischen Gestalten bei ihm thematisch. Die Abstraktion liefert den Boden, um das eigene Empfinden gleichsam in Form einer modellhaften Anschauung in den Kosmos eingliedern zu können, denn sie löst die Malerei aus dem Dilemma, als Paraphrase der Fotografie eine exakte Wiedergabe der Natur liefern zu müssen. Das abstrakte Kunstwerk erlangt für Kupka seine »konkrete Bedeutung aus der Kombination von morphologischen Urbildern und den architektonischen Bedingungen, die seinem eigenen Organismus eigen sind«.[2] So erinnern Kupkas Bilder an mikroskopische Dingansichten, die alles das zum Vorschein bringen, was sich nur dem überscharfen Durchblick eröffnet, der in die Keimzelle dinglicher Existenz vordringt.

1 Russische Avantgarde

Für den Anschluß der russischen Kunst an die internationale Moderne sind die Anregungen, die von den Europareisenden Wassily Kandinsky und Kasimir Malewitsch ausgehen, von entscheidender Bedeutung. Bei Kandinsky zeichnet sich schon im Kontext seiner Münchner Tätigkeit eine kontinuierlich fortschreitende Entwicklung von der reduktiven Abstraktion zur reinen Gegenstandslosigkeit ab. Prinzipiell verwendet Kandinsky die Abstraktion mit dem Ziel, das Volumen der Materie zu verflüchtigen, und geht damit über die reduktive Abstraktion hinaus, da er den Dingen außer ihrer Schwere auch die räumliche Definition nimmt. Das Ding als solches wird für Kandinsky belanglos, wesentlich sind die eigenen Emotionsbewegungen, die sich im Bilde als komponierte Farb- und Linienakkorde konkretisieren. Die Umwelt ist für Kandinsky nur insoweit wichtig, als sie Konfliktstoff liefert, der die künstlerische Imagination in dramatische Spannung versetzt. Der kreative Schaffensakt verwandelt die erlebte Dramatik in eine harmonische Klangkomposition von Farben und Formen, die Freiheit und Notwendigkeit des Geistes, Emotion und Denken, widerspiegelt; das Bild will nur noch Entäußerung des Geistes sein (Farbtafel 8). So markiert Kandinsky, der 1914 von München nach Rußland geht, die Wende von der gegenstandsreduzierenden Abstraktion zur gegenstandslosen Kunst, die sich in reiner Form im Suprematismus von Malewitsch darstellt.

Suprematismus

Um 1910 bildet sich in Moskau ein progressiver Kulturkreis, der mit großer Aufgeschlossenheit die avantgardistischen Kunstströmungen Europas, den Kubismus und Futurismus, zu neuen Ideen verarbeitet. Seine Aktivitäten sind es, die auch Kandinsky zur Rückkehr nach Moskau bewegen. Zu den bedeutendsten Künstlern dieser Moskauer Gruppe zählen neben dem Literaten Majakowskij die Maler Tatlin, Malewitsch, Lissitzky, Pevsner, Naum Gabo, Larionow und die Brüder Burljuk, die in Moskau ein selbständiges futuristisches Zentrum begründen. In seinen frühen Arbeiten verwendet KASIMIR MALEWITSCH (1878–1935) einen als Luminarismus gekennzeichneten futuristisch-figurativen Stil, der zu dieser Zeit die europäischen Malschulen durchgängig beherrscht. Um 1910 gibt Malewitsch diese realistische Malweise auf und komponiert seine Bilder in Anlehnung an den analytischen Kubismus aus farblich reduzierten geometrischen Formen, die er zum erstenmal 1911 in der Ausstellung ›Karo Bube‹ dem Moskauer Publikum präsentiert. Nach einem Aufenthalt in Paris vollzieht sich 1912 in Malewitschs Werke die Wende vom analytischen zum synthetischen Kubismus, so daß der formale Bildaufbau in stärkerem Maße von der freien Farbkomposition durchdrungen ist. Die Bilder dieser Zeit stehen in großer Nähe zu Kandinsky, der das Prinzip Bewegung – ähnlich wie der Orphismus und Futurismus – durch den rhythmisierten Farbakkord veranschaulicht. Zwischen 1913 und 1915 löst sich Malewitsch in Theorie und malerischer Praxis von den Vorbildern des Kubismus und Futurismus, um mit seiner theoretischen Schrift ›Vom Kubismus und Futurismus zum Suprematismus‹ (Juni 1915) sein male-

risches Ziel, die Schaffung eines gegenstandslosen Bildausdrucks, einzuleiten. Zunächst bemüht sich Malewitsch darum, die kubistische Reduktion der Gegenständlichkeit auf wenige symbolische Grundelemente zu konzentrieren. So deklariert er Quadrat, Kreis und Kreuz zu den Elementarformen des bildnerischen Aufbaus, die in ihrer geometrischen Gestalt zugleich Sinnbilder ursprünglicher Intuition und magischer Assoziation sind. Aus diesen Elementarformen entwickeln sich komplexe Synthesen wie ellipsoide und trapezoide Figurationen, die dynamische Bewegungsbahnen aktivieren. In der Petersburger Ausstellung ›0,10‹ zeigt Malewitsch seine frühen suprematistischen Bilder, darunter das berühmte *Schwarze Viereck auf weißem Grund* (1913), das Malewitsch selbst in Anlehnung an die Tradition der kontemplativen russischen Ikonenkunst als »nackte gerahmte Ikone« seiner Zeit interpretiert. Das schwarze Quadrat markiert den Nullpunkt der möglichen Reduktion von Form und Farbe, es symbolisiert die Wende von der reduktiven Abstraktion des Kubismus zur Gegenstandslosigkeit an sich, zur reinen Intuition, insofern das nichtfarbige Quadrat als idealtypisches Figurationsmodell größter Einfachheit die zweckfreie Anschauung ohne jede Dingabbildlichkeit darstellt. Die weiße Fläche konkretisiert den völlig entgrenzten Bildraum, der frei von jeder dimensionalisierten Meßbarkeit absolute Substanz sein will, in der die malerisch gesetzten Fixpunkte ihr autonomes Leben als transparente Kompositionszeichen einer inneren Bewegung entfalten können. Die kubistische Intention der definitiven Strukturierung von Raum und Objekt verwandelt sich bei Malewitsch trotz der geometrischen Figuration in ein lyrisches Gebilde, das Spiegel der reinen Empfindung sein soll und daher keine deskriptive Gegenstandsaussage mehr besitzt (Abb. 36).

Die 1922 verfaßte Schrift ›Suprematismus – die gegenstandslose Welt‹[3] bemüht sich um eine verbale Beschreibung dieser kreativen Kontemplation, die neue Zeichen für die Verdeutlichung eines transgegenständlichen, zweckfreien Zustandes setzen will. Malewitsch erklärt zunächst die Bedeutung des Kubismus, der die erste Stufe auf dem Weg zur reinen Suprematie markiert, indem er die Reduktion als Mittel der Befreiung von gegenständlicher Deskription aufzeigt. Das Ende dieses Stadiums und den Sprung zur freien, ›gesetzlosen‹ Kunst glaubt Malewitsch selbst mit dem schwarzen Quadrat formuliert zu haben. Obwohl Malewitsch eine strenge Trennungslinie zwischen Wissenschaft und Kunst, Verstand und Empfindung zieht, bedient er sich in seiner Theorie vom Suprematismus der sprachlichen Logik, um den Betrachter seiner Bilder auf das meditative Verweilen im suprematistischen

Gefühl vorzubereiten. Die Suprematie selbst aber kann in reiner Form nie vom Verstand erreicht werden, denn »das Element des Suprematismus ist sowohl in der Malerei als in der Architektur von jeder sozialen oder sonstigen materialistischen Tendenz frei. Es wäre doch wohl die höchste Zeit einzusehen, daß die Probleme der Kunst und die des Magens und der Vernunft weit auseinanderliegen.« Da der Verstand sich in Kausalitätszwängen bewegt und die Gesetze einer utilitaristischen, realen Praxis formuliert, kann er nicht kreativ wirken, die Emotion aber setzt die schöpferischen Kräfte des Menschen frei und eliminiert im Zustand der Suprematie alle »Wertunterschiede, Vorrechte und Vergleichsmöglichkeiten«, die ihr der messende Verstand permanent aufzwingen möchte. In der Emanzipation vom Verstand wird die Emotion suprematistisch frei und kann sich selbst im Kunstwerk zur reinen Anschauung materialisieren. Mit der Scheidung von Verstand und Emotion, die zugleich der Emotion einen qualitativen Vorrang gegenüber dem Verstand einräumt, benennt Malewitsch die wesentliche Differenz seiner Kunsttheorie zu der sonst sehr analogen Kunstauffassung von Kandinsky. Während Kandinsky die harmonische Einheit des Geistes als Synthese von Verstand und Seelenvibration postuliert, fordert Malewitsch die radikale Überwindung des praktischen Primats der Logik durch die reine Anschauung der freien Suprematie.

Im Gegensatz zu Tatlins technischer Architektur versucht Malewitsch den zweckfreien Zustand der gegenstandslosen Existenz auch auf die Architektur auszudehnen und stellt sich damit ab 1924 in die Nähe zum Bauhaus und zur De Stijl-Bewegung. Mit seinen kubischen *exempla,* die als freie plastische Konstruktionsgebilde ohne gegenständlich reale Assoziationsnähe das abstrakte Bewußtsein von plastischer Formung modellhaft darstellen, schafft

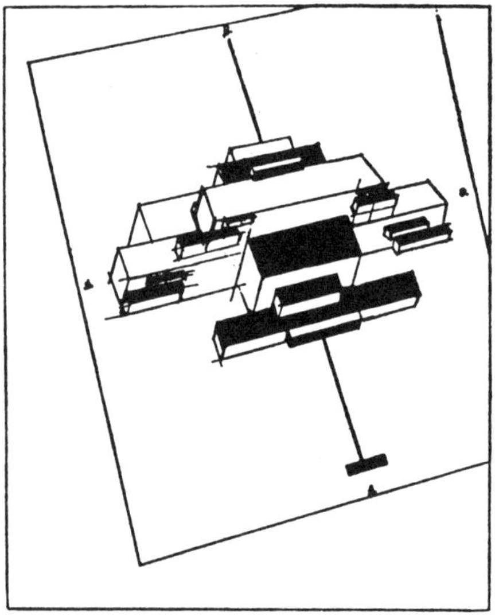

Kasimir Malewitsch, ›Unowis‹, künftige Planiten (Häuser) der Semljaniten (Menschen), 1924

Malewitsch die Ansätze einer suprematistischen Architektur, die sich in den Raumkompositionen von El Lissitzky fortsetzt.

EL LISSITZKY (1890–1941) ist von Malewitschs suprematistischen Werken tief beeindruckt und basiert auf ihnen seine Proun-Konstruktionen, die er selbst als »Umsteigestation von Malerei zu Architektur« bezeichnet. Lissitzky leitet mit seinen Proun-Bildern eine neue Phase des Konstruktivismus ein, in der auch die Collage integriert wird und zu neuen Techniken führt (Abb. 37). Es geht ihm darum, Raumkonstruktionen von unbegrenzter Ausdehnung mit mathematischen Darstellungsmitteln auf der Fläche sichtbar zu machen. Dabei spielt das Material eine wesentliche Rolle. In einem Text, den er 1920 in Moskau verfaßt, sagt er: »Die Gestaltungen, mit welchen der Proun den Angriff gegen den Raum unternimmt, sind im Material und nicht in der Ästhetik gebaut. Dieses Material ist in den ersten Phasen – die Farbe. Sie ist in ihrem Energiezustand als der reinste Zustand der Materie angenommen. In den reichen Minen der Farben haben wir diejenige Ader genommen, welche am meisten von den subjektiven Eigenschaften befreit ist. In seiner Vollendung befreite sich der Suprematismus von dem Individualismus der Orange, Grün, Blau usw. und gelangte zum Schwarz und Weiß. Bei diesen sahen wir die Reinheit der Energiekraft. Die Kraft der Gegensätze oder die Übereinstimmung zweier Grade von Schwarz, Weiß oder Grau gibt uns den Vergleich der Übereinstimmung oder des Kontrastes zweier technischer Materialien, wie z. B. Aluminium und Granit oder Beton und Eisen ... Die Farbe wird ein Barometer des Materials und ergibt völlig neue Verarbeitung. So schafft der Proun durch eine neue Form neues Material.«

Die liberale Kulturpolitik des Kunstkommissars Lunatscharskij versetzt Malewitsch nach 1917 ebenso wie Lissitzky in die Lage, an der Staatlichen Hochschule Moskau lehren zu können. Die ›Neue Ökonomische Politik‹, die 1921 beschlossen wird, unterwirft die Kunst den radikalen Zweckbestimmungen einer politischen Funktionalisierung. Der absolute Antikollektivismus bei Malewitsch, der utilitaristischen Vorstellungen keinen Raum läßt, bietet der neuen agitatorischen Kunstauffassung der Sowjetregierung breite Angriffsflächen, so daß auch Lunatscharskij Malewitschs Verurteilung als dekadenten Formalisten nach 1920 nicht mehr verhindern kann. Während Malewitsch auf seiner letzten Europareise von den westlichen abstrakten Künstlern gefeiert wird, verliert er nach seiner Rückkehr in die Heimat 1926 dort jeden Einfluß.

Maschinenkunst, Rayonismus, Kinetik

Die Beschäftigung mit konstruktivistischen Formproblemen erwächst für WLADIMIR TATLIN (1885–1954) aus der Begegnung mit den führenden Künstlern des Kubismus, Futurismus und Dadaismus anläßlich einer Studienreise 1913 durch Europa.

Während der Moskauer Akademiezeit orientiert sich Tatlins frühe Malweise an dem nachimpressionistischen Vorbild van Goghs, doch schon in dieser antiformalistischen Periode entsteht die enge Zusammenarbeit mit Malewitsch in der Künstlergruppe ›Jugendbund‹. Auf seiner Auslandsreise trifft Tatlin in Paris mit Picasso zusammen, dessen kubistische Collagetechnik nachhaltigen Eindruck auf den russischen Künstler ausübt. Nach seiner Rückkehr wird die collagierende Materialkombination der wichtigste Anstoß für Tatlins künstlerisches Schaffen. So bahnt sich die neue konstruktivistische Entwicklung in den Reliefarbeiten von 1913 an, die aus eckigen Metallplatten, Drähten, Glas- und Holzteilen abstrakte Kompositionen hervorbringen. In diesen sogenannten *Eckreliefs* macht Tatlin die kubistische Collage seinen formalen Bildvorstellungen dienstbar und geht damit weit über die kubistische Absicht hinaus, die in der Collagearbeit im Gegensatz zur flächigen Leinwandmalerei primär auf die ästhetische Demonstration von materialhafter Erscheinung ausgerichtet ist (Abb. 39).

Die *Eckreliefs* markieren die konstruktivistische Möglichkeit, Werkstoffe gänzlich aus ihrer konventionellen Eigenart herauszulösen, um sie in der synthetischen Collage einem neuen Funktionalgefüge unterzuordnen. Mit dem Aufweis, daß ein Werkstoff in vielfältigen Materialsynthesen stets andere Ausdruckswerte erlangen kann, liefert Tatlin die notwendige theoretische Ergänzung zur Gegenstandsdefinition des dadaistischen Readymade, das sich bewußt auf das exemplarische Demonstrieren von dinglicher Eigenständigkeit konzentriert. Zeigt ein Readymade von Duchamp, z. B. der *Flaschentrockner*, einen einfachen Gebrauchsgegenstand im isolierenden musealen Raum, so konkretisiert ein *Eckrelief* die konstruktivistische Idee eines spezifischen Funktionalzusammenhangs, wenn etwa ein solches Gebilde aus zwei Metallstücken besteht, die durch eine Schnur verbunden sind. Während das Readymade die Alltagsfunktionalität eines industriell gefertigten Gegenstandes relativiert, praktiziert Tatlin dasselbe mit dem Werkstoff, wobei es ihm gelingt, die eindimensionale konventionelle Alltagsfunktionalität technischer Werkstoffe um neue Funktionsmöglichkeiten, die das künstlerische Modell quasi wie eine Strukturformel erarbeitet, zu erweitern. Für seine Reliefarbeiten dieser Art benutzt Tatlin erstmalig den Begriff ›konstruktiv‹ und bezeichnet damit seine theoretische Intention, eine quasi ungegenständliche Verknüpfung realer Materialien zu einer Skulptur zu verwirklichen.

Auch Tatlins großes Lebenswerk, der *Turm*, der anläßlich der Gründung der III. Internationale 1919/20 als Modell gebaut wird, entspringt der Vorliebe für technisch schwierige Konstruktionsprobleme im Bereich der Kurvengeometrie. »Eine Reihe von Formen, bestimmt durch komplizierte Krümmungen, verlangt andere plastische, materialmäßige und konstruktive Bedingungen – der Künstler kann und muß diese Elemente meistern, denn seine schöpferische Methode ist qualitativ verschieden von der des Ingenieurs.«

In der Tat liefert die Arbeit am *Turm*-Monument den Beweis, daß die reine Konstruktionsplanung keine neuen Akzente einer raumplastischen Technik erbringen kann. Allein ein kreativ konstruiertes Modell, das im Experiment zur Bauverwirklichung gebracht wird, weist den Weg zu einer künstlerischen Architektur. Tatlins *Turm* besteht aus einem festen, diagonal geordneten Trägersystem, das durch schräg gelagerte und horizontal treppenartig angelegte Stäbe ergänzt wird. Auf den Treppenpodesten winden sich vier Spiralringe hoch, die aus kurzen, beweglichen Furnierstücken gebaut sind. Ein Räderwerk unterschiedlicher Größenordnung ermöglicht durch Übersetzung die spiralenartige Bewegung der Körper, so daß die ganze Apparatur mit einer einzigen Kurbel in Gang gesetzt werden kann. Alle Teile dieser Maschine sind der kinetischen Funktion so sehr eingegliedert, daß sie ganz in die Synthese dieser konstruktivistischen Raumkomposition aufgehen. So begründet der *Turm* einen dreidimensionalen ästhetischen Konstruktivismus, der seine konsequente Fortsetzung in den Lichträumen der Op Art findet, wo sich das plastische Prinzip ganz von den traditionellen festen Werkstoffen durch die Verwendung energetischer Raumeinheiten entfernt und die materielose Raumgestaltung durch Licht realisiert.

1914 treten Tatlin und Malewitsch aus dem ›Jugendbund‹ aus, da sich ihr Interesse für konstruktivistische Kunst völlig von den impressionistischen Absichten dieser Künstlergruppe abhebt. Im gleichen Jahr eröffnet Tatlin in seinem Studio eine erste Ausstellung seiner ›synthetisch-statischen Kompositionen‹, die der Anstoß für Malewitschs Programm des Suprematismus werden.[4]

Nach dem *Turm* macht Tatlin seinen künstlerischen Konstruktivismus zweckgebundenen Projekten dienstbar und löst dadurch die Kontroverse zwischen seinem späten funktionalistisch-technischen Konstruktivismus und dem Suprematismus Malewitschs aus. 1929 interpretiert Malewitsch Tatlins *Denkmal der III. Internationale* als Dokumentation eines utilitären, konstruktiven Funktionalismus.[5] Kann diese Kennzeichnung für den *Turm* noch nicht gelten, so trifft sie jedoch sicherlich für die 1933 konstruierte Flugmaschine *Letatlin* zu, die Tatlin in seinem staatlich eingerichteten ›Studio für Volumen, Material und Konstruktion‹ im Dienste der revolutionären Idee erbaut.

Nach der Oktoberrevolution wendet sich Tatlin als erster der russischen Avantgardisten den politischen Ideen und Programmen eines kommunistischen Staatsaufbaus mit aktivem Einsatz zu. Hier zeigt sich der Einfluß der Berliner Dadaisten Grosz und Hausmann, denen Tatlin bereits 1913 auf seiner Europareise in Berlin begegnet war und mit denen sich eine enge freundschaftliche Beziehung angebahnt hatte. Der Berliner Dada hatte aus der kubistischen Collage eine sehr eigenwillige Foto- und Plakatmontage entwickelt, die realistische Zielsetzungen der politischen Agitation verfolgte. Tatlin macht diese dadaistischen Versuche einer gesellschaftsbezogenen Kunst für die politische Aufbauarbeit des russischen Revolutionsstaates fruchtbar, indem er die konstruktive Theorie in die zweckgebundene Praxis einmünden läßt.

In seinen theoretischen Schriften erklärt Tatlin sein künstlerisches Wollen als Analogie zum politisch-sozialen Revolutionsprozeß. Nach Tatlins Vorstellungen prägt im produktiven Konstruktivismus nicht mehr die Form die Materie zu einer spezifischen Bildgestalt, sondern die Materie bestimmt die Form, so wie sich die Masse der rechtlosen Bevölkerungsschichten durch die Revolution ihre Staatsform selbst geschaffen hat. Ist diese Revolution logische Konsequenz der gesellschaftlichen Verhältnisse, so muß auch die moderne Kunst aus rationaler Konstruktion erwachsen. Sie muß sich der Technik nähern, indem sie für die Technik Konstruktionen erarbeitet, die von den grundlegenden Eigenschaften des vorliegenden Materials hervorgebracht sind.

Das Jahr 1920 wird ein wichtiges Datum in der Entwicklung des russischen Konstruktivismus, da Tatlin sein ›Programm der Produktivistengruppe‹ als politische Replik auf das ›Realistische Manifest‹ von Gabo und Pevsner veröffentlicht. In diesem Produktivistenmanifest formuliert Tatlin sein kommunistisches Ziel einer praxisorientierten, technischen Kunst, die eine individualistische Selbstverwirklichung im Stile Malewitschs ablehnt und nur eine gesellschaftsbezogene Kollektivkunst gelten läßt. Tatlin hat sein Manifest nicht in die Tat umgesetzt, stellt aber mit seinen Forderungen entscheidende Weichen in der sowjetischen Kunstpolitik, die zur ideologischen Bekämpfung der individualistischen Konstruktivisten führt.

ALEXANDER RODTSCHENKO (1891–1956) und IWAN PUNI (1894–1956) gehören ebenso wie Tatlin, Malewitsch und Lissitzky zur Moskauer Konstruktivisten-Avantgarde. Auch Rodtschenko und Puni konzentrieren sich zunächst auf eine Analyse ungewöhnlicher Materialien für die Kunst und erproben neue aus der modernen Technik entlehnte Bearbeitungsmethoden in modellhaften abstrakten Skulpturen, wobei heterogene Werkstoffe wie Wellpappe, Holz, Eisen und Plexiglaselemente miteinander kombiniert werden. Dabei gelingt es ihnen, die konstruktivistische Arbeitsweise durch einen aus der Malerei entnommenen Farbauftrag aus der technischen Perspektive in eine freie künstlerische Harmonie zu transponieren (Abb. 38).

Als Mitglied der 1920 konstituierten Tatlinschen Produktivistengruppe rückt Rodtschenko jedoch von seinem früheren Postulat einer ›nicht-objektivistischen‹ Bewegung der Kunst ab, das er 1915 im Anschluß an Malewitschs Bemühung um die reine, gegenstandslose Malerei aufgestellt hat, und entwirft neben seiner plastischen Arbeit Plakate und Werbeblätter für die staatlich-agitatorische Film- und Buchindustrie. In der Zeitschrift ›Kino-Fot‹ publiziert Rodtschenko Collagen, die nur aus Textstreifen und Zeitungsausschnitten zusammengesetzt sind. Über die Verwendung von Fotografien anstelle gemalter oder gezeichneter Bilder sagt der Künstler: »Der Sinn dieses Wechsels liegt darin, daß an die Stelle

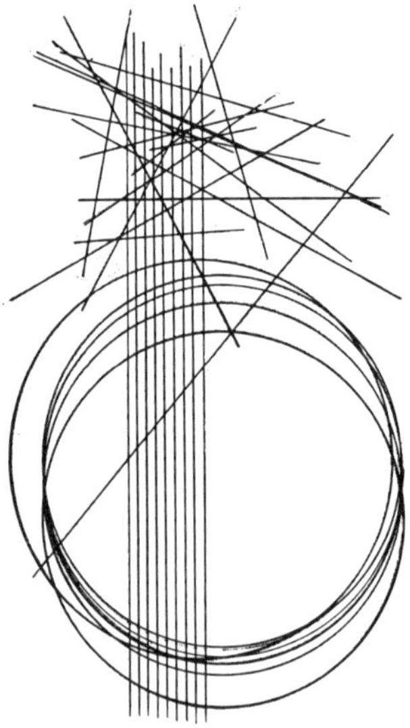

Alexander Rodtschenko, Linienkonstruktion, 1920

gezeichneter optischer Eindrücke die Wiedergabe exakt erfaßter Tatsachen tritt. Die Genauigkeit und dokumentarische Treue geben der Darstellung die Kraft, auf den Beschauer so einzuwirken, wie es mit malerischen und grafischen Mitteln nicht möglich ist.«

Im Anschluß an die vielbeachteten Vorträge des Futurismus-Theoretikers Marinetti in Moskau und Petersburg kreiert MICHAIL LARIONOW (1881–1964) zusammen mit seiner Frau NATALIA GONTSCHAROWA (1881–1962) die neue Kunstströmung des Rayonismus. Larionow erkennt die Problematik, die der futuristische Versuch einer Vergegenwärtigung von Bewegungsabläufen im Tafelbild impliziert, insofern die ›cinematische Simultaneität‹ als flächige Reihung im Rahmen der zweidimensionalen Malerei notwendigerweise ein illusionistisches Stilmittel bleiben muß. Illusionistisch deswegen, weil die Simultaneität des futuristischen Bildes auf einer Aneinanderreihung von vielen Bildern beruht, die verschiedene Phasen einer Bewegung wie Standfotos eines Films wiedergeben (siehe Abb. 23). Da der Futurismus Zeit und Raum also letztlich nur als meßbare Struktureinheiten sichtbar machen kann, ohne sein eigentliches Ziel, die Darstellung von Bewegung an sich, realiter zu erreichen, versucht Larionow die Materie den Determinanten Raum und Zeit zu entreißen, indem er das Gegenständliche durch Zerlegung in energetische Strahlendiagramme in der Weiterführung des Futurismus von den Gesetzen der Mechanik befreit.

Wie alle Künstler der Moskauer Avantgarde geht auch Larionow durch die technische Malschule des Nachimpressionismus und wird durch Signacs Luminarismus auf die Effektivität der Lichtanalyse verwiesen. Die Besichtigung einer umfassenden Turner-Retrospektive in London 1906 führt zur intensiven Auseinandersetzung mit dem Phänomen Licht, die sich in den 1911 gemalten abstrakten Bildern widerspiegelt. Larionow selbst interpretiert seine neue Methode der Dingzerlegung in strahlenförmige, rhythmisch geordnete Lineaturen als notwendige Konsequenz der kubistischen, futuristischen und orphischen Abstraktionsexperimente. 1912 zeigt Larionow seine rayonistischen Bilder auf Einladung Kandinskys in München und beeinflußt den synthetischen Expressionismus des ›Blauen Reiter‹. Zwei Jahre später geht Larionow nach Paris, um seine Theorie der Strahlenbündelung in der Ausgestaltung technisch neuartiger Bühnendekorationen in der Zusammenarbeit mit dem berühmten ›russischen Ballett‹ zu konkretisieren.

Auch die Brüder ANTOINE PEVSNER (1886–1962) und NAUM GABO (1890–1977) stehen zunächst dem Futurismus sehr nahe, doch aktiviert die Beschäftigung mit der Mathematik und mit Tatlins *Eckreliefs* die Abkehr von der gegenstandsbezogenen Abstraktion und bewirkt die Hinwendung zum reinen stereometrischen Konstruktivismus. Der Rayonismus liefert den Ansatz einer kritischen Distanz zum Konzept des Futurismus, der sich in der Intention, Bewegung an sich durch die Linie zu illustrieren, als illusionistisch ausweist. Pevsner und Gabo gelangen daher zu der Erkenntnis, »daß die Linie nur die Richtung statischer Kräfte und deren Rhythmus in den Dingen angeben kann«, nicht aber das Bewegungsphänomen im zeitlichen Ablauf. Der in Zeiteinheiten gemessene Bewegungsvorgang läßt sich nur in einer plastischen Raumkomposition darstellen, die sich von der gewichtsbezogenen Masse als räumlichem Kompositionselement emanzipiert und statt dessen das schwerelose Volumen des Luftraumes der Skulptur einverleibt, denn im Atmosphärischen vollzieht sich die kinetische Bewegung als dynamische Positionsveränderung von einer Zuständlichkeit in eine andere. Diese Art der dynamischen Verlaufsform kann nur dann ästhetisch veranschaulicht werden, wenn die Zeit selbst integrierter Bestandteil des Kunstwerkes ist und wenn die Konstruktion des Materials so angelegt ist, daß der Betrachter durch die Funktionalität der Apparatur auf das Thema Kinetik aufmerksam gemacht wird. Tatlins *Eckreliefs* liefern die Erkenntnis, daß eine spezifische Behandlung der Dinge die Befreiung des Materials von gegenständlichen Assoziationen wirkungsvoll realisieren kann. Daraus ziehen die Brüder Pevsner die Folgerung, daß man durch eine manipulierte Veränderung von farbigen Lichterscheinungen in einem beweglichen Apparat aus transparenten, leichten Materialien den Ausdruck von realer Zeit möglich machen könnte, da das durchsichtige Material mit seiner mechanischen Schwingungsbewegung die Lichtveränderung verursacht, dabei aber das Erscheinen der Lichtwirkung im Luftraum nicht behindert. Pevsner und Gabo kommentieren im ›Realistischen Manifest‹ von 1920 ihre eigenen Raumkompositionen folgendermaßen: »Unsere Konstruktionen enthalten in sich selbst Licht und Schatten, sie fangen sie ein und bewahren sie, während durch die verschieden getönten Materialien die Variationsmöglichkeiten der Farbe gesteigert werden. In die dynamische Rhythmik unserer Werke tritt als emotionaler Faktor die Zeit hinzu. Die Zeit ist die Idealsubstanz unserer Konstruktionen, das Bewegungsfeld von aufeinander folgenden Figuren jedes unserer Werke, wir nehmen sie als vierte Dimension.«

Die Erfindung klarsichtiger Kunststoffe durch die moderne Chemie versetzt Naum Gabo nach dem Zweiten Weltkrieg in die Lage, seine frühen Konstruktionspläne für durchsichtige stereometrische Kompositionen zu verwirklichen (Abb. 40). Die Erkenntnisse des ›Realistischen Manifestes‹ haben für die Entstehung einer optischen und einer mechanischen Kinetik entscheidende Bedeutung erlangt. So ist der Amerikaner ALEXANDER CALDER (1898–1976) in den dreißiger Jahren direkt durch Pevsner und Gabo zur Konstruktion der mechanischen *Mobiles* (Abb. 41) inspiriert worden, denn wie die meisten russischen Avantgardisten sahen sich auch Pevsner und Gabo gezwungen, die UdSSR zu verlassen, als Lenin mit dem volksverbundenen Sozialistischen Realismus eine restaurative Kulturpolitik einleitete. Die mechanische Kinetik findet in den Jahren vor und nach dem Zweiten Weltkrieg zunächst reichhaltigere Entfaltung als die optische Kinetik, die erst in den sechziger Jahren besonders durch Victor Vasarely zur vollen Blüte gelangt ist.

Die ersten Ansätze einer optischen Kinetik tauchen zwischen den beiden Weltkriegen in der Tschechoslowakei auf. Um 1925 konstruiert der Prager Künstler ZDENEK PEŠÁNEK (1896–1965) kinetische Apparaturen, die mit den optischen Möglichkeiten des elektrischen Lichtes operieren. Im Rahmen seiner experimentellen Praxis erarbeitet Pešánek eine theoretische Analyse des künstlichen Lichtes und gelangt zu der Unterscheidung von flächigen und räumlichen Lichtphänomenen. Zur flächigen Lichtgruppe zählt er Filme, Lichtreflexspiele in Farben und seine eigene Maschine der optischen Farbmanipulation, das Farbklavier. Zum räumlichen Licht gehören das Feuerwerk, die Lichtfontäne, die der Künstler erstmalig auf der Pariser Weltausstellung 1936 für den tschechoslowakischen Pavillon konstruiert, und die farbige kinetische Skulptur.

Zwischen den Jahren 1922 und 1928 entwickelt Pešánek das Farbklavier in verschiedenen Variationen nach Vorbildern aus dem 18. Jahrhundert. Das Farbklavier will weniger Kunstwerk als Studienapparatur für kinetische Oberflächenphänomene sein. Als Ergebnis zeigt sich eine gewisse Affinität der rhythmisierten Farbkomposition zur Musik und gleichzeitig das Phänomen des Farbenhörens, das bereits die Künstler des Futurismus fasziniert hat. Die Tastatur des Farbklaviers erlaubt das beliebige Spiel mit dem einzelnen Farbton und die synthetische Anschauung eines Farbakkordes durch das Drücken mehrerer Tasten. Koppelt man das Farbklavier mit einem gewöhnlichen Tasten-Musikinstrument, so läßt sich ein realer audiovisueller, sinnlicher Reizeffekt erzeugen.

Die grundlegenden Experimente mit seinem Farbklavier bilden die Voraussetzung für Pešáneks künstlerische Lichtkinetik. In einem geplanten Monument zu Ehren der im Ersten Weltkrieg gefallenen Piloten konstruiert der Künstler einen rotierenden Körper, der innen und außen von verschiedenfarbigem Licht volumisiert wird und mit Toneffekten kombiniert ist. Die Zerstörung der meisten Lichtobjekte durch die Machthaber des Dritten Reiches nach der Besetzung Prags verursacht ebenso wie die Verketzerung Pešáneks als formalistischer Künstler durch den Sozialistischen Realismus seine geringe Resonanz bei den westlichen modernen Kinetikern. In den osteuropäischen Ländern hat sich dennoch gegen alle offiziellen Widerstände die Tradition der konstruktivistischen Lichtkinetik im Anschluß an Larionow, Pevsner, Gabo und Pešánek nach 1945 fortsetzen können.

2 De Stijl in den Niederlanden

1917 gründet Theo van Doesburg im holländischen Leiden zusammen mit dem Architekten J. J. P. Oud und dem Maler Piet Mondrian die Zeitschrift ›De Stijl‹, deren Mitarbeiterstab sich schnell durch die Maler van der Leck und Huszar sowie durch den Bildhauer Vantongerloo und die Architekten van t'Hoff und Wils vergrößert. Piet Mondrian wird in den ersten drei Jahren zum Hauptinspirator dieser neuen Kunstbewegung, die sich mit der Zeitschrift ›De Stijl‹ ein Sprachorgan für die theoretische Fixierung ihrer künstlerischen Absichten schafft. Das Ziel des Stijl konzentriert sich auf das Grundanliegen, eine naturunabhängige Ordnung zu schaffen, die aus elementaren Bildproportionen die ästhetische Vergegenwärtigung der universalen Harmonie realisiert. Diese ›Neue Gestaltung‹, die von Mondrian mit dem Terminus ›Neo-Plastizismus‹[6] belegt wird, möchte die konstruktivklare, geometrische Funktionalität einer modernen Kunst in der technisierten Gesellschaft proklamieren. Sie gewährt der individuellen Emotionswillkür keinen Raum mehr. Durch den dominierenden Einfluß Mondrians steht in den ersten Jahrgängen noch die Malerei im Mittelpunkt des theoretischen Interesses; nach der Verlegung der Zeitschrift in das Bauhaus bei Weimar reduziert sich dann Mondrians theoretische Tätigkeit für den Stijl zugunsten eines stärkeren geistigen Austausches mit den Künstlern von Dada, Futurismus und Bauhaus. Van Doesburg gewinnt nach 1920 den Futuristen Severini, die Dadaisten Arp, Ball, Schwitters und Man Ray neben den Architekten Rietveld, van Eesteren und Kiesler zu

Mitarbeitern seiner Zeitschrift, so daß die strenge Doktrin des Mondrianschen ›Neo-Plastizismus‹ durch den dadaistisch beeinflußten ›Elementarismus‹ van Doesburgs ersetzt wird.

In der Einleitung, die van Doesburg der ersten Ausgabe im Oktober 1917 voranstellt, formuliert er das Verhältnis zwischen der künstlerischen Praxis und der theoretischen Artikulation, die nicht wie die Manifeste des Futurismus und der russischen Avantgarde als programmatischer Vorentwurf für die künstlerische Arbeit verstanden wird, sondern als interpretierende Reflexion über das geschaffene oder geplante Kunstwerk:

»Diese kleine Zeitschrift will zur Entwicklung des neuen Schönheitsbewußtseins beitragen. Sie will den modernen Menschen empfänglich machen für das Neue in der bildenden Kunst. Sie will der archaistischen Verwirrung – dem ›modernen Barock‹ – die logischen Prinzipien eines reifenden Stils entgegensetzen, der sich auf die reine Beziehung von Zeitgeist und Gestaltungsmittel gründet. Sie will die heutigen Denkrichtungen auf dem Gebiet der Neuen Gestaltung, die sich, wenn auch im Wesen gleich, unabhängig voneinander entwickelten, verbinden.«[7]

Das wesentliche Postulat der Stijl-Bewegung stellt sich als Bekenntnis zur Abstraktion dar. Denn: die »äußerlichste Erscheinung der Dinge, das Natürliche, verschleiert die reine, die direkte Veräußerlichung des Universalen, also die exakte Beziehung, diese kommt nur durch klare Gestaltung zu einer äußeren Verkörperung«.

Obwohl man mit dieser prinzipiellen Abkehr von Gegenständlichkeit und Wahrnehmung an Malewitsch erinnert wird, erstreckt sich zwischen Mondrians Neo-Plastizismus und Malewitschs Suprematismus eine weite Kluft, insofern Malewitsch den Verstand als kreatives Vermögen verwirft und allein der Emotion die Vision der reinen Erkenntnis zuschreibt, während Mondrian eine rationale Kunst proklamiert, die sich von der spontanen Intuition freimacht und sich eingliedert in die Gesetze der Vernunft. Kandinsky bildet die Brücke zwischen diesen beiden antithetischen Exponenten der totalen Abstraktion. Sowohl Malewitsch als auch Mondrian betrachten Kandinskys Aufsatz ›Über das Geistige in der Kunst‹ als wesentliche Inspirationsquelle ihrer eigenen Ideen und legen jeweils das Hauptgewicht auf eine der beiden Komponenten des kreativen Geistes, Ratio und Intuition, die bei Kandinsky als korrespondierende Kräfte gleichrangig bewertet werden und nur in der Synthese Harmonie hervorbringen.

Wie alle Künstler, die zwischen 1910 und 1920 an den neuen Perspektiven künstlerischer Expansion in den Bereich der abstrakten Einbildungskraft führend beteiligt sind, durchschreitet auch PIET MONDRIAN (1872–1944) im malerischen Experiment den Weg vom Nachimpressionismus über den Kubismus zur eigenständigen Abstraktionsmethode. Das denkerische Leitbild seiner Kunstvorstellung läßt sich nach Jaffés einleitenden Betrachtungen seiner dokumentarischen Textsammlung von 1967 sowohl in der spezifisch holländischen Tradition des puritanisch strengen, nur nach dem Absoluten strebenden Calvinismus suchen, als auch im platonischen und Hegelschen Gedanken von der reinen Idee, die das Rationale als durchsichtige, gesetzmäßige Harmonie mit dem ästhetisch Schönen und Guten identifiziert. So verwundert es nicht, daß Mondrian eine ethische Bewertung der antifigurativen Gestaltung liefert. Die Kunst wird zum Wegweiser des Lebens, indem sie durch das

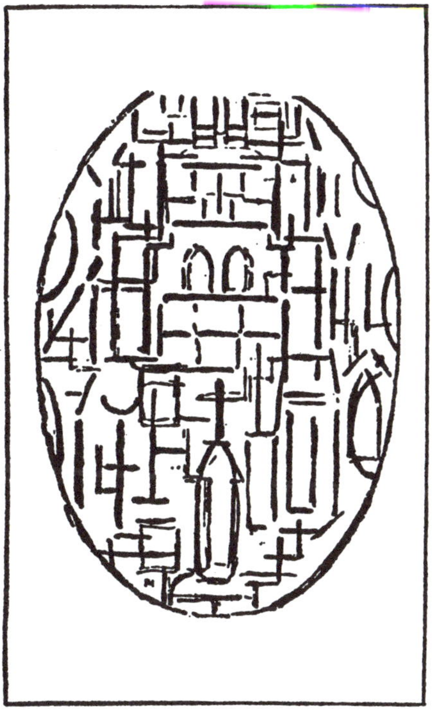

Piet Mondrian, Skizze zu nebenstehender Zeichnung

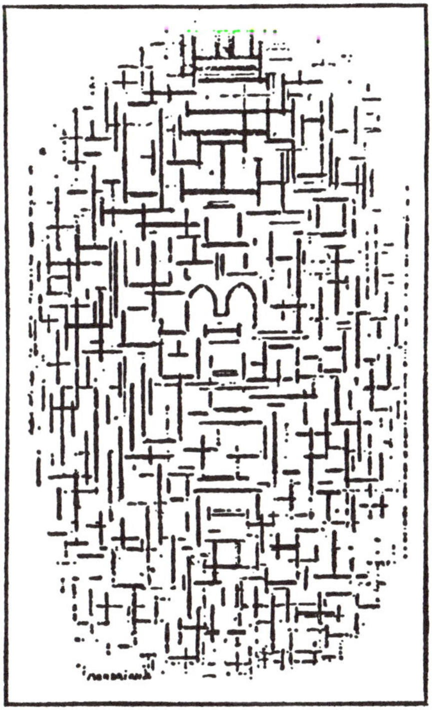

Piet Mondrian, Zeichnung, 1917

Kunstprodukt die Verwirklichung einer kollektiven, allgemeinen Harmonie anschaubar macht und dadurch zugleich auf die verhängnisvolle Verderblichkeit einer zügellosen Subjektivität verweist.

Im Bereich der strukturellen Bildkomposition radikalisiert Mondrian die Farb- und Formabstraktion des Kubismus in ähnlicher Weise wie Malewitschs *Schwarzes Quadrat auf weißer Fläche.* Das Bemühen um eine Befreiung der Farbe aus dem Zwang gegenständlicher Deskription sieht Mondrian gepaart mit der Autonomisierung der Farbe von individueller Gefühlsbeschreibung. Die einzelne Farbfläche soll nicht als isolierte Farbe für sich wirken, sondern die Farben sollen untereinander in einer exakten Gleichgewichtsbeziehung zur Einheit geführt werden. Die vielfältige Differenzierung der Farbe in nuancierte Mischfarben zersplittert die physikalische Farbskala und setzt sie der Gefahr aus, von der subjektiven Stimmungswillkür beherrscht zu werden. Daher beschränkt Mondrian seine künstlerische Farbskala in Anpassung an die konkreten physikalischen Farben auf die drei Primärfarben Rot, Gelb, Blau und die drei Nichtfarben Schwarz, Grau, Weiß. Die exakte Gestaltung von ausgewogenen Farbbeziehungen schaltet die individuelle Versuchung aus, eine Farbe zum subjektiven Emotionsträger werden zu lassen (Farbtafel 28). »Dadurch, daß die Farbe rein flächig und abgeschlossen in Erscheinung tritt, erreicht die Neue Gestaltung die direkte Darstellung desjenigen, was die Ursache der Raumerscheinung ist... Wenn die Zeit dazu reif geworden ist, muß in der Gestaltung der Ausdehnung die Begrenztheit durch das Individuelle aufgehoben werden; da sich dann erst die Ausdehnung in aller Reinheit manifestiert, kommt in der Formgestaltung die Begrenzung der Form durch die geschlossene Linie zustande, dann muß sie zur geraden Linie gestrafft werden.« Der rechte Winkel schafft die Gleichgewichtsbeziehung von Ausdehnung und Begrenzung, indem der absolute Trennungswille der geraden Linienführung durch die rechte Abwinkelung aufgehoben wird. Das Rechteck ist daher in der Lage, die Farbe zu begrenzen, ohne sie zu isolieren, die Farbe behält innerhalb dieser exakten Fixierung ihre autonome Korrespondenzfähigkeit mit der Nachbarfarbe und gliedert sich der geordneten Flächenfunktionalität ein.

Die Beschränkung der Lineatur auf die Horizontale und Vertikale bildet das Fundament der architektonischen Konzeption, die van Doesburg den Mondrianschen Prinzipien einer neo-plastizistischen Malerei als Grundmaxime entnimmt: »Da unsere physische Lebensfunktion sich in Horizontalen-Vertikalen abspielt, ist es ohne weiteres klar, daß, solange die Funktion noch nicht von Maschinen übernommen worden ist, diejenige Architektur die beste ist, die vollständig auf Horizontal-Vertikal basiert.«

THEO VAN DOESBURG (1883–1931) begreift die Architektur als »materielle Verwirklichung« der von Mondrian formulierten neuen Ästhetik und definiert die kreative Tätigkeit innerhalb der baulichen Planung als die rationale »Organisierung der Mittel zu eindeutig realer Einheit«. Die formal traditionsverhaftete Bauweise nach der Jahrhundertwende zeigt für van Doesburg in erschreckend hohem Maße die Unterordnung der wichtigen modernen Werkstoffe Beton und Stahl unter den dekorativen Stuck. Nach seinen Vorstellungen muß die Baukunst endlich von dem konventionellen Zwang gelöst werden, Schablonen früherer Stilarten imitieren zu müssen, sie soll vielmehr aus den gestaltenden Elementen des Bauens, d. h. aus »Funktion, Volumen, Fläche, Zeit, Raum, Licht, Farbe, Material«, neu entwickelt werden. Daraus resultiert notwendig eine ökonomisch-sinnvolle Verwendung von Materialien, die den Hang zum arabeskenhaften Dekor eliminiert und zugleich die Ableitung des ästhetischen Formenschemas aus den Bedingungen des praktischen Wohnens und nicht aus den Gesetzen übernommener Stilarten fordert. Mit diesen Axiomen einer modernen Baukunst verwandelt van Doesburg die strengen Grundprinzipien des Neo-Plastizismus in freie Richtlinien, die sich organisch aus den Gegebenheiten einer rationalen, zweckmäßigen Baukunst ergeben; anstelle des Begriffs Neo-Plastizismus setzt van Doesburg seinen eigenen Terminus des »organischen Elementarismus«.

»Der Elementarismus umfaßt jeden Ausdruck auf die wesentlichste, elementarste Weise... und bekennt sich zu dem reinen elementaren Zustand jeder einzelnen Lebensäußerung.« Der Elementarismus versteht sich als Materialisierung des Geistes, als »Dokumentation der latenten Allmacht der menschlichen Intelligenz«, der es gelingt, die natürlichen Materialien einem vernünftigen Prinzip funktional dienstbar zu machen. Aus diesen Erklärungen zur elementaristischen Baukunst spricht der Einfluß dadaistischer Ideen, die sich um eine Annäherung von Kunst und Leben bemühen. Bei van Doesburg wird die angestrebte Identifikation von Kunst und Leben auf die ökonomisch-utilitaristische Funktionalität ausgerichtet und rückt so in die Nähe des Tatlinschen Produktivistenmanifestes, das ebenso wie De Stijl kollektivistisch organisiert ist. So verwundert es nicht, daß der ›Rechenschaftsbericht der Stijl-Gruppe gegenüber der Union internationaler fortschrittlicher Künstler‹ einige definitorische Erklärungen über Kunst enthält, die gleichzeitig von dem Dadaisten Hans Richter, dem russischen Konstruktivisten El Lissitzky und dem Stijl-Architekten van Doesburg unterzeichnet sind: »Die Kunst ist ebenso wie die Wissenschaft und Technik eine Organisationsmethode des allgemeinen Lebens. Die Kunst ist ein allgemeiner und realer Ausdruck der schöpferischen Energie, die den Fortschritt der Menschheit organisiert, das heißt, sie ist Werkzeug des allgemeinen Arbeitsprozesses.«

Die Idee einer Reinigung der modernen Ästhetik und Kunst von allen fremden Formeinflüssen wird von GERRIT RIETVELD (1888–1964) auf den Bereich des Designs übertragen. So zeigt seine Sessel-Konstruktion die gleiche ästhetische Beschränkung auf die Erfordernisse einer zweckmäßigen Gebrauchsfunktionalität wie die Entwürfe von Privathäusern, Zweckbauten und Siedlungen, die van Doesburg zusammen mit Oud und van Eesteren für die verschiedensten Auftraggeber ausarbeitet.

Die harmonische Raumordnung und die zweckmäßige Planung stellen die wesentlichen Erkenntnisse dar, die De Stijl in Theorie und Praxis für die modernen angewandten Künste wie Typografie, Design, Baustil, Informationsfilm aus den jeweiligen Erfordernissen als Richtlinien ableitet. Damit besitzt de Stijl große Nähen zu den Zielsetzungen des Bauhauses.

Gerrit Rietveld-Stuhl

3 Das Bauhaus

Zwischen den beiden Weltkriegen wird das von WALTER GROPIUS (1883–1969) 1919 im Hause der Staatlichen Kunstgewerbeschule von Weimar gegründete Bauhaus akademischer Treffpunkt der avantgardistischen Kunst in Deutschland. Die Tätigkeit der osteuropäischen Künstler Lissitzky und Moholy-Nagy am Bauhaus schafft den engen Kontakt zum russischen Konstruktivismus, wobei Moholy-Nagy, Promotor einer funktionalistischen Ausweitung der Kunst in Richtung auf das industrial design, Teile der künstlerischen Bauhaus-Konzeption dem Produktivistenprogramm Tatlins annähert. Die Übersiedlung van Doesburgs 1921 von Leiden nach Weimar bringt die Vereinigung des Bauhauses mit dem elementaristischen Architekturkonzept des Stijl, die zugleich das Ende der ersten vom Expressionismus des ›Blauen Reiter‹ geprägten Periode in der Entwicklung des Bauhauses einleitet. Kandinsky, Klee und Schlemmer bilden die Gruppe der expressionistisch orientierten Lehrmeister in der Architekturschule von Gropius, sie integrieren die Elemente einer expressiven Imagination in die zweckfunktionalistische Basis des Bauhaus-Programms. So dokumentiert sich im künstlerischen Schaffen und Lehren des Bauhauses ein Nebeneinander von imaginativer und konstruktiver Kreativität. Als freie experimentelle Wirkungsstätte will das Bauhaus jedem künstlerischen Beitrag, jedem Dialog im Dienste eines erweiterten Kunstbegriffs offenstehen. In diesem Sinne formuliert Gropius den Leitsatz für die schöpferische Forschungsarbeit des Bauhauses im Bereich der Formgebung: »Das Bauhaus erstrebt die Sammlung allen künstlerischen Schaffens zur Einheit, die Wiedervereinigung aller werkkünstlerischen Disziplinen zu einer neuen Baukunst.«

Dieses aufgeschlossene geistige Klima wird der produktive Nährboden für die Entstehung eines neuen kreativen Bewußtseins, das nicht mehr die individuelle Idee verabsolutiert, sondern den persönlichen Gedanken, das kreative Experiment in das gemeinsame Teamwork eingliedert. Praktisch formiert sich daraus eine neue Methodik pädagogischer Tätigkeit, deren kollektiven Zielen sich der einzelne Künstler einordnet, ohne dabei seine individuelle Eigenart und persönliche Handschrift aufgeben zu müssen. Wie van Doesburgs Elementarismus und Tatlins Produktivismus sucht auch das Bauhaus den Sinn seiner Arbeit in der Vermittlung zwischen Kunst und Zivilisationswirklichkeit. Als wesentliche Voraussetzung für die Realisierbarkeit dieser Konzeption erkennt Gropius die effektive Integration maschinell verarbeiteter Materialien in das Arsenal der künstlerischen Gestaltungsmittel und widmet sich daher im Bereich der Baukunst ebenso konsequent wie Moholy-Nagy der experimentellen Transformation von künstlerischen Konstruktionsformen in die industrielle Gebrauchsgüterproduktion.

Im Gegensatz zu Moholy-Nagy beschränkt Gropius jedoch seine Neuerungsbestrebungen im Bereich der architektonischen Kreativität nicht auf Rationalisierung und Mechanisierung, sondern sucht unter Kandinskys Einfluß gleichzeitig den Aspekt der seelischen Bedürfnisse zu berücksichtigen. »Gute Architektur muß das Leben der Zeit widerspiegeln. Und das erfordert intime Kenntnis der biologischen, sozialen, technischen und künstlerischen Fragen.«[8]

Organisatorisch erarbeitet Gropius für die Weimarer Kunstschule zusammen mit Itten schon unmittelbar nach der Gründung des Bauhauses eine neue Lehrstruktur, die neben der geistigen Dimension auch die soziale Funktion als Richtlinie für die Kunst postuliert. Zunächst hebt er die Trennung zwischen Kunst und Handwerk auf und stellt an die Spitze jeder Lehrdisziplin einen Meisterrat, in den jeweils ein Künstler und ein Handwerker zu gemeinsamer Werkstattleitung berufen werden; Produktion und Lehre sollen in enger Synthese ausgeführt werden. Die Künstler des ersten Meisterrates kommen vorwiegend aus dem Umkreis des expressionistischen ›Blauen Reiter‹. Klee überträgt die poetische Abstraktion der Farbe auf die Technik der Glasmalerei, Schlemmer leitet die Werkstatt für Bühnenbildausstattung, und Kandinsky, der aus Moskau wieder nach Deutschland kommt, entwickelt die Kompositionstheorie einer analytischen Malerei. Feininger und Itten, die in freundschaftlicher Beziehung zum ›Blauen Reiter‹ stehen, bilden zusammen mit den Mitgliedern dieser Münchener Künstlergruppe ein kollektives, expressionistisch ausgerichtetes Team innerhalb des Bauhauslehrkörpers.

In seinem künstlerischen Werk will OSKAR SCHLEMMER (1888–1943) seine theoretische Vorstellung von geistiger Harmonie verwirklichen, die er als fruchtbare Synthese von »dionysischer Konzeption und apollinischer Gestaltung« definiert. In der künstlerischen Aussage sublimiert Schlemmer den Weg der kubistischen Abstraktion von Cézanne und Seurat bis Juan Gris mit dem Ziel, organische Morphologie und geometrische Abstraktion in

Oskar Schlemmer, Zeichnungen aus ›Mensch und Kunstfigur‹. ›Die Bühne im Bauhaus‹, Bauhausbücher, Bd. 4

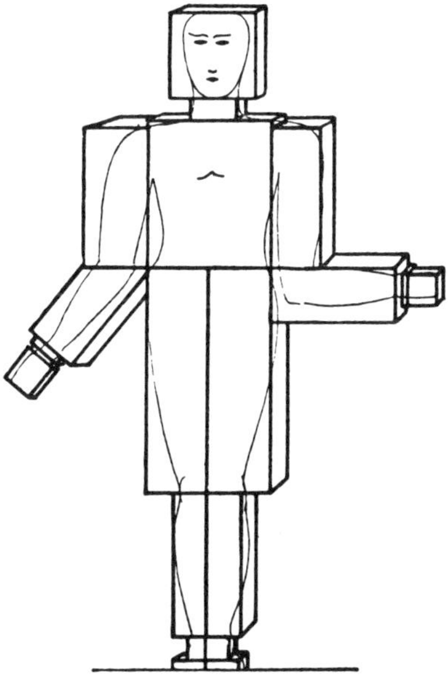

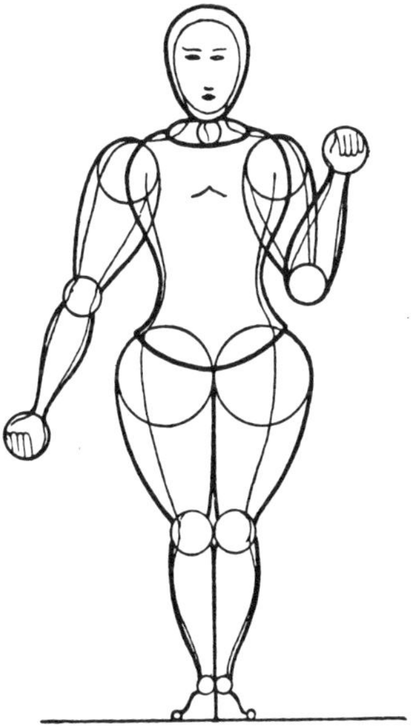

Einheit zu bringen, gleichsam als visuelles Spiegelbild des menschlichen Geistes, der zugleich rationalen und affektiven Funktionen gehorcht. Im Gegensatz zu Kandinsky veranschaulicht Schlemmer die Harmonie des menschlichen Geistes nicht in der freien Abstraktion, sondern bleibt in der Suche nach der Emblematik von Menschlichkeit stets figurativ. Die Körperstelen sollen überindividuelle Menschentypen symbolisieren (Farbtafel 17), die durch apollinische Stilisierung die dionysische Explosivität in die Zucht der harmonischen Maßbeziehung bannen. Diese in ihrer Überindividualität abstrakten Urformen menschlicher Figuration erinnern an die plastischen Werke von Archipenko und Zadkine; denn Schlemmers Stelen bringen durch ihre relief-plastische Wirkung den Bezug zur Räumlichkeit auf die Malfläche, ohne dem perspektivischen Raumillusionismus zu verfallen.

Die Beschäftigung mit Tanz und Theater führt Schlemmer zu einer neuen Vorstellung von Raum, die im Gegensatz zum mathematisch konstruierten Raumsystem des Konstruktivismus der stilisierenden Imagination entspringt. Der Raum wird von Schlemmer nicht mehr als Ausdehnung, sondern funktional als notwendiger Lebensradius für humane Existenz und humane Kulturentfaltung begriffen, indem er Kontakte, Geschehen, Aktionsdarstellung ermöglicht. Wie das Theater diese Funktionalität im Bühnenraum gleichsam künstlich produziert, so gestaltet Schlemmer in der abstrakten Bildwirklichkeit den imaginären Raum, der sich durch die geometrische Formstilisierung zum ›metaphysischen‹ Horizont ausweitet (Abb. 43). Dadurch erreicht Schlemmer eine purifizierte Ansicht von menschlicher Geisteszuständlichkeit, die Verstand und Intuition arabeskenhaft wie die tänzerische Studie in die harmonische Bewegungsdynamik freisetzt.

Auch LYONEL FEININGER (1871–1956) verfolgt den Weg einer lyrischen Transformation des kubistischen Rationalismus, den Delaunay mit seinen orphischen Tendenzen vorgezeichnet hat. Durch die kollektive Arbeitsweise am Bauhaus durchdringen architektonische Formelemente die Malerei von Feininger, insofern der Bildraum sich in prismatische, farblich transparente Strukturen gliedert. Die Malerei wird so zum flächigen Entwurf architektonischer Visionen von lichtdurchfluteten Landschaften und Gebäuden, die der Imagination und Intuition einen visionären Raum aufschließen (Farbtafel 10). So veranschaulicht Feininger mit seinen Bildern die Zukunftsperspektiven einer zugleich modernen und humanistisch inspirierten Urbanistik, wie sie Gropius in seinen Planungen für die sozialorientierte Umweltgestaltung postuliert:

»Selbst der nüchternste Zweckbau oder die Anlage einer Landstraße oder Brücke sind von Wichtigkeit für die Harmonie des totalen visuellen Effekts. Wer anders als der schöpferische Planer und Architekt ist berufen, der legitime verantwortliche Hüter unseres kostbaren Besitzes, unserer natürlichen landschaftlichen Umgebung zu sein, deren Schönheit und Harmonie eine Quelle seelischer Befriedigung und Inspiration für uns bedeutet? Was uns allen am meisten nottut in der Hast und dem Trubel ... ist eine allgegenwärtige Regenerationsquelle, und diese kann nur aus der Natur selbst kommen. Ein Architekt oder Planer, des Namens würdig, muß über Weitsichtigkeit und Phantasie verfügen, um zu einer wahren Synthese für die Siedlung der Zukunft zu kommen, deren Verwirklichung ich ›Total-Architektur‹ nennen möchte.[9]

Auch JOHANNES ITTEN (1888–1967) versteht sich wie Schlemmer, Baumeister und Feininger als Fortsetzer von Kandinskys Harmonielehre der durch Farbrhythmik gestalteten Form. Am Bauhaus wird er neben Gropius der erste Vertreter der angewandten Kunst innerhalb der expressionistisch orientierten Künstlergruppe um Kandinsky; er modelliert abstrakte Plastiken, komponiert Bilder aus Texturkontrasten und entwirft architektonische Projekte. In ähnlicher Weise wie die Dadaisten forciert Itten die künstlerisch kreative Beschäftigung mit diversen Materialien wie Papierfetzen, Metallstücken, Glas und Stoff und fördert durch ordnende Kompositionsübungen das Empfinden für die vielseitige formale Verwertungsmöglichkeit der vorgegebenen Werkstoffe (Abb. 42). Mit seinen experimentellen Materialübungen schafft Itten trotz seines anthroposophischen Spiritualismus das Fundament für die spätere Ausweitung der Bauhausinitiative durch Moholy-Nagy und van Doesburg in den Bereich des industrial design und der technischen Fertigung, eine Annäherung von Kunst und Technik, die Itten jedoch für sich selbst nicht mitvollzieht. Die Kunst hat für ihn modellhafter Ideenproduzent zu bleiben.

Die Verlegung des Bauhauses von Weimar nach Desssau und die Berufung der technischen Konstruktivisten van Doesburg und Moholy-Nagy als Lehrer an die Bauhaus-Akademie führen zum allmählichen Ausscheiden der gesamten Künstlergruppe um Kandinsky aus dem Dessauer Lehrbetrieb. Beeinflußt durch Moholy-Nagy, propagiert Gropius nach 1924 in Abwendung von der kunstgewerblichen Konzeption der künstlerischen Ausbildung die Expansion in die maschinelle Fertigung. Dieser Wandlungsprozeß erfordert ein Umdenken im Hinblick auf die Voraussetzungen und Ziele der künstlerischen Betätigung. Das Wissen des Ingenieurs wird ebenso wichtiges Instrumentarium des kreativen Experimentierens wie die tradierten Techniken der klassischen Kunstdisziplinen, ein Anspruch, der vor allem von Moholy-Nagy deutlich formuliert wird.

LÁSZLÓ MOHOLY-NAGYS (1985–1946) eigene Arbeiten entstammen den künstlerischen Formprinzipien des russischen Konstruktivismus (Farbtafel 19). Ebenso wie die Brüder Pevsner experimentiert Moholy-Nagy mit der kinetischen Raummodulation innerhalb eines stereometrischen Konstruktiongebildes. Darüber hinaus aber zeigen sich auch Einflüsse der Dada-Bewegung: so wird jedes Material im Hinblick auf seine künstlerische Verwendbarkeit überprüft, und ebenso selbstverständlich wie Man Ray integriert Moholy-Nagy die Fotomontage in das künstlerische Materialrepertoire. Die industrielle Verwertbarkeit wird für Moholy-Nagy das wesentliche Kriterium der künstlerischen Effektivität. In diesem Sinne betreibt er seine bedeutenden Experimentalforschungen mit dem farbigen Licht im Hinblick auf die praktische Anwendung in der industriellen Formgestaltung, im industrial design. Nach der Zwangsschließung des Bauhauses 1933 durch das nationalsozialistische Regime betätigt sich Moholy-Nagy als freier Designer für Grafik, Film, Bühnenausstattung und Industrieprodukte. 1937 gründet er in Chicago das ›New Bauhaus‹ und trägt somit die Lehren des Dessauer Bauhauses nach Amerika, wo sie zum Standardprogramm der dortigen Kunstschulen avancieren.[10]

LE CORBUSIER (1887–1965), der große Architekt der Moderne, wird zum Erben des Dessauer Bauhauses. Mit großer Eigenständigkeit gelingt es ihm, das Grundprinzip der architektonischen Konzeption von Gropius fortzusetzen, das von dem Entwurf einer baulichen Einrichtung die gleiche logisch-funktionale Zweckbezogenheit verlangt wie von einer Maschine, wobei Zweckfunktionalität die Berücksichtigung der psychologischen Umwelteinwirkung auf den Menschen nicht ausschließt. Die puristische Malerei, die Le Corbusier zusammen mit Amédée Ozenfant in der kritischen Auseinandersetzung mit dem synthetischen Kubismus entwickelt hat, verfolgt ähnliche Tendenzen wie die funktional-orientierten architektonischen Arbeiten. Das Streben der puristischen Kunst artikuliert sich als Reinigung, als Verzicht auf alle dekorativen Arabesken, die der Spätkubismus und Orphismus in das diszipliniert theoretische Konzept des analytischen Kubismus hineingetragen haben. Die programmatischen Forderungen an die moderne Kunst, die Le Corbusier in dem Manifest des Purismus postuliert, führen in der Malerei zu keiner grundlegenden Neuerung, finden aber in den architektonischen Bauten eine fruchtbare Anwendung, da sich jedes Haus, jeder gebaute Raum als eine Einheit von Innen und Außen darbietet. Gebäudeanlage und Landschaftseigentümlichkeiten ergänzen sich zu einer funktionalen Gesamtform. Während sich das Bauhaus gegen den überflüssigen Dekor auflehnt, intendieren die ästhetischen Modelle seiner Erben in aller Welt den Abbau eines übersteigerten Utilitarismus in den Bauanlagen für gewerblich-technische Räume. ›Kunst am Bau‹ zieht die Konsequenz aus der praktischen Erkenntnis, daß die Kunst zumeist als dekorativer Zierat dem fertig gebauten, zweckgebundenen Gebäudekomplex im nachhinein hinzugefügt wird und beabsichtigt statt dessen die Eingliederung der künstlerischen Idee in das Raum- und Funktionsprogramm der Gebäude.

Die Impulse, die das praktische Lehrprogramm des Bauhauses in der Verbindung von technischer Funktionalität und ästhetischer Wirkung freigesetzt hat, weisen das Bauhaus als eine der effektivsten Kunstinstitutionen des 20. Jahrhunderts aus, das zugleich exemplarisch die Möglichkeit einer Abkehr der Kunstschulen vom traditionalistischen Akademismus bereits vor mehr als einem halben Jahrhundert demonstriert hat.

4 Abstraction – Création

Nach der funktionalen Grundlagenexperimentation entwickelt die geometrisch abstrakte Kunst in den zwanziger und dreißiger Jahren neue Theorien einer kreativen Tätigkeit, indem sie ihr methodisches Vorgehen, also den Produktionsprozeß – nicht das Endprodukt des kreativen Prozesses – analysiert. Die politischen Verhältnisse in Mittel- und Osteuropa zwischen den beiden Weltkriegen verursachen den Emigrationszwang für viele bedeutende Künstler der europäischen Abstraktionsbewegung nach Amerika, wo New York seit den ausgehenden dreißiger Jahren neben Paris ein zentrales Sammelbecken für die Avantgardebewegung wird. Der Meister des Neo-Plastizismus Piet Mondrian wird in Amerika zum Begründer der sogenannten ›Nachmalerischen Abstraktion‹ (Post-Painterly-Abstraction), die sich ganz auf das Phänomen Farbe als reine Ausdruckskraft konzentriert. Dabei zeigt sich, daß die Farbe in zweifacher Hinsicht als künstlerischer Gegenstand, d. h. antifigurativ

53 Julius Bissier, nach der Befruchtung, 1938

54 Pierre Soulages, Komposition, 1956

55 Serge Poliakoff, Komposition, 1956

56 Arshile Gorky, Verlobung II, 1947

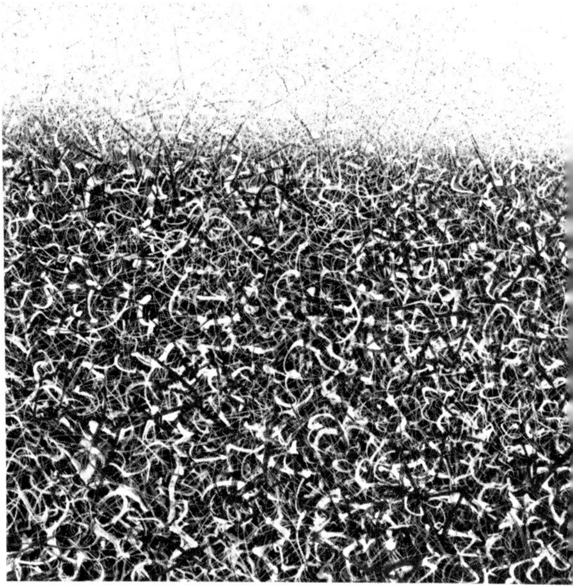

57 Mark Tobey, Wild Field, 1959

58 Jean Dubuffet, Kleine Person am Fenster, 1949

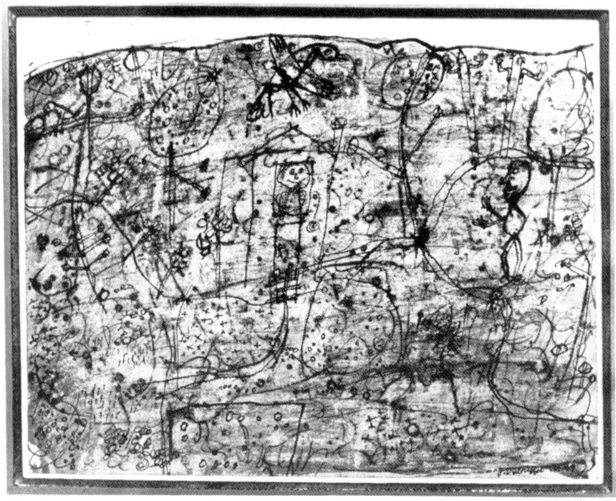

59 Pierre Alechinsky, Panoplie, 1967

0 Clyfford Still, Malerei, 1951

61 Franz Kline, Mahoning, 1956

62 Willem de Kooning, Schwarzer Freitag, 1950

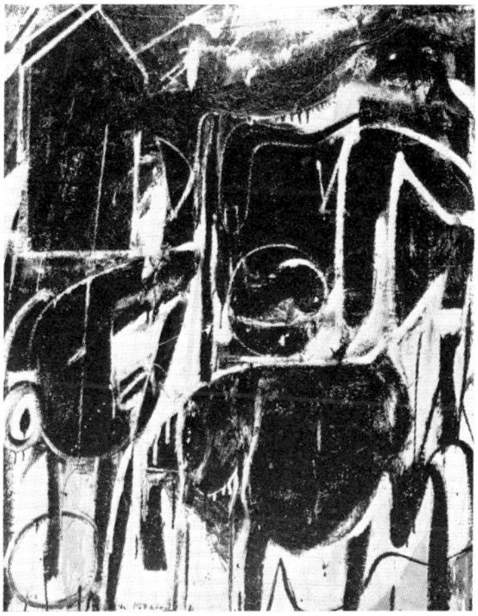

63 Robert Motherwell, Elegie auf die spanische Republik XXXV, 1954–58

64 Hans Hartung, T 56–21, 1956

65 Karl Otto Götz, TYG, 1964

66 Georges Matthieu, Dâna, 1958

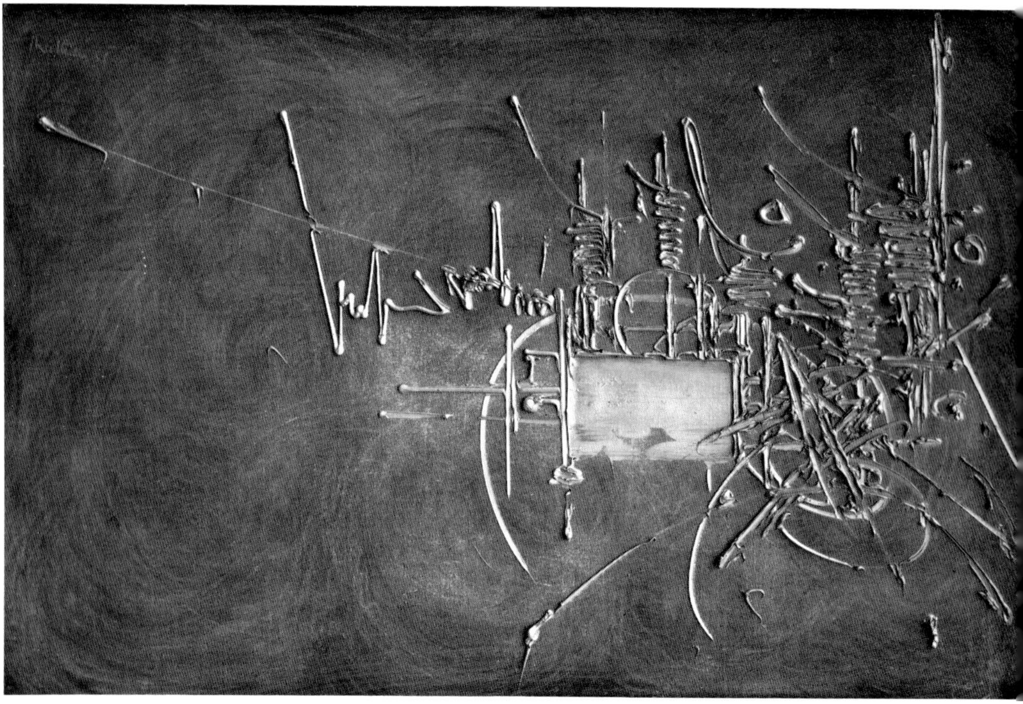

67 Emilio Vedova, Zusammenprall von Situationen, 1958

68 Alberto Burri, Wheat-Heat, 1956

69 Julio Gonzalez, La Montserrat, 1937

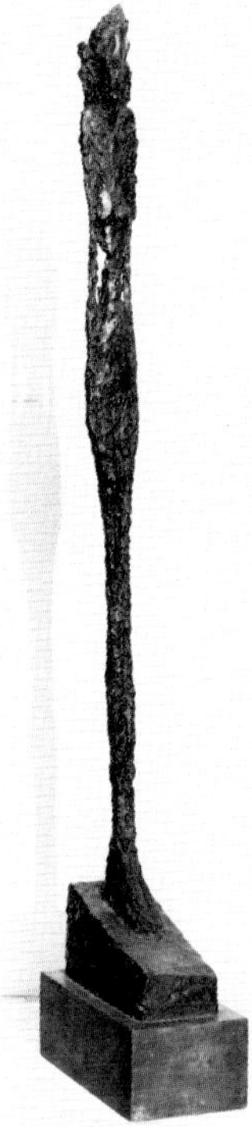

70 Alberto Giacometti, Frau (Léonie), 1947

71 Henry Moore, Liegende Mutter mit Kind, 1960/61

72 Hans Uhlmann, Stahlplastik, 1956

73 David Smith, Volton XV, 1963

74 Eduardo Chillida, Gesto, 1959

75 Anthony Caro, Pompadour, 1963

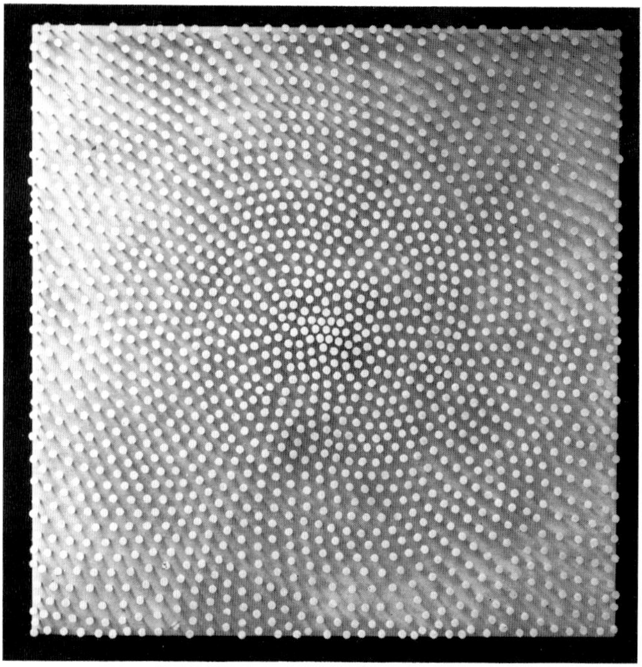

76 Günther Uecker, Spirale, o. J.

77 Heinz Mack, Sahara-Objekt, 1968

78 Piero Manzoni, Sockel der Welt III, magischer Sockel, 1961

79 George Rickey, Vier Quadrate und ein Quadrat, 1969

30 Takis, Parallele Linien, 1971

31 Jesús Raphael Soto, Vibrationsobjekt mit schwarzblauem Stab, 1963

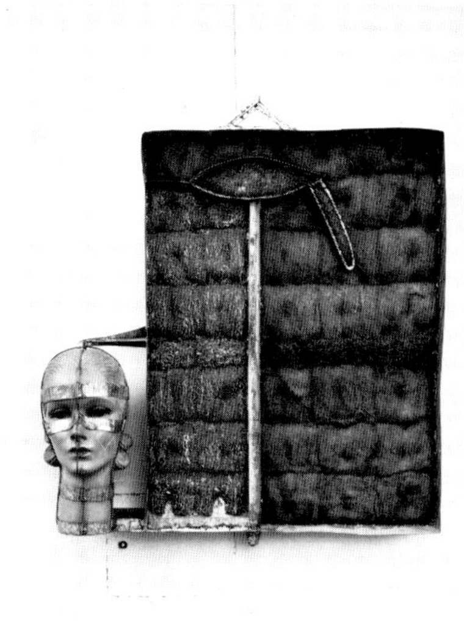

82 John Chamberlain, Dolores James, 1962

83 Edward Kienholz, Die Nacht der Nächte, 1961

84 Wolf Vostell, Coca-Cola, 1961

5 Alan Kaprow, Situation aus dem Happening ›Household‹, 1964

86 Charlotte Moorman, ›Happening und Fluxus‹-Aktion, Köln 1970/71

:7 Joseph Beuys, ›Der Schimmel, die Koppel, der Würfelzucker‹, Fluxus-Theater, Frankfurt 1969

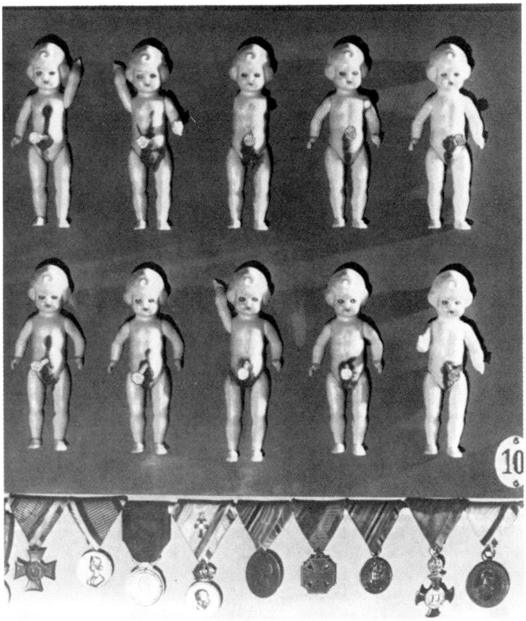

88 Curt Stenvert, Every War is a Bethlehem Massacre of the Innocents, 1962

89 H. P. Alvermann, Illustration zu einem Song von Wolf Biermann, 1966

90 Christo, Klippenverpackung an der australischen Küste, 1969

91 Jean Tinguely, Baluba Nr. 3, 1959

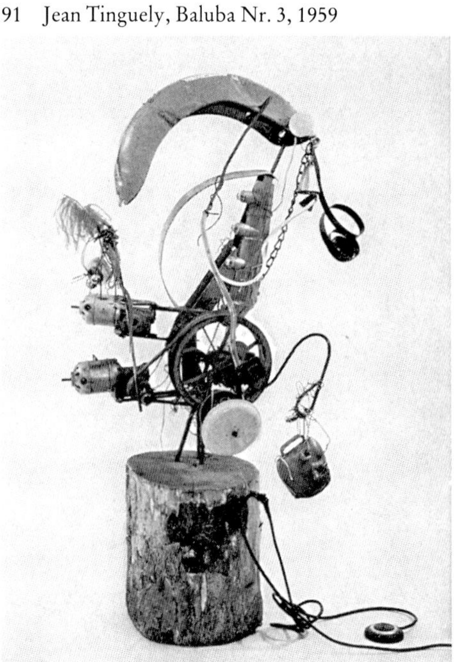

2 Bernhard Schultze, Kopfloser Mannequin-Migof, 1967

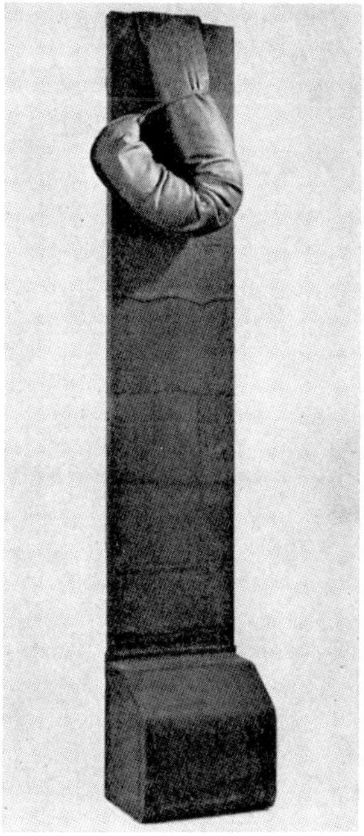

93 Horst Egon Kalinowski, Karyatide, 1970

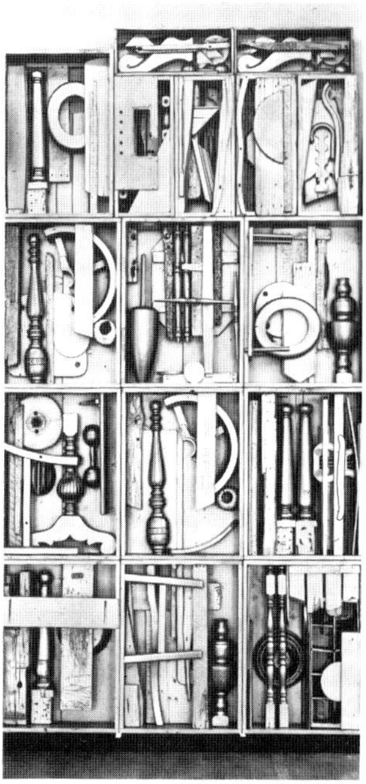

94 Louise Nevelson, Königliche Zeit IV (Ausschnitt), 1960

5 Franz Eggenschwiler, Etikettierte Plastik, 1969

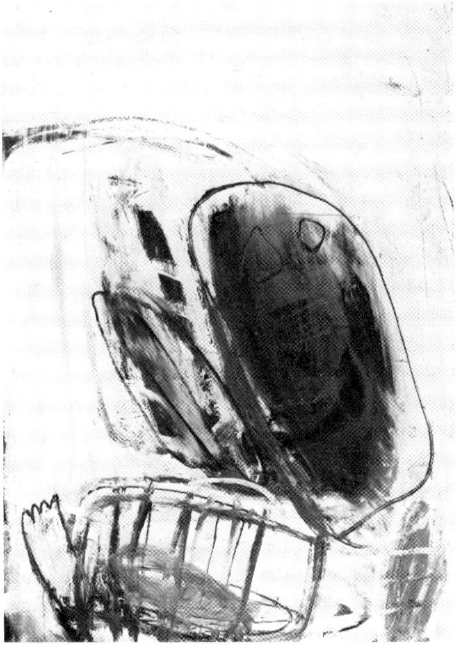

96 Walter Stöhrer, ›Republik der Träume ...‹, 1962

97 Horst Antes, Grüne Figur, 1963

98 George Segal, The Restaurant Window, 1967

99 Heimrad Prem/Helmut Sturm, Sturz (Passion), 1960

100 Norbert Tadeusz, Akt mit Lampe, 1968

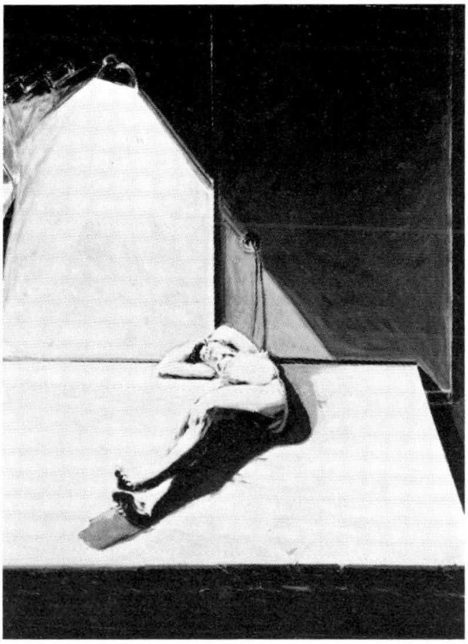

101 Eugen Schönebeck, Der Gekreuzigte, 1964

102 Karl Horst Hödicke, Passage I, 1964

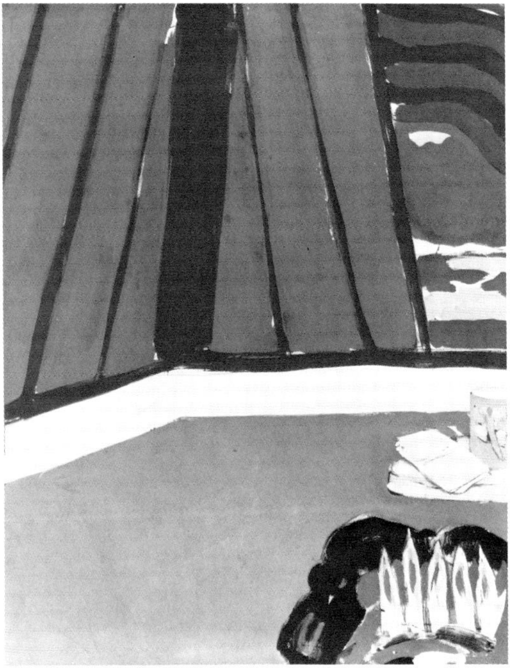

103 Bernd Koberling, Hüttenbild II, 1964

104 Dieter Krieg, ohne Titel, 1984

105 Markus Lüpertz, Baumstamm – dithyrambisch, 1966

thematisiert werden kann, einmal in ihrer subjektiv-gestischen Eigenschaft, zum anderen in ihrer objektiv-chromatischen Qualität. Eine von Amerika ausgehende Avantgardebewegung der vierziger Jahre, die chromatische Abstraktion mittels geometrischer Farbflächen, wird sich von Mondrians 1942/43 in New York gemaltem Bild *Broadway Boogie-Woogie* (Farbtafel 29) ableiten, in dem der Künstler erstmalig seine strenge Farbflächenstruktur aus statischen primärfarbigen Rechtecken durch rhythmisch gereihte, quadratische Elementfolgen auflöst. Die klare, großräumige Farbobjektivation der Stijl-Periode ist in diesem programmatischen Schlüsselbild der Avantgarde nach 1945 mit vibrierenden, dynamischen Farbsynkopen durchsetzt, so daß die Wirkung der starren Farbflächen zugunsten der ins Auge springenden energetischen Farbschwingungen in den Hintergrund gedrängt wird. Diese Farbschwingungen entstehen aus dem Spannungsverhältnis zwischen den rhythmisch-geordneten Farbelementen und den chromatischen Farbflächen.

Die Bauhaus-Künstler Albers, Moholy-Nagy und Gropius wählen in den dreißiger Jahren ebenfalls die großen Industriezentren der Vereinigten Staaten zu ihren neuen Wirkungsstätten, und der Ungar Vasarely, vom Bauhaus beeinflußt, läßt sich in der avantgardistischen Kunstmetropole Paris nieder, so daß sich außerhalb der eigentlichen Geburtsstätten der geometrischen Abstraktionsbewegung, Deutschland und Rußland, auf internationaler Ebene eine zweite Phase systematischer Forschung in der bildenden Kunst anbahnt, die weitere neue Aspekte für die antifigurative Kunstästhetik erarbeitet.

Der Franzose AUGUSTE HERBIN (1882–1960) gibt 1931 dieser neuen Richtung den Namen ›Abstraction-Création‹ und veröffentlicht ab 1932 Jahreshefte zur theoretischen und methodischen Information, die er unter dem Titel ›abstraction-création, art non figuratif‹ publiziert. Neben Herbin, Bill, Albers, Vasarely und Nicholson gehören auch so berühmte Altmeister von Dada, Bauhaus, Stijl und Kubismus wie Arp, Baumeister, Delaunay, Gleizes, Kandinsky, Kupka, Moholy-Nagy, Mondrian, Schwitters und van Doesburg zu den Repräsentanten dieser Vereinigung. Die Konzentration des künstlerischen Reflektierens auf den Gestaltungsprozeß selbst, auf seine gesellschaftliche Relevanz und faktische Evidenz, führt zur Bildung des Terminus ›konkrete Kunst‹. Die Einführung der Bezeichnung ›konkret‹ für die visuell rezipierbare Gestaltung von abstrakten mathematischen Denkresultaten im ästhetischen Anschauungsbild manifestiert die Tatsache, daß die geometrisch abstrakte Form ebenso als Gegebenheit existiert wie der figurative Gegenstand. Für van Doesburg ist daher nichts konkreter und realer als eine Linie, eine Farbe, ein Plan, und 1935 ersetzt Max Bill bewußt den Terminus ›abstrakte Kunst‹ durch den Begriff ›konkrete Kunst‹, da der lateinische Bedeutungsinhalt von abstrakt das Gegenteil von konkret, nämlich »das vom Dinglichen gelöste, das Unwillkürliche« bezeichnet.

Bei MAX BILL (geb. 1908) entspringt das künstlerische Produkt einer Methodik, die das mathematisch strenge Regelprogramm der Geometrie als Werkmaterial verwendet.[11] Die künstlerische Leistung beruht auf der spezifischen Variation einer mathematischen denkbaren Regel, die auf eine spezifische Farbenkombination angewendet wird, indem der Künstler seinem subjektiven Temperament entsprechend aus dem Angebot von Konstellationen ein Thema auswählt und visuell gestaltet. Der künstlerische Herstellungsprozeß formuliert damit ein visuelles Wahrnehmungsproblem. Ganz in diesem Sinne versteht Auguste Herbin seine Farbenlehre, die er mit Hilfe strenger geometrischer Formen im praktischen Arbeitsvorgang des Malens gewinnt. Die exakte visuelle Beobachtung der Farbtonalität führt Herbin zu der Erkenntnis, daß man allein mit Farbe Tiefenwirkung erzeugen kann. Nach Herbin besitzt der Farbton Blau die Eigenschaft, sich selbst in die Tiefe zurückzunehmen, dagegen tritt Rot hervor; manche Farben sind Bewegungsträger, andere Ruhepole. Ähnliche Untersuchungen führt Herbin im Bereich der Musik und Sprachakustik aus, mit dem Resultat, daß er eine aussagemäßige Übereinstimmung zwischen bestimmten Worten, musikalischen Tonstufen und Farbwerten entdeckt, die jeweils gleiche Empfindungen im Menschen hervorrufen. Die Abstraction-Création leitet aus einer systematischen Wahrnehmungsanalyse von Farbwirkungen die Einsicht ab, daß die Kunst eine neue Daseinsberechtigung im Zeitalter der Wissenschaft erlangen kann, wenn sie aus physikalischen oder mathematischen Kombinationsangeboten ein spezifisches Ordnungsgefüge herauskristallisiert, so daß die visuelle Wahrnehmung auf ein eklatantes Relationsproblem in der räumlichen oder flächigen Ausdehnung aufmerksam gemacht wird.

Dieses erweiterte Problemverständnis von Kunst zeigt sich dann deutlich im Frühwerk von VICTOR VASARELY (geb. 1908), der die Darstellung der dritten Dimension im Tafelbild zum Thema seines künstlerischen Schaffens erhebt. Vasarelys Werk beschäftigt sich durchgängig mit dem physikalischen Phänomen der optischen Täuschung. Aus dem vielschichtigen Sachprogramm dieses physikalischen Themas wählt Vasarely den Flimmereffekt aus, der etwa durch regelmäßige Schwarzweiß-Strukturen im menschlichen Auge erzeugt wird. Vasarely erfindet für die Veranschaulichung dieses Effektes eine besondere Formulierungsmethode, indem er nach Art des Scherenschnittes zwei Flächen, nämlich eine schwarze und eine weiße, übereinanderschichtet. Die strukturelle Überlagerung der beiden Schichten in der geometrischen Formung bewirkt eine dreidimensionale Projektion, so daß sich im Bild eine Tiefenwirkung einstellt, die nicht auf den Stilmitteln der Perspektivillusion beruht. Das im Schwarz-Weiß-Bild entwickelte Prinzip wertet Vasareley später in farbigen Flächen- und Rasterüberlagerungen aus und gelangt dadurch zur visuellen Verdeutlichung von neuen optischen Überraschungseffekten. Mit dieser Methode wird Vasarely in den fünfziger Jahren die malerische Op Art begründen, die sich dann zu einer großen Kunstströmung ausweitet (Farbtafel 31).

JOSEF ALBERS (geb. 1888) veranschaulicht den Reduktionsprozeß von Form und Farbe; seine berühmten vom Quadrat als reinster Form bestimmten Farbschichtungen zeigen die ästhetische Kraft der Formenreduktion in starker Anlehnung an Malewitsch und Mondrian. Im Quadrat nimmt sich die Form auf fast magisch anmutende Weise ganz zurück und ist nur noch transparent für das Faszinosum eines spezifischen Farbdialogs (Farbtafel 30). Die geometrische Form wird als Thema vollkommen »passiv«; der Künstler wählt die geschachtelte Quadratform, damit die Farbqualität als solche frei »schwebend« und »klar« begrenzt in Korrespondenz zur benachbarten Farbe sich selbst artikulieren kann.

Auch bei BEN NICHOLSON (geb. 1894) steht die wahrnehmungsanalytische Form-Farbe-Gestaltung im Mittelpunkt des künstlerischen Interesses. Während jedoch Albers die größtmögliche Vereinfachung praktiziert, erforscht Nicholson die Vielfalt der formalen und farblichen Kombinatorik in einer sehr subjektiv ausgeprägten, lyrischen Artikulationsweise, die den starken Einfluß des späten Mondrian verrät, mit dem Nicholson in enger Freundschaft verbunden ist. Das Ziel Mondrians, durch die Abstraktion eine universale Harmonievorstellung zu erzeugen, wird von Nicholson erreicht, indem es ihm gelingt, trotz der Zurücknahme der Farbigkeit auf zarte Nuancierungen und trotz der Beschränkung auf wenige geometrische Grundformen eine kompositorische Variabilität zu schaffen, die exemplarisch die Universalität einer vergeistigten Formensprache offenbart.

So erarbeiten die Farbstudien der Abstraction-Création die Basis für die spätere Nachmalerische Abstraktion der Farbdifferenzierung, die vor allem in Amerika als Nachfolge von Albers in den vierziger und fünfziger Jahren zu reicher Entfaltung gelangt.

5 Meditative Abstraktion

Im Anschluß an die theoretische Konzeption von ›Abstraction-Création‹ wie auch in direkter Relation zur nachkubistischen, rhythmisch-akkordialen Abstraktion Kandinskys und Delaunays entwickelt sich im Paris der vierziger Jahre mit SERGE POLIAKOFF (1906–1969) und NICOLAS DE STAËL (1914–1955) eine Abstraktion der Farbe, die durch die subjektive Gestik der Pinselführung jene emotionale und spirituelle Appellationskraft der Kunst angesichts der kulturellen Verrohung durch den aggressiven Nationalsozialismus reaktivieren möchte, die einmal zuvor die expressionistische Kunst besessen hat. Die Farbvaleurs werden in dieser sog. ›Französischen Tradition‹ zu Symbolträgern einer göttlich gesetzten Naturordnung, die auch dann bestehen bleibt, wenn der Mensch die Welt in totale Unordnung versetzt. So ist diese in Frankreich beheimatete meditative Abstraktion zutiefst kontemplativ und gezügelt expressiv. Zu den Künstlern der ›Französischen Tradition‹ gehören auch Bissière, Tal-Coat und Ubac, die nach dem Zweiten Weltkrieg wegweisend für die Ausbildung der informellen Malerei werden: Die Bezeichnung ›Maler der französischen Tradition‹ ist den Pariser Künstlern von der deutschen Besatzungsmacht 1941 zugelegt und dann – obwohl ursprünglich abwertend gemeint – später beibehalten worden.

ROGER BISSIÈRE (1888–1965), mit Braque eng befreundet, wird innerhalb der Gruppe zum bedeutendsten Modulator der kubistischen Malerei. Er baut seine Bilder mit dem strengen Konstruktionswillen des Kubismus auf, durchleuchtet aber das strukturelle Formengerüst mit Hilfe der Sensibilität einer lyrisch-poetischen Farbgebung, die das abstrakte Baugefüge in ein Abbild der verinnerlichten, gottgläubigen Naturliebe verwandelt. Mit dieser Subjektivierung der kubistischen Abstraktion bemüht sich Bissière im Einklang mit Delaunay, die Naturentfremdung des synthetischen Kubismus in ihr Gegenteil zu verkehren, ohne die Ungegenständlichkeit als solche aufzugeben. In ihrer vibrativen Leuchtfülle gelingt es der Farbe, das Formgefüge zu vitalisieren, so daß die abstrakte Form als vergeistigter, symbolintensiver Kristallisationsfilter in ständig neuer Assoziationsdynamik morphologische und landschaftstektonische Gestaltformen durch ihre Struktur hindurchscheinen läßt.

Diese transparente Form-Farbe-Abstraktion, die Natur und Geist in verinnerlichten Symbolismen miteinander vermittelt, versteht sich ähnlich wie die mystische Meditation als Hineinnahme des göttlichen Schöpfungsrätsels in ein metaphysisches Bild der Natur, das durch die Transformation des Sichtbaren in abstrakte Symbolik das Unsichtbare bildlich vorstellbar macht. Die gleiche kontemplative Absicht im Bildausdruck offenbaren die meditativen Farblandschaften von PIERRE TAL-COAT (geb. 1905). In dramatisch-fließenden, dynamischen Schichtungen symbolisiert die Farbe die schöpferische Genese der Landschaft durch den göttlichen Willen. Die harmonische Farborchestrierung durchleuchtet den Ausgleich von Chaos und Ordnung im planenden Geist.

Ähnlich verrätseln sich die transparent geschichteten Farbformen von RAOUL UBAC (geb. 1910) zu massiven Geheimnisträgern einer mineralischen Kristallisationswelt, die in ihrer geordneten Formationsfolge und vulkanischen Dynamik eine harmonisierende Synthese der Gegensätze verdichtet. Zugleich läßt sich in den lyrisch-meditativen Farbspuren Ubacs der Einfluß fernöstlicher Kalligrafie beobachten, der in den ausgehenden dreißiger Jahren ebenso bei dem Amerikaner Mark Tobey wie auch bei den deutschen Malern Hans Hartung und Julius Bissier anzutreffen ist. Doch während bei MARK TOBEY (1890–1976) aus den asiatischen Anregungen von gemalter Schrift eine lebhaft pulsierende Farbkalligrafie mit symbolischem Verweis auf das Großstadtleben hervorgeht (Abb. 84), steht bei Hartung und Bissier das Moment der kontemplativen Meditation stärker im Vordergrund.

HANS HARTUNG (1904–1967), der schon lange vor dem Zweiten Weltkrieg enge Kontakte zur französischen Kunstszene pflegt, verfolgt zunächst im Anschluß an den ›Blauen Reiter‹ eine ungegenständliche Malerei, die ähnlich wie Kandinsky nach einer Synthese von abstrakter Farbsetzung und expressiver Intuition sucht. In den dreißiger Jahren findet Hartung diese Einheit in der kalligrafischen Zeichengebärde, die sich durch ihre expressive Gestik zu offener, aber dennoch tiefgründiger Symbolik verdichtet. In den ausgehenden vierziger Jahren wird sich aus diesen Quellen das Informel als europäische Richtung eines abstrakten Expressionismus entwickeln (Abb. 64).

JULIUS BISSIER (1893–1965), der in den zwanziger Jahren eine veristische Malerei vertritt und um 1930 einen fundamentalen Stilwandel zur Abstraktion unter dem Einfluß Constantin Brancusis und Willi Baumeisters vollzieht, beschäftigt sich um 1938 mit der Kunst der asiatischen Tuschschriftzeichen, die ihm ein befreundeter Orientalist nahebringt. Aus diesen Anregungen entwickelt Bissier dann während der Naziverfemung in der inneren Emigration des Schwarzwaldortes Hagnau eine psychogrammhafte Bildnotation mit farbigen und monochrom schwarzen Kürzeln, die in ihrem Duktus ebenfalls Informel und Tachismus vorwegnehmen, die aber zugleich symbolische Zeichenfunktion in einer persönlichen Kontemplationsphilosophie des Künstlers besitzen (Abb. 53). »Die Zeichen, die Symbole der dreißiger Jahre weisen mit Vorliebe auf die fundamentale Bipolarität des Lebens hin, auf die Pole männlich-weiblich, aktiv-passiv, innen-außen, gebend-empfangen, behütet-bedroht, bedrohend-beschützt, unruhig-geborgen. Daneben treten Einzelzeichen für Gefäß, Frucht, Blüte und anderes auf.« Julius Bissier selbst bezeichnet diese symbolhaften Tuschezeichen als »Wesensstenogramme« seiner Person.[12]

Auch WILLI BAUMEISTER (1889–1955), der Schüler Adolf Hoelzels und Freund Oskar Schlemmers, ist schon in den dreißiger Jahren einer der bedeutendsten Wegbereiter des Informel, indem er die Verbindung zwischen den konstruktivistisch-expressiven Tendenzen der Kandinsky-Gruppe im Dessauer Bauhaus und dem abstrakten Expressionismus der frühen Nachkriegskunst in den ausgehenden vierziger Jahren für die deutsche Kunstszene schafft. In den Jahren der Verfemung als ›entarteter Künstler‹ während des nationalsozialistischen Regimes widmet sich Baumeister nach dem erzwungenen Rücktritt von der Lehrtätigkeit an der Frankfurter Kunstschule prähistorischen und altorientalischen Geschichtsstudien, die neben den konstruktivistisch-materialabstrakten Methoden des Bauhauses (Farbtafel 18) den wesentlichen Fundus seiner Bildstruktur im motivischen Bereich begründen.

Das Frühwerk Baumeisters aus den zwanziger Jahren, das vor allem von den zunächst konstruktivistischen, später aus organischen und geometrischen Formen gebildeten Mauerbildern geprägt wird, zeigt bereits den unbedingten Willen des Künstlers zur Vereinfachung und Elementarisierung der Ausdrucksgestik im Stile der nachkubistisch-puristischen Rückbesinnung auf klaren geometrischen Bildaufbau.[13] Die Einführung der plastischen Bildoberflächentektonik durch die Vermischung der Malfarbe mit Sand und Kitt setzt schon zu dieser Zeit sehr eigenwillige Akzente eines individuellen plastischen Ausdrucks auf der Leinwand.

Das gleiche Streben nach einer subjektiven Formensprache, die den Rahmen einer straffen Bildstrukturierung nicht durchbrechen will, offenbart sich in den *Eidos-Bildern* und *Ideogrammen,* die während der erzwungenen Zurückgezogenheit nach 1933 entstehen. In den *Ideogrammen* formiert Baumeister in der Fortsetzung der narrativen Chiffrenmalerei von Paul Klee Kompositionen aus figuralen Kalligrafien, die als unmittelbare ›Entäußerungen‹ der ins Mythische schweifenden Phantasie entsprungen sind. Die ethnografischen Schriftzeichen und archaisch-mythischen Bilderfabeln der prähistorischen Dokumente sind das auslösende Moment für das subjektive Spiel der künstlerischen Einbildungskraft, die sich mit ihren eigenen kalligrafischen Bildern und Signets eine individuelle Ausdrucksemblematik als ein poetisch-magisches Sprachorgan des fabulierenden Innern formuliert. Während sich bei Klee die Subjektivität der Bildaussage in der spezifischen Komposition von zeichenhaften Bildfigurationen als neue kosmische Ordnungsvorstellung äußert, ist das Bildzeichen bei Baumeister dem Unbewußten entnommen und besitzt als solches inhaltlich-lyrische Ambivalenz, die keine Verfestigung zu konkreten Figurationsassoziationen anstrebt. Die kompositorische Straffheit der Bilder, die innerhalb dieser subjektiven Sprachgestik eine gezügelte Bildstruktur gewährleistet, entspringt dem konstruktiv geschaffenen Gleichklang der Farbrhythmik; die subtile Koloristik unterstreicht die Sensibilität der archaisch anmutenden Bildzeichengestik, ohne sich selbst in den Vordergrund zu rücken.

In seinen theoretischen Erläuterungen ›Das Unbekannte in der Kunst‹ (1947) erklärt Baumeister das Charakteristikum seiner künstlerischen Aussage, die auf die Konkretion des Unbekannten abzielt. Das Unbekannte ist dasjenige, was sich allem Bekannten entgegenstellt, da es den üblichen Erfahrungsnormen widerspricht und nicht als Derivat eines Kausalzusammenhanges erklärbar ist. Das Unbekannte bezieht für Baumeister seinen ungeheuren Reiz aus der einzigen Bestimmung, die ihm definitorisch eignet, aus der informellen Eigen-

Willi Baumeister, Afrika, 1942

schaft der ständigen Permutation und Metamorphose, die für den Künstler mit permanenter Freilegung von neuen Ausdruckspotenzen identisch ist. Diese unmittelbaren, unbekannten Aussagen können nur der Phantasie entspringen, da diese den Erfahrungszwang willentlich durchbrechen kann, indem sie erfahrungskontrollierte Artikulationen des Unbewußten zu informellen Gesten verbildert, die noch nicht in das stilistische Formenrepertoire integriert sind und daher absolut innovative Aussagekraft besitzen. Durch diese subjektive Formensprache des Informel wird das Kunstwerk zum Rätsel, dessen Reiz in der Verbilderung des Kreativitätsprozesses an sich liegt. »Das Unbekannte bildet den polaren Gegensatz zu jeder Erfahrung. Kunst sollte als Metamorphose betrachtet werden, als beständige Umwandlung ... Er (der Künstler) ist das Organ eines Weltganzen, dem er verantwortlich bleibt. In der künstlerischen Zone vereinigen sich das allgemein gesetzmäßige, natürliche Entstehen und der Freiheitsbegriff.«

Mit dieser Theorie des Unbekannten, die in den *Ideogrammen* ihre malerische Praxis erfährt, begründet Baumeister die expressive, gestische Malerei als Hingabe an den Malakt, die nicht voraussehen kann, worauf sie stoßen wird.

Das Überleben in der inneren Emigration, ohne dabei die Sprachform der internationalen Moderne wie viele andere deutsche Künstler nach 1933 aufzugeben, schafft trotz widrigster Umstände auch der ehemalige Bauhaus-Student FRITZ WINTER (1905–1976), obwohl er 1939 zum Kriegsdienst eingezogen wird und erst 1949 aus russischer Kriegsgefangenschaft heimkehrt. Während eines Fronturlaubs 1944 verarbeitet der Klee-, Kandinsky- und Schlemmer-Schüler seine Kriegserlebnisse in der expressiv-abstrakten Bilderfolge *Triebkräfte der Erde.* In diesen Gouachen sucht Winter nach einer sublimierten Symbolsprache, um das Menschsein zwischen humanistischem Ordnungsstreben und chaotischer Zerstörungswut als ein Spiegelbild polarer Naturtriebkräfte zu begreifen. Die deutsche Nachkriegskunst der ausgehenden vierziger und fünfziger Jahre wird von Künstlern wie Fritz Winter, Julius Bissier und Willi Baumeister für den Wiederanschluß an die internationale Moderne entscheidende Impulse beziehen.

Anmerkungen

1 Wassily Kandinsky, Über die Formfrage, Aufsatz in: ›Der Blaue Reiter‹, Neuausgabe, München 1965.
2 Frank Kupka, Quatre histoires de Blanc et Noir, Paris 1926.
3 Kasimir Malewitsch, Suprematismus – Die gegenstandslose Welt deutsche Übersetzung von Hans von Riesen, Köln o. J.
4 Siehe zur Russischen Avantgarde die Dokumentation: Hubertus Gaßner/Eckhart Gillen, Zwischen Revolutionskunst und Sozialistischem Realismus. Dokumente und Kommentare, Köln 1979.
5 Malewitschs späte Einschätzung der Tatlinschen Konstruktionen, abgedruckt in dem Katalog ›Wladimir Tatlin‹, München 1970.
6 u. 7 Die Zitate von Piet Mondrian und Theo van Doesburg sind dem Buch von Jaffé, Mondrian und De Stijl, Köln 1967, entnommen.
8 u. 9 Walter Gropius, Architektur. Wege zu einer optischen Kultur, Frankfurt 1956.
10 Siehe die ›Erinnerungen und Bekenntnisse‹ ehemaliger Bauhäusler, in: Eckhard Neumann (Hrsg.), Bauhaus und Bauhäusler, Köln 1985.
11 Max Bill, Die mathematische Denkweise in der Kunst unserer Zeit, in: Werk, Nr. 3, März 1949.
12 Werner Schmalenbach, Julius Bissier, Köln 1974, S. 75.
13 Götz Adriani (Hrsg.), Baumeister. Dokumente, Texte, Gemälde, Köln und Tübingen 1971.

V Realismus zwischen Tradition und Avantgarde (1920–1945)

Realismus in der bildenden Kunst zu definieren und von anderen Stilrichtungen wie z. B. dem Idealismus oder Naturalismus abzuheben, ist ein weit schwierigeres Unterfangen, als es sich vergleichbar in der Literatur darstellt. Brachte für die Literatur die realistische Prosa des 19. Jahrhunderts mit Stifter, Keller und Fontane die Möglichkeit einer theoretischen Fixierung des Begriffs Realismus aus seiner besonderen Art der psychologisch einfühlsamen, exakten und dingnahen Erzählhaltung, so ist eine solche begrifflich-theoretische Basis für die realistischen Tendenzen in der bildenden Kunst nicht greifbar. Der Begriff ›Realismus‹ stellt sich häufig als ein williger Begriffskuppler dar, der vielerlei assimiliert, ohne wirklich zu bezeichnen. Realistische Malerei gab es laut einschlägiger Kunstlexika bereits in der Gotik, in der Renaissance, bei den Niederländern und im Impressionismus. Eine erste wichtige Definition für Realismus brachte 1855 das ›Realistische Manifest‹ des großen französischen Malers Courbet, der realistische Malerei als die ausschließliche Darstellung der Dinge benennt, die der Künstler sehen und berühren kann. In dieser anti-idealistischen Forderung nach direkter Anschauung der vorgegebenen Dingwelt liegt jener revolutionäre Elan des Realismus begründet, der ihm für seine Entwicklung im 20. Jahrhundert eigen ist, zugleich aber auch die Wurzel seiner Beschränkung auf eine vage Charakteristik, die zur ständigen Gefahr der Begriffsverflachung wurde. Diese Verwässerung ist notwendige Folge der inhaltlichen Definition von Dingwelt. Für die einen beschränkt sich der Dingbezug auf anatomische Richtigkeit, für die anderen ist er topografische Genauigkeit oder täuschend echte Perspektive, für die gesellschaftlich Engagierten ist er entweder provokative Sozialreportage oder strategisches Mittel des eigenen Willens zu umfassender gesellschaftlicher Veränderung.

Die spektakulären Neuansätze der Kunst im 20. Jahrhundert mit Futurismus und Kubismus drängen realistische Tendenzen in der Kunst nach 1910 zunächst entschieden in die Abseitsstellung des kunsthistorischen Interesses. Der traditionelle europäische Realismus hat mit den Romantikern sowie mit den großen Landschafts- und Porträtmalern des 19. Jahrhunderts seinen Höhepunkt überschritten und kann erst neue Impulse verzeichnen, als sich in den zwanziger Jahren die veristische Malerei als Gegenströmung zum stürmisch gefühlsbetonten Expressionismus vor dem Hintergrund politischer Probleme formiert.

Dieser realistischen Kunstströmung, die bereits 1925 von G. F. Hartlaub das Etikett ›Neue Sachlichkeit‹ im Rahmen ihrer ersten Ausstellung in der Mannheimer Kunsthalle erhält und gleichzeitig von dem Kritiker Franz Roh im Sinne eines Antiexpressionismus typisiert wird, gliedern die zeitgenössischen Kunst-Kritiker eine Vielzahl verschiedenster Malerpersönlichkeiten von Otto Dix und George Grosz bis Georg Schrimpf und Anton Räderscheidt ein. Das Themenrepertoire reicht vom hintergründigen Stilleben bis zur revolutionär politischen Gesellschaftskritik, von der provokativen Demonstration sozialer Mißstände bis zur romantischen Stille und fast biedermeierlichen Naturidylle. Allen Tendenzen dieser Neuen Sachlichkeit ist jedoch eines gemeinsam: das Engagement gegen die Relativierung der Dingwelt, die sich im Anschluß an den Kubismus ausbreitete, sei es in der Form eines zu Abstraktion neigenden Expressionismus oder sei es in der Gestalt des gegenstandsauflösenden Futurismus.

Dieses Engagement für eine neue Sinnbestimmung von dinglicher Darstellung zeigt sich nicht nur in der realistischen Malerei der Dresdener und Berliner Veristen, sondern ebenso in der figurativen Gegenbewegung zum italienischen Futurismus, der Pittura Metafisica, sowie auch in den realistischen Tendenzen der sog. ›American Scene‹ um Hopper und Sheeler. In Deutschland artikuliert sich dieses Engagement in der Berliner Szene um George Grosz als politische Provokation, während die Dresdener Künstler mehr die hintergründige, zeitlos gültige Magie verborgener Dingrelationen suchen, die allzusehr im hektischen Kulturbetrieb zwischen den Kriegen verschüttet war. Angesichts dieser differenzierten Zielsetzung der Neuen Sachlichkeit erscheint die Typisierung ›realistisch‹ äußerst vage, zumal die Bezeichnung ›Realismus‹ in der Geschichte der bildenden Kunst eine breite Skala verschiedenster Stilrichtungen umfaßt, wie bereits oben angedeutet wurde.

1 Neue Sachlichkeit

In Deutschland tritt die Neue Sachlichkeit 1925 anläßlich einer retrospektiven Ausstellung in Mannheim programmatisch als eine Kunstrichtung in Erscheinung, die sich um Anerkennung der realen Sachwelt bemüht. MAX BECKMANN (1884–1950) sagt 1918 angesichts der tiefen gesellschaftlichen Erschütterung dieser Zeit: »Aus einer gedankenlosen Imitation des Sichtbaren, aus einer schwächlich archaistischen Entartung in leeren Dekorationen und aus einer falschen und sentimentalen Geschwulstmystik heraus werden wir jetzt hoffentlich zu der transzendenten Sachlichkeit kommen, die aus einer tiefen Liebe zur Natur und zu den Menschen hervorgehen kann.« Damit ist das Bedürfnis vieler Künstler ausgesprochen, nach dem emotionalen Aufschrei des Expressionismus und nach den Erschütterungen des Zweiten Weltkrieges ruhend stille Schönheit, zutrauliche Menschlichkeit und Naturnähe darzustellen, so daß die Neue Sachlichkeit von der Ambivalenz einer subjektiven Innerlichkeit und einer nüchternen Gegenstandsbezüglichkeit geprägt ist. In der Vorstellung dieser veristischen Künstler kann der Mensch seine Individualität nur bewahren, wenn er Distanz schafft zu den bedrückenden Verhältnissen seiner Umwelt. Stilistisch äußert sich diese Grundhaltung im statisch festgefügten Bildaufbau, im Ausgleich von Flächigkeit und Bildtiefe sowie in statuarischer Körperlichkeit. Bevorzugte Bildmotive sind das Stilleben, die Landschaft, Porträt und Selbstbildnis.

ANTON RÄDERSCHEIDT (1892–1970) zeigt den modernen Menschen in seiner urbanen Isolierung, die sich zur Selbstentfremdung auswächst angesichts der Verlorenheit in einer unpersönlichen Welt (Abb. 48). ALEXANDER KANOLDT (1881–1939) flüchtet sich in eine scheinbar unverbindliche Stillebenlandschaft, die durch ihre objektivistische Darstellung als ironischer Kontrast zur Wirklichkeit provoziert und zugleich als Sehnsucht nach einer arkadischen Welt verstanden werden muß. Der dargestellte Menschentyp ist bei den Veristen der Durchschnittsbürger, mit dem sich jeder identifizieren kann und dessen Isolation unmittelbar für den Betrachter nachvollziehbar ist.

Diese Isolation steigert sich in den Bildern von CARL GROSSBERG (1894–1940) und FRANZ RADZIWILL (1895–1982) bis zum Selbstverlust der Identität, so daß der porträtierte Mensch wie eine gesichtslose Gliedergruppe wirkt, die den magischen Dingpuppen der Pittura Metafisica ähnelt. Auch Rudolf Schlichter, Raoul Hausmann, George Grosz, Max Ernst greifen zuweilen auf die Mecano-Figur de Chiricos und Carràs zurück, wenn sie das anonyme Wesen des Massenmenschen aus der Großstadt ins Bild setzen wollen. GEORG SCHRIMPF (1889–1938) porträtiert seine Figuren häufig von hinten. Aber auch bei seinen frontalen Porträts gibt es nie direkte Blickkontakte zwischen Bildfigur und Betrachter. Immer ist der Blick der Porträtierten in eine diffuse Leere gerichtet, oder Schrimpf verleiht seinen Gestalten eine solche blockhafte Geschlossenheit wie in der *Hockenden* von 1923, daß schon die Körperhaltung die Trennung zwischen dem Ich und der Außenwelt widerspiegelt.

Bei RUDOLF SCHLICHTER (1890–1955) erhalten die menschenähnlichen Mechanismen eine quälende Deutlichkeit ihrer Fragilität, die an das Gebrechliche menschlicher Leiblichkeit erinnert (Abb. 50). Andere Maler beschränken sich wie KARL VÖLKER (1889–1962) auf tief gestaffelte, leere und dadurch bedrohlich wirkende Stadtarchitekturen, in denen sich der Mensch wie eine ferngesteuerte Marionette bewegt.

Ein Schlüsselbild mit hintergründigem Verweis auf die Zeitsituation malt RICHARD OELZE (1900–1980): *Die Erwartung*, eine Gruppe von Durchschnittsbürgern, die ihre anonymen Gesichter unter uniformen Hüten und hochgeschlagenem Mantelkragen verbergen; zu einer diffusen kleinen Masse am unteren Bildrand zusammengedrängt, schauen sie in eine dschungelhafte bedrohliche Landschaft ohne Horizont. Hier nähert sich der Realismus surrealistischen Sprachformen und gewinnt in seiner bedrückenden Atmosphäre visionäre Verweiskraft auf das Dritte Reich und den Zweiten Weltkrieg (Abb. 52).

Dunkle Hoffnungslosigkeit spricht auch aus der Bildwelt von KARL HOFER (1878–1955), dessen Figuren von einer melancholischen Einsamkeit geprägt sind und ihr eigentliches Wesen hinter Masken oder unter Harlekinkostümen verbergen. 1928 malt Hofer ein Bild mit dem Titel *Das schwarze Zimmer;* die Mitte des Gemäldes nimmt ein nackter Trommler ein, der sich dem Betrachter als Bote kommenden Unheils aufdrängt. Wie Schrimpf, Kanoldt, Heinrich M. Davringhausen und Carlo Mense ist auch Karl Hofer stark vom Klassizismus der metaphysischen Malerei aus Italien beeinflußt und setzt bewußt die geheimnisvolle Verhaltenheit sowohl dem vorangegangenen expressionistischen Aufschrei wie auch dem kubofuturistischen Fortschrittsglauben entgegen.

George Grosz, Ein kleines Liebeslied, um 1926

Neben der Pittura Metafisica geht auch von der Nachkriegsentwicklung Max Beckmanns eine starke Wirkung auf viele andere deutsche Veristen aus. Nach seinen expressionistischen Anfängen findet Beckmann in den zwanziger Jahren seinen persönlichen Stil mehr und mehr in einer Vermittlung von expressiver Deformation, kritischer Realistik und archaisierend-antiker Klassik, wobei seine Bildinhalte sich zunehmend zu Gleichnissen und Allegorien mit Hilfe mythologischer Motive verrätseln.

Dagegen registrieren George Grosz und Otto Dix die zerrissene Nachkriegsrealität der zwanziger Jahre schonungslos und unverblümt mit dem scharfen Seziermesser der bitteren Ironie und der beißenden Karikatur. Beide Maler scheuen sich nicht, rohe Gewalt, nackte Angst und Not des Proletariats, Habsucht der Kriegsgewinnler und die aufgestaute Lebensgier einer mondänen Großstadtbourgeoisie ins Bild zu setzen. Sie porträtieren gleichermaßen Dirnen und Verbrecher wie Spießbürger und Kriegskrüppel in der ganzen Häßlichkeit ihrer von Konventionen entblößten Existenz; der expressionistische Aufschrei wandelt sich hier in bösen Spott und verzweifelte Zynik.

Während Dix und Grosz ihr satirisches Gesellschaftsbild dem Berliner Großstadtsumpf entnehmen, wirken Rudolf Schlichter und KARL HUBBUCH (1891–1979) im eher provinziellen Karlsruhe, wo sich aber im Umfeld der dortigen Kunsthochschule dennoch eine zweite Hochburg für den sozialkritischen deutschen Realismus bildet. Hier erkennt man schon früh die latenten Anfänge des Faschismus während der Weimarer Republik und zerrt sie mit scharfer Pointierung an die Oberfläche (Abb. 50).

Der sozialkritische Realismus wird in der Anbindung an politische Programme schließlich in der sog. ›Assoziation revolutionärer bildender Künstler‹ zu einer kommunistisch ausgerichteten, betont klassenkämpferischen Kunstrichtung, die ihre Zentren in den ausgehenden zwanziger Jahren in Berlin und Dresden hat. Zu den Mitgliedern der ASSO gehören u. a. WILHELM LACHNIT (1899–1962), CURT QUERNER (1904–1976), OTTO GRIEBEL (1895–1972), EUGEN HOFFMANN (1892–1955) und OSKAR NERLINGER (1893–1969). In der frühen ostdeutschen Nachkriegskunst der vierziger Jahre werden Maler wie Otto Nagel, Eugen Hoffmann sowie Hans und Lea Grundig den Wiederanschluß eines neuen deutschen sozialen Realismus an diese ASSO-Künstler suchen, deren künstlerische Sympathien dem Funktionalismus im nachrevolutionären Rußland genauso galten wie der sozialkritischen, aber dennoch tief humanistischen Expressivität von Ernst Barlach und Käthe Kollwitz.

Wie kein anderer unter den deutschen Realisten ist CHRISTIAN SCHAD (1894–1982) in der Lage, mit nüchtern emotionsfreiem Blick den Zeitgeist und das zerrissene Lebensgefühl der von Klassengegensätzen geschüttelten Weimarer Republik zu porträtieren. Seine zahlreichen Bildnisse fügen sich zu einer psychologisierenden Typologie der sog. ›Goldenen Zwanziger Jahre‹ zusammen. Schad malt ebenso die Halbwelt der Dirnen wie auch die Außenseiterwelt der Freaks und Artisten (Abb. 49) sowie das gelangweilte Ambiente mondäner Gesellschaftsfiguren. Obwohl Schad seinen Gestalten die effektvolle Pose einräumt, haben die Porträtierten etwas Gebrochenes an sich, das häufig bis zur Verletzung reicht. Gerade in dieser Brechung der vollkommenen Präsentation offenbart sich hinter dem emotionslosen Klassizismus der Malgeste die Dimension des Menschlichen. Auch Schad hat, wie viele andere deutsche Realisten, seinen klassischen Stil in Italien entwickelt, wo er sich nicht mehr auf den Futurismus, sondern wieder auf Raffael konzentrierte, eine Rückwendung zur Tradition, die sich zu dieser Zeit auch in anderen europäischen Ländern beobachten läßt.

2 Neuer Traditionalismus in Europa

Neoklassizistische Tendenzen lassen sich bereits in den frühen zwanziger Jahren sehr ausgeprägt in Italien nachweisen, weshalb für viele deutsche Künstler der Neuen Sachlichkeit, darunter für Kanoldt, Mense und Schrimpf, ein Italienaufenthalt stilbestimmend für ihren sogenannten magischen Realismus wird. Zeitgeschichtlich begründet sich diese restaurative Bewegung in der italienischen Kunst aus den Enttäuschungen, die der Erste Weltkrieg gebracht hat. Da die moderne Technik Zerstörung und Chaos nicht verhindern konnte, sucht man in der Tradition nach gesicherten Werten und nach dem bewährten Gleichmaß als harmonische Balance zwischen Rationalität und Mystizismus. Der futuristische Dynamismus verschwindet so im Verlauf der zwanziger Jahre völlig hinter statuarischen Gruppenbildnissen; vor allem aber erlebt die italienische Kunst eine Wiederentdeckung der Freskowandmalerei, die vorwiegend von MARIO SIRONI (1885–1961) praktiziert wird. Ein Maler wie GIORGIO MORANDI (1890–1964) konzentriert sich völlig auf die harmonische Balance im Stilleben. Während die zumeist leeren Straßen- und Stadtlandschaften von düsterer Dämonisierung getragen sind, erscheint vielen das bäuerliche Land als der harmonische Quell neuen Lebens.

Dieses neue Ideal der italienischen Kunst wird von den Zeitschriften ›Valori Plastici‹ und ›Novecento‹ formuliert und propagiert. ›Valori Plastici‹ existiert nur kurz von 1918 bis Ende 1921, dennoch leistet sie zusammen mit de Chirico und Carrà die Umwandlung der Pittura Metafisica mit ihren leeren Mecano-Figuren in eine mythologisierende Realistik, die enge Anlehnung an das Trecento und Cinquecento aufweist.[1] Dieses restaurative Rezept wird anschließend von ›Novecento‹ noch weiter ausgedehnt und mit dem Gedanken einer nationalen Kulturerneuerung gekoppelt, der sich vor allem in der italienischen Architektur unter Mussolini niederschlägt. Typisch für diesen restaurativen Monumentalstil ist eine eklektische Mischung aus antikisierenden und technisch-konstruktiven Formen. In der italienischen Malerei setzt sich jedoch ein neoklassizistischer Traditionalismus durch, der das moderne Element zugunsten antikisierender Formen eliminiert. Damit korrespondiert ›Novecento‹ zu der Stabilisierung des italienischen Faschismus unter Mussolini, der sich um eine direkte Anbindung der staatlichen Ordnungsparolen an die Antike bemüht und dazu die Kunst mehr und mehr vereinnahmt. Während die deutschen Maler Schrimpf, Kanoldt oder Mense das aus der Pittura Metafisica entlehnte Prinzip der metaphysischen Dingbeseelung mit einer modernen Urbanistik verbinden, dominiert in der italienischen Kunst von ›Valori Plastici‹ und ›Novecento‹ eher eine Zeitflucht. So schreibt Wilhelm Worringer über Carlo Carràs *Pinie am Meer* (1921): »Man mag an Giotto denken oder an Dante, an Mantegna oder an römischen Barock: immer geht dieser dunkle chthonische Klang durch alle strenge Formenbändigung hindurch, und immer bleibt unter der besonnten Oberfläche ein Bodensatz von barbarischer Schwere und barbarischem Unerlöstsein.«[2]

In den Jahren zwischen den Weltkriegen läßt sich auch in Frankreich ein neuer Traditionalismus beobachten. Dennoch überlagert er keineswegs wie in Italien und Deutschland als restauratives Moment in wachsendem Maße die Kontinuität der Avantgarde. Neoklassizistische Elemente verbinden sich hier vielmehr mit surrealistischen zu einem manieristischen Realismus, für den vor allem die lasziven und zugleich seltsam entrückten Kindfrauenakte von BALTHUS (geb. 1908) typisch sind. Es ist nicht von ungefähr, daß Balthus seine erste größere Ausstellung mit öffentlicher Resonanz in Paris 1929 hat, also in jenem Jahr, als die Weltwirtschaftskrise dem Geist der Moderne und des Fortschritts eine tiefgreifende Erschütterung auferlegt. Was die Öffentlichkeit an den Balthus-Bildern fasziniert, bringt Francis Picabia auf den trefflichen Nenner »die gewisse Allüre«.[3] Picabia selbst wird in den dreißiger Jahren ebenfalls antike Gipsbüsten mit neoklassizistischen Akten kombinieren, wobei er sich jedoch nicht ohne Selbstironie über die ekletischen Schultern schaut.

Allenthalben tönt plötzlich auch in Paris der ›Ruf nach Ordnung‹, den JEAN COCTEAU (1889–1963) ungeschminkt formuliert, und auch er ein geschickter Eklektiker, liefert rasch die richtige Mischung aus mythologischen Zitaten sowie surrealen und neoklassizistischen Stilanleihen, eine Kunst, die auf Keramiken und in Bucheditionen rasch zum Design werden kann.

Eine sehr eigenständige Synthese aus kubistischen und neoklassizistischen Elementen gelingt der polnisch-aristokratischen Malerin TAMARA DE LEMPICKA (1902–1980), die dank privilegierter Umstände am luxuriösen Gesellschaftsleben der Pariser Oberschicht teilhaben kann und ihre Porträtkunst auch nur in diesem Milieu praktiziert (Abb. 45). Die Ambivalenz zwischen einer verschwenderischen, fast dekadenten und dennoch vollkommen gestylten Eleganz und einer dem Kubofuturismus entliehenen modernistischen Malattitüde mit linienbetonten, leicht geometrisierenden Formen verleiht den Bildern der Lempicka eine zwingende Faszination, die starke Nähen zum Design des Art Déco aufweist, wobei zu betonen ist, daß auch das Art Déco Modernismen und traditionelle Stilelemente des Dekorativen in einer geschickten Mischung zusammenführt.

Nicht zuletzt ist auf den Neoklassizismus von Pablo Picasso während der zwanziger und dreißiger Jahre hinzuweisen, der den kubistischen Formenkanon der Frühzeit eine Zeitlang weitgehend verdrängt. Dieser Stilwandel Picassos begründet sich im gesteigerten Interesse des in Frankreich lebenden spanischen Malers für die malerische Tradition seiner Heimat, die vom Bürgerkrieg zerrissen wird. Zugleich geht es Picasso um eine intensive plastische Modellierung seiner Figuren, wozu er sich nun verstärkt an antiken Vorbildern orientiert. Doch mit *Guernica* (1937) wird dieser Neoklassizismus unterbrochen, und Picasso bedient sich wieder der expressiven Ausdrucksgebärde, um seine monumentale Anklage gegen den faschistischen Überfall auf das spanische Guernica ausdrucksvoll zu formulieren.

3 Amerikanischer Realismus – ›American Scene‹

Der traditionelle Rückstand und das latente Minderwertigkeitsgefühl amerikanischer Kunst und Kultur gegenüber Europa nimmt während der ersten beiden Jahrzehnte des 20. Jahrhunderts rapide ab. Während Europa unter den Wirren des Ersten Weltkrieges leidet, erlebt Amerika eine starke Welle wachsender wirtschaftlicher Prosperität. Im Zuge dieser Entwicklung entsteht auch in der amerikanischen Kunst und Kultur ein wachsendes Selbstbewußtsein, das sich in dem Willen niederschlägt, eine eigene amerikanische Kunst auszubilden. Diese Amerikanisierungstendenz wird maßgeblich von dem Galeristen Alfred Stieglitz gefördert, der während und nach der ›Armory Show‹ (1913) in seiner Galerie ›291‹ die ersten Ausstellungen von Duchamp und Picabia auf amerikanischem Boden veranstaltet hatte, sich im Verlauf der zwanziger Jahre jedoch vom europäischen Modernismus zugunsten rein amerikanischer Kunst abwandte. Es wundert daher nicht, daß diese Amerikanisierung nicht an die Modernismen der ›Armory Show‹ anschließt, sondern sich innerhalb eines relativ konservativen Realismus darstellt. Denn die Suche der amerikanischen Kunst nach einer eigenen Identität richtet sich gezielt gegen die europäische Moderne, weil diese der amerikanischen Kunst über Jahrzehnte hinweg das Gefühl der Minderwertigkeit gegeben hatte.

So geht aus der amerikanischen Selbstfindungsperiode nach der ›Armory Show‹ zunächst der kuborealistische Präzisionismus hervor, dessen Hauptthema die industrielle und städtische Landschaft ist. Das kubische Element dieser Richtung leitet sich direkt vom mechanischen Kubismus Picabias ab, den dieser nach seinem Bruch mit Dada 1921 und in der euphorischen Bewunderung für die expandierende amerikanische Maschinenindustrie in Gestalt eines phantastischen Spiels mit technoiden Formen praktiziert hat. Zu den Hauptvertretern des Präzisionismus gehören Charles Sheeler, Charles Demuth, Georgia O'Keeffe und Ralston Crawford.

CHARLES SHEELER (1883–1965) könnte man als den ersten Fotorealisten bezeichnen, denn er malt seine amerikanischen Industrieszenen und gigantisierenden Maschinenbilder nach Fotografien, die er u. a. im Auftrag der Ford-Werke herstellt (Abb. 46). Dagegen sind die Industrielandschaften von CHARLES DEMUTH (1883–1935) stärker im Kubismus und Kubofuturismus verhaftet, was sich in einer strengen linearen Gliederung der Formen ausdrückt (Abb. 44). GEORGIA O'KEEFFE (1887–1986) ist die einzige Vertreterin des Präzisionismus, die sich in gleichem Maße für organische wie für mechanische Formen interessiert. Kennzeichnend für Georgia O'Keeffe ist eine mikroskopisch genaue Sicht auf die Dinge, während RALSTON CRAWFORD (geb. 1906) zu klaren, fast abstrakt-geometrischen Formgebungen in seinen Straßen- und Industrielandschaften neigt, in denen die Pop Art vorweggenommen scheint.

Bereits um 1908 hatte sich in den USA mit der sog. ›Ashcan School‹ (Mülltonnenschule) eine sozialkritische realistische Malerei gebildet, die sich auf die Darstellung des armen, häßlichen Slummilieus der Landarbeiter und des Großstadtproletariats konzentrierte. Dieser gesellschaftskritische Realismus vor dem Präzisionismus war jedoch von der aus Europa importierten Modernisierungswelle im Umfeld der ›Armory Show‹ zunächst ins Abseits gedrängt worden. Mit der Amerikanisierungstendenz der zwanziger Jahre kann jedoch auch diese einheimische realistische Tradition eine Reaktivierung verzeichnen. So werden Vertreter der Ashcan School wie JOHN SLOAN (1871–1951) erst jetzt von ihrer einheimischen Kunstszene wiederentdeckt. Zugleich erleben Maler wie EDWARD HOPPER (1882–1967) ihren entscheidenden Durchbruch, weil sie ihren kritischen Blick gleichermaßen auf die Großstadt wie auf die ländliche und kleinstädtische Provinz richten. Was Hopper zeigt, ist eine herausfordernde schäbige Gegenwelt zu dem, was der technikverliebte Präzisionismus vorstellt. Überzeugend wirkt dabei die unverkennbare Authentizität von Raum und Zeit, mit der Hopper die Realitäten registriert (Abb. 47): Eisenbahngeleise, zusammengehauene Bruchbuden, zerfallene Ställe, verlassene Häuser. »Hoppers Amerika ist ein ödes Land... Die Menschen bleiben auf seinen Bildern, ob in städtischer oder ländlicher Umgebung, immer Fremde: einsam, anonym, vorübergehende Bewohner von ungastlichen Gegenden. Es ist faszinierend und vielleicht gar kein Zufall, daß viele von Hoppers Themen ihre frühere Parallele in John Sloans Werk finden, doch Sloan entdeckte Wärme in den zwischenmenschlichen Beziehungen und im Verhältnis der Leute zu ihrer Umwelt. Hopper fand nur Abwehr und Gespanntheit. Er hinterließ uns einen unerreichten Katalog amerikanischer Bilder: das einsame Haus an der Bahnlinie, der Tankwart, isoliert im strahlenden Licht, Gäste in einem leeren Restaurant, eine nackte Frau, durch ein Fenster betrachtet... alles Symbole für die schmerzende Leere.«[4]

Neben diesem psychologisierenden Realismus von Hopper mit poetischer Intensität und eindringlichen dingsymbolischen Zwischentönen entsteht aus der Tradition der Ashcan School einerseits mit RAPHAEL SOYER (geb. 1899) und KENNETH HYES MILLER (1876–1952) ein zwischen Sozialkritik und nostalgischer Sentimentalität angesiedelter städtischer Realismus sowie andererseits mit THOMAS HART BENTON (geb. 1889) und GRANT WOOD (1892–1942) ein spezifisch amerikanischer Regionalismus, der in den Jahren der Depression Popularität erzielen kann. Die Regionalisten entnehmen ihre Bildthemen dem ländlich-agrarischen und provinziell-kleinstädtischen Bereich des amerikanischen Mittelwestens, wobei sie zugleich den Nationalmythos vom amerikanischen freien Pioniergeist in ihre Bilder einfließen lassen. Denn nach einer Zeit blühenden Wachstums wird in den dreißiger Jahren auch Amerikas Industrie von der Weltwirtschaftskrise eingeholt. Die Regierung Roosevelt versucht durch Künstler-Nothilfemaßnahmen das eben erst erwachte kulturelle Nationalbewußtsein nicht nur am Leben zu erhalten, sondern auch demokratisch fruchtbar zu machen. Mit dieser Zielsetzung entsteht die bundesstaatliche Institution WPA, die sowohl die Kunst unter das Volk bringen als auch den Standard der ›American Scene‹ anheben soll. Im Rahmen der WPA-Maßnahmen erlebt die Wandmalerei eine besonders intensive Förderung, wobei Roosevelt selbst 1932, unterstützt durch den Maler George Biddle, den amerikanischen Künstlern die revolutionäre mexikanische Wandmalerei als vorbildhaft empfiehlt.[5]

Diese mexikanische Wandbildmalerei war eine Folgeerscheinung der demokratisch-bürgerlichen Revolution von 1910–1917 in Mexiko. Auf Initiative des Malers DAVID ALFARO SIQUEIROS (1898–1974) wurde 1922 das ›Syndikat der revolutionären Maler, Bildhauer und technischen Arbeiter‹ gegründet, dessen Manifest eine volksverbundene fortschrittliche Kunst proklamierte. Unterstützt wurde Siqueiros von DIEGO RIVERA (1886–1957) und JOSE CLEMENTE OROZCO (1882–1949). Während eines Europaaufenthaltes um 1919 hatte Siqueiros die europäische Moderne kennengelernt. Das Ziel der mexikanischen Wandbildmalerei bestand nun darin, Elemente der Moderne mit der einheimischen mexikanischen Volkskunst zu verbinden.

Mit ihren monumentalen, folkloristisch-farbenreichen Wandbildern wurden Siqueiros, Rivera und Orozco vorbildhaft für eine Reihe von nordamerikanischen Realisten, die sich im Kontext der WPA-Projekte der Wandbildgestaltung widmeten. Nachdem eine politische Reaktionsbewegung die revolutionäre Wandbildgestaltung Mexikos in den ausgehenden zwanziger Jahren beendet hatte, verließen Orozco, Rivera und Siqueiros ihre Heimat. Siqueiros gründete 1934 in New York ein Experimentieratelier, an dem u. a. auch der amerikanische Realist BEN SHAHN (1898–1969) teilnahm, um neue Medien zu erproben. Doch weil den meisten amerikanischen Wandbildmalern die solide Ausbildung der Mexikaner fehlte, konnte die von WPA geförderte nordamerikanische Wandbildmalerei das mexikanische Vorbild keineswegs erreichen. Zahlreiche Gebäudewände wurden lediglich »mit Stimmungsbildern bedeckt, aufgeblasen zu heroischen Proportionen oder zu Scharaden der Schulbuchgeschichte. Bürokratische Kontrollen sowie ideologische und ästhetische

Beschränkungen trugen viel zur Verwässerung der Kreativität bei. Das Ergebnis war ein unverkennbarer ›Projekt-Realismus‹.«[6] Dennoch ist der WPA-Realismus von zentraler Bedeutung für die amerikanische Kunstentwicklung im 20. Jahrhundert. Sein Selbstbewußtsein bereitet den Boden für Malerpersönlichkeiten wie Arshile Gorky, Jackson Pollock und Willem de Kooning, die der internationalen Avantgarde in den ausgehenden vierziger Jahren entscheidende neue Impulse geben können. Ihnen wird es gelingen, das traditionelle Abhängigkeitsverhältnis Amerikas von Europa für mehrere Jahrzehnte umzukehren.

4 Der Siegeszug der Fotografie

In den zwanziger und dreißiger Jahren erhält die veristische Malerei mit ihrem künstlerischen Anspruch, die Realität objektiv zu vermitteln, von der rasch aufblühenden Fotografie schärfste Konkurrenz. In Deutschland vermögen Fotografen wie AUGUST SANDER (1876–1964) und ALBERT RENGER-PATZSCH (1897–1966) dem Lichtbild einen gleichwertigen Rang neben dem gemalten Bild zu erobern. Dabei liegt die entscheidende Bedeutung dieser Fotografen darin, daß sie aufhören, ihre Fotos mit impressionistischen Manipulationseffekten malerisch zu verfremden und daß sie statt dessen die nüchterne Schärfe des Kameraauges als eine zentrale Qualität des Lichtbildes akzeptieren. Renger-Patzsch entnimmt seine Motive der Alltagswelt in ihrer ganzen Breite, für ihn ist die großstädtische Industriearchitektur ebenso bildwürdig wie die Schönheit der Natur und der Reiz der alltäglichen Dinge. Mit dieser vorurteilsfreien Auffassung von der Fotografie übt Renger-Patzsch großen Einfluß auf weitere Fotografen wie WERNER MANZ (geb. 1901) und KARL BLOSSFELDT (1865–1932) aus, die man als die Gruppe der neusachlichen Fotografen in Deutschland zusammenfaßt.

August Sander schafft mit seinem fotografischen Œuvre eine soziologische Dokumentation zur gesellschaftlichen Struktur der Weimarer Republik. Sander läßt seine eigene Persönlichkeit ganz hinter seine Aufnahmen zurücktreten, wichtig ist ihm allein die Schaffung einer Präsentationsebene mit Hilfe seiner Kamera, auf der sich jede einzelne zu porträtierende Person wie auf einer Bühne ihr eigenes Bild mit ihrer spezifischen Lebenseinstellung zeichnen kann. Auf diese Weise gelingt es Sander, die verschiedensten Schichten vom Handlanger und ländlichen Tagelöhner bis zum Bauern und Handwerker, vom Arbeiter und Facharbeiter bis zum Kaufmann und Großindustriellen zu typologisieren. Das Nebeneinander der Fotos, etwa das eines Proletarierkindes neben einem Gymnasiasten oder das eines Jungkaufmanns neben einem Altersgenossen aus bäuerlichem Milieu, verdeutlicht die Tatsache, daß sich die Klassenunterschiede dieser Zeit auf jeder Altersstufe wiederfinden lassen. Die künstlerische und sozialkritische Bedeutung, die Sanders Porträtsammlung beinhaltet, wird bereits in den zwanziger Jahren von der Kölner Künstlergruppe der ›Progressiven‹ um Franz W. Seiwert erkannt und in zeitgenössische Kunstausstellungen miteinbezogen.

In Amerika sind es PAUL STRAND (1890–1976) und EDWARD WESTON (1887–1958), die als erste auf eine malerische Verwischung ihrer Fotos verzichten und statt dessen Tiefenschärfe und präzise Detailzeichnung als objektive Kriterien der Fotografie apostrophieren. In den dreißiger Jahren beschäftigen sich präzisionistische Maler wie Charles Sheeler und soziale Realisten wie Ben Shahn gleichermaßen mit der Fotografie wie mit der Malerei. Als man in den USA die staatliche Unterstützung der durch die Weltwirtschaftskrise verarmten Farmer streichen will, dokumentiert das heute zur Legende gewordene Fotografenteam der ›Farm Security Administration‹, darunter Dorothea Lange, Walker Evans und Ben Shahn, die elende Lebenssituation der Landbevölkerung. Die Fotografen können sogar zur Durchsetzung eines Hilfsprogramms verhelfen, weil Zeitschriften und Zeitungen mit der Veröffentlichung ihrer Fotos eine landesweite Aufklärung bewirken.[7]

So ist der Siegeszug der dokumentarischen Fotografie eng an den rapiden Aufschwung gebunden, den das Lichtbild als zentraler Faktor in den Nachrichtendiensten der Zeitschriften und illustrierten Journale zu dieser Zeit erlebt. Aus der Dokumentarfotografie wird mit zunehmender technischer Raffinesse der Kameras eine hochleistungsfähige Live-Fotografie, die es den Fotoreportern gestattet, den Finger stets im richtigen Augenblick am Auslöser zu haben. Robert Capas frontnahe Dokumentarberichte aus dem Spanischen Bürgerkrieg werden bereits in den ausgehenden dreißiger Jahren ebenso weltberühmt wie Erich Salomons stets im richtigen Moment geschossene und daher ungestellte Aufnahmen aus den Konferenzzimmern internationaler Diplomatie. Illustrierte Magazine wie ›Life‹ in Amerika, ›Vu‹ in Frankreich und die ›Berliner Illustrirte Zeitung‹ in Deutschland vermögen ein Dokumentarfoto in kürzester Zeit weltweit zu verbreiten. So wundert es nicht, daß der nüchterne Fotojournalismus sowohl in der UdSSR wie auch in den faschistischen Regimes Europas, vor allem aber von Hitlers Propagandaminister Goebbels, rasch eliminiert und durch eine Propagandafotografie ersetzt wird, die das neusachliche Ausdrucksvokabular ihren politischen Zwecken dienstbar macht.

5 Im Dienst der Propaganda

Faschistischer Genrerealismus im Dritten Reich

In Deutschland formiert sich in den dreißiger Jahren die faschistische Kunst aus der bedingungslosen Kampfstellung gegenüber der zeitgenössischen Avantgarde und aus dem Bedürfnis, eine monumentale Kunst zu schaffen, die die nationalistisch-faschistische Ideologie des Dritten Reiches widerspiegelt. Manche Kunstkritiker haben fälschlicherweise nach dem Zweiten Weltkrieg die Künstler der Neuen Sachlichkeit zu Wegbereitern der Kunst des Dritten Reiches abgestempelt, ungeachtet der Tatsache, daß die Nationalsozialisten fast alle Veristen als ›entartet‹ diffamierten. Die Quelle des faschistischen Realismus ist vielmehr in der Münchner Schule des 19. Jahrhunderts zu suchen, d. h. bei Leibl und Defregger, zumal die erste Ausstellung nationalsozialistischer Kunst selbst programmatisch an diese Künstler Anschluß sucht. Was jedoch nicht ausschließt, daß einige Künstler, die zuvor dem Verismus zugehörten, sich in den Dienst der nationalsozialistischen Kunstpolitik nehmen lassen.

Die faschistische Kunst ist eher allegorisch als realistisch; die Menschendarstellungen werden stets als Sinnbilder für die jeweiligen ideologischen Absichten dargestellt. Mythologische Anleihen, Blut- und Boden-Pathos, Helden- und Führerposen schaffen den Rahmen einer Partei-Kunst, die der Bevölkerung die jeweiligen politischen Ziele monumental und schwülstig aufzwingt. Der ›neue Menschentyp‹ wird aus einer platten barock-kitschigen Körperlichkeit, aus der primitiven Juden- und Bolschewikenverketzerung sowie aus der Verherrlichung des Krieges geboren, und die Partei zieht sich in Malern und Plastikern wie Adolf Ziegler und Paul Thorak ihre eigenen Pseudointerpreten. So schreibt Goebbels unverblümt anläßlich der Gründung einer nationalsozialistischen Reichskammer der Bildenden Künste: »Zweck des ständischen Aufbaus ist es, daß der Staat den einzelnen Künstler erfaßt, in seinem Schaffen, seinem Lebensinhalt und Lebenssinn, als wirkende Persönlichkeit.« So finden sich in den Ausstellungen des ›Hauses der Deutschen Kunst‹ die Themenkataloge der Parteipropaganda wieder: Frau und Mutter; Deutscher Bauer – Deutsches Land; Volk und Lob der Arbeit; Der Krieg, Maler an der Front; Rasse und Volk. Stilistisch paaren sich hier äußerster Konservativismus in der Genremalerei, mythologischer Schwulst, süßliche Allegorie und triviale Pathetik zu einem aufgeblähten Monumentalismus. »Ein Staat, der zur gleichen Zeit technologisch in der Lage war, den größten und bis dahin technisiertesten Krieg vom Zaune zu brechen, stellte sich in der Malerei mit Pferd und Wagen, Handpflug, Spinnrocken, mit stillenden Müttern, mit Amboß, Hammer und Schwert, das heißt dezidiert vorindustriell dar.«[8] Damit wurde indirekt versucht, den Rückfall des Faschismus in primitive Ausbeutung und exzessive Akkumulationspolitik zu rechtfertigen.

Sozialistischer Realismus

Der kulturelle Aufbau in Rußland nach der Oktoberrevolution und die Avantgarde der Konstruktivisten wird um 1930 von einer restaurativen Bewegung abgelöst, die ihr künstlerisches Programm mit dem Etikett des ›Sozialistischen Realismus‹ nach den kulturpolitischen Zielen der kommunistischen Partei ausrichtet. Die Partei entwickelt 1932 im Anschluß an die Leninsche Widerspiegelungstheorie fest umrissene Prinzipien für das Kunstschaffen in der sozialistischen Gesellschaftsordnung. Die Leninsche Widerspiegelungstheorie begründet jede Kunstproduktion aus ihrer Abhängigkeit von der sozialen und ökonomischen Entwicklung der Gesellschaft. Unter Berufung auf Karl Marx sieht Lenin die Anfänge der Kunst in Verbindung mit der praktischen Fähigkeit des Menschen in der Urgesellschaft. Im Arbeitsprozeß selbst habe sich die Notwendigkeit geistiger Erkenntnisprozesse entwickelt, wobei eine der ersten Erkenntnisformen die Widerspiegelung der Welt in künstlerischen Bildern gewesen sei. Die Kunst habe also grundsätzlich utilitaristische Zwecke gehabt, die nun im Sozialistischen Realismus eine zukunftsorientierte, gesellschafts- und parteifunktionale Programmierung erhalten. So wird die Kunst als Teil des Überbaus Mittel zur ideologischen Erziehung von gesellschaftlichem Bewußtsein und Waffe im Klassenkampf des sozialistischen Systems gegen den Kapitalismus. Die bildende Kunst erhält ebenso wie die Literatur die Aufgabe, den Menschen politisch, moralisch und ästhetisch zu erziehen, d. h. sein sozialistisches, kollektiv ausgerichtetes Bewußtsein auszubilden und zur kommunistischen Gesellschaftsordnung beizutragen.

Während die sozialistische Kunst unter der liberalen Kulturpolitik Lunatscharskijs in den zwanziger Jahren progressive Stilrichtungen wie die russische Avantgarde gefördert hat, erhält sie 1934 auf dem 1. Unionskongreß des sowjetischen Schriftstellerverbandes eine definitorische Festlegung und Einengung. Shdanow fordert, das Leben »nicht einfach als objektive Wirklichkeit« darzustellen, sondern »die Wirklichkeit in ihrer revolutionären Entwicklung« zu erfassen und formuliert ein ausdrückliches Bekenntnis zur Tendenzkunst.

Aus der Widerspiegelungstheorie werden konkrete inhaltliche Aussagen für sozialistische Kunst abgeleitet. Die Kunst in einer sozialistischen Gesellschaftsstruktur muß das menschliche Leben »als Resultat des wechselseitigen Handelns individuell bestimmter Persönlichkeiten und Kollektive darstellen«, in deren Individualität sich die Natur des gesellschaftlichen Ganzen in jeweils konkreten und zugleich vielfältig bestimmten Formen äußert.

Da sich die sozialistische Gesellschaft nach der Lehre der marxistischen Klassiker auf dem Wege des unaufhaltsamen Fortschreitens vom Sozialismus zum Endziel, der Verwirklichung des Kommunismus, sieht, fordert die parteigemäße Kunsttheorie die Widerspiegelung der Wirklichkeit unter der Perspektive der Zukunft, d. h. in der bildnerischen Darstellung bestehender Verhältnisse soll die Zukunftsperspektive der vollständigen proletarischen Befreiung aufleuchten. Adressat der Kunst ist die breite Masse, und daher fordert Lenin Parteilichkeit und Volkstümlichkeit der Darstellung. Die Verpönung der Individualität und das Postulat der gesellschaftlichen Ganzheit schaffen einen neuen anonymen Menschentypus, den Engels als den »typischen Charakter unter typischen Umständen« bezeichnet.

Wie schwierig es anfänglich ist, diese programmatische Zielsetzung in ein einheitliches Stilgefüge zu übertragen, zeigt sich sehr deutlich in den frühen russischen Werken des Sozialistischen Realismus nach 1930. Während in dem berühmten Wandbild von ALEXANDER DEINEKA (1899–1969) *Die Verteidigung Petrograds* noch ein stark konstruktiv geordneter Bildaufbau herrscht (Abb. 51), zeigt *Das Verhör der Kommunisten* von BORIS W. JOGANSON (geb. 1893) schon die pathetische Gestik des kommunistischen Helden, der als typischer Charakter überscharf von den bestialisch wirkenden Peinigern abgesetzt wird. Das bekannte Leninbild von ISAAK I. BRODSKI (1883–1939) stellt Lenin ohne historische Glorifizierung in seinem Arbeitszimmer dar und erinnert lebhaft an die kritisch-realistischen Werke des 19. Jahrhunderts.

Ganz anders ist die Wirkung programmatischer Malerei in der Stalin-Ära, da das Konzept sowjetischer Kunsttheorie konkret mit inhaltlichen Zielsetzungen der aktuellen Politik gefüllt wird. Die Partei setzt den Themenkatalog der Kunst fest, der vom Kampf gegen den Kapitalismus und Faschismus, über die Heroisierung der Arbeiter- und Bauernklasse, über die gigantisierende Darstellung des schwerindustriellen Aufbaus bis zur Propagierung kollektiver Landwirtschaft reicht. Die Kunst soll den modernen Arbeitsprozeß und das politische Bekenntnis zum sozialistischen Staat als entscheidende Lebenskraft des sozialistischen Menschen darstellen und somit ein ideologisches Erziehungsinstrument für die jeweils aktuelle Parteipolitik sein.

Diese Kunstauffassung, die zu einer Vielzahl monumentaler Historien- und Propaganda-Gemälde mit stilistischen Anleihen aus dem 19. Jahrhundert führt, bestimmt auch nach dem Zweiten Weltkrieg die Kunstszene in den Ländern des sowjetischen Einflußbereiches. Mit romantischen Attributen versehen, entsteht eine Bildtechnik, die oft fern der realen Verhältnisse den Arbeiter stillebenhaft und schematisch inmitten einer idealistisch gesehenen technisierten Umgebung als den titanischen Helden darstellt.

Anmerkungen

1 Siehe dazu Pia Vivarelli, Klassizismus und bildende Kunst zwischen den Kriegen in Italien, in: Katalog Realismus zwischen Revolution und Reaktion 1919–1939, München 1981, S. 62ff.

2 Wilhelm Worringer, Carlo Carràs ›Pinie am Meer‹, in: ›Wissen und Leben‹, Neue Schweizer Rundschau, 10. November 1925.

3 Christian Deronet, Die realistischen Strömungen in Frankreich: Bruch oder Scheitern, in: Katalog Realismus 1981, a. a. O., S. 202.

4 Milton W. Brown, Realismus in den Vereinigten Staaten zwischen den Kriegen, in: Katalog Realismus 1981, a. a. O., S. 255.

6 Siehe dazu Barbara Rose, Amerikas Weg zur modernen Kunst. Von der Mülltonnenschule zur Minimal Art, Köln 1967.

6 Milton W. Brown, a. a. O., S. 260.

7 Siehe hierzu Petr Tausk, Die Geschichte der Fotografie im 20. Jahrhundert, Köln 1977, S. 46ff.

8 Berthold Hinz, Malerei im Dritten Reich und ihre antagonistische Provenienz, in: Katalog Realismus, a. a. O., S. 125.

Avantgarden nach 1945

I Abstrakter Expressionismus als internationaler Stil

Das Jahr 1945 markiert mit dem Ende des Zweiten Weltkrieges nicht nur im weltpolitischen Geschehen, sondern auch in der Stilgeschichte der bildenden Kunst eine entscheidende Zäsur. In der modernen Stilentwicklung nach dem Impressionismus, die sich zwischen Kubismus und Surrealismus erstreckte, war die französische Metropole Paris stets unangefochten die tragende Kunsthauptstadt gewesen, in der das künstlerische Leben seinen über nationale Besonderheiten hinausgreifenden intellektuellen Mittelpunkt besaß. Kriegswirren und die Kunstbarbarei des Faschismus in Europa hatten viele bedeutende Künstlerpersönlichkeiten dieser frühen Avantgarde, darunter Josef Albers, Laszlo Moholy-Nagy, Max Ernst und Hans Hofmann seit den ausgehenden dreißiger Jahren zur Emigration in die USA veranlaßt. Sie trugen mit ihren künstlerischen und pädagogischen Aktivitäten maßgeblich dazu bei, daß die Vereinigten Staaten ihren traditionellen Kunstisolationismus, den sie bereits mit der ›Armory Show‹ 1913 erstmals durchbrochen hatten, mehr und mehr überwanden und während der vierziger Jahre sogar zum fruchtbaren Nährboden für eine neue Avantgardebewegung werden konnten.

So hat die erste große Kunstströmung nach dem Ende des Zweiten Weltkrieges zwei gleichrangige Brennpunkte, Paris und New York. Denn in beiden Zentren geht der neue Stil aus der gleichen schmelztiegelartigen Vergärung jener Kunstströmungen hervor, die in den ersten drei Jahrzehnten dieses Jahrhunderts zum Tragen gekommen waren: Schlüsselfigur dieser Entwicklung ist sowohl für Paris wie auch für die Vereinigten Staaten Wassily Kandinsky, der die Malerei aus den Zwängen einer traditionellen gegenständlichen Figuration befreit hatte. Erhebliche Bedeutung erlangen nun aber auch der surrealistische Automatismus mit seinen tiefenpsychologischen Experimenten durch André Breton und Matta sowie die psychischen Farberfahrungen des Orphismus und nicht zuletzt auch die materialexpansiven Tendenzen des Dadaismus. Der sogenannte Abstrakte Expressionismus bringt diese verschiedensten Strömungen zusammen und führt sie zugleich in eine ganz neue Richtung: Kunst wird zum Ausdrucksträger sich ungehemmt äußernder Emotionen, wobei das Spektrum der Stimmungslagen von Angst, Trauer und Zerstörungswut bis zu ekstatischer Freude und tatkräftigem Zukunftsoptimismus reicht.

In Frankreich faßt man die verschiedenen Varianten dieser gegenstandsfreien Emotionsaussprache als Informel zusammen, in Amerika erhält diese Malerei der stimmungsgelenkten Farbgebärde die Bezeichnung Abstrakter Expressionismus, die sich im Laufe der Zeit zum allgemeinen Sammelbegriff erweitert hat. Der Ausdruck ›Abstrakter Expressionismus‹

selbst wurde bereits in den zwanziger Jahren gebraucht, um bestimmte Momente des Expressionismus zu typisieren. So nannte der amerikanische Kunstschriftsteller A. H. Barr die frühen Abstraktionen Kandinskys schon 1929 »abstrakt-expressionistisch«; 1947 greift er diese Kennzeichnung bewußt wieder auf, um ihm ähnlich erscheinende Tendenzen bei Willem de Kooning und Jackson Pollock zu beschreiben.

1 Action Painting und lyrische Farbfeldmalerei in Amerika

Wegbereiter des Abstrakten Expressionismus sind in Amerika Arshile Gorky und Hans Hofmann. Bereits 1930 kam HANS HOFMANN (1880–1966), der während seiner Studienjahre in München und Paris dem orphischen Kubismus Delaunays eng verbunden war, nach Amerika, um dort in der Folgezeit an verschiedenen Kunsthochschulen zu lehren. Durch seine hohe pädagogische Begabung wurde Hofmann zur zentralen Vermittlerfigur der europäischen Avantgarde in Amerika vor dem Zweiten Weltkrieg. Seine väterliche Freundschaft zu amerikanischen Künstlern wie Jackson Pollock und Willem de Kooning motiviert ihn sogar schließlich dazu, in seiner späten Schaffensphase noch eine persönliche Spielart des Abstrakten Expressionismus auszubilden.

Während Hofmann Kandinskys und Delaunays Erbe über den Atlantik in die USA trägt, ist ARSHILE GORKY (1905–1948) derjenige, der den automatischen Surrealismus nach Amerika vermittelt und neu interpretiert. Als Maler war Gorky Autodidakt; da ihn als armenischen Einwanderer mehrere New Yorker Kunstschulen in den zwanziger Jahren von ihrem Unterricht ausschlossen, war er gezwungen, seine Ausbildung selbst in die Hand zu nehmen. Gorky orientierte sich zunächst an Léger und Picasso, um sich später dem Surrealismus Mattas und Mirós zuzuwenden. Er setzte sich intensiv mit Mirós mythologischen Linienzeichen auseinander, die ihm als Symbiosen menschlicher, tierischer und pflanzlicher Wesenheit erschienen.

Aus der automatischen Schreibweise Mattas und den Miróschen Zeichen entwickelt Gorky dann in den frühen vierziger Jahren eine sehr persönliche Bildsprache, die seine imaginativen Traumvisionen in ihrem amorphen Fluß protokolliert (Abb. 56). Dabei ist bei dieser Methode bildlicher Stenogramme die Vergegenwärtigung der gestischen Kraft ebenso wichtig wie die mythische Bilderneuerung selbst, die im Bildprozeß ihre Genese aus dem Unterbewußtsein erlebt. So beobachtet Gorky die Bildwerdung seiner Einbildungskraft genau an jener Grenzlinie, wo das Zeichen aus einem diffusen Linienlabyrinth wie aus einer amorphen Urmasse herauswächst. Malerisch findet Gorky zu einer Synthese aus Kandinskys lyrischer Farbrhythmik und Mattas mythisch automatischer Figuration, um die Gestaltwerdung seiner individuellen Zeichen in Analogie zur Formgenese der Natur an der Grenzzone zwischen Chaos und Ordnungswillen zu erfassen. Von hier aus ist es nur noch ein kleiner Schritt, ganz auf Gegenständlichkeit als Bestandteil realer Gegenwart zu verzichten und die Ausdrucksmöglichkeiten eines psychischen Prozesses als gegenstandsfreien Malakt zu erproben, ein Schritt, den Jackson Pollock dann vollzieht.

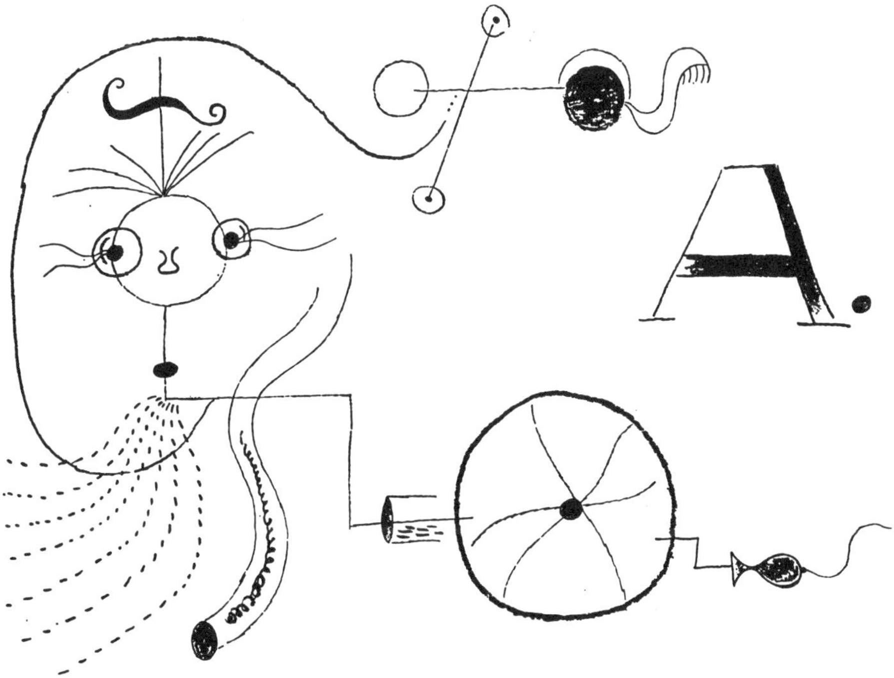

Joan Miró, Zeichnung, 1924

JACKSON POLLOCK (1912–1956) liefert mit dem Action Painting das Zauberwort für den Abstrakten Expressionismus in Amerika. Die Drip Paintings, die Pollock in den ausgehenden vierziger Jahren entwickelt, machen die tranceähnlich und ritualhaft ausgeführte Malhandlung als Selbsterfahrungsprozeß zum Thema einer Kunst, der nicht mehr so sehr das Endprodukt als vielmehr der künstlerische Entstehungsprozeß wichtig ist.

Gleichzeitig ist mit diesem automatischen Verfahren auch die Abbildlichkeit, die sich in der surrealistischen Ausführung der ›Ecriture automatique‹ noch fand, aufgehoben. Auf der Leinwand, die nun zu monumentalen Ausmaßen tendiert, da sie nicht mehr durch die Rahmung begrenzt ist, vollzieht sich ein rein gestisches Geschehen, das die Ecriture automatique nun in ihre radikale Konsequenz überführt.

Diese Malaktionen, bei denen Pollock die Farbe direkt auf am Boden ausgebreitete Leinwände aufspritzt, sind eine entfesselte Explosion der Farbe. Sie schließen an die Spontaneität jener Totemsandbilder aus New Mexico an, die von den Indios bei Sonnenaufgang errichtet und bei Sonnenuntergang in der Anpassung an das Ritual des Tagesablaufs wieder zerstört wurden. Die zwischen 1946 und 1951 gemalten Bilder Pollocks zeigen den totalen Verzicht auf eine reflektierte Bildstruktur, das Farbdripping überzieht die Leinwand in der impulsiven Flächenbemalung mit wirr gewundenen Linienarabesken, die im Geist des surrealisti-

Jackson Pollock, Zeichnung, 1951

schen Automatismus ausgeführt werden. Das Gewirr der Farblineaturen offenbart dabei in seiner Totalität einen unbegrenzten kreativen Wert, da es ein ästhetisches Resultat als Ordnung im Chaos, als Formation durch Deformation, hervorbringt. Das Auge des Betrachters nimmt den Gesamteindruck des dichten Liniennetzes als ästhetische Ordnung wahr und wird im Detail gleichzeitig von den jeweiligen Labyrinthen der Linienfolgen irritiert und fasziniert. Diese aus dem automatischen Malprozeß gewonnene Erfahrung der Farbdripping-Praxis bewirkt bei Pollock nach 1951 eine stärkere Figuralisierung des Bildes durch das gestische Aktionsfeld der Farbe (Farbtafel 39). Außer Pollock werden auch Mark Tobey, Robert Motherwell, Willem de Kooning und Franz Kline zu den Repräsentanten des amerikanischen Action Painting gerechnet. Während das gestische Allover-Prinzip des Action Painting bei MARK TOBEY (1890–1976) aus einem kalligrafischen Linienduktus hervorgeht, der sich aus der fernöstlichen Pinselschrift entwickelt hat (Abb. 57), beginnt WILLEM DE KOONING (geb. 1904) seinen Bildprozeß mit der spontanen Verteilung kürzelhafter Fixpunkte über die Leinwandfläche, die dann im Vollzug des Farbdrippings zu Verzerrungen und monströsen fleischlichen Assoziationsträgern entrealisiert werden (Abb. 62).

Wo bei de Kooning die Metamorphose der festen Form zum organischen Fragment aggressive Deformation ist, zeigt sie sich bei Mark Tobey eher als poetisch-expressiver Impuls, der den Rhythmus des Großstadtlebens nachempfindet.

Bei Robert Motherwell und Franz Kline ist das Allover-Prinzip der labyrinthischen Farbwege zugunsten einer massiv schweren Farbgeste, die mit breitem Pinsel ausgeführt wird, aufgegeben. Wie Gorky ist auch ROBERT MOTHERWELL (geb. 1915) primär von Mattas Automatismus beeinflußt. Doch er verbindet diese Version des Surrealismus mit der dadaistischen Collage, an der ihn vor allem die Duchampsche Idee der Antikunst interessiert. So versteht Motherwell seine Bilder als eine Collage aus Farbmaterie und Trägermaterial, die durch den Künstler in ein spezifisches Spannungsverhältnis gebraucht werden. Motherwell schafft zudem auch mit dem Rückbezug seiner Malerei auf den Existentialismus Kierkegaards jene philosophische Hinterlegung des amerikanischen Abstrakten Expressionismus, die mit anderen, aber durchaus ähnlichen Vorzeichen auch für das französische Informel bestimmend ist. Abstrakte Malerei ist für Motherwell eine geistige Methodik, um den Menschen dem Universellen wieder anzunähern. »Abstrakte Kunst ist eine Bemühung, die Leere zu schließen, die der moderne Mensch fühlt ... eine Form des Mystizismus.«[1]

So ist Robert Motherwell innerhalb des Abstrakten Expressionismus mit seinen mystisch-meditativen Bildern ein kontemplativer Gegenpol zu der spontanen Expressivität Pollocks und de Koonings. Sein Vokabular besteht daher auch im Gegensatz zu Pollocks wilden Farbkrakelüren aus einfachen, elegischen Formen, die sich im schwerfälligen Duktus zu Balken, Ovalen und Kreisen zusammenfinden (Abb. 63). Auch FRANZ KLINE (1910–1962) beschränkt sich auf schwere Zeichen, die in tiefschwarzer Farbe wie kryptisch-mythische Schriftfelder auf der Leinwand liegen und trotz ihrer Größe Ideogrammcharakter behalten (Abb. 61). Was jedoch den malmotorischen Abstrakten Expressionismus eng mit dem mythisch- meditativen Gegenpol verbindet, ist der zutiefst autobiografische Charakter, der alle Werke dieser ›neuen Abstraktion‹ prägt.

Diese erstmals von amerikanischen Künstlern in Amerika ausgebildete Avantgarde kann sich bereits in den vierziger Jahren rasch breite Geltung verschaffen, wozu zahlreiche Einzelausstellungen in der New Yorker Galerie Peggy Guggenheims maßgeblich beitragen. Peggy Guggenheim hatte sich nach ihrer Heirat mit Max Ernst in Amerika durch intensive Sammel- und Ausstellungstätigkeit sehr für die Surrealisten engagiert und fördert nun in den vierziger Jahren die Ausbildung des Abstrakten Expressionismus aus dem automatischen Surrealismus. Sie schafft auch neuen Namen wie Clifford Still, Barnett Newman und Mark Rothko schon früh ein effektives Wirkungsfeld. Diese zweite Generation der neuen Abstrakten in Amerika lenkt die expressive Psychogrammkunst in eine verhaltenere Farblyrik, der die Auslotung von Farbvaleurs wichtiger ist als die spontane Malmotorik. Ein Vermittler zwischen Action Painting und der nachfolgenden lyrischen Farbfeldmalerei ist CLIFFORD STILL (geb. 1904), der schon 1950 zu weiten, nur zart modulierten Farbflächen findet, über die leichte Farbschlieren wie Schattenreflexe oder züngelnde Flammen materielos hinweggleiten (Abb. 60).

Die lyrische Farbfeldmalerei, die das Erscheinungsbild des Abstrakten Expressionismus auf amerikanischem Boden in seiner zweiten Phase während der fünfziger Jahre prägt, beruht auf jenem romantischen Mystizismus einer ersehnten Einheit von Mensch und Universum, den Motherwell philosophisch formuliert hat und der sich nun in einer gegenstandslosen, reinen Farbmeditation vom surrealistischen Automatismus frei macht. Lediglich bei ADOLPH GOTTLIEB (geb. 1903) bleibt die Farbe figurativen Gestaltungsambitionen verhaftet, ohne sich jedoch auf gegenständliche Benennungen zu fixieren; die Zeichenhaftigkeit der Farbe bildet sich vielmehr unmittelbar aus ihrer gestischen Flächenwirkung, und sie richtet sich in kosmische Dimensionen. In ähnlicher Weise ist bei WILLIAM BAZIOTES (1912–1963) das biomorphe Zeichengefüge Mirós noch deutlich spürbar, obwohl das lineare Element Mirós hier völlig zugunsten zart lavierter Farbformen verdrängt ist. SAM FRANCIS (geb. 1923) und HELEN FRANKENTHALER (geb. 1928) gehen den Pollockschen Weg des Action Painting weiter, richten ihre malerische Aufmerksamkeit jedoch nicht mehr auf den prozessualen Malvorgang als automatische Aktion, sondern auf die lyrische Chromatik von Farbimpulsen, also auf die Modulationskraft verschiedener Farbtonalitäten.

MARK ROTHKO (1903–1970) entdeckt die chromatische Farbe schon früh in ihrer meditativen Raumdimension und in ihrer verhaltenen Dramatik. Rothko hält die Farbe durch transparente, verschwimmende Randzonen in einem offenen Schwebezustand, der den Betrachter unmittelbar zur Farbraummeditation anzuregen vermag (Farbtafel 42). Damit wird Rothko wegweisend für eine Richtung der amerikanischen Farbfeldmalerei, die als chromatische Abstraktion in lyrisch freien Farbformen oder klaren geometrischen Dimensionen die Wirkungsmöglichkeiten der Farbe in unterschiedlicher Dichte und Flächenkomposition auf der Leinwand erprobt. So artikulieren die großformatigen Bilder von MORRIS LOUIS (1912–1962), der zu den großen amerikanischen Meistern der lyrischen Farbfeldmalerei zählt, ihre Eigensprache durch die Demonstrationsgebärde der reinen, schwingungsfähigen Farbe. Louis organisiert die Bildfläche mit wenigen an den Bildrändern gebündelten Farbbändern, die sich wie parallele Farbbäche eigenwillig und doch rhythmisch harmonisiert gegen- und miteinander über die Leinwand ergießen (Farbtafel 43). Die farbfreien Zwischenzonen unterstreichen die Eigenständigkeit einer jeden durch Tonalität definierten Farbschwingung und üben damit die Funktion einer Neutralisierung aus.

2 Informel, Art brut und Tachismus in Europa

Die europäische Ausbildung einer lyrischen Abstraktion konzentriert sich zunächst ganz auf Paris, kann sich dann aber rasch mit regionalen Varianten, die aus den verschiedenen Traditionsanbindungen herrühren, über das ganze westlich orientierte Europa ausbreiten, weshalb man erstmals auch von einer internationalen Stilverbindlichkeit spricht. In Paris etabliert sich in Anknüpfung an die verinnerlichte Expressivität der ›Französischen Tradition‹[2] ab 1945 mit dem Informel eine dem amerikanischen Abstrakten Expressionismus vergleichbare Stilrichtung, die ebenfalls in der surrealistischen Ecriture automatique wurzelt und in der sogenannten ›Ecole de Paris‹ ihr eigentliches Wirkungsfeld besitzt, von dem aus die Künstler im gesamten westlichen Europa ihre Anregungen wie schon in der Vorkriegsära beziehen. Der Begriff ›Informel‹ wird erstmals für die von Wols, Jean Dubuffet und Jean Fautrier 1945 in der Pariser Galerie René Drouin gezeigten Bilder geprägt und soll ebenso wie das amerikanische Wort ›Action Painting‹ das Bekenntnis zur irrationalen Formlosigkeit und zur spontanen Inspiration aus dem Unterbewußtsein formelhaft ausdrücken. Gleichzeitig kommen aber auch andere Bezeichnungen auf, die den Willen zur subjektiven abstrakt-expressiven Malerei begrifflich erfassen. So apostrophiert Tapié für seine eigene Malerei besonders »die Bedeutsamkeit des Formlosen«, während Dubuffet für die spontane Rhythmik seiner Malerei aus Farbflecken und Liniengeflechten die Bezeichnung ›Art brut‹ wählt. 1950 bezeichnet der französische Kritiker Pierre Guégin die psychogrammartigen Bilder von Hans Hartung, Georges Mathieu, Sonderborg und Wols als tachistisch (abgeleitet von dem französischen Wort ›tache‹ = Flecken). Die Grenzen in der Anwendung dieser Stilbezeichnungen sind fließend, jedoch werden Action Painting und Tachismus üblicherweise nur im Bereich der Malerei verwendet, während die Begriffe Lyrische Abstraktion (im Gegensatz zur konstruktivistischen Geometrischen Abstraktion) und Abstrakter Expressionismus, die Sammelbezeichnungen für die von festen Kompositionsregeln befreite Kunst der ausgehenden vierziger und fünfziger Jahre darstellen, auch den Bereich der Plastik umfassen, in der sich nach 1945 ebenfalls eine impulsiv abstrakte Audrucksgebärde entwikkeln kann.

Eine inhaltliche Differenzierung des französischen Informel ergibt sich erst am Ende der vierziger Jahre aus den unterschiedlichen Zielsetzungen, die bei der Art brut und der tachistischen Richtung der ›Ecole de Paris‹ zu beobachten sind. Denn mit dieser unterschiedlichen Wegführung erhält das Informel einerseits die aggressive Dimension der existentiellen Bedrohung und andererseits eine malmotorische Ausrichtung, die dem amerikanischen Action Painting entspricht. Nach Kriegsende stellt sich die ›Ecole de Paris‹ jedoch zunächst als ein Sammelbecken aller abstrakten Richtungen dar, die sich während der Besatzungszeit in der sogenannten ›Französischen Tradition‹ erhalten konnten. Dabei erweist sich neben surrealistischen Nachwirkungen vor allem der Einfluß Kandinskys und Delaunays auf die Ausbildung einer farbrhythmischen Peinture, die den individuellen Emotionen folgt, als besonders stark.

Zu den Senioren der ›Ecole de Paris‹ gehören die Maler ROGER BISSIÈRE (1880–1965) und NICOLAS DE STAËL (1914–1955), bei denen sich die orphische Farblyrik unverkennbar fortsetzt. Während Bissière seine Farbemotionen mit kleinteiligen, leicht ineinander verfließenden Farbgerüsten in einer Mischung aus psychogrammhafter und meditativer Gestik notiert, neigt de Staël zu massiveren Farbausbrüchen, die sich nicht mehr mit dem Pinsel, sondern nur noch mit dem reliefartigen Spachtelauftrag bildnerisch bewältigen lassen.

Für die Verbindung eines surrealen Automatismus mit einer lyrischen Farbenrhythmik, wie sie im Orphismus und in der Bauhaus-Malerei Kandinskys, Klees und Ittens anzutreffen war, wird der Maler und Dichter HENRI MICHAUX (1899–1977) wegweisend. Der ehemalige Bauhausschüler entdeckt ebenso wie Wols die Möglichkeit, das automatische Protokoll aus dem Unbewußten mit Hilfe des drogenerzeugten Rauschzustandes zu stimulieren. Als Schüler Jean-Paul Sartres schlägt Michaux auch eine direkte philosophische Brücke zwischen dem Existentialismus und seiner spontanen psychogrammhaften Malerei aus dem Seelenimpuls. Denn für Michaux ist diese Malweise ein Reflex auf das fatalistische In-die-Welt-geworfen-Sein der menschlichen Existenz. Und wie der Mensch das Chaos dieser Welt nur mit der Schaffung einer Ordnung durch den Geist transzendieren kann, so muß sich die Malerei erst in das Chaos begeben, d. h., sie muß sich zerstören, um sich wieder erneuern zu können.

Neben Henri Michaux ist es vor allem JEAN FAUTRIER (1898–1964), der den philosophischen Existentialismus in seiner Dimension des fundamental bedrohten Humanismus bildnerisch herausarbeitet (Farbtafel 26). Besonders mit seinen Geiselbildern, den *Otages* aus den Jahren 1943–45, setzt Fautrier die aus den Fugen geratene Welt ins Bild und vermag das Chaos dadurch zugleich zu bewältigen. Die *Otages* schockieren und provozieren mit ihren Gesichtern der völligen Gesichtslosigkeit, die sie zu anonymen Ausgeburten eines alles zerstörenden, in Chaos stürzenden Krieges machen. Auch im Malprozeß der *Otages* verleiht Fautrier dieser Macht des Nichtgeformten Ausdruck, wenn er die Farbpaste wie eine urzeitliche Rohmasse behandelt und sie mit dem Spachtel auf den Bildgrund aufbringt, um anschließend durch graffitihafte Ritzungen die Geiselgesichter wie kryptische Zeichen aus der Formlosigkeit der Grundierung rudimentär herauszukratzen.

Ähnliches läßt sich bei dem Individualisten JEAN DUBUFFET (1901–1985) beobachten, der seine Malerei in Analogie zu Kinderkritzeleien und Straßengraffiti entwickelt und mit dieser Malweise an dadaistisch-surreale Vorstellungen des Absurden anknüpft (Abb. 58). Fasziniert von den greifbaren, bizarren Formen der zerklüfteten und geritzten Gesteinstektonik, integriert Dubuffet sandig-körnige Stoffe wie Kalk, Zement und Sand in seine Farbmasse, um dadurch eine erdige Farbnuancierung zu gewinnen, die in ihrer haptisch-rustikalen Eigenschaft eine optische Ähnlichkeit zu verwitterten Gesteinsformationen besitzt. Dieses eigenwillige, aufgerauhte Bildmaterial staffelt sich zu primitivistischen Figurationen, die unmittelbare Adäquanz zum stofflichen Malmedium suchen. Das Banal-Gewöhnliche wird durch die rudimentär-naive Zeichensetzung Dubuffets als unreflektiertes Spurenelement im Menschen wiederentdeckt, das durch den vernunftdirigierten Geschmacksmechanismus verschüttet worden ist. Der graffitihafte Gestus der Dubuffet-Malereien macht die eigentümliche Logik der trivial grotesken Kritzelei sichtbar, wie sie uns täglich unbeachtet auf Asphaltoberflächen, Mauerwerken und Gesteinsbruchabfällen begegnet: »Mein Apparat funktioniert wie eine Maschine, die die Namen der Dinge abschafft und die Scheidewände zum Einsturz bringt, welche der Geist zwischen den verschiedenen Dingen, zwischen den verschiedenen Systemen der Dinge, zwischen den verschiedenen Gruppen von Tatsachen und Dingen und den verschiedenen Ebenen des Denkens zum Einsturz bringt.«

Fautriers und Dubuffets Art brut kann sich in den ausgehenden vierziger Jahren vor allem in der holländisch-belgischen ›Cobra‹-Gruppe fortsetzen, die in Opposition zu einer dekorhaft verflachenden Farblyrik eine expressive Wiederaufladung der Farbgebärde anstrebt. Der Name ›Cobra‹ leitet sich aus den Anfangsbuchstaben der Städte ab, aus denen die

Künstler Karel Appel, Constant und Asger Jorn kommen: Copenhagen, Brüssel, Amsterdam. Ihre kreativen Quellen hat die ›Cobra‹-Bewegung sowohl bei Fautrier und Dubuffet wie auch in der nordischen Volkskunst eines Munch und Ensor. Aus dem nordischen Expressionismus beziehen die ›Cobra‹-Künstler ihr Pathos, mit dem sie die rudimentäre Kritzelfiguration des ›Art brut‹ zu Zeichen einer gebrochenen Menschenexistenz machen. Diese informellen Zeichen auf der Grenzlinie zwischen chaotischem Fluß und genetischer Verfestigung treten aus dem Inneren der fließenden Farbarabesken hervor, ohne sich eindeutig zu etablieren; immer ist zugleich ihre verströmende Auflösung als bedrohlicher Hintergrund impliziert.

KAREL APPEL (geb. 1921) ist der typischste Repräsentant der ›Cobra‹-Gruppe, der das Programm des Theoretikers Constant, die Suche nach der reinen Malerei, am konsequentesten verwirklicht, indem er unreflektiert den spontanen Impetus des vitalen Kreativitätswillens in den malerischen Improvisationsprozeß verwandelt. Dabei ist das Augenmerk wesentlich wie auch bei CORNEILLE (geb. 1922) und PIERRE ALECHINSKY (geb. 1927) auf den Malakt selbst gerichtet, der sich als Schaffung von Ordnung im Chaos in direkter Parallele zu Sartres existentialistischer Philosophie und Geistdefinition äußert.

Karel Appel, Zeichnung, 1950

ASGER JORN (1914–1973) treibt die Auflösung der menschlichen Physiognomie an die äußerste Grenze des Überganges in den zerfließenden Strom und versucht so die Urform des Gestaltungsprozesses zu ergründen, der »planlos, aber zwangsläufig« geschieht. Man könnte Asger Jorns Malerei mit Werner Haftmann »die Ikonographie des Mythisch-Phantastischen« nennen (Farbtafel 35): »Fern jeder Artistik schreibt eine schwere Hand ihre Spuren auf die Fläche. In der Entwicklung des Gesamtwerkes versinken das Gegenständliche und seine Metaphorik mehr und mehr und scheinen nur in rätselhaften Emblemen – einer Augenform, einer dunklen Schreckgestalt – bis zur Oberfläche durch. Das Kontemplative und Meditative gewinnen die Oberhand. Welche Mittel aber auch eingesetzt werden, sie zielen alle auf jenen eigentümlichen Bildgrund im Menschen, in dem die Erlebnisse und Erfahrungen des Lebens sich in mythische Gegenbilder verwandeln, die die Vernunft abweist oder klüglich übersieht ...«[3]

Obwohl ›Cobra‹ nur sehr kurze Zeit, von 1948–1950, existiert, erlebt diese expressive Bewegung einen starken Nachhall, der in der deutschen Kunstszene bis in die sechziger Jahre zu spüren ist. Denn Asger Jorn verlegt seinen Wohnsitz in den frühen fünfziger Jahren nach München, wo er ein intensives Wirkungsfeld entfalten kann. 1957 gründet Asger Jorn die ›Situationistische Internationale‹, die sich die »Revolutionierung der entfremdeten und verdinglichten sozialen, politischen und kulturellen Lebensbedingungen zum Ziel setzt«.[4] Damit gehört Asger Jorn wie auch Joseph Beuys zu den ersten Künstlern, die es

Ernst Wilhelm Nay, Figurale Notturno, 1949. Öl auf Leinwand, 50,5 × 82 cm. Sprengel Museum, Hannover

34 Constant, Après nous la liberté, 1949

35 Asger Jorn, Prosit Neujahr, 1958

36 Jean Fautrier, Symetries, 1956

37 Emil Schumacher, Eruption, 1956

38 Wols, Komposition, 1947

39 Jackson Pollock, Blue Poles, 1953

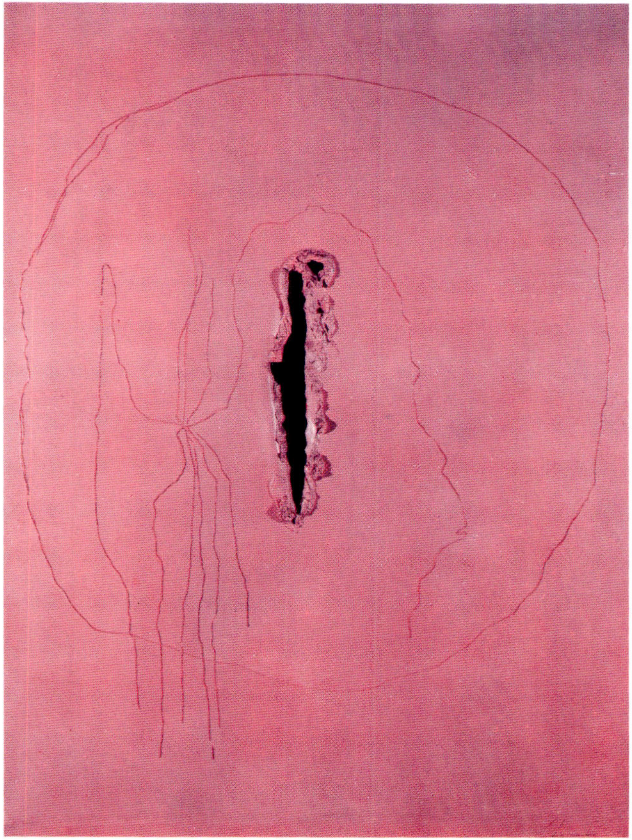

40 Lucio Fontana, Ölbild mit altrosa Grundierung mit länglichem Einschnitt, 1962

41 Antonio Tàpies, Schwarz mit rotem Streifen, 1963

42 Mark Rothko, Violet Bar, 1957

43 Morris Louis, While, 1960

44 Barnett Newman, Vir Heroicus Sublimis, 1950

45 Frank Stella, Gray Scramble Single, 1968

46 Daniel Spoerri, Roberts Tisch, 1961

47 Arman, Tanto tiene tanto vale, 1960

48 Robert Rauschenberg, Windward, 1963

49 Mimmo Rotella, Avviso, 1960

50 Robert Indiana, Love, 1968

51 R.B. Kitaj, Erie Shore, 1966

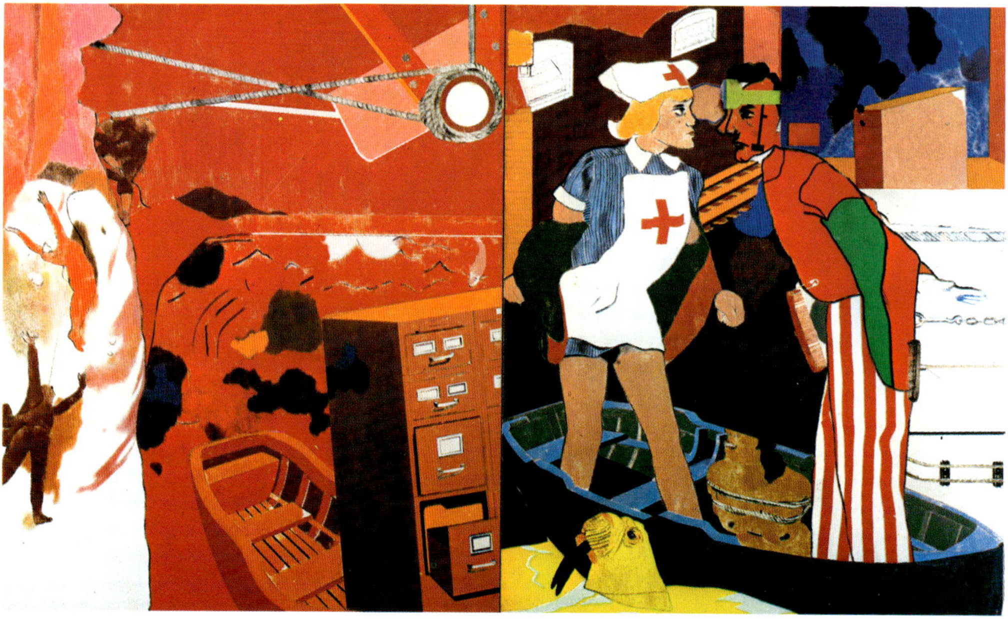

52 Jasper Johns, Flagge auf orangefarbenem Feld, 1957

53 Roy Lichtenstein, M-Möglicherweise (Bild eines Mädchens), 1965

54 Tom Wesselmann, Bedroom Painting 13, 1969

56 Don Eddy, VW-Ausstellungsfenster, 1972 ▷

57 Franz Gertsch, Medici, 1979 ▷

55 James Rosenquist, Scheuklappen, 1968/69

NEW CARS

MEDICI

58 Paul Thek, Arche, Pyramide, 1970

59 Jannis Kounellis, Ohne Titel, 1975

60 Mario Merz, Iglu über dem Bach, Kassel d 7, 1982

61 Joseph Beuys, Naturgeschichte, 1970

62 Blinky Palermo, Nevada, 1976

63 Gerhard Richter, Ema – Akt auf einer Treppe, 1966

64 Georg Baselitz, Schlafzimmer (Elke und Georg), 1975

65 Sigmar Polke, Kopf, 1966

66 A.R. Penck, TM-Serie, 1974

67 Anselm Kiefer, Bilderstreit, 1976/77

68 Jörg Immendorff, Brandenburger Tor, 1983

69 Enzo Cucchi, Bisogna togliere e grandi di pinti dal paesaggio, 1983

70 Sandro Chia, Boy with Ram, 1983

71 Mimmo Paladino, Ronda Notturna, 1982

wagen, den traditionellen Kunstbegriff rigoros bis in Bereiche des sozialen und politischen Lebens zu erweitern.

In den ausgehenden vierziger Jahren ist es jedoch zunächst stärker die farblyrische ›Ecole de Paris‹, die in Deutschland zur Nachahmung herausfordert. Französische Maler wie ALFRED MANESSIER (geb. 1911), JEAN BAZAINE (geb. 1904) und Roger Bissière wurzeln ebenso im Orphismus wie die aus biomorphen Zeichen entwickelten Farbscheibenbilder von ERNST WILHELM NAY (1902–1968), die tanzartigen Kalligrafien von HANN TRIER (geb. 1915) und die netzartigen Strukturen bei FRED THIELER (geb. 1916). Dabei vermitteln Malerpersönlichkeiten wie Willi Baumeister, Fritz Winter oder Julius Bissier mit ihrem Spätwerk die Wiederanbindung der deutschen Kunstszene an die internationale Avantgarde.

Andere westdeutsche Maler bleiben der gegenständlichen Figuration verhaftet und übernehmen nur spezifische Elemente der lyrischen Farbabstraktion in ihre persönliche Handschrift. Das gilt etwa für WERNER GILLES (1894–1961), EDUARD BARGHEER (1901–1982) oder auch WERNER HELDT (1904–1954), die in ihre kultischen Symbolfiguren und visionären Traumlandschaften Elemente des lyrischen Informel und der surrealen Vision einfließen lassen, um den metaphorischen Verweischarakter ihrer Naturbilder auf menschliche Zuständlichkeit zu vertiefen.

Viele Maler wenden sich in Westdeutschland auch deshalb dem Abstrakten Expressionismus zu, weil die abstrakte Handschrift die realistische Figuration völlig ins Abseits gedrängt hat. Denn weder der Neuen Sachlichkeit noch dem Kritischen Realismus ist im Nachkriegsdeutschland ein Wiederaufblühen möglich. Die Blockbildung des Kalten Krieges führt vielmehr dazu, daß der Realismus von der Propagandafiguration des Sozialistischen Realismus in Ostdeutschland vereinnahmt wird und sich dagegen als Antithese die gegenstandslose Kunst des Westens als Ausdruck von Fortschritt und Freiheit apostrophiert. Das hat zur Folge, daß auch solche westdeutschen Künstler zur Abstraktion übergehen, deren Kompositionen eher zur Bilderzählung neigen. Das gilt zum Beispiel für die Mitglieder der ›Neuen Rheinischen Sezession‹, JOSEPH FASSBENDER (1903–1974), HUBERT BERKE (1908–1979) und PETER HERKENRATH (geb. 1900). Faßbenders Monotypien muten zuweilen wie Stilleben oder Figurenkompositionen an, und Herkenrath versucht in der Porträtkunst freie Farbimprovisation und gegenständliche Malerei harmonisch zu verbinden. Auch GEORG MEISTERMANN (geb. 1911), der in der religiösen Dimensionierung seiner Kunst große Nähen zu den Vertretern der ›Französischen Tradition‹ besitzt, gewinnt seine farbgestische Kraft aus einer Verbindung von figurativen und abstrakten Formelementen, wobei eine mystisch überhöhte naturkosmische oder religiöse Emblematik zum Tragen kommen kann.

Wesentlich direkter dagegen ist die Teilnahme der westdeutschen Künstler an der tachistischen Richtung des Informel. Diese entwickelt sich stilistisch aus den psychischen Traumprotokollen, die der in Frankreich untergetauchte deutsche Maler Wolfgang Schulze/WOLS (1913–1951) auf seiner Fluchtodyssee durch verschiedene Internierungslager während des Zweiten Weltkrieges als Ausfluß seiner Ängste und dunklen Traumvisionen zu Papier bringt. Es sind diese Zeichnungen und Aquarelle, die René Drouin 1945 erstmals in Paris zeigt und die sofort als gestische Malerei interpretiert werden. Obwohl sie von Wols selbst

Antonio Saura, Zeichnung, 1947

nicht als zufällige Improvisationen, sondern als zwingende Abbilder seines Inneren verstanden werden, rezipiert man sie als Improvisationen und registriert ihre tachistische Wirkung. Auch nach dem Krieg setzt Wols die Aufzeichnung in Bildern als Diktat seines Lebens fort, und diese Niederschriften werden mit spinnwebfeinen Strichen und evokativen Farbmodulationen auf Zetteln und Briefbögen aufgezeichnet. Diese protokollierten Träume spielen sich in phantastischen Städten, Häfen und Landschaften ab, deren ambivalenter Charakter zwischen drohendem Labyrinth und filigraner Zerbrechlichkeit etwas Kafkaeskes in sich trägt (Farbtafel 38). »Alles, was wir sehen, ist eine optische Täuschung. Wenn man mit dem Flugzeug aufsteigt, ändert sich die Perspektive auf der Erde innerhalb weniger Minuten gänzlich. Alles, was wir sehen, wenn wir auf dem Boden gehen, könnte auch auf andere Art betrachtet werden ... Ein Künstler absorbiert sicher, was er sieht ... Ein Künstler muß über das Augenfällige hinausgehen.«[5] Die Verwischung der verfestigten Form ermöglicht die Empfänglichkeit für neue Erfahrungsimpulse, die weit über das sinnliche Sehen hinausreichen.

Auch der Spanier ANTONIO SAURA (geb. 1930) zerreißt in seinen Bildern das phänomenale Wirklichkeitsgefüge mit den Mitteln der spontanen Farbgebärde, um durch diese Deformation den persönlichen Protest und die Stärke des sich gegen Erfahrungskonventionen auflehnenden, leidenschaftlichen Temperaments zu manifestieren. Für ihn wird das Bild »zum Schlachtfeld ohne Grenzen«, eine Definition des Malaktes, der auch der Italiener EMILIO VEDOVA (geb. 1919) zustimmen würde. Ähnlich wie der ›Cobra‹-Maler Asger Jorn versteht Vedova das Farbstaccato seiner eruptiven Malerei zugleich als eine revolutionäre Demonstration, als einen bildnerischen Protest gegen gesellschaftliche Konventionen und gegen die Brutalitäten von Krieg und Ausbeutung (Abb. 67).

Psychogrammhaften Charakter haben die schweren schwarzen Farbbalken (Abb. 54) von PIERRE SOULAGES (geb. 1919) und die kalligrafischen Kompositionen Hans Hartungs (Abb. 64), aus denen GEORGES MATHIEU (geb. 1921) in den frühen fünfziger Jahren einen dem Action Painting ähnlichen Farbaktionismus entwickelt (Abb. 66). Um 1951 macht eine Ausstellung amerikanischer Kunst in Deutschland das Drip Painting Pollocks bekannt, und zur gleichen Zeit kann Mathieu eine starke Resonanz auf seine spektakulären Farbaufspritzungen verzeichnen. Das veranlaßt eine Reihe deutscher Maler wie HANS PLATSCHEK (geb. 1923), KARL OTTO GÖTZ (geb. 1914) und K. R. H. SONDERBORG (geb. 1923), sich ebenfalls solchen Malaktionen als Selbstfindungsprozeß zuzuwenden (Abb. 65). Dabei fällt auf, daß sich die deutschen Vertreter des Tachismus auf die Modulation von dialektischen Helldunkelvaleurs im dynamischen Pinselduktus konzentrieren.

Im Verlauf der fünfziger Jahre verflacht der philosophische Motivationshorizont des automatischen Malprozesses mit seiner zwanghaften Selbstentäußerung am Rande des Selbstverlustes zunehmend in einen gebärdenreichen Subjektivitätskult, der sich formalistisch zwar noch an der Spannung zwischen Chaos und Ordnung, zwischen Nichtform und Form orientiert, am Ende aber nicht mehr ist als eine malgestische Improvisation um ihrer selbst willen. Die Berechtigung für diese Behauptung ergibt sich indirekt aus der Tatsache, daß die tachistische Geste von der Design- und Werbeindustrie der Wirtschaftswunderjahre auf jede erdenkliche Weise als modernistisches Formenvokabular vermarktet wird.

3 Das Materialbild

Als nach dem Zweiten Weltkrieg die gegenstandslose Sprache der Kunst internationale Stilverbindlichkeit in der gesamten westlichen Welt erlangt, erlebt auch die Collage im Kontext der lyrischen Abstraktion eine neue Wendung. Hatte die erste Generation der Collagekünstler diese materialexpansive Arbeitsmethode erfunden, um ihren Bildgestaltungen in klaren Form-Farbe-Beziehungen objektive Gültigkeit zu verschaffen, so geht es den jüngeren darum, in der abstrakten Sprache ihre subjektiven Stimmungen, Eindrücke und Erfahrungen, unterstützt durch Materialien, deren stoffliche Eigenschaft den jeweiligen Emotionen entspricht, zum Ausdruck zu bringen.

Zu den Pionieren dieser neuen bildnerischen Gestaltungsform, in der sich Malerei und Materialassemblage vermischen, gehörten schon in den zwanziger Jahren Bauhaus-Künstler wie Oskar Schlemmer und Johannes Itten, die sich in der Weiterführung dadaistischer und konstruktivistischer Ideen mit materialanalytischen Experimenten und Grundlagenforschungen befaßten. Aus solchen Quellen entwickelte dann Willi Baumeister die Farbmaterie seiner ›Mauerbilder‹, um auf diese Weise malerische und plastische Darstellungsmittel zu verbinden. Aus der Bauhaus-verwandten Absicht einer wechselseitigen Durchdringung von Malerei und Architektur erwachsen dann in den dreißiger und vierziger Jahren für Baumeister neue Dimensionen, als er in seinen *Eidos*-Bildern und *Urformen* eine rudimentäre Malweise aus Farbe und Sand zur Vergegenwärtigung mythischer Archaik heranzieht. Baumeister geht es nun darum, Werkstoffe wie Holz, Kieselsand, Ton oder Kristall mit ihren aus dem jeweiligen Naturschicksal erworbenen Eigenformen in seine Bilder aufzunehmen, um dadurch plastische Werkstoffe durch ihre spezifische Materialität zu Symbolträgern menschlichen Schicksals zu machen.

Ähnliche Ambitionen lassen sich bei JEAN DUBUFFET (1901–1985) herauskristallisieren, denn auch er entdeckt die Schicksalsträchtigkeit von verwitterten Mauern und Asphaltkrusten als Metaphern für menschliche Existenz und knetet sich daher aus Pasten, Sand, Kitt und Lehm einen imaginativen Malgrund für seine Bilder zurecht, der in seiner haptisch-optischen Wirkung einer rauhen Maueroberfläche gleicht (Abb. 58). In den fünfziger Jahren verwendet Dubuffet auch pflanzliches und tierorganisches Material wie Schmetterlingsflügel, um aus diesen »botanischen Elementen« menschliche Gestalten, Gärten und Erdböden entstehen zu lassen.

Dubuffet bedient sich zur Bearbeitung seiner rauhen Bildgründe auch jener technischen Möglichkeiten, die im Kontext des Surrealismus vorgegeben worden sind, wie Abklatsch-

Werner Schreib, Semantische Zeichnung, 1961

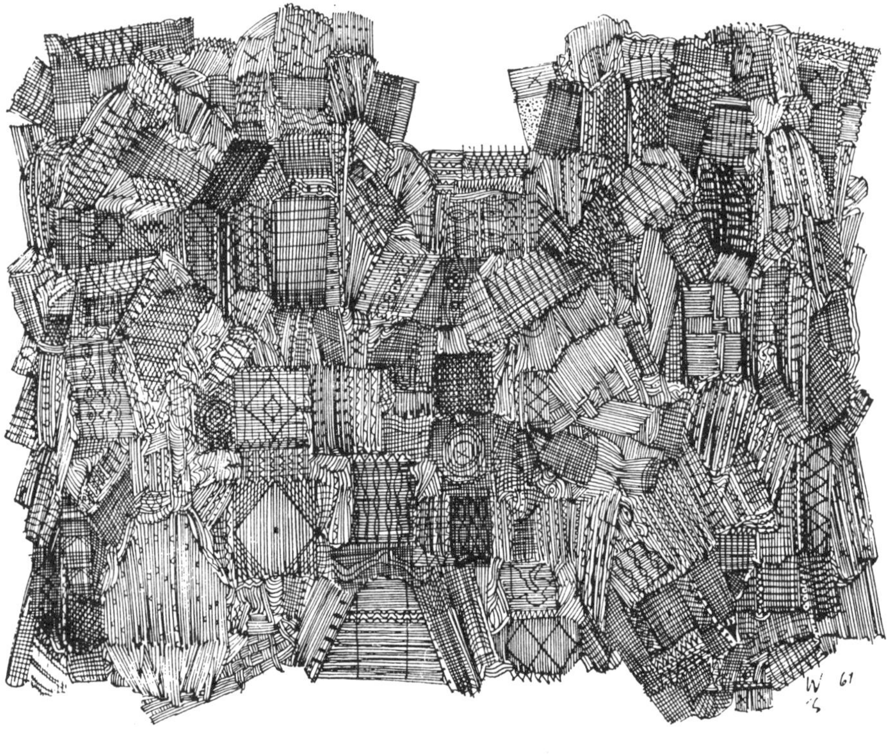

verfahren, Durchreibetechnik und Stempelabdruck. Wichtig ist ihm die Suggestivkraft des entstehenden Musters, aus dem sich dann die natürliche Poesie des Bildes entwickelt.

Ein ähnliches Abdruckverfahren wenden einige Jahre später auch der deutsche Künstler WERNER SCHREIB (1925–1969) und der Italiener LUCIO LATTANZI (geb. 1925) an, indem sie aus der semantischen Anhäufung von Stempelabdrucken eine eigenwillige ornamentale Bilderzählung ausbilden, die das Metamorphosenprinzip der surrealistischen Objets trouvés wieder aufgreift. So stellt Schreib seine semantischen, chiffrierten Alphabete mit Hilfe des Abdrucks von gefundenen Zahnrädern, Münzen, Schrauben u. a. in einer pastenartigen Bildgrundierung her. Da die genutzten Fundstücke auf dieser nur als Negativabdruck erscheinen, durchlaufen sie einen zweifachen Verwandlungsprozeß, bis sie in einer rein künstlerischen Existenz zu medialen Notationsträgern für individuelle Aussagen werden.

Die existentielle Problematisierung der gestischen Gebärde mit Hilfe des suggestiven Materialbildes im Anschluß an Dubuffet ist auch kennzeichnend für das Frühwerk von Emil Schumacher, Gerhard Hoehme, Karl Fred Dahmen und Bernard Schultze. EMIL SCHUMACHER (geb. 1912) leistet eine sensible Vermittlung von expressiver abstrakter Gebärde und suggestiver Malmaterie, indem er seine gestischen Schriftzeichen in halbplastische, krustenartige Malgründe einschreibt, die sich in ihrer pastosen, zuweilen auch brüchigen Materialpräsenz zu rudimentären Metaphern einer archaisierenden Naturverbundenheit verselbständigen (Farbtafel 37).

Während sich bei Schumacher Anregungen vereinen, die einerseits von Dubuffet und andererseits von Baumeister herrühren, vermischen sich in den raumgreifenden Reliefbildern von BERNARD SCHULTZE (geb. 1915) und KARL FRED DAHMEN (1917–1981) informelle und surrealistische Quellen in einer subkutan greifenden Darstellung von bedrohter Menschlichkeit. Später wird sich aus dieser in den Raum auswuchernden Materialbildkonzeption eine neosurrealistische Objektkunst entwickeln, in der die gefährdete Existenz hinter geschundener oder krankhaft aufquellender Stofflichkeit sowie hinter der Dingmagie von Objets trouvés aus dem Konsumalltag verrätselt ist.

Die *Migofs* von Bernard Schultze, die aus den reliefplastischen Anfängen schließlich zu bizarren, vollplastischen, krebsähnlichen Wucherwesen ausarten (Abb. 92), präsentieren das fatalistisch-dialektische Mit- und Ineinander von Wachstum und Zerfall. Indem Schultze die tachistische Fleckenmalerei mit plastischen Einklebungen und Fotofetzen collagierend durchsetzt, schafft er sich ein fast unerschöpfliches Repertoire an malerischen Mitteln, das Chaos und Struktur zugleich impliziert.

In den plastischen Ensembles von HORST EGON KALINOWSKI (geb. 1924) konkretisiert sich die »Symboldimension des Trivialen« im magischen Figurationsprozeß. Trotz der starken Disziplin, der sich das meditative Sehen des Künstlers unterzieht, ist die künstlerische Ausgangsposition der Malmotorik des Action Painting vergleichbar, denn ebenso wie Pollock unterwirft sich Kalinowski dem vorbehaltlosen Selbstorganisationsakt seines trivialen Materials. Dieses methodische Verfahren, das vom Künstler eine totale Reduktion eigener Präfiguration verlangt, ermöglicht die Metamorphose gewöhnlicher Materialien zu symbolischen Bildern für existentielle Gefährdung. Wie die Künstler der motorisch-prozessualen

Farbaktion arbeitet Kalinowski ohne programmatisches Konzept, sondern konfiguriert seine Materialien aus dem »tranceartig« verarbeitenden Gestus seiner Hände, die sich ihrerseits ganz den gegenständlichen Eigengesetzen anpassen. Diese künstlerische Methodik zeigt sich besonders augenfällig in den sogenannten *Caissons* aus Leder, ein Material, das der Künstler mit Vorliebe verwendet (Abb. 93). Das Leder zwingt ihm im Prozeß der Bearbeitung die eigene Bedeutungssprache als magische »Obsession« auf: »Leder, Haut also, mit seiner Strahlung und unwiderstehlichen Anziehungskraft, Haut auch in dem, was sie ertragen hat; sie trägt davon die Stigmate wie Verbrennungen des Lebens. Sie erduldet ein letztes Mal, aufs Äußerste über die Flächen meines *Caissons* ausgebreitet zu sein. Sie erträgt, dort aufgeklebt zu sein. Sie erträgt, dort aufgeklebt zu werden. Ihre Duldung ist von solcher Art, daß sie nicht mehr unter den Nägeln leidet, von denen sie besetzt und gequält ist.«[6]

Der spanische Maler ANTONIO TÀPIES (geb. 1923), der um 1950 im tachistischen Zentrum Paris arbeitet, verbildlicht die magische Verhüllung, so wie sie in den natürlichen Zufallsspuren von Wind, Wasser und Feuer vollzogen wird. Tàpies moduliert sich aus Sand und gefärbtem Zement einen sehr ungewöhnlichen Bildgrund, der zugleich an festes Gestein wie auch an die welligen Sandverwehungen weiter Strandflächen erinnert. In diesen tektonisch-rauhen Grund vertieft der Künstler seine graffitihaften Spuren wie magische Zeichen (Farbtafel 41). Die Farben sind düster zurückhaltend und umfassen im Wesentlichen die Skala der spanischen Erde vom kräftigen Ocker-Braun bis zum dumpf-staubigen Dunkelrot. Oft aber ist die Farbe vollständig auf graue Werte reduziert, und das Material besteht nur aus zerfetzter Pappe, die zerknittert und fleckig unter Glas wiedergegeben wird. Die Verwendung der Farbe und des Materials legitimiert sich stets aus dem Assoziationswert, der ins Magische, ins Meditative ausgreift, so wie die Mauerzeichen alter Tempel und Türen zu Ankündigungen ungeahnter Horizonte werden können.

Die Kennzeichnung ›magisch‹ ist in diesem Zusammenhang in ihrer ursprünglichen Wortpotenz des verbildlichenden Machens zu verstehen, d. h. als geheimnisvolle eigengesetzliche Methodik der geistigen Kraftübertragung, die prälogische Vorstellungsbezüge in ein informelles Abbild bannt. Ähnlich wie bei Dubuffet konstituiert die Materie des Bildgrundes eine sehr persönliche Transformation der Bildfläche zum Ausdrucksträger der Imagination. Im Gegensatz zum Tachismus verliert sich Tàpies nicht willentlich in den Malprozeß, sondern vergeistigt den Bildakt zur magischen Symbolsprache. »Wenn es darum geht, sich eine neue Sicht der Wirklichkeit zu bilden, wenn es geht, der Dunkelheit, die uns umgibt, allmählich Boden abzugewinnen, können wir uns nicht mehr damit begnügen, überholten Formen nachzugehen, denn ein neuer Inhalt muß selbstverständlich einer neuen Form entsprechen. Der Künstler muß alles erfinden, sich ganz und gar auf das Unbekannte stürzen und dabei alle Vorurteile beiseite lassen ... Ich kann mir keinen Künstler denken, der nicht ganz und gar in einem Abenteuer lebt, in vollständigem Trance-Zustand, in vollem Sprung ins Leere begriffen.«[7]

MANOLO MILLARÈS (geb. 1926) steht seinem Landsmann Tàpies mit seinem künstlerischen Ziel der magischen Abstraktion sehr nahe. In Materialbildern aus Sackleinen und gemischter Farbmaterie sucht Millarès den harmonischen Zusammenklang zwischen Farbe und plastischem Trivialmaterial, das zu bizarr-rudimentären Informeln irrationaler Aussage vor dem Malhintergrund montiert wird. Das zerfetzte Sackleinen gewinnt in der Kombination mit der Farbmasse durch die magische Abstraktion des Realzusammenhangs eine neue stoffliche Beschaffenheit, die sich durch ihre ritual-gestische Eigenschaft auszeichnet. Das Braun des Stoffes, die schwarze Farbe mit weißen Linien und Flächen sowie etwas Blutrot verleihen diesen Bildern einen schwermütig-lyrischen Ausdruck.

Der Italiener ALBERTO BURRI (geb. 1915) arbeitet ebenso wie die Spanier Tàpies und Millarès mit Sackleinen, dazu benutzt er verkohlte Holzteile, angeschmolzene Plastikfolien und zerbeultes Blech, die zu Symbolen seiner Kriegserfahrungen als Arzt in einem texanischen Gefangenenlager werden. Das collagierte Material wird gerade durch die deformative Veränderung und durch die Verbindung mit der verfremdenden Farbqualität ästhetisch wertvoll als stoffliches Symbol, das auf existentielle Situationen der Bedrohung, Gefährdung und Verletzung hinweist (Abb. 68).

Auch LUCIO FONTANA (1899–1968) gehört mit seinen zerschnittenen, perforierten oder aufgerissenen Leinwänden der fünfziger Jahre *(Concetti spaziali)* in den Kontext des Materialbildes, obwohl sie sich von der autobiografischen Emotionsaussage der informellen Gebärdensprache bereits weit entfernt haben. Fontana benutzt zwar im Vorgang des Aufschlitzens eine aktionelle Geste, deren Intention bewegt sich aber in eine andere Richtung. Hier geht es darum, den leeren Raum als positives Element künstlerischen Ausdrucks zu erobern (Farbtafel 40). So formulieren die *Concetti spaziali* ein manifesthaftes Programm für eine zukünftige Kunst, die sich nicht mehr auf das materielle Bild und die greifbare Skulptur beschränkt, sondern in den künstlerisch noch ungenutzten atmosphärischen Raum ausgreift. Mit dieser Vorstellung hat Fontana nachhaltigen Einfluß auf eine konzeptuelle Kunstentwicklung, die Räumlichkeit, Bewegung und Aktionismus als künstlerische Ausdrucksmedien entdecken wird.

4 Neue Wege der Skulptur vor und nach 1945

Die Skulptur der vierziger und fünfziger Jahre zeigt nach den phantastisch-ironischen Dingmetamorphosen der surrealistischen und dadaistischen Objektkunst wieder eine verstärkte Neigung zur pathetischen Gestik und damit zur expressiven Aussage. Eine wichtige Quelle für diese Wiederentdeckung pathetisch-expressiver Ausdrucksformen ist in Picassos vehementem Antifaschismus- und Antikriegsbekenntnis zu suchen, das sich einerseits in dem Monumentalgemälde zum Spanischen Bürgerkrieg *Guernica* und andererseits in den psychogrammhaften, fratzenartig-zerrissenen Frauengesichtern der Dora-Maar-Phase um 1940/41 äußert. In diesen Werken Picassos manifestiert sich mit der Kraft des expressionistischen Schreis die hilflose Verzweiflung angesichts des Franco-Sieges in Spanien und der Okkupation Frankreichs durch den Nationalsozialismus.

Die gleiche pathetische Demonstrationsgeste findet sich mahnmalhaft in der Eisenblechskulptur *La Montserrat* von JULIO GONZALEZ (1876–1942), die 1937 zusammen mit Picassos

Guernica im spanischen Pavillon der Pariser Weltausstellung zu sehen ist (Abb. 69). Die Skulptur zeigt eine entschlossen voranschreitende Bäuerin als Symbolfigur für den ungebrochenen Widerstand der Katalanen gegen das Franco-Regime. Zwei Jahre später, 1939/40, benutzt Gonzalez eben diese expressive Intensität in der Serie des *Homme cactus,* wobei die Symbiose von Mann und Kaktus zur Parabel für den durch Krieg und Verfolgung geschundenen Menschen wird. Humanismus manifestiert sich angesichts der unbeschreiblichen Kriegskatastrophe nur noch als ins Äußerste potenzierte Leidensfähigkeit.

Eine Perspektive der Hoffnung öffnet sich für viele vom Krieg betroffene Künstler allein in der Rückkehr zu den Urformen der Natur, die von der menschlichen Zivilisation verschüttet worden sind. So wundert es nicht, daß in den ausgehenden dreißiger Jahren bei Heinri Laurens, Alberto Giacometti und JACQUES LIPCHITZ (1891–1973) archetypisch, megalithisch und totemhaft wirkende Skulpturen anzutreffen sind, in denen sich die Suche nach den Urformen widerspiegelt.

Doch vor allem HENRY MOORE (1898–1985) kommt das Verdienst zu, die klassische Skulptur nach den formanalytischen Experimenten des Kubismus und den expansiven Dingmetamorphosen der surrealistischen Objektkunst wieder auf die Natur zurückzuführen, ohne dabei die Differenzierung zwischen Abbild und Erfindung sowie die neuerworbenen Relationen zwischen Raum und Masse wieder aufzugeben. In der Beschränkung auf das Thema der ›Liegenden weiblichen Figur‹ strebt Moore nach der monumentalen Wirkung der archetypischen Form (Abb. 71). Wölbungen im Material und offene Zwischenräume innerhalb des blockhaften Volumens dienen dazu, den weiten landschaftlichen Raum in die skulpturale Form mit hineinzuholen und dadurch das monumentale Pathos zu steigern. Mit dieser Synthese von Formvereinfachung und organischer Archaik gewinnt Moore einen weltweiten Vorbildcharakter für die Skulptur der vierziger und fünfziger Jahre, wobei seine Schülerin BARBARA HEPWORTH (geb. 1903) ebenfalls die Rolle einer bedeutenden Anregerin übernehmen kann. Auch sie hat ihren typischen Stil bereits in den Vorkriegsjahren entwikkelt und Anregungen aus dem Werk Moores mit Einflüssen von Brancusi, Mondrian, Arp, Gabo und Moholy-Nagy verbunden. Ihr Stil ist zum Teil im Grenzbereich zwischen Abstraktion und Gegenständlichkeit angesiedelt; andere Werke, vor allem jene aus der Zeit zwischen 1943 und 1947, zeigen lyrisch-abstrakte monolithische Formen mit der für sie typischen offenen Innenhöhlung. Wie Moore schafft diese Bildhauerin Verbindungen zwischen der von Surrealismus und Konstruktivismus geprägten Vorkriegsplastik und einer Nachkriegsmoderne, die europäische Traditionen der Monumentalskulptur mit jenen abstrakt-expressiven Tendenzen synthetisiert, wie sie von der Malerei nach 1945 initiiert werden.

Dem Beispiel von Henry Moore und Barbara Hepworth folgt mit KENNETH ARMITAGE (geb. 1916), REG BUTLER (geb. 1913), LYNN CHADWICK (geb. 1914) und BERNARD MEADOWS (geb. 1915) praktisch eine ganze Schule in England, die während der fünfziger Jahre über die nationalen Grenzen hinaus internationale Resonanz finden kann.

Für den europäischen Kontinent wird FRITZ WOTRUBA (1907–1976) zum Vermittler einer traditionsgebundenen, gemäßigt abstrakten Plastik, die sich der menschlichen Figur als zentralem bildhauerischen Sujet verpflichtet fühlt. Gleiches gilt auch für Nakian, Hoflehner und Szymanski, die mit Hilfe roher Großformen figurale Symbole des menschlichen Wesens realisieren. Dabei erscheint die subjektive Ausdrucksgestik bei REUBEN NAKIAN (geb. 1896) statisch-ruhevoll, im Gegensatz zur dramatischen Spannungsballung der geschichteten Formen bei RUDOLF HOFLEHNER (geb. 1916) und ROLF SZYMANSKI (geb. 1928). Der Wotruba-Schüler JOANNIS AVRAMIDIS (geb. 1922) entwickelt eine sehr eigenwillige archetypisch anmutende Stelenform, die ein urbildhaftes Menschwesen verbildlicht.

In den *Kugeln* von ARNALDO POMODORO (geb. 1926) verbildlicht sich die gestische Aktion, wie sie die informelle Malerei entwickelt hat, im Bereich der Plastik. Pomodoros aufklaffende Kugelformen zeigen den Prozeß ihres Zerberstens, der sich in hieroglyphenartigen, informellen Innenstrukturen sichtbar verfestigt. Die Gestik der kalligrafischen Zeichen monumentalisiert sich plastisch in den Bronzen des Spaniers EDUARDO CHILLIDA (geb. 1924), die sich als grafische Kürzel einer spontan intuitiven Innenbewegung zu dynamischen Symboltorsi menschlich-sensibler Spiritualität ausweiten (Abb. 74).

Auch die malerisch rudimentäre Gestensprache des Art brut hat ihre Parallelen im plastischen Bereich, wenn Jean Dubuffet oder Karel Appel kreatürliche Formgebärden in ihrem ursprünglichen, noch primitiven Formfindungszustand dadurch nachempfinden, daß sie diese aus spröden, bizarren Materialien wie Holzkohle- oder Lava-Objets trouvés buchstäblich herausschälen. Willem de Koonings und Lucio Fontanas plastische Arbeiten der vierziger Jahre besitzen die gleiche schlackenhafte Oberflächentektonik, obwohl sie in Bronze gearbeitet sind. Schließlich findet auch Alberto Giacometti von seinen totemartigen Stelen der dreißiger Jahre zu langgezogenen stehenden Figuren, deren krustenartige Haut unmittelbar hervorsticht. Hier hat das rauhe Materialrelief die Funktion, die Bronze als feste Materie zu verflüchtigen, um sie, wie Jean-Paul Sartre es treffend formuliert hat, »zerbrechlich« und damit »menschenähnlich« zu machen[8] (Abb. 70).

Wie die gestisch-expressive Malerei der lyrischen Abstraktion, so entwickelt sich auch die amorphe Metallplastik in den frühen fünfziger Jahren in zwei verschiedene Richtungen. Während die eine – im Anschluß an Gonzalez – in der bizarren Poesie des Art brut kulminiert, schlägt die andere Richtung den Weg der ingenieurhaften Konstruktion ein, in der sich die technologische Fortschrittseuphorie der fünfziger Jahre widerspiegelt.

In den Drahtplastiken von HANS UHLMANN (1900–1975) setzen sich Tendenzen fort, wie sie von Gabo und Pevsner, den russischen Avantgardisten, angeregt wurden (Abb. 72). Aus Uhlmanns Schule gehen NORBERT KRICKES (1922–1985) dynamische Raumplastiken aus aneinandergeschweißten, gebündelten oder verknoteten Metallstäben hervor. Aus Calders Mobile-Arrangement entwickelt sich eine nur scheinbar spielerische Kinetik des ›Perpetuum mobile‹. So konstruieren die deutschen Plastiker GÜNTER HAESE (geb. 1924) und HARRY KRAMER (geb. 1925) fragile Vibrationsgebilde aus Drahtgitter und Unruhen, die in ihrer kinetischen Reizwirkung zugleich figurative Assoziationshinweise auf menschliche Sensibilität und soziales Verhalten vermitteln. Die einzelne Unruh wird zum Symbol des menschlichen Marionettenwesens im großen gesellschaftsfunktionalen Getriebe.

DAVID SMITH (1906–1965) führt industriell vorgefertigte Stahlelemente oder Stahlfundstücke und industrielle Fertigungstechniken in seine skulpturale Arbeit ein (Abb. 73) und wird in den fünfziger Jahren mit seinen kubischen Monumentalzeichen zum Wegbereiter einer totemhaften abstrakten Plastik, die von ANTHONY CARO (geb. 1924) durch farbige Übermalung und direkte Raumbezüge (Abb. 75) ebenso neue Akzente erfährt wie durch TONY SMITH (geb. 1912) oder PHILIPP KING (geb. 1934), die mit ihren der Post-Painterly Abstraction verbundenen Skulpturen wie experimentelle Vorläufer der Minimal Art anmuten.

Anmerkungen

1 Zitiert nach Werner Haftmann, Malerei im 20. Jahrhundert, München [3]1962, S. 561.
2 Siehe dazu S. 171 ff.
3 Werner Haftmann, in: Katalog ›Asger Jorn. Gouachen, Aquarelle, Collagen und Tuschen aus den Jahren 1950–1962‹, Galerie van de Loo, München 1963.
4 Siehe dazu Katalog ›Cobra, Spur, Wir, Geflecht, Kollektiv Herzogstraße‹, Galerie im Ganserhaus, Wasserburg/Galerie der Künstler, München/Bonner Kunstverein und Gesellschaft für aktuelle Kunst, e. V., Bremen 1983–85.
5 Aus einem Gespräch Ione Robinsons mit Wols, Paris 1947; abgedruckt in: Jürgen Claus, Theorien zeitgenössischer Malerei, Hamburg 1963.
6 Rolf-Gunter Dienst, Deutsche Kunst: eine neue Generation, Köln 1970.
7 ›Selbstzeugnisse‹, in: Jürgen Claus, a. a. O.
8 Jean-Paul Sartre, Über Giacometti in: Katalog Westkunst, Köln 1981, S. 145.

II Farbe – Licht – Raum – Aktion

Neben der lyrisch-expressiven Abstraktion kann sich auch die konstruktivistische Abstraktion in den fünfziger Jahren mit neuen Aspekten in der internationalen Kunstszene behaupten. Sie hat ihre Quellen in den Kunstrichtungen der Russischen Avantgarde sowie in de Stijl und Bauhaus, wo man sich schon in der Zeit zwischen den beiden Weltkriegen um eine definitorische Klärung der konkreten Bildelemente Fläche, Linie, Volumen, Raum und Farbe bemüht hat. So wundert es nicht, daß es auch nach 1945 ein ehemaliger Bauhäusler, JOSEF ALBERS (1888–1976), ist, der neue Wege einer nach mathematischen Regeln ausgerichteten Abstraktion aufweisen kann. Seine berühmte Bildserie *Huldigung an das Quadrat* (Farbtafel 30) leistet in der konsequenten Formbeschränkung auf das Quadrat die Herausschälung der Farbeigenschaften als neues zentrales Thema einer konkreten Kunst. Auch MAX BILL (geb. 1908) plädiert bereits 1944 in den theoretischen Abhandlungen seiner Zeitschrift ›abstrakt/konkret‹ für die reine Farbqualität als malerisches Thema und erstellt durch die Definition von Farbe, Raum, Licht und Bewegung den Themenkatalog einer farbanalytischen Abstraktion. Bills theoretische Reflexionen erweisen sich als Denkentwurf jener künstlerischen Konkretionen, wie sie die Geometrische Abstraktion, die Farbfeldmalerei und die Op Art hervorgebracht haben. »Die Begrenzung ohne feste Grenze, die Vielfalt, die dennoch eine Einheit bildet; die Gleichförmigkeit, die durch die Anwesenheit eines einzigen Kräfteakzentes verändert wird; die Vibrationen und Überstrahlungen nebeneinanderliegender Farbpartikel, das Kraftfeld, das aus lauter Variablen besteht, die Parallelen, die sich schneiden, und die Unendlichkeit, die in sich selbst zurückkehrt als Gegenwart, und daneben wieder das Quadrat in seiner ganzen Festigkeit, die Gerade, die von keiner Relativität getrübt wird, und die Kurve, die in jedem ihrer Punkte eine Gerade bildet, alle diese Dinge, die scheinbar mit den täglichen Bedürfnissen der Menschen nichts zu tun haben, sind dennoch von größter Tragweite im Moment, wo sie zu Kunst werden.«[1]

Barbara Rose zeichnet in ihrem Buch ›Amerikas Wege zur modernen Kunst‹ (1967) die einzelnen Entwicklungsphasen nach, die von Mondrians *Broadway Boogie-Woogie* (Farbtafel 29) und Albers' schwebenden Farbquadraten über Dillers Lichtstabstrukturen und Glarners geometrische Farbflächenkeilungen bis hin zu den großen Konkreten und Farbfeldmalern der fünfziger Jahre geführt haben.

Während in einer Übergangsphase bei Helen Frankenthaler, Morris Louis und Mark Rothko das lyrische Moment des Abstrakten Expressionismus noch deutlich zum Tragen kommt, obwohl sich die Bildthematik auf farbtonale Eigenschaften konzentriert, erhält die farbanalytische Malerei erst mit der Hard Edge-Farbfeldmalerei objektivierte thematische Definitionen durch klare, meist geometrische Formen, die durch hartkantige (Hard Edge) Umrisse voneinander abgesetzt sind.

1 Farbfeldmalerei

Als erste entdecken die amerikanischen Vertreter des Colourfield Painting die vielfältige Skala der Farbeigenschaften, die sich über verschiedenartige Tiefenwirkungen bis zu Transparenz und Vibrationsfähigkeit erstrecken, und leisten somit eine Art von Bestandsaufnahme der nicht an Gegenständlichkeit gebundenen abstrakten Farbtonalität. Mit der Verselbständigung der Farbe verbindet sich auch eine Aufhebung des traditionellen Tafelbildes. So ereignet sich bei Frank Stella, Ellsworth Kelly und Jules Olitski die bildnerische Gestaltung der Farbe oft am Rande des Bildes, oder sie scheint, wie etwa bei Morris Louis oder Kenneth Noland, über den Rand hinauszufließen. Mit objekthaften Monumentalleinwänden, den ›Shaped Canvases‹, entsteht zu Beginn der sechziger Jahre sogar ein neuer Bildträger in der Art, daß die Formationen auf der Bildfläche auch die äußere Gestalt des Bildes beeinflussen, um dadurch eine Übereinstimmung zwischen Bildinhalt und Bildform herzustellen.

BARNETT NEWMAN (1905–1970) phrasiert die Leinwandfläche in vertikale Farbzonen, wobei streifige Sperren jede Farbe für sich in feste Grenzen fixieren und jede Mischungsmodulation im betrachtenden Auge verhindern. Dadurch steht die Farbe in ihrer völligen Erscheinungsreinheit in der Bildrealität; ihre spezifische Phänomenalität gewinnt sie durch die strenge Trennung von der benachbarten Farbe. Alan Kaprow schreibt in seinem Aufsatz ›Barnett Newman – ein Klassiker?‹ über das Formprinzip dieser Hard Edge-Malerei: »Ihre Bilder sind alle abstrakt und bevorzugen große, einfach geformte Themen. Das Vokabular ist entweder geometrisch oder biomorph oder ein Amalgam aus beiden. Farbe und Ton sind gleichfalls von Teil zu Teil verschieden... Die Kompositionen erscheinen stabil und unzweideutig. Nichts tritt hinzu, was ihre Objektivität stören könnte.«[2]

FRANK STELLA (geb. 1936) unterstützt die Differenzierung der Farbtonalitäten durch schmale weiße Farbleerzonen, die zwischen die einzelnen chromatischen Farbflächen eingeschoben sind. Dadurch bewirkt Stella die dreidimensionale Verräumlichung seiner Farbbahnen. Die raumstaffelnden Eigenschaften der einzelnen Farben, wie sie von Auguste Herbin bereits erkannt worden sind, gelangen hier zur freien Entfaltung, so daß sich die Farbflächen in verschiedene Raumzonen gliedern.

Auch AD REINHARDT (1913–1967) präsentiert in seinen Farbräumen den Ausdruckswert der Farbe an sich in größtmöglicher Dichte (Farbtafel 33). Die Originalität dieses Malexperimentes mit der Farbe liegt in der Darstellung der schwarzen Fläche als sichtbarer Ausdruck von Nichtfarbe *(Schwarze Quadrate,* 1954). Die Möglichkeit, absolute Negation von Farbpräsens als totale Farblosigkeit realisieren zu können, bedeutet für Ad Reinhardt eine metaphysische Ideenquelle im Sinne des suprematistischen schwarzen Quadrats von Malewitsch, da die künstlerische Abstraktion Perspektiven erschließt, die jenseits der Erfahrungensdetermination des zeitablaufenden geschäftigen Daseins liegen: »Keine Kunst als Bequemlichkeit oder Beschäftigung. Kunst ist nicht die geistige Seite des Geschäfts. Der eine Maßstab der Kunst ist Einmaligkeit und Schönheit, Gemäßheit und Reinheit, Abstraktheit und Auflösung. Das eine, was über die beste Kunst zu sagen ist, ist die Atemlosigkeit, Leblosigkeit, Todlosigkeit, Inhaltlosigkeit, Formlosigkeit, Raumlosigkeit und Zeitlosigkeit. Das ist stets das Ziel der Kunst.«[3]

KENNETH NOLAND (geb. 1924) fügt leuchtende oder pastose Mischfarben zu rechtwinklig, kreis- oder v-förmig geordneten Streifen, die über den Bildrand hinaus ins Unendliche fortlaufen. Der Rahmen des Bildes wird gesprengt, die Wand trägt die Farbe weiter als puristische Demonstration von totaler Farbwertigkeit: Zusammen mit Morris Louis, dem modulativen Farbfeldmaler, entwickelt Noland eine spezifische Technik des Farbauftrags. Die Farbstreifen werden nicht gemalt, sondern die Leinwand wird flächig eingefärbt, so daß der gestische Malprozeß ausgeschaltet ist und die Farbe Raumbahnen konzipieren kann, die nur durch Farbe oder Nichtfarbe (Schwarz) fixiert sind.

Die Eigenwertigkeit der Farbe als Thema wird durch das bereits genannte Prinzip der ›Shaped Canvases‹ entschieden unterstützt. In den ausgehenden sechziger Jahren weitet sich diese Tendenz zum Skulpturhaften aus: LARRY BELL (geb. 1939) und NORMAN ZAMMIT (geb. 1931) schaffen Farbobjekte aus neuartigen Kunstharzen und Acrylfarben, bei denen Farbträger und Farbpigment durch chemische Verbindung untrennbar miteinander verschmolzen werden, und Stella, ein Hauptvertreter des Shaped Canvas, läßt seine Arbeiten seit Mitte der siebziger Jahre – verschiedenste Materialien in exzentrischen Formen – von der Wand in den Raum ausufern.[4]

Im Gegensatz zu den englischen Künstlern der Farbfeldmalerei, die außer ROBYN DENNY über die Nachahmung ihrer amerikanischen Vorbilder kaum hinausgelangen[5], zeigt das Werk schweizerischer, italienischer und deutscher Künstler kreative Originalität in der kompositorischen Strukturierung.

Ähnlich wie Frank Stella arbeitet der Schweizer JEAN BAIER (geb. 1932) mit streifigen Leerzonen und mit den Schattierungen der Nichtfarben Schwarz und Weiß. Durch eine kantige Verkeilung der Farbflächen, die auch den linearen Bildrand durchbricht, erreicht er den optisch-reliefartigen Eindruck von mehreren winklig geschachtelten Farbebenen. Auch bei PIERO DORAZIO (geb. 1927) sprengt die geometrische Farbstruktur den flächigen Bildraum. Die Vibrationsfähigkeit einer chromatischen Farbkomposition wird dazu benutzt, Raummodulation durch Farbe zu erzeugen. Über ein horizontal und vertikal gestreiftes Farbgitter schichtet Dorazio Farbbalken in verschiedenen Winkelkonstellationen. Die Verkleinerung der Farbflächen zu netzartigen und linearen Strukturen suggeriert dem betrachtenden Auge die Vorstellung von poröser Transparenz, so daß die geschichteten Farbstäbe wie in einem farbigen Luftraum schweben.

RICHARD PAUL LOHSE (geb. 1902) verwendet mathematische Regeln der Serienmodulation, um Farbmengen in festen Gruppenschemata zu ordnen: »Kleine Gruppen ermöglichen große Operationen. Mit der Entstehung systematisch geordneter Gruppen wird das Problem der Farbreihe akut, die Farbe wird Form. Die Farbserie gibt das Gesetz für den formalen Ausdruck. Farbe und Form heben sich als Gegensatz auf. Es wurde möglich, logische Strukturfolgen zu bilden, die eine unlimitierte vorbestimmte Folge von Farben entstehen lassen. Die Zahl der Farben genügt nicht mehr. Die Freiheit der Ästhetik, die Equilibre verwandelt sich in Vorbestimmtheit der Ordnung, das Lapidare des Statisch-Tektonischen in eine solche des Kinetisch-Flexiblen ... die Methode stellt sich selbst dar, sie ist das Bild.«[6] Indem Lohse eine spezielle mathematische Reihungsmethodik zur Darstellung bringt, gelingt es ihm, allgemeingültige Ordnungskriterien verfügbar zu machen, die sich kraft ihrer anonymen Flexibilität jederzeit verarbeiten lassen. In diesem Sinne versteht Lohse seine Farbserien als visuelle Modelle für zukunftsperspektivische Architektur, denn die Probleme des Bauens von morgen erfordern den vorhergeplanten Spielraum für spätere Erweiterung oder Reduktion, Progression oder Degression.[7]

Der Tscheche ZDENEK SYKORA (geb. 1920) führt die verwissenschaftlichte serielle Konkretion in ihre äußerste Konsequenz, wenn er den technologischen Fortschritt durch die Verwendung eines Computers für die systematisch-konstruktive Kunst fruchtbar macht. Sykora beschreibt sein Arbeitsprinzip mit dem Computer folgendermaßen: »Ich bemühe mich um eine programmierte Struktur, deren Charakter durch den Elemententyp bestimmt ist, und um die Regeln, nach denen sich diese Elemente einreihen. Die Elemente sind aus einfachen geometrischen Formen und ihren Segmenten konstruiert. Sie werden so gewählt, damit der Computer sowohl ihren Typ als auch ihre Lage unterscheiden kann. Das Verhältnis der Grundfläche und der Figuren ist abgestuft. Eine weitere Eigenschaft der Elemente ist die Möglichkeit der gegenseitigen Verbindung (Anknüpfung) oder im Gegenteil – ihre Isolierung. Diese Eigenschaften ermöglichen die Variabilität der Regeln, die entscheiden, ob die benachbarten Elemente aneinander anknüpfen oder sich im Gegenteil isolieren sollen ... Das Ziel ist die optimale Anzahl der ausgewählten Nachbarschaften einzelner Elemente.«[8]

ANTONIO CALDERARA (geb. 1903) gelingt es in seinen Bildern aus fast schwebenden Farbflächen, die Raumkapazität der Farbe als Gesetzmäßigkeit zu visualisieren. So ist bei ihm z. B. ein kleiner, dunkel gefärbter Fixpunkt in der Lage, eine großräumige, helle Farbfläche in ihrer Gewichtigkeit auszugleichen. Das in den ausgehenden fünfziger und frühen sechziger Jahren allenthalben um sich greifende Bestreben nach einer unverbrauchten Sinnhinterlegung der lyrischen Abstraktion, die sich mehr und mehr im bloßen Dekor zu verlieren droht, führt zu diversen stilistischen Verästelungen und Mischungen zwischen lyrischen und geometrischen Abstraktionsformen. In der Bundesrepublik wird die 1965 von BERND BERNER (geb. 1930), KLAUS JÜRGEN-FISCHER (geb. 1930), ERWIN BECHTOLD (geb. 1925) und EDUARD MICUS (geb. 1925) gegründete und von ROLF-GUNTER DIENST (geb. 1942) mitgetragene SYN-Vereinigung eine Art Sammelbecken, in das sowohl die skripturale Komponente des Informel wie auch erste objektivierbare Farbanalysen einfließen. Es wundert daher nicht, daß sich das Erscheinungsbild von SYN sehr heterogen ausnimmt und daß auch im Einzelwerk dialektische Züge hervortreten, die von den Künstlern selbst philosophisch hintergründig als Sinnbilder für die Spannungen zwischen dem organischen und intelligiblen Leben menschlicher Existenz gedeutet werden.

Andere Maler wie WINFRED GAUL (geb. 1928), REIMER JOCHIMS (geb. 1935) und RAIMUND GIRKE (geb. 1930) wenden sich in wachsendem Maße einer verhaltenen Opposition zur am Ende verkrampften Spontaneität des Spätinformel zu und bewegen sich in kontemplativen Farbklängen, auf die sich RUPPRECHT GEIGER (geb. 1908) bereits mit seinem Frühwerk der vierziger Jahre konzentriert hatte. Schon während des Krieges befaßte sich Geiger im Rückzug auf sich selbst mit der Farbe »als Grundelement der Malerei« und führte eigenständige Tonwertstudien im Anschluß an die Bauhausideen Kandinskys und Klees durch. Aus solchen Malexperimenten gehen in den frühen fünfziger Jahren unabhängig von parallelen Tendenzen der amerikanischen Farbfeldmalerei, die Geiger zu dieser Zeit noch nicht kennen kann, Erkenntnisse zu energetischen Lichtpotenzen der einzelnen Farbwerte hervor. Diese energetische Kraft der Farbe als meditatives Erlebnisfeld freizusetzen, motiviert Geiger zur Komposition geometrischer Farbfelder, die sich von ähnlichen Arbeiten konstruktivistischer Herkunft, wie sie bei Josef Albers anzutreffen sind, durch ihre sehr lyrische Assoziationsbreite unterscheiden und damit ein tragendes Element des Informel auf sehr eigenständige Weise integrieren. Geiger intendiert mit seinen lichtenergetischen Farbraumstaffelungen ein emotionales Begreifen kosmischer Räume und Energien, ein malerisches Konzept, in dem sich schon die Licht-Raum-Vorstellungen der ›Zero‹-Bewegung ankündigen.

2 Op Art und Signalkunst

Die Op Art hat ihre Wurzel in zwei verschiedenen bildnerischen Prinzipien, die aus den experimentellen Traditionen des Bauhauses und des russischen Konstruktivismus erwachsen sind und eine strenge Trennungslinie zwischen den physikalischen Phänomenen Licht und Farbe errichten. Diese kategoriale Unterscheidung von Licht und Farbe resultiert aus ihrer unterschiedlichen visuellen Rezeption. Licht stellt sich dem Auge als selbstleuchtender immaterieller Bewegungszustand im Raume dar, während Farbe an einem materiellen, nicht leuchtenden Körper durch Lichtbrechung sichtbar wird. Diese prinzipielle Unterscheidung von räumlichem Licht und flächiger Farbe begründet zwei Richtungen optischer Kunst, eine kinetische Op Art im dreidimensionalen Raum sowie eine statische Op Art auf der zweidimensionalen Bildebene. Die frühen Experimente russischer Künstler mit künstlichen Lichtquellen leiten die Entfaltung der dreidimensionalen kinetischen Op Art ein, die mit den Möglichkeiten der physikalischen Modulation von Lichtschwingungen operiert.

VICTOR VASARELY (geb. 1908) entwickelt die flächige Op Art als Farbvibrationskunst aus den chromatischen Farbexperimenten der Bauhausschule, indem er das physiologische Seherlebnis eines Flimmereffektes durch scharfen Schwarz-Weiß-Kontrast experimentell auswertet. Dieser Flimmereffekt entsteht durch die Trägheit des Auges, das die regelmäßigen Kontraste von kleinen Farbpartikeln oder schmalen Farbbahnen nicht als solche registriert, sondern ein Täuschungsbild wahrnimmt, das die serielle Kontrastlineatur zum raumplastischen Bewegungseffekt synthetisiert.

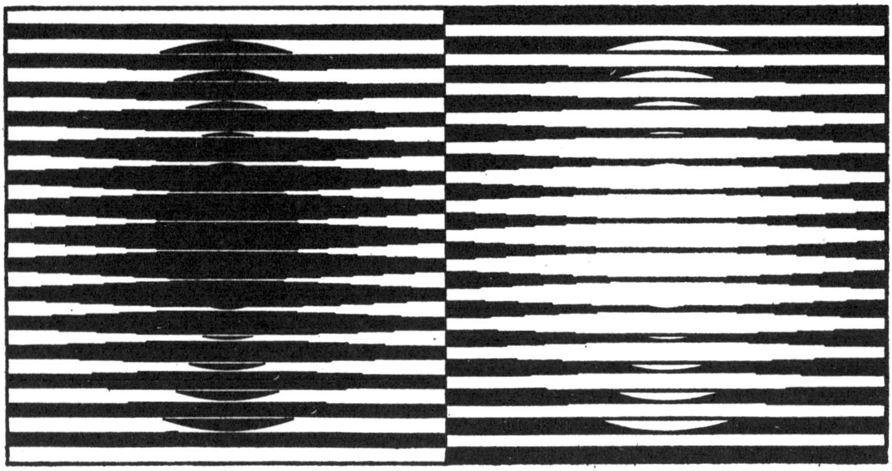

Victor Vasarely, Capello, 1964

Die aus dem Farbkontrast abgeleitete Op Art benutzt die serielle Struktursyntax des geometrischen Konstruktivismus, um die physiologischen Sehphänomene bei der Betrachtung vibrationsintensiver Farbflächen sichtbar machen zu können. Die von Vasarely verwendete Methode der seriellen Farbaufrasterung hat in der Nachfolge zu variationsreichen Spielen mit dem regelgebundenen Wechsel von flächigen Struktureinheiten geführt.

Bei ALMIR MAVIGNIER (geb. 1925) stellt sich die Rastermodulation als kontinuierliche Vergrößerung und Verkleinerung der Farbelemente dar, so daß sich die Flächenebene zu leuchtstarken Farbhohlkörpern ausbildet.

Eine konzeptionelle Abwandlung der Kontrastvibration erfährt Vasarelys serielle Farbstrukturierung in den Farbbahnen von Fruhtrunk. GÜNTER FRUHTRUNK (1923–1982) ordnet unterschiedlich breite Farbbänder in schwarze Flächen ein, die den Farbbahnen eine gesteigerte plastische Leuchtkraft vermitteln. Die Farbbänder selber besitzen unterschiedliche Tiefenwirkung, schmale Farbbahnen unterstützen das starke Heraustreten von breiten leuchtintensiven Farbzonen. WOLFGANG LUDWIGS (geb. 1923) *Kinematische Scheiben* zeigen kontrastierende Strahlenkreise, die sich in einem suggestiven und zugleich aggressiven Brennpunkt konzentrieren. GETULIO ALVIANI (geb. 1939) ordnet gegeneinander verkeilte komplementäre Farbstrahlungen in strenger Modulationsschematik zu monochrom erscheinenden dynamischen Mischfarbebenen.

GERHARD VON GRAEVENITZ (1934–1983) verwandelt den runden Farbraster in gereihte Farbquadrate, die nach seriellen Schemata eckig gegeneinander versetzt sind, so daß sich flimmernde Farbspiralen oder Farbwellen zeigen. In seinen kinetischen Rasterrelieftafeln überträgt Graevenitz sein serielles Op Art-Prinzip auf bewegliche Arrangements. In den ausgehenden sechziger Jahren erwirbt sich von Graevenitz große Verdienste mit technologischen Experimenten, die die Entwicklung einer Computerkunst wesentlich vorantreiben.

LUIS TOMASELLO (geb. 1915) realisiert ähnliche Effekte mit aufgesetzten Farbwürfeln, die das Bewegungsspiel der Farben durch die Schatteneffekte der Reliefoberfläche bereichern.

BRIDGET RILEY (geb. 1931) unterbricht die mathematisch seriell konstruierte, konstraststarke Flächengliederung durch intuitiv gesetzte wellenartige Phasenverschiebungen, so daß sich zwei Bewegungseffekte übereinanderlagern.

Ähnliche Sehreaktionen erzeugen die Arbeiten von JESUS RAPHAEL SOTO (geb. 1923), der vor seine vertikal gestreife Vibrationsfläche Nylonfäden oder Stahlnadeln mit farblicher Akzentuierung spannt (Abb. 81). Die Bewegung des Betrachters vor dem Bild erzeugt selbst die innovative Abwandlung des einfachen Flimmereffektes durch Konstraststreifen: »es verwandelt sich während der Betrachtung die reine Linie durch optische Täuschung in reine Schwingung, der Stoff in Energie.«[9]

Bridget Riley, Crest, 1964

In der Reduktion der Farbe auf Schwarz und Weiß schaffen FRANÇOIS MORELLET (geb. 1926) und LUDWIG WILDING (geb. 1927) mit ihren Experimenten der strukturellen Lineaturüberlagerung optische Situationen, die dem Auge Kurven und Kreisbahnen vorführen, ohne daß diese Figuren real bestehen. Das Spiel mit den Phänomenen des visuellen Erscheinens wird von Wilding verfeinert, indem er transparente Blätter mit strahlenförmigen Lineaturen übereinanderlegt. Die Verschiebung der Folien führt zu kinetischen Formationen, die einen beinahe unbeschränkten Variationsgrad besitzen. Das gleiche Ergebnis resultiert bei François Morellet aus elektrisch angetriebenen Stangensystemen, die ein Formenspiel zwischen quadratischen und rhomboiden Figuren entfalten. Die konzentrischen Farbkreise von PETER SEDGLEY (geb. 1930) demonstrieren mit Hilfe der leuchtintensiven Acrylfarbe die graduelle Helligkeit und Energiestreukraft einzelner Farbqualitäten, die in ihrer Komplexität zugleich ein geschlossenes Lichtgefüge darstellen.

Die Op Art tritt in Europa nicht als gesonderte Bewegung auf, sondern als Teil einer umfassenden Stilrichtung, die man als Neue Tendenz bezeichnet. Zur Neuen Tendenz rechnen in den sechziger Jahren die deutsche Künstlergruppe Zero, die italienischen Gemeinschaften ›Gruppe N‹ und ›Gruppe T‹, in Holland ›Nul‹ und in Frankreich die ›Groupe de Recherche d'Art Visuel‹. Ihnen allen gemeinsam ist trotz aller Unterschiedlichkeit in der jeweiligen Zielsetzung das Bestreben, den Betrachter am künstlerischen Prozeß zu beteiligen und seine Wahrnehmung durch optisch-kinetische Reize zu aktivieren. Viele Künstler dieser Gruppen, die sich nicht als Op Artisten bezeichnen würden, haben zeitweise Op-Bilder und Op-Reliefs hergestellt, um sie später als Vorstufen ihrer kinetischen Experimente auszuwerten.

So erzielen HEINZ MACK (geb. 1931), JULIO LE PARC (geb. 1928) und KARL GERSTNER (geb. 1930) optische Effekte, indem sie Reflexe von poliertem Metall in ihre Werke einbeziehen. Die vibrative Lichtwirkung entsteht bei Mack vornehmlich durch die verschiedenen Brechungswinkel, in denen das auffallende Licht von den gewellten Glas- und Metallfolien-Oberflächen reflektiert wird.

CARLOS CRUZ-DIEZ (geb. 1923) arbeitet in seinen Bildern und Reliefs mit den Phänomenen der Farbverschmelzung und Farbvermischung. Transparente Farbstreifen werden so geschichtet, daß an ihren Randzonen Komplementärfarben entstehen. Andere Künstler wie JOEL STEIN (geb. 1926) und YVARAL (geb. 1934) arbeiten mit den Farbüberlagerungen der Moiré-Effekte, indem sie zwei gleiche Struktursysteme gegeneinander verschieben. Für die meisten Künstler, die Op-Werke geschaffen haben, besteht der Reiz dieser Experimente in der Erstellung physiologischer Modelle, um mit Hilfe ihrer optischen Ergebnisse lichtkinetische Environments mit großer Reizwirkung auf den Betrachter konstruieren zu können.

Die amerikanische Signalkunst wurzelt ebenso wie das Hard Edge-Colour Painting in Albers' Quadratschichtungen und in den geometrischen Farbrasterreihungen von Mondrians *Broadway Boogie-Woogie*-Synkopen. Während die Farbflächen von Newman und Reinhardt die tonale Farbwertigkeit zum ausschließlichen Bildthema erheben, tritt in den Farbkompositionen von ELLSWORTH KELLY (geb. 1923) die geometrische Formung der Farbfelder in den Vordergrund, wobei sie gegenständliche oder zeichenhafte Assoziationen bewirken. Dadurch wird die tonale Selbstdemonstration der einzelnen Farben durch formale Funktionalitäten gestört; die Farbe der signalhaft aufleuchtenden Bildformel drängt sich unmittelbar vor das angrenzende Farbbild. Mit solchen Farbzeichenbildern stellt sich die Nachmalerische Abstraktion in die Nähe zur Pop Art, die in ihren Bildthemen die Vertrautheit des modernen Menschen mit spezifischen Farbzeichen und Lichtsignalen des Großstadtlebens aufgreift. In Amerika wird NICHOLAS KRUSHENICK (geb. 1929) neben AL HELD (geb. 1928) zum bedeutendsten Vertreter dieser Farbabstraktion der Großstadtsignale. Da die leuchtenden Farbfelder bei Held und Krushenick gestische Aussagekraft gewinnen, verarbeiten diese Hard Edge-Formen Elemente der lyrischen Abstraktion in die konstruktivistische Flächengliederung. Ein Interpret bezeichnet die bildaufbauenden Farbformen bei Krushenick als »organisch-geometrische Architekturteile«, die sich zu »aggressiven, raumkörperbildenden Streifenmustern« ornamental auftürmen, wobei das Signalhafte dieser farblichen Bauelemente aus dem einfachen Wechsel zwischen zwei Farben und deren strenger Trennung durch Brechungslineaturen resultiert.[10]

Lucy R. Lippard nennt ALAN D'ARCANGELO (geb. 1933) einen »präzis konstruierenden technischen Zeichner«, der mit scharf umrissenen Formabstraktionen und wirkungsvollen Farbkontrasten »die mit schwindelerregender Schnelligkeit in die Zukunft rasende amerikanische Autobahn, gesäumt von Reklametafeln, Wegweisern und Verkehrszeichen« darstellt.[11] In dieser Beschreibung wird deutlich, wie sehr d'Arcangelo die Farben der strengen linearen Formstruktur dienstbar macht.

Auf europäischem Boden findet die Signalkunst als vermittelnde Brücke zwischen Pop Art, abstrakt-expressiver Farbgestik und konstruktivistischer Abstraktion reiche Blüte im Verlauf der sechziger Jahre.

WINFRED GAUL (geb. 1928) benutzt als Modelle für seine Bilder die Verkehrszeichen der Straße, die sich als ästhetische und zugleich funktionelle Abstraktion permanent in der Öffentlichkeit präsentieren, ohne daß man sich dieser Tatsache bewußt wird. Erst die künstlerische Verarbeitung, die bei Gaul in der formalen Gestaltung wesentlich abstrakter ist als bei d'Arcangelo und eher an Stella und Noland erinnert, schafft durch farbige und formale Veränderung die Lösung des Zeichens aus dem kodifizierten Funktionalzusammenhang und wird so zum »ästhetischen Schocker«[12]. Gaul selbst typisiert seine Verkehrszeichen und Signale als Hieroglyphen einer neuen Großstadtkunst, die die Banalität ihrer Vorbilder usurpieren, um daraus eine neue, unverbrauchte und monumentale Bild-Sprache zu entwikkeln.

KARL GEORG PFAHLER (geb. 1926) verbindet in seinen Farbtafeln die Kategorien Farbe, Form und Raum mit der Intensität des imaginativen Bewußtseins. Er benutzt die signalartige Farbgestik, um einen unmittelbaren Zugang zum sensitiven Farb-Raum-Erlebnis zu erschließen. Für Pfahler resultiert das Interesse an der Leuchtfähigkeit der Farbe aus ihrer raumplastischen Wirkung. Ähnlich wie Ellsworth Kelly in seinem Bild *Red, Blue, Green, Yellow* (1965) versteht auch Pfahler den Raum als optische Farbform, die das lineare Struktursystem von Boden, Decke und Seitenwänden formuliert. Es führt daher ein konsequenter

Weg von Pfahlers flächig gemalten Farblettern zu den plastischen Raumwänden aus monochromen, rechteckigen Platten, die Pfahler auf der Biennale von Venedig 1970 zu konkreten chromatischen Farbräumen arrangiert, um dadurch das Bewußtsein auf die reale Farbexistenz innerhalb einer jeden raumbegrenzenden Fläche hinzuweisen.

Der japanische Maler KUMI SUGAI (geb. 1919), der bis 1964 Elemente der fernöstlichen kalligrafischen Tuschmalerei in die expressive Malkultur der Ecole de Paris einbringt, verwandelt dieses Sujet später in die Hard Edge-Emblematik der modernen Großstadtwelt. Ondulierende Farbbänder formieren sich zu chiffrierten Abstraktionen moderner Umwelt, in denen natürliche Landschaftselemente mit den technischen Bahnen der Autostraßen kontrastieren.

3 Von der Monochromie zur Lichtkinetik

Die Lichtkinetik als Kunst der dynamischen Lichteffekte entwickelt sich aus den optisch-physikalischen Modellexperimenten und aus den kinetisch-konstruktiven Skulpturen von Moholy-Nagy, Naum Gabo und Antoine Pevsner. Das bewegte Spiel der Lichteffekte hat eine große Tradition, die bis in die Zeit der Farbenklaviere des 18. Jahrhunderts zurückreicht. Das erste Klavier für Lichtmalerei wurde als Tasteninstrument von LOUIS BERTRAND CASTEL (1688–1757) gebaut. Als eigenständige Kunstform kann sich die Lichtkinetik durch die Lumina-Kunst des Dänen THOMAS WILFRED konzipieren, der 1919 in den USA eine kinetische Lichtorgel, genannt *Clavilux*, konstruiert, die mit einer vielschichtigen Scheinwerferanlage lichtsymphonische Projektionen auf einem Bildschirm ermöglicht. 1924 finden im Bauhaus unter Leitung von LUDWIG HIRSCHFELD-MACK (1893–1965) erste lichtkinetische Experimente statt, wobei farbige Lichtstrahlen in rhythmischen Sequenzen auf eine Leinwand projiziert werden. Der Ingenieur FRANK MALINA (geb. 1912) führt 1955 erste Lichtrotoren in die Kunst ein, die fluoreszierendes Licht durch ihre Bewegung modulieren.

In den ausgehenden fünfziger Jahren finden die spektakulären Lichtaktionen der Düsseldorfer ›Zero‹-Gruppe in Form von lichtkinetischen Freilichtfesten statt. Diese Lichtaktionen der Künstler Heinz Mack, Günther Uecker und Otto Piene sind Gegenreaktionen auf die inzwischen gehaltlich abgeflachten lyrischen Farbgesten des Abstrakten Expressionismus. Um ihre Oppositionshaltung markant herauszustreichen, bedienen sich die ›Zero‹-Künstler einer manifestartigen Proklamation ihrer Ideen, die unmittelbar an den Elan der Futuristen- und Dada-Manifeste erinnert. Im Manifest ›Zero – Der neue Idealismus‹ von 1963 heißt es: »Zero ist die Stille. Zero ist der Anfang. Zero ist rund. Zero dreht sich. Zero ist der Mond. Die Sonne ist Zero. Zero ist weiss. Die Wüste Zero. Der Himmel über Zero. Die Nacht –. Zero fliesst.«[13]

Diese neuartige Thematisierung des Lichtes in der Kunst resultiert einerseits aus den frühen kinetischen Experimenten der Bauhaus-Künstler, die schon in den zwanziger Jahren das choreographische Wechselspiel von Licht und Bewegung ausloteten, und andererseits aus den Meditationstafeln der chromatischen Farbfeldmalerei. Eine ähnlich sensitive Farbauslotung, wie sie in Amerika von Ad Reinhardt, Barnett Newman oder Mark Rothko geleistet wird, indem auf den Shaped Canvases die Farbe als energetische Lichterscheinung quasi materielos in einem atmosphärischen Kontinuum schwebend wahrgenommen werden kann, ist auf dem europäischen Kontinent ebenfalls schon in den frühen fünfziger Jahren erstmals bei Lucio Fontana und Yves Klein auszumachen. Bereits 1946 fordert der Italiener LUCIO FONTANA (1899–1968) in seinem ›Manifesto blanco‹ eine neue dynamische Kunst, bei der räumliche und farbliche Gestaltung sowie Klang, Licht und Bewegung miteinander verbunden werden müßten. Interessant ist die Tatsache, daß auch hier, ähnlich wie bei den amerikanischen Farbfeldmalern, der Anstoß zu einer lichtenergetischen Farbraummalerei durch Einflüsse fernöstlicher Meditation provoziert wird. Erste wegweisende Realisationen im Anschluß an sein ›weißes Manifest‹ erstellt Fontana mit seinen aufgeschlitzten Leinwänden, den *Concetti spaziali*. Über das neodadaistische Antikunst-Zitat hinaus vollziehen diese Perforationen den konstruktiven Entwurf eines leeren Raumes für eine freie Kunst, die eine neue Intensität des Kunsterlebnisses zu entfalten vermag (Farbtafel 40).

Ähnliche Ideen einer neuen Sensibilisierung, Entgrenzung und Befreiung der Kunst verfolgt auch der Franzose YVES KLEIN (1928–1962), der sich seit 1947 mit monochromen Bildkonzeptionen beschäftigt hat. 1956 entwickelt Klein die spezielle Farbmischung seines berühmt gewordenen ›International Klein Blue‹ (IKB), ein leuchtend tiefes Ultramarin, das der Künstler als Inkarnation des Kosmischen, Grenzenlosen und Universellen interpretiert. Um die Realität in ihrer Stofflichkeit mit der Sensibilität dieser kosmischen Farbkraft zu durchtränken, werden auch Gegenstände von Yves Klein mit dem Ultramarinblau eingefärbt; auf diese Weise entstehen 1957 die ersten Schwammreliefs (Farbtafel 32). Seit 1958 experimentiert Klein auch im Kontext des Nouveau Réalisme und einer neodadaistischen Aktionskunst mit Feuerveranstaltungen und Feuerbildern und präsentiert gleichzeitig in einer ersten konzeptuellen Arbeit das absolute Leere in Gestalt eines leer gelassenen Pariser Ausstellungsraumes in der Galerie Iris Clert als Kunstwerk.

Mit seinen vielschichtigen Aktivitäten wird Yves Klein zur zentralen Anregerpersönlichkeit der deutschen ›Zero‹-Künstler, die den Franzosen zunächst jedoch über die Vermittlung Piero Manzonis rezipieren. PIERO MANZONI (1933–1963) zeigt 1957 seine *Achromes*, die das Thema der Monochromie radikalisieren und objektivieren. Denn die *Achromes* bestehen aus roh gelassenen Gipsflächenreliefs, in die unbearbeitete Leinwandstücke eingelassen sind, sowie aus mit Kaolin und Leim durchtränkten Leinwandstoffen, die ihre Strukturierung allein durch die Brechungseffekte des Lichtes auf der farblosen Reliefläche akzentuieren. Diese weißen Reliefbilder üben ebenso wie Yves Kleins ultramarine Monochromie intensive Wirkung auf die ›Zero‹-Gruppe aus, die in ihren Zero-Publikationen bewußt den Anschluß der eigenen Arbeit an Manzoni und Klein betont. So ist auch das oben zitierte Zero-Manifest des neuen Idealismus ein direktes Aufgreifen des kosmisch dimensionierten, energetischen Kunstbegriffs von Yves Klein. Während Mack, Piene und Uecker in ihrem malerisch-grafischen Œuvre die subtilen Lichtanalysen in der Nähe zu Op Art und Farbfeldmalerei weiterführen, gehen ihre lichtkinetischen Experimente jeweils eigenständige und innovative Wege, um dann in groß angelegten Gruppenaktivitäten miteinander zu kommunizieren.

Breite Popularität erlangt ›Zero‹ 1962 mit einem gigantischen lichtkinetischen Fest auf den Düsseldorfer Rheinwiesen, das anläßlich der Produktion des Zero-Films ›O x O = Kunst‹ veranstaltet wird.

GÜNTHER UECKER (geb. 1930) verläßt ganz die Formensprache der Farbnuancierung, um mit Hilfe der Schattenbildung des natürlichen Lichtes optische Aktionen auf einer planen oder runden Fläche zu produzieren. Aufgehämmerte Nägel verwandeln die weiß gestrichene Reliefoberfläche der Ueckerschen Lichtscheiben in Energiefelder der Lichtmodulation (Abb. 76).

HEINZ MACK (geb. 1931) konstruiert als Instrumentarium der lichtkinetischen Modulation durchsichtige, gleichmäßig gerillte Glasscheiben, die bei Rotation die gebündelten Lichtstrahlen einer Lichtquelle mit faszinierenden Brechungseffekten reflektieren. Für Mack ist das technische Manipulieren mit den Effekten der Lichtbrechung nicht konstruktiver Selbstzweck. Die artifiziell organisierte Lichterscheinung dient vielmehr der Formulierung der eigenen Imagination, als Synthese aus Rationalität und Intuition.

Das 1968 für einen Fernsehfilm durchgeführte *Sahara-Projekt* von Mack, das Sonnenlichterscheinungen im Brennpunkt diverser Silberlichtreflektoren zu verschiedenen Tageszeiten filmisch erfaßt, offenbart dem Künstler neue Dimensionen der Licht-Raum-Abhängigkeit, indem ein entgrenzter Totalraum, die Wüste, ebenso wie reale Zeitsequenzen wesentliche Bestandteile der künstlerischen Realisation werden. Dabei wird eine überwältigende Faszination durch die völlige Integration von künstlerischen Objekten in unberührte Naturräume erzeugt (Abb. 77). »Das unvergleichliche Licht der Wüste vibrierte glühendhell in meinen Objekten, die hier – unter diesem Himmel – eine einzigartige Erscheinungsweise gewinnen können, da das Licht ihre Materialität vollkommen überstrahlt.«[14]

Macks *Quadriga-Rotoren* sind im Gegensatz zu den *Sahara-Lichtstelen* von künstlichen Lichtquellen abhängig, wollen aber ebenso wie die Sahara-Lichtexperimente neue Möglichkeiten des Zusammenwirkens von Natur und moderner Technik demonstrieren, wobei das eigentlich Kreative in der Herstellung immaterieller Raumeinheiten in Form von vibrierendem Lichtvolumen wirksam wird.

OTTO PIENE (geb. 1928) intendiert mit seinen *Lichtballett*-Konstruktionen die totale Raumausfüllung durch dynamische Lichtverwandlung. Der Künstler benutzt zur Realisation seiner Vorstellungen pneumatisch expandierende Nylonmaterialien, um das ›Zero‹-Ziel, Entmaterialisierung durch Licht, sichtbar machen zu können. Da die synthetischen Häute aus Plastikfasern volumenmäßig variabel und zu schwebenden, vom Zufall reizvoll gestalteten Bewegungsabläufen fähig sind, ermöglichen die Materialeigenschaften dieser transparenten Stoffe gegenüber dem zerbrechlichen, schweren und starren Glas überdimensionale, schwebende Lichtprojektionen in der Luft. Das pneumatische Volumen der Lichtballone kann durch bestimmte Farbgase transparente Lichtfarbräume ungeheurer Ausdehnung in der Atmosphäre realisieren. Piene erzeugt mit diesen tanzenden Lichträumen im entgrenzten Luftraum ein neues »dynamisches Raumempfinden, in dem die Schwerkraft viel Macht verloren hat«. Ueckers Nagelrhythmen, Macks Lichtmaschinen und Pienes Lichtballette eröffnen mit den Modulationswerten ihrer mobilen Leuchtkörper – Licht, Raum,

Bewegung – neue Erfahrungshorizonte von erlebbarer Harmonie, die sich als Synchronisierung von Dynamik, Leuchtkraft und konstruktiver Materialformung konkretisiert.

Unter den jungen experimentierfreudigen Künstlern der frühen sechziger Jahre steht seinerzeit vor allem HANS HAACKE (geb. 1936) mit monochromen Rasterreliefs der Zero-Bewegung nahe. Ein Forschungsstipendium ermöglicht ihm ab 1961 einen ausgedehnten Studienaufenthalt in den Vereinigten Staaten, wo er aus seinen kinetischen Anfängen im ›Zero‹-Kielwasser eine eigenständige physikalisch-kinetische Systemkunst ausbildet. 1963 entstehen in New York erste *Kondensationswürfel* aus Plexiglas, deren Flüssigkeitsinhalt durch wechselnde Kondensationsintensität auf die jeweilige Temperatursituation des Umraums sichtbar reagiert.

Zu Anschauungsmodellen dieser Art gelangt auch ERICH REUSCH (geb. 1925), der 1968/69 ebenfalls Plexiglaskästen baut, die aber statt mit Flüssigkeit mit kleinsten Rußpigmenten gefüllt sind. Durch Reiben der Kastenwände wird eine elektromagnetische Aufladung erzeugt, die die Rußpartikel verstärkt je nach Reibungsintensität zur Haftung an den Kastenwänden veranlaßt.

Unabhängig oder nur in gelegentlichem Kontext mit ›Zero‹ veranstaltet ADOLF LUTHER (geb. 1912) lichtkinetische Experimente, wobei er sich – wie Haacke und Reusch – in

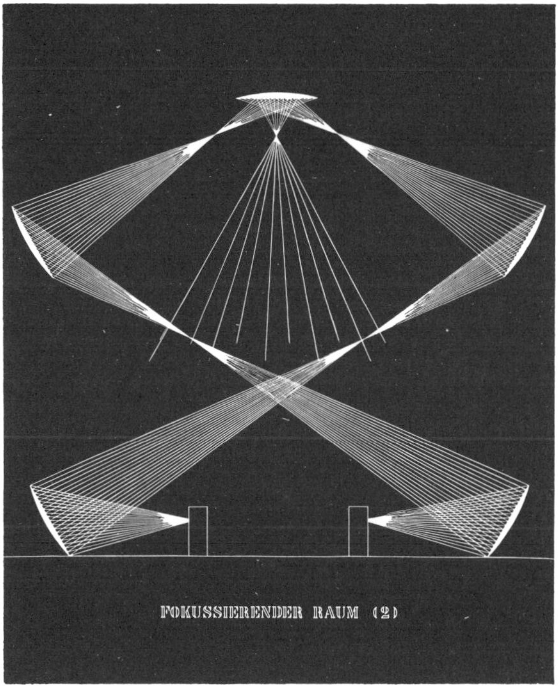

Adolf Luther, Konstruktionszeichnung zum *Focussierenden Raum*, 1969

strenger Präzision physikalischer Wirkungen des Lichts bei bestimmter Anordnung von optischen Gläsern bedient. 1970 zeigt Luther seinen *Focussierenden Raum*, der mit Hilfe von Hohlspiegeln und Rauch parallele Strahlenbündel erzeugt, die sich in leuchtintensiven Brennpunkten zu rein energetischen Lichtvolumina sammeln. Luther gelingt es mit dieser Konstruktion, Räumlichkeit immateriell allein durch focussierende Strahlenbündelung zu artikulieren. Gleichzeitig macht Luthers Experimentieren mit der strengen Gesetzlichkeit der physikalischen Hohlspiegel-Strahlenbündelung die ästhetische Anschauung räumlicher Lichtbilder in sogenannten *Lichtschleusen* möglich.

TAKIS' (geb. 1925) mehrfarbige Signallampen stoßen als rhythmische Lichtimpulse geballte Energieladungen in die Atmosphäre aus und fixieren durch immaterielle Leuchteinheiten unbegrenzte Räumlichkeiten in Analogie zum lichterzeugenden Sonnensystem. In anderen Arbeiten verwertet Takis die Erfahrungen mit der sphärischen Lichtvibration in kombinierten mechanisch-optischen Arrangements, die zugleich in multimedialer Ausweitung mit akustischen Signalen gekoppelt werden. Mit Hilfe von elektromagnetischen Kraftfeldern läßt Takis im ästhetisch-physikalischen Experiment 20 Meter lange Drähte frei in der Luft schweben oder Eisenfeilspäne in vorherbestimmten Wirbelbewegungen auf einer Platte veränderliche Figurationen kombinieren (Abb. 80).

Zu der von Vasarely 1959 initiierten Kinetikervereinigung ›Groupe de Recherche d'Art Visuel‹, die während der sechziger Jahre vornehmlich wissenschaftliche Lichtforschung betreibt, gehört u. a. JULIO LE PARC (geb. 1928). Der argentinische Künstler schlägt mit seinen lichtreflektorischen Mobiles aus Spiegeln und gebrauchten Linsenteilen die Brücke von dem rein konstruktiven Lichtraum zu den Dingen des alltäglichen Gebrauchs, denen innerhalb eines lichtästhetischen Mechanismus unerwartete Reizimpulse abgewonnen werden.

Rein kinetisch-optische Absichten verfolgt dagegen GEORGE RICKEY (geb. 1907) mit seinen kinetischen Stahlkonstruktionen, die in der Rotation wie modellhafte Planetarsysteme wirken und ihren besonderen Lichteffekt von der vielfältigen Lichtbrechung durch die spiegelreflexiven Stahlplatten innerhalb des Gittersystems beziehen (Abb. 79).

Im Gegensatz zu Mack und Piene erwählt der zukunftsorientierte kinetische Lichtmoderator NICOLAS SCHOEFFER (geb. 1912) den urbanen Raum zum Funktionsträger seiner kybernetischen Lichtskulpturen, die kraft ihrer dynamischen Lichtdurchbrüche Materie von ihrer Masse befreien und in Energie transformieren. Jürgen Claus bezeichnet Schoeffers konstruierte Lichträume als Plastiken der »Architekturierung von Raum und Zeit«.[15] Schoeffers elektronisch gesteuerte Lichträume aus schwerelosen Stahlkonstruktionen verflüchtigen ihren materialkausalen Schwerezustand durch das raumdynamisch funktionierende Lichtsystem, das durch elektronisch bewegte Lichtelemente wie rotierende Strahler und lichtreflexive Metallscheiben vielfältige Lichtprojektionen erzeugt und Zwischenräume konstruiert, die nur durch Lichtmodulation determiniert sind. Schoeffer koppelt seine Lichtprojektionen mit eingebauten Tonträgern, so daß sich ein audiovisuelles, programmiertes Zusammenspiel von luminodynamischen Projektionen und klangtonalen, zeitdeterminierten Kompositionen ergibt.

In der zweiten Hälfte der sechziger Jahre gibt es dann weltweit eine Vielzahl lichtkinetischer Aktivitäten, deren Spannweite von der Moskauer Kinetikergruppe ›Bewegung‹ um LEW NUSBERG (geb. 1937) bis zu den architektonischen Lichtgärten von HERMANN GOEPFERT (geb. 1926) reicht. Dabei erfreut sich eine Plastik mit wechselnden Lichtmodulationen auf hochpoliertem Edelstahl oder auf bewegten Wasserspiegeln in Plexiglaskuben großer Beliebtheit als dekorative, unkomplizierte, aber dennoch moderne ›Kunst am Bau‹.

Aus dem Umfeld von Manzoni, Yves Klein und ›Zero‹ bildet sich neben der Lichtkinetik auch eine neokonkrete Malerei heraus, die sich nicht so rasch verbraucht wie die designnahe Op Art, sondern mit spezifischen Kriterien wie der seriellen Reihung sogar wegweisend für die reduktiven puristischen Kunsttendenzen der siebziger Jahre werden kann.

Aus dem direkten ›Zero‹-Kreis kommt OSKAR HOLWECK (geb. 1924); er konzentriert sich ausschließlich auf Papierarbeiten, wobei er die für ›Zero‹ und Manzoni typischen seriellen Reliefstrukturen durch Reißtexturen von höchst individueller Formqualität für sich vereinnahmt.

Farbmonochrome Tendenzen, die einerseits an Manzoni anknüpfen und andererseits bereits auf formreduktive Strukturen der Minimal Art verweisen, lassen sich in der analytisch geplanten Malerei von Kuno Gonschior, Reimer Jochims und Raimund Girke ebenso nachweisen wie in den ›Zero‹-verwandten Bildern der niederländischen ›Nul‹-Mitglieder JAN SCHOONHOVEN (geb. 1914) und HENK PEETERS (geb. 1925). In den sechziger Jahren entwickelt Schoonhoven aus dem für ihn kennzeichnenden Werkstoff Papiermaché eine gefühlsfreie, objektivierbare Reliefform, die das serielle Prinzip mit der lichtmodulierenden Strukturwirkung der weißen Relieffläche verbindet.

Typisch für die Endphase der Farbfeldmalerei ist der selbstverständliche Umgang mit der inzwischen analytisch erworbenen Fähigkeit, Farbe zum optisch konstitutiven Element einer Fläche zu machen. So bildet KUNO GONSCHIOR (geb. 1935) aus einzelnen Farbpunkten eine geschlossene Schicht, die die Leinwand wie eine Haut überzieht und ihr damit die autonome Wirkung eines energetisch pulsierenden Farborganismus verleiht. REIMER JOCHIMS (geb. 1935) erstrebt in seiner monochromen Malerei die Vereinigung von Farbe und Fläche, indem Farbpigment und Ebene in der entmaterialisierten filmartigen Fluktuation der Farbe identisch werden. Die Farbe hat in ihrer Reduktion auf transparente Lichtwertigkeit keine Dichte mehr und wird zur farbangehauchten, schleierartigen Farbfläche.

RAIMUND GIRKE (geb. 1930) thematisiert in seinen auf Leinwand gestreuten minimal-monochromen Farbfilmen weniger die Tonalität der aufgetragenen Farbe als die Reflexionssensibilität des weißen Untergrundes, der die winzigen Farbpigmente mit empfindlicher Nuancierung zur reinen Lichtwertigkeit ohne Materialität erhebt. Im Gegensatz zur Farbenlehre der amerikanischen Nachmalerischen Abstraktion, die Weiß als Nichtfarbe verwendet, erlangt die Lichtfarbe Weiß bei Girke höchste Potenz leuchtwertiger Farbigkeit.

Mit den raumgreifenden Farbkissen von GOTTHARD GRAUBNER (geb. 1930) erhält die farbanalytische Kunst schließlich sogar dreidimensionale Ausdrucksqualitäten, in denen sich die organische Atmungsfähigkeit der Farbpigmente potenzieren kann. Graubner bezeichnet deshalb seine zart monochromen Kissenbilder selbst als »Farbkörper«, in denen die verräumlichte Farbmalerei den emblemlosen, da nicht mehr an Zeichen oder Strukturen gebundenen transparenten Farbkörper freizusetzen vermag. Das plastische Farbvolumen dieser Bilder entsteht durch das mehrfach geschichtete Durchtränken des gespannten Trägergewebes aus Perlon mit Farbpigmenten, wodurch eine optimale Flächenausdehnung der Farbe möglich wird (Abb. 140).

4 Neodadaistische Aktionskunst

Der Ausgangspunkt der vielfältigen Erscheinungsweisen von Neo-Dada ist nicht zuletzt in der Identitätsgleichung von Duchamps Antikunst zu suchen, die eine freie Erforschung der Realität unbelastet von jeglicher Wertkausalität ermöglicht. Dabei ist die methodische Neuorientierung der Kunst im Anschluß an Psychologie und Soziologie sowie ihre interdisziplinäre Ausweitung in Richtung auf eine gezielte Ausnutzung moderner Technik und Medienforschung wesentliche Voraussetzung für die Konzentration künstlerischer Praxis auf das menschliche Bewußtsein und auf die Problematik eines fehlenden kommunikativen Sozialverhaltens innerhalb der modernen Gesellschaftsstruktur. Grundmaxime von neodadaistischer Kunst bildet das Wissen, daß alles real und damit der Bewußtseinserhellung wert ist. Das Banale, das gewöhnlich Verbrauchte, wird ebenso relevant wie die vielfältigen Prozesse des Alltags.

Mit der Neodada-Bewegung in den fünfziger Jahren liefert vor allem die Aktionskunst wichtige Bedingungen für eine Annäherung zwischen Kunst und Lebenswirklichkeit. Gleichzeitig werden die Grenzen der Kunstgattungen durch vielfältige Formen des Medienverbundes gesprengt. Es bilden sich neue Darstellungsformen wie Happening, Situation, Combine Painting, Objektkunst, Environment und Akkumulation heraus, die den vorgefertigten Gegenstand der Konsumindustrie und das Alltagsgeschehen in das Kunstwerk integrieren.

In Frankreich wird der Kunstkritiker Pierre Restany zum Sprachführer einer neodadaistischen Bewegung, als er am 16. 4. 1960 sein erstes ›Manifeste des Nouveaux Réalistes‹ veröffentlicht und damit die Gruppenbildung des Nouveau Réalisme initiiert, der »ohne jede polemische Absicht die soziologische Realität« registriert und die Identifikation von Kunst und Leben erstrebt, die Einbeziehung der alltäglichen Dingwelt von Produktion und Konsum in den Prozeß der Kunst.

Der in der Schweiz aufgewachsene JEAN TINGUELY (geb. 1925) spricht mit dem Stichwort »Wirklichkeit, ... schöne absolute Wirklichkeit« aus, worum es dieser aus der Opposition zum Informel entstandenen neuen Avantgarde geht: Es geht ihr um Realität, und damit steht sie nicht nur in Opposition zur lyrischen Expressivität des Informel, sie steht auch in Opposition zu jedem neuen Idealismus der Zeit, wie er etwa bei Yves Klein oder auch bei den ›Zero‹-Künstlern anzutreffen ist. So intendieren die Nouveaux Réalistes vorrangig die Integration aller Werkstoffe und aller Medien, die aus dem Alltag des Lebens zur Verfügung stehen, in die Kunst. Tinguely baut daher um 1960 seine Skulpturen aus Schrottabfällen und schließt bewußt an Marcel Duchamps Readymade-Demonstrationen an, bei denen ein Konsumgegenstand bereits 1913 zum Kunstwerk werden konnte.

Als sich 1966 der französische Choreograph Roland Petit an Niki de Saint-Phalle, Martial Raysse und Tinguely mit dem Ansinnen wendet, sie möchten ihm das Bühnenbild für sein Ballett ›Eloge de la folie‹ im Pariser Théatre des Champs-Elysées entwerfen, baut Tinguely ein schwarzes Relief, dessen Silhouette vor einem weiß beleuchteten Tuch erscheint und die ganze Bühnenöffnung ausfüllt. »Die Maschine ließ sich hochziehen wie ein Vorhang und war aus großen Rädern mit Treibriemen gebaut, Bälle rollten, Rinnen kippten um, eine Guillotine fiel herunter.«[16]

Solch unmittelbarer Bezug zum Theater findet sich auch in den Anfängen einer neodadaistischen Aktionskunst auf amerikanischem Boden, wo sich eine dem französischen Nouveau Réalisme parallel gelagerte Kunstströmung jedoch schon zehn Jahre früher konstituieren konnte, als Robert Rauschenberg 1953 mit der Ausradierung einer de Kooning-Zeichnung ein symbolisches Ende des Abstrakten Expressionismus proklamierte und eine neue positive Einstellung zur Alltagswirklichkeit und zu objektiven Kunstinhalten forderte.

Die ästhetische Philosophie von Neodada und New Realism, wie sich die Oppositionsbewegung zum Action Painting bereits in den fünfziger Jahren nennt, wird in Amerika in wesentlichen Inhalten von dem Komponisten JOHN CAGE (geb. 1912) konzipiert, der die Partizipation des Publikums an Kunstaktivitäten propagiert und die Auflösung der künstlerischen Medienabgrenzungen vorantreibt. Durch John Cage hat die Aktionskunst ihre Geburtsstunde nicht in der Entwicklungsgeschichte der modernen Kunst, sondern der Experimentalmusik, deren kreatives Zentrum sich nach dem Ende des Zweiten Weltkrieges an der New York School for Social Research befindet, wo der Schönberg-Schüler Cage Kurse für elektronische Musik abhält und in seine eigenen Kompositionen auch Zufallsgeräusche und Klangeffekte aus dem Alltag hineinnimmt. Darüber hinaus beabsichtigt Cage, die Aufmerksamkeit des Zuhörers zu dezentralisieren und zu einer Offenheit für alles zu führen, was um ihn herum geschieht. Inspiriert von leer gelassenen weißen Leinwänden Robert Rauschenbergs, mit dem John Cage um 1950 eng zusammenarbeitet, komponiert der amerikanische Musiker das *Klangstück 4'33"*, das man später wegen seiner exemplarischen Darstellung einer Wechselbeziehung zwischen Kunst und Leben als das erste Happening bezeichnen wird. In diesem Stück hat ein Pianist 4 Minuten und 33 Sekunden lang auf dem Podium zu sitzen, ohne dabei die Tastatur des Klaviers zu betätigen. Der Klang des Stückes besteht allein aus den Geräuschen, die das Publikum hustend, protestierend oder Beifall klatschend verursacht.

1960 geben die Cage-Schüler LA MONTE YOUNG (geb. 1935) und JACKSON MAC LOW (geb. 1922) eine Anthologie der von ihrem Lehrer initiierten neuen Kompositionsweise heraus, die von GEORGE MACIUNAS (geb. 1931) gestaltet wird. Alles Material, das nicht in dieser Sammlung berücksichtigt ist, will Maciunas als sogenannte ›Fluxus‹-Veröffentlichung fortan sukzessiv publizieren, weshalb diese aus der Musik abgeleitete Aktionskunst die Bezeichnung ›Fluxus‹ erhält.

1962 bringt Maciunas das gesamte Material der Anthologie mit zum Wiesbadener *Festum Fluxorum,* wodurch die Fluxus-Bewegung in Zusammenarbeit mit den amerikanischen Cage-Schülern Jackson MacLow, GEORGE BRECHT (geb. 1926), DICK HIGGINS (geb. 1938) und AL HANSEN in Europa etabliert wird. Da Maciunas eine aus der Experimentalmusik abgeleitete Aktionskunst nach Europa vermittelt, konzentrieren sich die von ihm getragenen Fluxus-Veranstaltungen im wesentlichen auf die Integration des Alltagslebens in das Repertoire musikalischer Klangereignisse. Dabei wird in Zertrümmerungsaktionen von Klavieren und Geigen nach dem dadaistischen Antikunst-Vorbild einerseits mit dem traditionellen Klangrepertoire der Musik gebrochen, zum anderen entnimmt man solchen Klangereignissen gleichzeitig auch ein noch unverbrauchtes konkretes akustisches Material, das bislang nicht als Klang, sondern als Lärm galt, weil es außerhalb konventioneller Tonsysteme liegt.[17]

Für die zahlreichen europäischen Fluxus-Feste im Anschluß an die Wiesbadener Veranstaltung 1962 formuliert Maciunas ein theoretisches Programm, in dem er die Abgrenzung zur traditionellen Kunst immer wieder im Geiste Dadas unterstreicht: »Fluxus-Amusement soll einfach, unterhaltend und anspruchslos sein, sich mit Belanglosigkeiten beschäftigen, weder besondere Fähigkeiten noch zahllose Proben erfordern, weder handelbar noch institutionalisierbar sein... es strebt einfache Strukturen und untheatralische Qualitäten in einfachen, natürlichen Vorgängen als Spiel an.«[18]

Zum engen Kreis der Fluxus-Gruppe um Maciunas gehören neben den bereits genannten Amerikanern aus dem New Yorker Cage-Seminar noch Benjamin Petterson und Emmett Williams, die Franzosen BEN VAUTIER (geb. 1935) und ROBERT FILLIOU (geb. 1926), der Koreaner NAM JUNE PAIK (geb. 1932), der sich sehr intensiv mit elektronischer Musik beschäftigt, sowie TOMAS SCHMIT (geb. 1936), LUDWIG GOSEWITZ (geb. 1936), Joseph Beuys und Wolf Vostell.

Im Unterschied zu den klangspezifischen Vorzeichen von Fluxus ist das Happening ein theatralisches Geschehen, das sich aus allen möglichen Quellen der Lebensrealität seine Inszenierungsformen herholt. Das Happening hat die gleichen Wurzeln wie die Fluxus-Bewegung. Denn zum Freundeskreis von John Cage gehören neben Robert Rauschenberg auch Alan Kaprow, Claes Oldenburg und Jim Dine, die sich statt mit Klangeffekten stärker mit Dichtung und Theater beschäftigen und in Gestalt von »Lagerhaus-Schauspielen« und Ereignis-Inszenierungen in der New Yorker Reuben Gallery eine Einbeziehung des Alltags in die Kunst anstreben. Diese ersten Happenings besitzen bereits die charakteristischen Eigentümlichkeiten, die ALAN KAPROW (geb. 1927) später theoretisch formuliert:

»Die Grenze zwischen Happening und täglichem Leben sollte so flüssig wie unbestimmbar gehalten bleiben. Die Wechselwirkung zwischen der menschlichen Aktion und dem Vorgefundenen wird dadurch in ihrer höchsten Wechselwirkung gesteigert... Die Komposition aller Materialien, Aktionen, Bilder und ihrer Raumzeitbezüge sollte in einer so kunstlosen wie praktischen Weise erfolgen... Happenings sollten nicht geprobt werden und nur einmalig von Nicht-Professionellen aufgeführt werden.«

Es handelt sich also im Prinzip um eine Art Collage aus Ereignissen, umfangreichen (Außen-)Aktionen, die elementaren Theaterformen verwandt sind. D.h. es gibt vorher festgelegte Situationen, aber keine fortlaufende Handlung oder spezifische Charaktere. Spontane Reaktionen sind jederzeit möglich. Wichtig ist dabei vor allem die Intensivierung visueller und taktiler Reize, wobei Alltagsgegenstände zu selbständigen Akteuren werden können. Beabsichtigt ist eine Sensibilisierung der Erlebnisfähigkeit durch Veränderung der gewohnten Lebensumstände bis an die Grenzen der Belastbarkeit.

Ein weiterer wichtiger Markstein in der amerikanischen Entwicklungsgeschichte des Happenings stellt ein Laden *(The Store)* dar, den CLAES OLDENBURG (geb. 1929) in der New Yorker Second Street 1961/62 einrichtet, um ihn mit bemalten Gips-Lebensmitteln zu füllen. Dieser Laden unterstreicht das Postulat der amerikanischen Neuen Realisten, sich wieder auf die Dinge des Alltags, auf das Leben, zu beziehen.

Diese amerikanischen ›Events‹ und ›Environments‹ treffen sich in ihrer Intention mit happeningartigen Aktivitäten, die schon seit 1955 unabhängig von internationalen Kontakten in Japan von der Gutai-Gruppe und ab 1959 von den französischen Nouveaux Réalistes veranstaltet werden. Während DANIEL SPOERRI (geb. 1930), der auch an Fluxus-Veranstaltungen von Maciunas teilnimmt, die Restbestände von Mahlzeiten samt der benutzten Tischplatte zu *Fallenbildern* fixiert und damit ein environmentales Pendant zu Oldenburgs *Store*-Produktion schafft, inszeniert Tinguely spektakuläre Lärmaktionen mit kinetischen Apparaturen aus Müllhaldenschrott, die ihrerseits wiederum die ›Zero‹-Kinetik inspirieren. Yves Klein veranstaltet 1960/61 die Malaktionen der blauen *Anthropometrien,* bei denen nackte Mädchen mit ihren Körpern in choreographischen Bewegungen das Ultramarinblau (IKB) auf ausgebreitete Papierbahnen abdrucken. Andere Vertreter des Nouveau Réalisme wie JACQUES VILLEGLÉ (geb. 1926) zerfetzen Plakate, während CÉSAR (geb. 1921) Autokarosserien zu »Akkumulationen« zusammenpreßt und CHRISTO (geb. 1935) durch aufwendige Verpackungs- und Versperrungsaktionen bekannt wird, so u. a. mit einer Barriere aus Ölfässern im Kölner Hafen 1961. Piero Manzoni plant ab 1959 die Ausstellung lebender Personen, was wenig später dann von verschiedenen Happening-Künstlern mit unterschied-

Yves Klein, ›Antropométrie de l'époque bleue‹, Ant 82, 1960

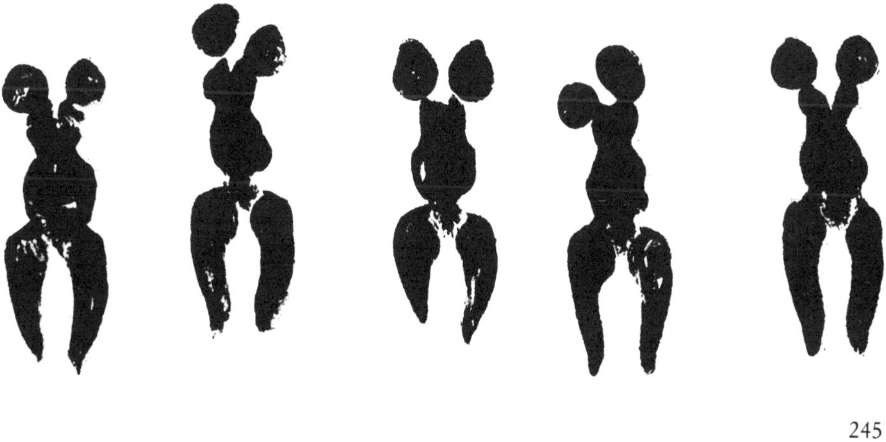

lichen Vorzeichen ausgeführt wird, und stellt die Erde 1961 auf einen Eisensockel, den er mit auf dem Kopf stehenden Buchstaben beschriftet (Abb. 78).

ALAN KAPROW läßt 1964 gemeinsam mit WOLF VOSTELL (geb. 1932) eine Treppe des Cricket Theatre in New York mit Aluminiumfolie auslegen, die von darüberkriechenden Akteuren langsam mit sich geschleppt wird. BAZON BROCK (geb. 1936) und FRIEDENSREICH HUNDERTWASSER (geb. 1928) realisieren vom 18.–20. Dezember 1959 in der Hamburger Kunsthochschule eine *Endlose Linie*, die von der Verlesung des alttestamentarischen Judenzuges durch die Wüste begleitet wird, und 1963 stellen sich KONRAD LUEG (geb. 1929) und GERHARD RICHTER (geb. 1932) als *Demonstration für den Kapitalistischen Realismus* im Schaufenster eines Düsseldorfer Möbelhauses inmitten der dortigen Verkaufsprodukte selber aus.

Wolf Vostell erweitert schließlich den Happening-Begriff in bewußtseins- und gesellschaftskritische Dimensionen, die er als Décollage-Happenings abgrenzt: »Meine Happenings sind eine Begegnung zwischen meinem Ego und dem Ego des Publikums. Das Publikum ist der landläufigen Meinung, Décollage sei die Philosophie der Zerstörung. Die so denken, reden nicht von den täglichen Verkehrsunfällen, Flugzeugabstürzen und Naturkatastrophen, die, ohne daß der Mensch es will, die Zerstörung repräsentieren. Diese Ereignisse zu vermehren, wäre allerdings sinnlos. Vielmehr interessiert mich die Aufklärung des Publikums durch das Prinzip der Décollage, die Zumutbarkeiten und Absurditäten zur Diskussion stellt, indem tägliche Vorgänge aus ihrem Zusammenhang genommen und dadurch neue Verhaltensweisen hergestellt werden, die das Publikum zum Nachdenken (und zu Schocks, die später wirken), zum Reagieren bringen.«

Als eine dieser Décollage-Aktionen veranstaltet Vostell im Oktober 1969 anläßlich des Kölner Kunstmarktes die spektakuläre Einbetonierung und Entschalung seines eigenen Autos unter dem Titel *Ruhender Verkehr;* das environmentale Relikt der Aktion verbleibt auf dem Kölner Neumarkt vor dem Eingangsbereich der Josef-Haubrich-Kunsthalle. Alle Happenings von Vostell haben letztlich die gleiche Zielsetzung. Sie wollen auf die dialektischen, oft gar anarchistischen Strukturen der Realität aufmerksam machen, indem durch nachgestellte Situationen, wie sie auf Flughäfen und Autofriedhöfen, in Schlachthäusern oder Hochgaragen begegnen, das Nebeneinander von Brutalität und technischer Perfektion ins Bewußtsein gehoben wird.

Dort, wo das Happening zum Ritual wird, will die Kunstaktion das Anarchische des Lebens entlarven und gleichzeitig von verdrängten Aggressivitätsimpulsen durch orgiastisches Aktionsspiel befreien. Diese Absichten vertritt der sogenannte Wiener Aktionismus, zu dem im engeren Sinn hauptsächlich das ›Orgien-Mysterien-Theater‹ von HERMANN NITSCH (geb. 1938) und die erotisch-animalischen Rituale von OTTO MUEHL (geb. 1925) zählen. Beide Künstler wollen Einblick geben in die menschliche Psyche in Richtung auf das kollektive Unterbewußtsein in Anlehnung an die Psychoanalyse von C. G. Jung. Gleichzeitig versteht sich diese Art von Happening als künstlerischer Kampf für die totale Freiheit, die »Realität in ihrer vollen Umfänglichkeit und Geschlechtlichkeit darzustellen« (Nitsch), da der Mensch nur im erlebenden Durchmessen dionysischer Triebdurchbrüche die volle Bewußtwerdung vom Menschsein erlangen kann.

Dem Wiener Aktionismus werden heute die Selbstübermalungen und Selbstverstümmelungen von GÜNTER BRUS (geb. 1938) und RUDOLF SCHWARZKOGLER (1940–1969) zugerechnet, die bei letzterem bis zur Selbstzerstörung durch Selbstmord führen. Dem geistigen Klima des Wiener Aktionismus verwandt sind aber auch die Gesichtsdeformationen (Abb. 160) und die Körperbemalungen von ARNULF RAINER (geb. 1929) und die mystischen Vorstellungen von WALTER PICHLER (geb. 1936), die sich in Form von Zeichnungen manifestieren. Beim Wiener Aktionismus finden sich daher auch Vorstufen der Body Art, die sich in den ausgehenden sechziger Jahren zu einer eigenständigen Stilrichtung innerhalb der Performance (Aktionen) entwickelt.

Wieder andere Wege schlägt HA SCHULT (geb. 1939) mit seinen *Biokinetischen Situationen*, die den Zerfallprozeß von Bakterienkulturen aufzeigen, ein. Mit diesen happeningartigen Aktionen will Schult, der sich als ›Macher‹ bezeichnet, auf ironisch-provokative, zum Teil clowneske Weise den Manipulationsmechanismus des Konsumlebens mit seinen latenten Auswirkungen bewußt machen.

Einen erweiterten Stellenwert und Reflexionshorizont erhält die Aktionskunst durch JOSEPH BEUYS (1921–1986), der sich ab 1964 deutlich in kultisch-liturgischen Einzelaktionen ohne direkte Publikumsbeteiligung von den Neodada-Handlungen der Happening und Fluxus-Bewegung entfernt. Während des *24-Stunden-Happenings* am 5. Juni 1965 in der Wuppertaler Galerie Parnass, das eine der letzten Sternstunden der Happening und Fluxus-Idee darstellt, bringt Beuys mit seiner Aktion *und in uns – unter uns – landunter* durch ritualhaft inszenierte Materialien, darunter Honig, Fett, Filz und Kupfer, ein symbolisch-spirituelles Dingvokabular für Energiespeicherung, Spannung, Kreativität zur Anschauung, das sich in weiteren Aktionen mit Titeln wie *Eurasia, mit Braunkreuz, wie man dem toten Hasen die Bilder erklärt, Manresa, Hauptstrom* metaphorisch präzisiert und vertieft. Eine der wichtigsten Handlungen ist für Beuys die Erklärung seiner Biografie in der »Einheit von Lebens- und Werklauf« (1964) zum Kunstwerk und die konsequente Zitierung seines ganzen Lebens unter Einschluß der Kindheit und des Fronteinsatzes während des Zweiten Weltkrieges in Form von objekthaften Relikten und zeichnerischen Notationen als Material seiner künstlerischen Realisationen (Farbtafel 61). Dabei bedient sich Beuys einer breiten Fülle von teils traditionsverhafteten, teils avantgardistischen Ausdrucksformen, die archetypische, mythische und magisch-religiöse Zusammenhänge mit Hilfe von Gegenbildern herstellen (Abb. 87). Manche dieser Gegenbilder – wie Kupfer als leitendes Prinzip, als Sender, und wie Fett oder Filz als aufladende Speicher – erlangen durch ihre Zitierung axiomatische Symbolik. Auf diese Weise ist es Beuys möglich, die Vielschichtigkeit des Lebens und das Wechselspiel der Kräfte zwischen Chaos und Form, zwischen dem »organischen« und »kristallinen« Prinzip, zwischen Natur und Geist, nicht in abstrakt rationalen Begriffen, sondern in sprechenden Bildern greifbar und neu erlebbar zu machen. Mit der Ausweitung seiner künstlerischen Tätigkeit in den Bereich praktischer Politik vollzieht Beuys in den siebziger Jahren die ihm so wichtige Verbindung zwischen kultureller Tradition und konkreter Gegenwart, indem er das gesellschaftspolitische Ideenpotential von 1968 mit den anthroposophischen Vorstellungen Rudolf Steiners, aber auch mit der deutschen

Klassik und Romantik im Leitmotiv einer »Sozialen Plastik, einer Kunst des sozialen Bauens« verschmilzt. Auf der documenta 6 kann Beuys erstmals seine Idee einer ›Freien Internationalen Hochschule für Kreativität und internationale Forschung‹ verwirklichen und zugleich auch mit der *Honigpumpe am Arbeitsplatz* (1974–77) eine lebenssymbolische kinetische Installation errichten, die mit dem Werkstoff Honig als zirkulierender Energie die organische Dingsprache früher Fluxusaktionen am Beginn der sechziger Jahre erneut aufgreift und in direkte Beziehung zu seiner eigenen pädagogischen Tätigkeit setzt. Mit diesem erweiterten Kunstbegriff, der real in das praktische Leben hineinreicht, hat Beuys maßgeblichen Einfluß auf die Produktion innovativer künstlerischer Ideen bis in die achtziger Jahre hinein.

Anmerkungen

1 Max Bill, Die mathematische Denkweise in der Kunst unserer Zeit, in: Werk, Nr. 3, März 1949.
2 Alan Kaprow, in: Jürgen Claus, Kunst heute, Hamburg 1965.
3 a. a. O.
4 Siehe dazu den Katalog ›Shaped Canvas‹, Guggenheim Museum, New York 1964.
5 Edward Lucie-Smith, Kunstrichtungen seit 1945, Wien 1970, beschreibt ausführlich die Entwicklung der englischen Farbfeldmalerei.
6 Richard Paul Lohse, in: Katalog ›ars mobilis, ars multiplicata‹, Galerie 66, Frankfurt 1969.
7 Interview von Hans-Peter Riese mit Richard Paul Lohse, in: Magazin Kunst, Nr. 36, 1969.
8 Katalog ›Konstruktive Tendenzen aus der Tschechoslowakei‹, Studio Galerie, Frankfurt 1967.
9 Katalog ›Soto‹, Kestner-Gesellschaft, Hannover 1968.
10 Klaus Hoffmann, Neue Ornamentik, Köln 1970.
11 Lucy R. Lippard, Pop Art, München 1968.
12 Rolf-Gunter Dienst, Deutsche Kunst: eine neue Generation, Köln 1970.
13 Manifest ›Zero – Der neue Idealismus‹, Berlin 1963, abgedruckt in: Katalog Mack-Piene-Uecker, Kestner-Gesellschaft, Hannover 1965, S. 29.
14 Heinz Mack, in: Rolf-Gunter Dienst, Deutsche Kunst: eine neue Generation, Köln 1970.
15 Jürgen Claus, Kunst heute, Hamburg 1965.
16 Werner Jehle, Spiel mit der Wirklichkeit in: Katalog ›Skulptur im 20. Jahrhundert‹, Barel Merian-Park 1984, S. 150.
17 Siehe zur Geschichte von Happening und Fluxus die Einführung von Jürgen Becker, in: Happening, Fluxus, Pop Art, Nouveau Réalisme. Eine Dokumentation, hrsg. von Jürgen Becker und Wolf Vostell, Reinbek 1965.
18 Emmett Williams, St. George und die Fluxus-Drachen, in: Katalog Aufbrüche, hrsg. von Klaus Schrenk, Städtische Kunsthalle, Düsseldorf 1984, S. 33.

106 Bruno Goller, Verschiedene Bilder, 1955

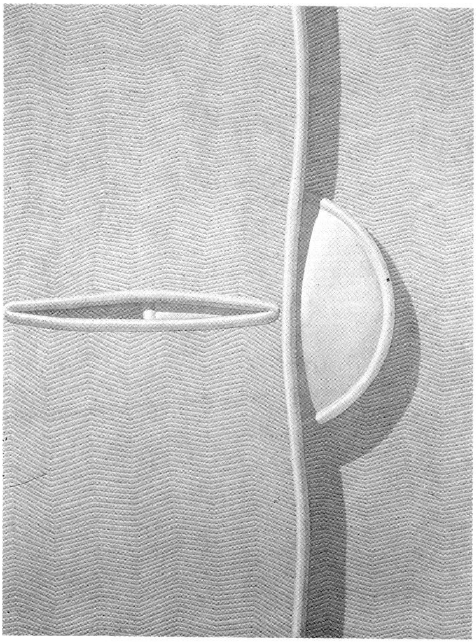

107 Domenico Gnoli, Bouton deboutonné, 1969

108 Konrad Klapheck,
Gefährliche Liebschaften, 1968

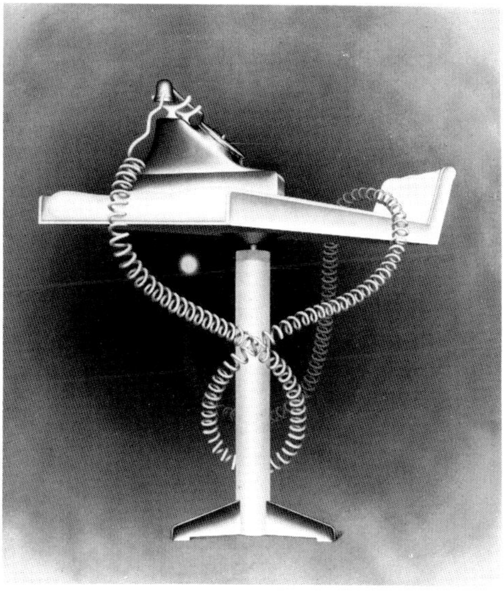

109 Peter Nagel,
Hinterm Kissen, 1970

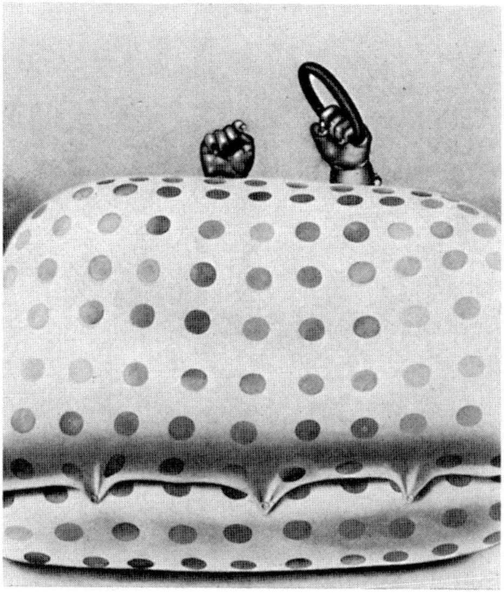

110 Francis Bacon, Studie zu einem Selbstporträt, 1964

111 Larry Rivers, Dutch Masters, 1964

112 Jim Dine, Hatchet with two Palettes, Zustand 2, 1963

113 Eduardo Paolozzi, Japanese War God, 1958

114 Andy Warhol, Elvis Presley, 1964

115 Mel Ramos, Tobacco Rose, 1965

116 Claes Oldenburg, Soft Washstand, 1965

117 Richard Hamilton, ›Just what is it that makes today's homes so different, so appealing?‹, 1956

118 Allen Jones, Hutständer, Tisch, Stuhl, 1969

119 Öyvind Fahlström, Roulette, Variable Painting, 1966

120 Erro, Autofriedhof, 1969

121 Renato Guttuso, Die rote Wolke, 1960

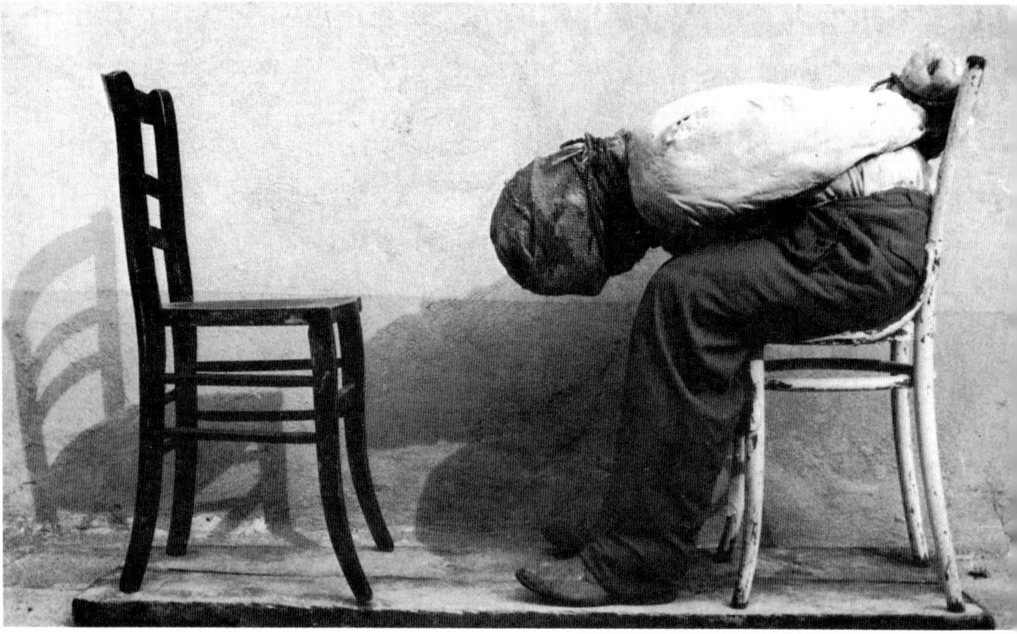

122 Siegfried Neuenhausen, Hommage à Joao Borges de Souza, 1971

123 John de Andrea, Woman Nr. 2 (black), 1969/70

124 Duane Hanson, Frau mit Einkaufswagen, 1970

120 Erro, Autofriedhof, 1969

121 Renato Guttuso, Die rote Wolke, 1960

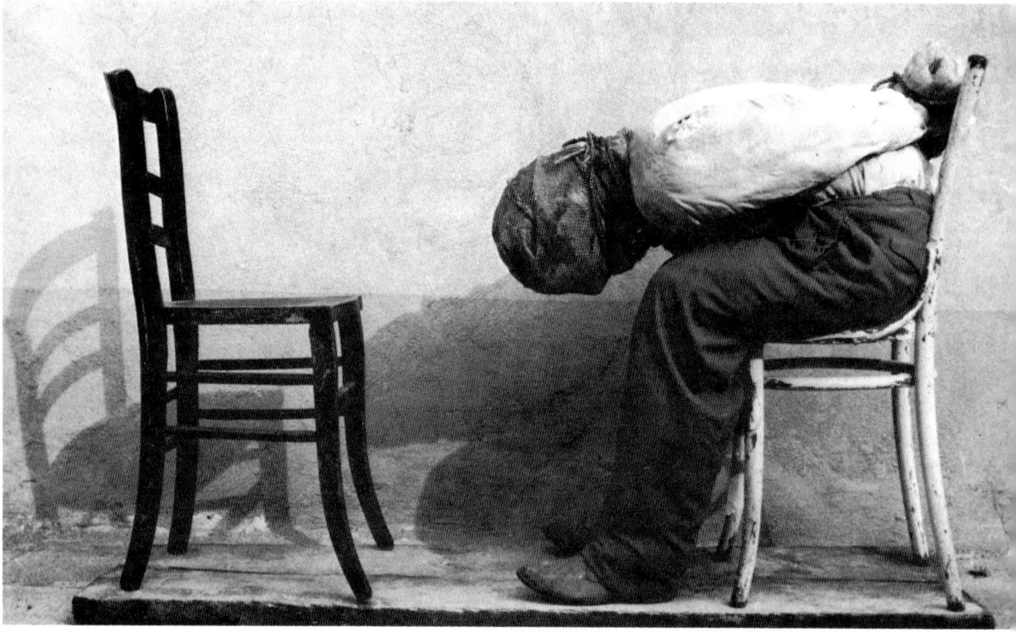

122 Siegfried Neuenhausen, Hommage à Joao Borges de Souza, 1971

123 John de Andrea, Woman Nr. 2 (black), 1969/70

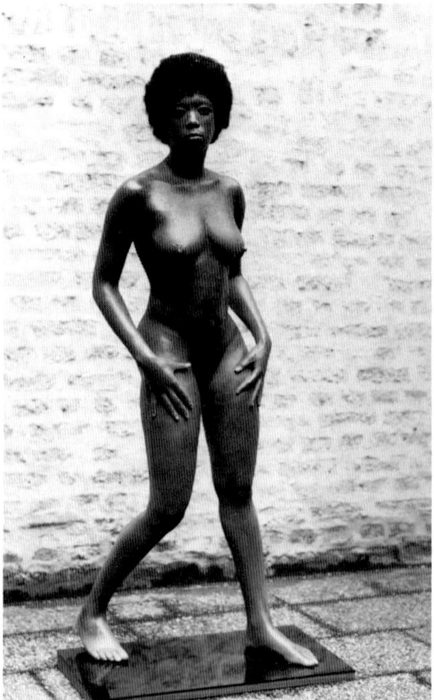

124 Duane Hanson, Frau mit Einkaufswagen, 1970

25 Michelangelo Pistoletto, Corteo, 1965

26 Howard Kanovitz, Mazola und Ronzoni, 1969

127 Dan Flavin, Red Red Green, 1967

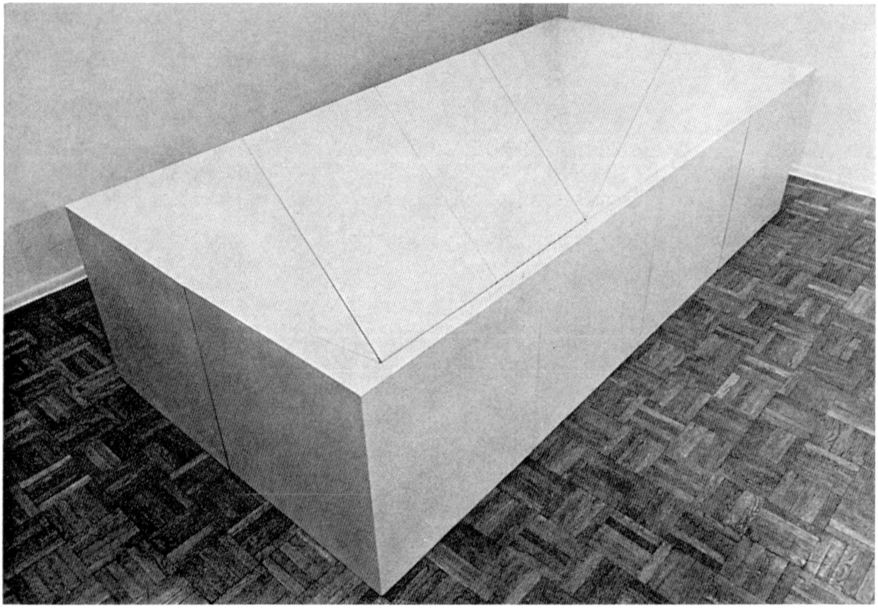

128 Robert Morris, ohne Titel, 1967

129 Sol LeWitt, Cubic Cube, 1967

130 Erwin Heerich, Kartonplastik, 1962

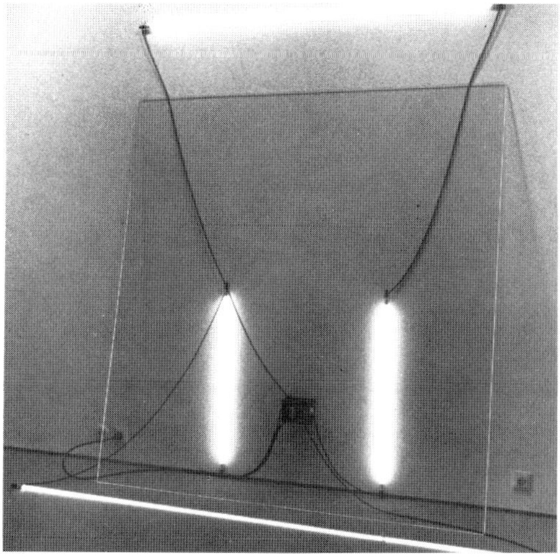

131 Keith Sonnier, Neon-Glas-Stück, 1969/70

132 Richard Artschwager, ohne Titel, 1966

133 Donald Judd, ohne Titel, 1965

134 Robert Smithson, The Spiral Jetty, Utah 1970

135 Jan Dibbets, Bildfolge: 12 Stunden Gezeiten – Objekt mit Korrektur der Perspektive, 1969

136 Walter de Maria, Mile long drawing, 1968

137 Mike Heizer, Munich Depression, 1969

138 Peter Roehr, ohne Titel, 1965

139 Robert Mangold, Straight Curved Line X Set, 1971

140 Gotthard Graubner, Gemachtes Kissen, 1969

141 Eva Hesse, Accession (Zuwachs) III, 1968

142 Ulrich Rückriem in ›Identifications‹, Fernsehgalerie Gerry Schum, 1971

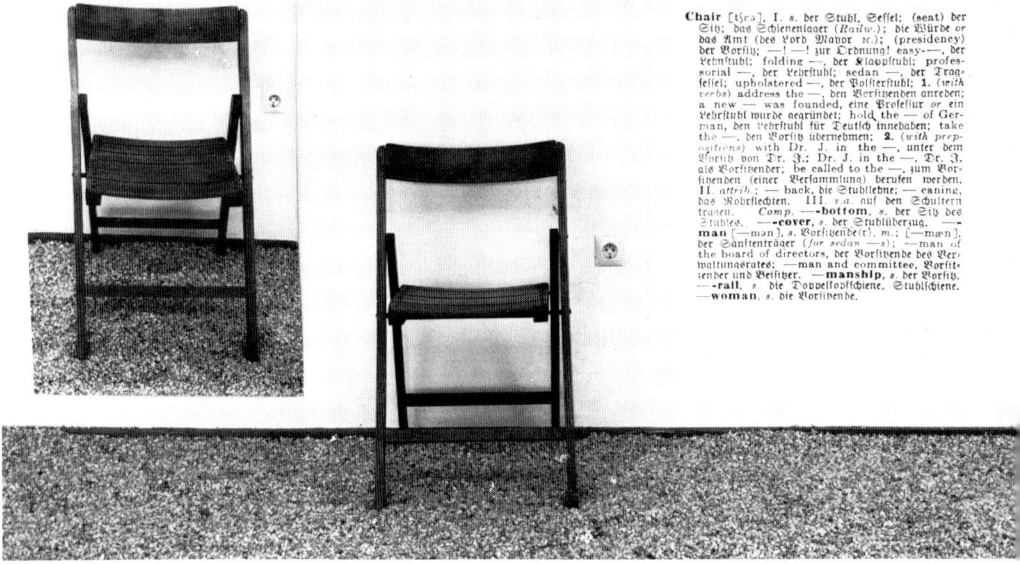

143 Joseph Kosuth, One and Three Chairs, 1965

144 Hans Haacke, Ameisen-Kooperativ, 1969

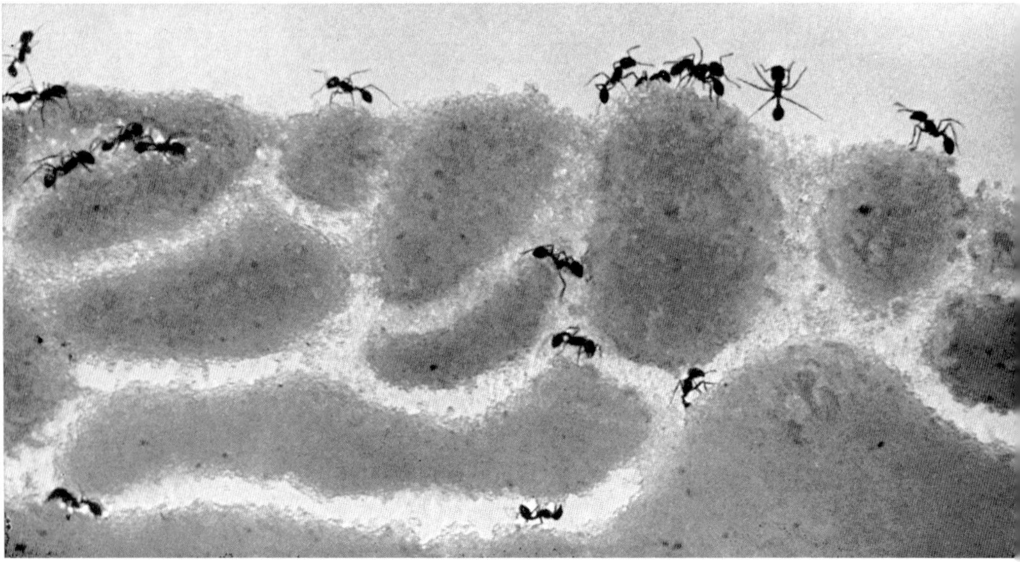

145 Carel Visser, 4 Bleche, 1971

146 Carl Andre, 62 Straight Nail Run, 1969

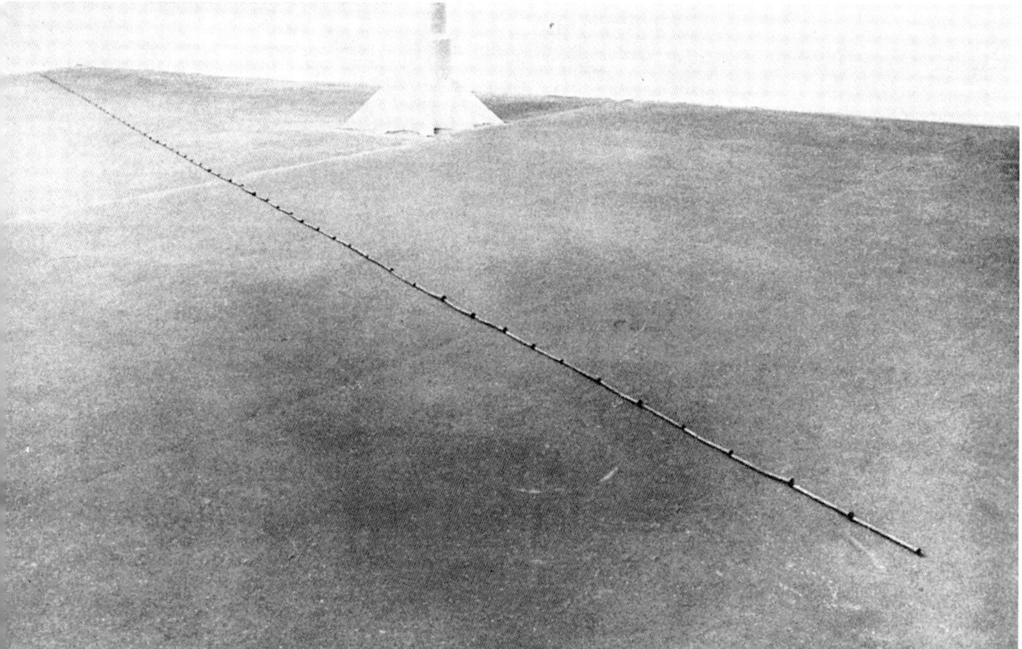

147 Franz Erhard Walther, Große Stellgruppe, 1962

148 Klaus Rinke, Die Unendlichkeit liegt zwischen Ferse und Zehenspitze, 1973

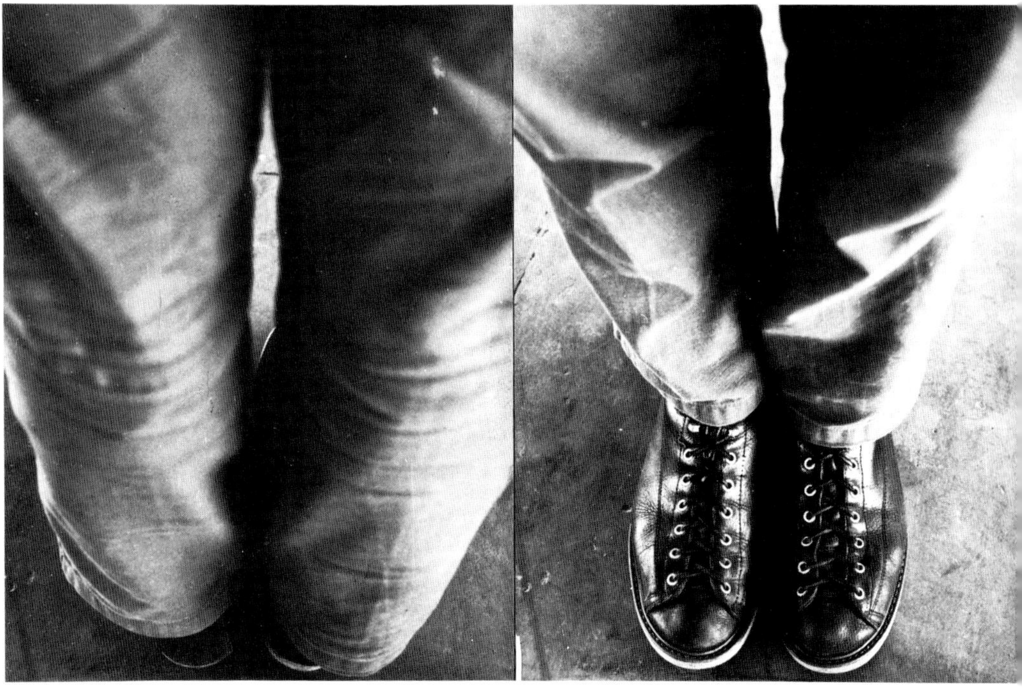

III Wiedergefundene Wirklichkeit

1 Figuration als Widerspruch zur abstrakten Gestik

Die in der zweiten Hälfte der fünfziger Jahre verstärkt zu beobachtende Rückkehr zur Gegenständlichkeit, in der sich eine vehemente Oppositionshaltung zum inzwischen verbrauchten Abstrakten Expressionismus widerspiegelt, äußert sich bei einigen Künstlern als eine direkte Evolution des Figural-Gestalthaften aus dem Informel selbst.

In der Bundesrepublik gilt dies vor allem für die Grieshaber-Schüler an der Karlsruher Kunstakademie, Horst Antes und Walter Stöhrer, sowie für Dieter Krieg. Durch Vermittlung ihres im Expressionismus verwurzelten Lehrers HAP GRIESHABER (1909–1981), der sich durch die dichte Bildsprache seiner Holzschnitte einen internationalen Ruf als eigenständige Künstlerpersönlichkeit jenseits aller Geschmacksmoden und Blockbildungen im Kontext des Kalten Krieges erwerben kann, werden Horst Antes und Walter Stöhrer auf die von Dubuffet und Art brut schon in den frühen vierziger Jahren bereitgestellte existentielle Problematisierung der expressiven Gebärdenmalerei aufmerksam. Dabei fällt die fast ein Jahrzehnt lange Phasenverzögerung auf, die der gehaltliche Transfer des Art brut von Frankreich in die westdeutsche Kunstszene benötigt.

Als die bundesrepublikanische junge Künstlergeneration am Beginn der fünfziger Jahre in Form von direkten Begegnungen und Ausstellungen einen unmittelbaren Anschluß an den internationalen Stil der lyrischen Abstraktion fand, hatte diese Stilrichtung auf amerikanischem und französischem Boden ihren Höhepunkt schon überschritten und verflachte allmählich zum Design. So erwächst den jungen westdeutschen Künstlern eine Verwesentlichung der abstrakt-expressiven Gebärdensprache weniger aus tachistischen Quellen als vielmehr aus der verspäteten Nacharbeitung von Art brut und ›Cobra‹, auf die das in München lebende und an der dortigen Kunstakademie lehrende frühere ›Cobra‹-Mitglied Asger Jorn zurückverweist (Farbtafel 35).

Bei WALTER STÖHRER (geb. 1937) formt sich ähnlich wie bei Asger Jorn ein mühsam aus chaotisch zerfließenden Energien rekonstruiertes Menschenbild mit und durch den prozeßhaften Gestus des Pinsels, in dem sich dieser genetische Formungakt zugleich auch symbolisch verdichtet. Die malerische Geste der allmählichen Gestaltfindung ist Sinnbild für die sich zur Synthese von Körper und Geist verfestigende Form (Abb. 96). Die Malerei versteht sich hier als Hinweis auf den Mythos von der Urgenese, wobei sich die Beherrschung der Natur durch den kreativen Geist als eine ständige Gratwanderung am Rande von Chaos und

Selbstzerstörung enttarnt. Dies ist ein Erfahrungshorizont, den der gerade überwundene Krieg mit all seinen Schrecken, Zerstörungen und Verrohungserscheinungen mit suggestiver Brutalität vor Augen geführt hat und den auch die um Auslöschung der Schreckenserinnerungen bemühte Wiederaufbauphase im Nachkriegsdeutschland trotz aller Verdrängungsstrategien nicht anullieren kann.

DIETER KRIEG (geb. 1937) und HORST ANTES (geb. 1936) thematisieren ähnlich wie Fautrier und Dubuffet den existentiell gemarterten Menschen, der seine ausgewogenen Körper-Geist-Proportionen verloren hat und nur noch Kleiderstaffage und Torso wie bei Dieter Krieg (Abb. 104) oder ein ungelenker rumpfloser ›Kopffüßler‹ wie bei Horst Antes (Abb. 97) ist. Beide Symbolfiguren verdinglichen eine vom Krieg verstümmelte, auf eine geschlechtslose und profillose Existenz reduzierte Menschengestalt, die sich aber nichtsdestotrotz um die Wiedergewinnung ihrer Identität bemüht.

Im unmittelbaren ›Cobra‹-Einfluß von Asger Jorn formiert sich in München die Gruppe SPUR mit den Künstlern HANS PETER ZIMMER (geb. 1936), Lothar Fischer, Heimrad Prem und Helmut Sturm, die das expressive Pathos von ›Cobra‹ mit zeitbezogener politischer Polemik und konkreten Zukunftsutopien verbindet, um zugleich auch als eine der ersten deutschen Künstlergruppen nach dem Zweiten Weltkrieg den Rückbezug auf den deutschen Expressionismus anzustreben. Dieser Anschluß an den Expressionismus motiviert sich für die SPUR-Künstler in den Antikriegsbildern von Max Beckmann und Otto Dix aus der Zeit unmittelbar nach dem Ersten Weltkrieg, die von HEIMRAD PREM (1934–1978) und HELMUT STURM (geb. 1932) mit dem symbolischen Motiv des apokalyptischen Sturzes in eigenen Bildfindungen zitiert werden (Abb. 99). Während sich in dieser Wiederanbindung an eine bestimmte Ausdruckssprache des deutschen Expressionismus die ganze Wut, Trauer und Protesthaltung verdichtet und versinnbildlicht, die diese junge Künstlergeneration aufstauen muß, als die internationale Blockbildung des Kalten Krieges die Welt erneut an den Rand eines Weltkrieges führt, wird die eigene malerische Identifikation von SPUR mit der aufrüttelnden ›Cobra‹-Gestik zum Sinnbild der existentiellen Suche nach der gesellschaftlichen Identität in diesen sogenannten Wirtschaftswunderjahren. [1]

Darüber hinaus erproben die SPUR-Mitglieder angesichts eines alles okkupierenden Zweckfunktionalismus in ihren oft kollektiv gebauten Skulpturen die Spannweite des zweckfreien Spiels mit utopischen Architekturphantasien. Die Terrakotta-Plastiken von LOTHAR FISCHER (geb. 1933), mit ihren filigranen Drahtaufbauten in großer Nähe zu Dubuffet stehend, entwerfen organisch amorphe Wohn- und Lebenshöhlen, die sich als kritische und zugleich phantastische Antithesen zu den monotonen Baukastenarchtiekturen des sozialen Wohnungsbaus in den ausgehenden fünfziger Jahren verstehen.

Auch in England wird die Abkehr von der informellen Abstraktion und die Wiederfindung der figuralen Gestalt von Einzelgängern eingeleitet, die man später auch als Vaterfiguren der englischen Pop Art betrachten wird: Francis Bacon und Alan Davie. Während ALAN DAVIE (geb. 1920) mit einer Stilmischung aus Abstraktem Expressionismus, Art brut und bunter emblematischer Figuration den als postmodern sanktionierten Eklektizismus der achtziger Jahre vorwegnimmt, bildet FRANCIS BACON (geb. 1909) eine eigenständige und suggestive Handschrift der schreckenserfüllten Obsessionen aus (Abb. 110). Als Maler Autodidakt, benutzt Francis Bacon schon in den fünfziger Jahren fotografische Porträtvorlagen als Ausgangsmaterial für seine Gemälde, in denen er die von Ängsten, Bedrohungen und Greueltaten geprägte Welt moderner Zivilisation thematisiert. Zur Umsetzung seiner Vorlagen benutzt Bacon eine verzerrende und verwischende Malerei, aus der die obsessionshafte Gebärde seiner Figurationen resultiert. Was Bacon der nachfolgenden Pop Art vorwegnimmt, ist die Nutzung der klischeehaften Alltagsbildwelt, wie sie in Gestalt von Politiker- und Prominentenportäts in illustrierten Magazinen zu finden ist, als Motivationsimpuls seiner malerischen Umsetzung.

Bacon bezieht die Anregung zu seiner Malweise aus den Kriegsprotokollen, die GRAHAM SUTHERLAND (1903–1980) von 1940–1945 als offizieller Kriegsmaler erstellt hat. Sutherlands Kompositionen verwandeln organisch-biomorphe Formen in gigantische Schreckensmetaphern, die der umheimlichen und unvorstellbaren Welt der sich verselbständigenden Kriegsmaschinerie entstammen. Bei Sutherland wurzelt die deformierende Geste natürlicher Gestaltung im Surrealismus, der sich bereits in den ausgehenden dreißiger Jahren von Bretons surrealistischen Traumpostulaten emanzipiert und unter dem Eindruck des Zweiten Weltkrieges die phantastische Bildsprache der Traumvision benutzt, um den alle bisherigen Vorstellungen des Menschen übersteigenden Zerstörungsmoloch Krieg metaphorisch zu beschreiben.

In Amerika bezieht die Oppositionsbewegung zum Abstrakten Expressionismus ihre Quellen einerseits aus dem Surrealismus, und zwar aus der zweiten Phase einer in Amerika heimisch gewordenen surrealistischen Objektkunst, wie sie bei Joseph Cornell anzutreffen ist[2], und aus der dadaistischen Collage mit Fotos und Zeitschriftenelementen, wie sie Man Ray, aber auch der nach Amerika emigrierte Hans Richter in den dreißiger und frühen vierziger Jahren praktiziert haben. So wundert es auch nicht, daß im New Yorker Studio des Josef Albers-Schülers Robert Rauschenberg, der mit Jasper Johns die Rückkehr zur Gegenständlichkeit maßgeblich prägt, in den ausgehenden vierziger Jahren eine Schwitters-Collage zu finden ist.[3]

Aus den dadaistischen Collagen bezieht ROBERT RAUSCHENBERG (geb. 1925) die Erkenntnis, daß eine von ihm angestrebte Wiederanbindung der künstlerischen Bildwirklicheit an die Lebenswirklichkeit am konkretesten dadurch geleistet werden kann, daß man »Teile der realen Welt«, so wie sie sind, in die Kunst hineinholt. Damit knüpft Rauschenberg unmittelbar an die Einsichten seines Freundes John Cage an, der, um neue Klangbereiche zu erschließen, Zitate aus der Alltagsakustik in seine Kompositionen hineinnimmt und ihnen dabei zugleich ein Eigenleben gibt. In Analogie zu solchen Cage-Kompositionen experimentiert Rauschenberg zwischen 1949 und 1951 zunächst mit großformatigen Blaupausenpapieren, auf denen er Figurensilhouetten in Lebensgröße ablichtet, ein Verfahren, das einige Ähnlichkeit mit Man Rays Rayogrammen besitzt, aber auch frappierende Parallelen zu Yves Kleins *Anthropometrien* aufweist.[4] Bei dieser Fototechnik hinterläßt der auf lichtempfindlichem Papier ausgestreckte Körper nach der Belichtung mit einer Höhensonne das schemenhafte Negativ eines Abdrucks in verschieden gekörnten Abstufungen zu den Rändern hin.

Mit dieser unmittelbaren Gegenstandsabbildung und mit der nachfolgenden Ausradierung einer de Kooning-Zeichnung im Jahre 1953 postuliert Rauschenberg seine wachsende Distanz zum Abstrakten Expressionismus. Der nächste Schritt Rauschenbergs ist die Einbeziehung von technischen, anatomischen und biologischen Holzstichvorlagen in einen abstrakten Gemäldefond, wobei Max Ernsts Collageromane wie *La Femme 100 Têtes* (1929) und *Une Semaine de Bonté* (1934) als Vorbild dienen. Aus dieser Integration von Realien in ein expressiv-abstrakt gemaltes Bild resultieren in der Folgezeit die sogenannten Combine Paintings als Kombination von Readymade-Gegenständen und malerischer Gestik, wobei die vom Abstrakten Expressionismus weiterhin übernommene bewegte Malgebärde dazu dient, die Gegenstände aus der Alltagswelt wie die Readymades von Marcel Duchamp durch den Effekt der Verfremdung aus ihrem determinierten Alltagskontext herauszuholen.

Was zunächst als in den Raum hineinreichende reliefplastische Bildkonzeption beginnt, weitet sich mit *Monogram* zu freistehenden, umgehbaren Objekten aus. In seinen Zeichnungen entwickelt Rauschenberg im Kontext der Combines eine individuelle Transfertechnik der Abreibung, die es ihm ermöglicht, fragmenthafte Bildzitate aus Tagespresse und illustrierten Magazinen als spiegelbildliche Abdrucke mit seinem zeichnerischen Duktus homogen zu kombinieren[5], eine Collagetechnik, die ähnlich wie die Frottage und Grattage bei Max Ernst nicht mehr auf das Zusammenkleben von Papieren angewiesen ist (Farbtafel 48).

Vergleichbare Zielsetzungen wie Robert Rauschenberg verfolgt auch Jasper Johns, der ebenfalls in den fünfziger Jahren eine Abwendung von den unbestimmten Bildräumen des Abstrakten Expressionismus mit Hilfe der Einbeziehung von Wirklichkeitszitaten anstrebt. 1954/55 malt Johns *Scheiben* und *Fahnen,* die, obwohl sie gemalte Bilder sind, große Nähen zu Duchamps Readymades aufweisen. Einerseits relativiert Johns in diesen Bildern die Farbgeste des Abstrakten Expressionismus durch ein klar gegliedertes einfaches Motiv, das nichts anderes ausstrahlt als eine spezifische Emblematik. Andererseits liefern diese Emblembilder kein illusionistisches Abbild von Zielscheiben und Fahnen, sondern sie sind alle Repliken von Zielscheiben und Fahnen mit eigener Realität. Denn die von Johns gemalte Fahne besitzt trotz ihrer prägnanten emblematischen Motivik, wenn auch stark reduziert, immer noch eine expressive Farbgebärde, die der gemalten Fahne eine eigenwillige Oberflächentextur verleiht, und die ist es gerade, die das Fahnenbild von einer realen Fahne unverkennbar als Kunstgegenstand differenziert (Farbtafel 52). Nach den Fahnenbildern bestimmen in wachsendem Maße Alltagsrealien die Bildthematik bei Johns, die der Künstler beinahe stillebenhaft im Rückgriff auf eine spezifisch amerikanische Figuration, wie sie schon bei Hopper und Sloan begegnet, präsentiert.

Im Bereich der Plastik leistet CLAES OLDENBURG (geb. 1929) den allmählichen Übergang vom Abstrakten Expressionismus zur harten Figuration der Pop Art. Erste Beispiele dieser Art sind die aus bemaltem Gips geformten Nachbildungen wirklicher Gegenstände, die Oldenburg 1961/62 in seinem New Yorker ›Laden‹ ausstellt. Danach folgen überlebensgroße Eßwarennachbildungen und monumental aufgeblähte, weiche Schreibmaschinen, elektrische Küchengeräte und Lichtschalter aus textilem Material und einer Füllmasse, Werkstoffe, die diesen normalerweise robusten Alltagsgegenständen eine eigentümliche, an menschliche Haut erinnernde Verletzbarkeit geben (Abb. 116). Oldenburgs malerische Oberflächenbehandlung der gipsernen Eßwaren hat noch ebenso wie die Ausdrucksdichte der weichen Alltagsgegenstände direkte Nähen zur gestischen Expressivität der lyrischen Abstraktion, die von LARRY RIVERS (geb. 1923) in ähnlicher Weise wie von dem Engländer Francis Bacon zur verwischenden Verfremdung ziterter Bildwelten aus dem Konsumalltag verwendet wird (Abb. 111).

Eine environmentale Combine-Mischung aus expressiver Gebärde und realem Alltagszitat findet sich seit 1962 bei GEORGE SEGAL (geb. 1924), dessen plastische Darstellung »von wirklichen Menschen in wirklichen Situationen« wie eine Dreidimensionalisierung der ›American Scene‹-Malerei aus den dreißiger Jahren anmutet. Segals Environments, zusammengefügt aus Alltagsgegenständen und Gipsfiguren, die vom lebenden Modell mit Gipsbandagen abgeformt worden sind, suchen die intime Wiedergabe des Wirklichen. Das Environment *The Restaurant Window*, 1967 (Abb. 98), spiegelt den kurzen Augenblick in detaillierter, gestischer Reproduktion, in dem ein Passant an einem Restaurantfenster vorbeigeht, hinter dem eine Frau an einem Tisch sitzt. Die spezifische Gestik der beiden Personen ist wie in einer fotografischen Momentaufnahme festgehalten. Das fremde Weiß der Gipsfiguren setzt die präsentierten Gestalten in eine isolierende Distanz, die alles Unwesentliche zugunsten der reinen psychischen Aussage bannt. Diese gestische Verinnerlichung gelingt durch die weitgehende Eliminierung des Akzidentellen im absorbierenden Weiß des Materials. Segal sieht seine Aufgabe darin, Gesten und Handlungen in ihrer Vielzahl als objektive Realitäten menschlichen Seins zu sammeln und dadurch die menschliche Würde neu zu offenbaren. Lucy R. Lippard bezeichnet Segals Environments als »eingefrorene Happenings«[6] und lokalisiert sie mit dieser Charakterisierung zwischen die Kunstformen ›Aktion‹ und ›Situation‹, da sie eine schockartige Wirkung in der unmittelbaren Konfrontation mit reinster Menschlichkeit beim Zuschauer verursachen. Indem diese räumlichen Umgebungen den Betrachter evokativ tangieren, schaffen sie – vergleichbar dem Happening – individuellen, impulsiven Kontakt zum Publikum.

2 Neosurrealismus

Neben dem automatischen Surrealismus von Matta und Tanguy haben vor allem surrealistische Künstlerpersönlichkeiten wie Salvador Dali und Max Ernst großen Einfluß auf einen Neosurrealismus, der sich nicht in kalligrafisch-abstrakten Malaktionen äußert, sondern das Phantastische aus dem Widerspruch zwischen einer alogisch traumhaften Bildvision mit Herkunft aus dem Unbewußten und deren fotografisch genauen Figuration herausfiltert. Max Ernst und Salvador Dali malen ihre Phantasiewelten mit einer Akribie, wie sie andere Maler zur Manifestation realer Dinge heranziehen.

Die Aufspaltung des Surrealismus in einen prozeßhaften Automatismus und in einen surrealen Realismus kündigt sich bereits in den dreißiger Jahren an, als die kritisch-paranoische Geistestätigkeit von Dali mit ihrer traumhaften Bilderhalluzination sich als geeignete

Salvador Dali, Wie Wolkenkratzer 1987 aussehen werden, 1937

Methodik erweist, um das Schreckensgespenst des sich rapide ausbreitenden Faschismus und einer durch Krieg und Chaos aus ihren Angeln gehobenen Welt in gleichnishaften Bildern und narrativen Bildrätseln auszudrücken. Max Ernst distanziert sich von der objektiven Realität, indem er sich mit dem vogelähnlichen Zwittergeschöpf *Loplop* ein zweites phantastisches Über-Ich schafft, das ihm die Flucht aus der rationalen Vernunft in eine individuelle Traumwelt gestattet. Dali verfremdet die Bildwelten alter Meister zu phantastisch-manieristischen Bilderfabeln, in denen sich Menschen aus Gegenständen oder Landschaften zusammensetzen und Gegenstände menschliche Eigenschaften und Empfindungsqualitäten besitzen.

1938 flüchtet der Deutsche HANS BELLMER (1912–1975) vor dem nationalsozialistischen Regime nach Paris, wo er von den französischen Surrealisten begeistert gefeiert wird. Sie bewundern seine häßlichen, aber dennoch ästhetischen Zeichnungen von erotischen Verhaltensweisen und wuchernden Organverwachsungen als eine neue Form von sinnlich-absurder Poesie, die zugleich die geheime visionäre Phantasiekraft des Lebenstriebes zur Geltung gelangen läßt. 1933 erfindet Bellmer sein »künstliches Mädchen«, eine Puppe, die in gewaltsamen erotischen Verrenkungen ihr Inneres auf skandalöse Weise bloßlegt und deren Fotos die Pariser Surrealisten ebenso faszinieren wie Bellmers Zeichnungen.

Die Ambivalenz Bellmerscher Körperlichkeit zwischen erotischer Faszination und schockierender Amputation findet als metaphorische Sprache für eine gebrochene menschliche Identität im Nachkriegsdeutschland mit der Schule Mac Zimmermanns sowie mit Paul Wunderlich und Horst Janssen eine heterogene Nachfolge. HORST JANSSEN (geb. 1929) seziert mit anatomischen Messern die skurril-makabren Chamäleon-Zerrbilder hinter der glatten Konventionsfassade heraus und benutzt dazu die satirische Sprache eines doppelbödigen kafkaesken Humors, der schalkhaften Spott, bissiges Gelächter und intensives mitleidendes Gefühl vereinigt. Daraus resultiert eine eigentümliche, latente Schönheit der verrunzelten physiognomischen Häßlichkeit, da sie die Schicksalsschwere des erlittenen Lebens enthüllt.

Der von MAC ZIMMERMANN (geb. 1912) initiierte deutsche Neosurrealismus der fünfziger und sechziger Jahre versteht seinen phantastischen Realismus als eine visionäre Wiederherstellung der Vernunft-Traum-Einheit, die von den Surrealisten um André Breton als Aporie verteufelt worden war. Daher verliert sich der phantastische Realismus nicht in die isolierten Tiefen der individuellen Traumphantasie, sondern intendiert die ironische Verarbeitung der eigenen Imagination mit den vernunftmäßig gewonnenen zeitkritischen Einsichten. So sieht

Hans Bellmer, Aus einem Aufsatz Bellmers über seine Puppen in ›Cahiers d'Arte‹, 1936

die Vision von der absoluten Wirklichkeit, die Mac Zimmermann in seinen Radierungen und Zeichnungen entwirft, entscheidend anders aus als bei den Surrealisten der ersten Generation. Über die Erforschung des Unbewußten hinaus wird das Motivrepertoire der Erscheinungswelt durch den Wandel des Zeitgeistes und des menschlichen Wissensfortschritts ergänzt. Dadurch emanzipiert sich der Bildausdruck aus der verabsolutierten Innerlichkeit des frühen Surrealismus und verweist als Chiffre der latenten Lebensbewegung auf die menschliche Psyche schlechthin, indem nicht mehr nur die vegetative Triebkraft der individuellen Seele, sondern auch die objektivierbare schöpferische Potenz des menschlichen Wesens durch symbolische Bildmotive verdinglicht wird. Aus der Schülergruppe um Mac Zimmermann können Peter Ackermann, Peter Collien und Rainer Schwarz eine eigenwillige Bildsprache für die Formulierung des Spannungsverhältnisses zwischen erscheinender Wirklichkeit und absoluter Wirklichkeit finden, eine phantastische Bildsprache, die sich in den frühen sechziger Jahren großer Resonanz erfreut, sich aber auch sehr rasch in einem platten Manierismus erschöpft. Im kollektiven Geschmack eines deutschen Käuferpublikums, das auf dem Kunstmarkt Ware für ›Schöner Wohnen‹ sucht, kulminiert die neosurrealistisch wiedergewonnene Gegenständlichkeit in den frühen sechziger Jahren vorrangig im ›phantastischen Realismus‹. Mit deutlich erkennbaren Bellmer-Zitaten thematisiert dieser gestylte Manierismus eine zwischen ästhetischer Fotoeleganz und chaotischem Verfall alternierende erotische Bildfülle, die nicht selten wie bei PAUL WUNDERLICH (geb. 1927) in geschmäcklerisch kalkulierte Routine abgleitet.

Eine andere Richtung des Neosurrealismus konzentriert sich auf die phantastische Nacherzählung mythischer Fabeln; erste bedeutende Vertreter dieser Richtung mit internationaler Reputation sind bereits vor dem Zweiten Weltkrieg Friedrich Schröder-Sonnenstern und Victor Brauner gewesen.

Der autodidaktische Künstler FRIEDRICH SCHRÖDER-SONNENSTERN (1892–1982), dessen vagabundierender Lebensweg die idealen Voraussetzungen für das von Breton postulierte Nachahmen des schizophrenen Deliriums erfüllt, wird von Hans Bellmer als surrealistisches Naturtalent 1959 erstmalig in der Galerie Cordier, Paris, ausgestellt, nachdem Schröder-Sonnenstern sein Leben bis dahin zwischen Zirkuswelt, Irrenhaus und Gefängnis verbracht hatte. Die unreflektierte naive Verbilderung der inneren Traumvision fasziniert durch ihren überraschenden Reichtum an originellen Imaginationen, die mit schlafwandlerischer Sicherheit und ungezügelter Fabulierfreude mythische Bildweisheiten und menschliche Urtriebe des Sexuellen in phantastischen Symbiosen synthetisieren.

Die reich fabulierenden Figurenbilder des französischen Malers VICTOR BRAUNER (1903 bis 1966), die sich an archaische Mythologien anschließen, kommen dem Bildausdruck von Schröder-Sonnenstern sehr nahe, da Brauner nach seiner schweren Augenverletzung aus einem träumerischen, isolierten Dämmerzustand heraus malt und seine eigene, in den mythologischen Kosmos transponierte, egozentrische Individualität dem Konformismus der gesellschaftlichen Außenwelt konfrontiert.

Ein surrealer Expressionismus mit mythisierender Tendenz kann sich für kurze Zeit in der frühen westdeutschen Nachkriegskunst etablieren, als man angesichts der Trümmerwirk-

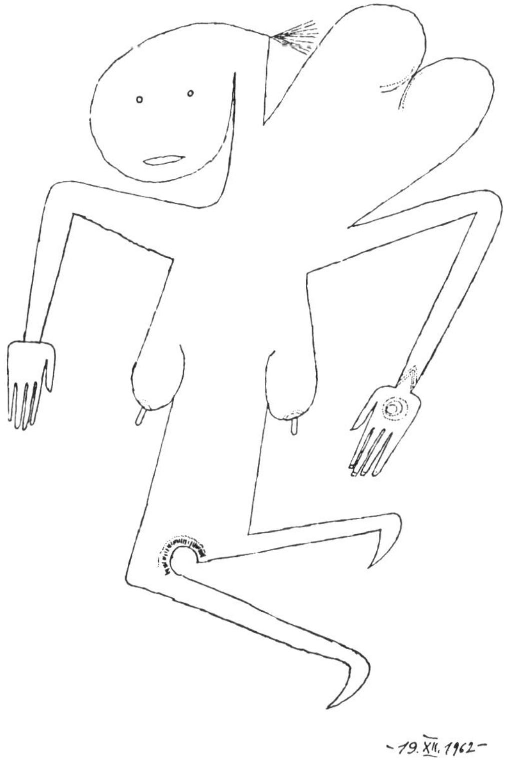

Victor Brauner, Zeichnung, 1962

lichkeit eine Flucht in die paradiesischen Welten der Antike herbeisehnt. Das gilt vor allem für einen Maler wie WERNER GILLES (1894–1961), der eine neue Wirklichkeit mit archaisierenden Kultfiguren in einer arkadisch-nomadischen Mittelmeerlandschaft erträumt.

Die spezifisch österreichische Form eines dem Jugendstil nahen expressiven Surrealismus wird in den ausgehenden fünfziger und frühen sechziger Jahren durch die ›Wiener Schule‹ repräsentiert, zu der sich die fünf Künstler Rudolf Hausner, ERNST FUCHS (geb. 1930), ERICH BRAUER (geb. 1921), WOLFGANG HUTTER (geb. 1928) und ANTON LEHMDEN (geb. 1929) zählen. Sie besuchen um 1950 gemeinsam die Malklasse des Literaten Albert Paris Gütersloh an der Wiener Akademie der bildenden Künste. Die sogenannte ›Wiener Schule‹ dieser phantastischen Maler formiert sich im Verlauf der fünfziger Jahre als traumhafte barocke Wunschhalluzination eines verloren gewußten, jedoch schmerzlich ersehnten mythischen Jenseits-Paradieses, wie es die mittelalterliche Kultur in ihren Kathedralen als monumentalen Höhenflug der gläubigen Seele visionär vorweggenommen hat. Der gezielt manieristische Stil bannt jedoch den Rückfall in die totale Illusion aus den Bildern der Wiener Schule, indem er provokativ auf die Künstlichkeit der hymnisch-vitalen Kosmosapotheose verweist, denn angesichts des superlativischen Chaos des erlebten Krieges läßt sich die mittelalterliche Vision der mythisch-heilen Natur nur gebrochen durch den Spiegel einer barocken Ironieverfremdung wiederbeleben.

Die retrospektive Blickrichtung auf eine ursprüngliche heile, vom Rationalismus unbeeinträchtigte Symbiose alles Lebendigen im idyllischen Chaos findet ihren äußeren Abglanz in der traditionsverpflichteten Malweise, die mit altmeisterlichen Techniken in penibler Genauigkeit jedes einzelne Sujet mit der malerischen Finesse der niederländischen und italienischen Klassik figuriert; Bosch, Rembrandt, Breughel und Botticelli sind die handwerklichen Vorbilder der Wiener Schule. Die ornamental-lyrischen, mystisch-alttestamentarischen Fabeln und die apokalyptischen Visionen bilden das mythologische Material der Bildphantasie, die sich mit blühenden farbtransparenten Illuminationen und häufig auch sentimentalem Pathos äußert.

Vor allem bei RUDOLF HAUSNER (geb. 1914) dient die präzise Gegenstandsbeschreibung und die nuancierte Farbigkeit dem Ziele, die kontrastierende Relation zwischen den Erscheinungen der inneren und der äußeren Welt zu artikulieren.

Für den Bildhauer ALFRED HRDLICKA (geb. 1928) ist die Zeichnung satirisches Registriergerät der menschlichen verbrecherischen Natur, die sich kraft ihrer rationellen Schläue hinter dem schönen Schein der gesellschaftlichen Konvention verbirgt. Mit schneidender Schärfe rückt Hrdlicka die Brutalitäten als gespenstischen Tanz der sich ständig wiederholenden Kriegs- und Betrugsgreuel in den Mittelpunkt seiner grausigen Wahrheitsaussage. Das »Tollhaus«, die surrealistische »Wahnwelt der psychisch Erkrankten«, wird zur exemplarischen Bühne einer zerfleischten Welt. Hrdlicka zeigt die nackte Wahrheit, die andere mit der Flucht in den reinen Ästhetizismus verschweigen.

Viele Nachkriegskünstler, die der allgemeinen Technikeuphorie mit weitsichtiger Skepsis begegnen und die wachsende Selbstentfremdung des Menschen mit wachen Augen hinter der Fortschrittsfassade der modernen Zivilisation registrieren, empfinden eben diese Technologiedominanz, die mit ihrer gigantischen Verselbständigung Mensch, Tier und Pflanze gleichermaßen zu verkrüppelten, nackten Wesen verstümmelt, als zutiefst verhängnisvoll. Bei JAN VOSS (geb. 1936) besitzen identitätslos gewordene Menschenwesen keine eigenständige Orientierung mehr und realisieren sich nur noch durch ihr biologisches Funktionieren. Ihre Aktionen wirken wie vegetative Versteinerungen, die den Endzustand der totalen Depression symbolisieren. Das Grab der absoluten Vereinzelung und Sinnentleerung scheint hier bereits erreicht.

Eine auf menschliche Dispositionen verweisende Dingmagie, die sich in figurativen Bildfindungen äußert, kann sich in den fünfziger Jahren bereits während der Dominanz des Abstrakten Expressionismus behaupten. Gewisse Nähen zu Max Ernst besitzen vor allem die surrealen Phantasien von RICHARD OELZE (1900–1980), der nach 1945 unmittelbar an seinen dunkel-magischen Vorkriegsrealismus anschließt. Doch im Gegensatz zu Max Ernst bezieht Oelze seine Sujets ausschließlich aus der Dimension des Bedrohlichen, die bei Max Ernst von einer heiteren ironischen Verspieltheit zuweilen konterkariert wird. Dergleichen gibt es bei Oelze nicht, seine Bilder werden von dschungelartigen Urlandschaften überzogen, denen in dumpfen Metamorphosen dämonische Fratzen als gesichtslose Gestalten entsteigen (Abb. 52).

Eine der Neuen Sachlichkeit verwandte Dingmagie mit surrealem Einschlag geht nach 1945 in Westdeutschland von Werner Heldt und Bruno Goller aus, ohne daß jedoch diese beiden wegweisenden Maler zunächst eine angemessene Resonanz finden könnten. Allzu sehr wird am Beginn der fünfziger Jahre deutsche Kunst vom lyrischen Informel überschwemmt. BRUNO GOLLERS (geb. 1901) vorwiegend mit Hutkollektionen, Schirmen, Kaffeemühlen und Katzen bestückte Bildkörper präsentieren sich nicht als abgebildete Wirklichkeit, sondern als sinnbildliche Verfremdung gewohnter Gegenständlichkeit (Abb. 106). Gollers Bilder sind malerische Vitrinen für künstliche Kreaturen, die ihre Existenz allein der bildnerischen Phantasie des Künstlers verdanken. Daher liegt auch die Ausdrucksstärke dieser eigenartigen Ding-Zitierung in der irritierenden Isolation aus gewohnten Kontexten, die bei Goller den menschlichen Gestalten gleichermaßen wie den Gegenständen widerfährt. Der Maler konstruiert hier also eine künstlich-magische Bildwirklichkeit, die zwischen und mit den bildlich beschworenen Objekten ikonenhafte Verweisbezüge herstellt. Ein ähnlicher Effekt findet sich in WERNER HELDTS (1904–1954) Berlin-Bildern der Nachkriegsjahre, obwohl bei ihm ganz andere Ausdrucksmittel tragend werden als bei Bruno Goller. Wo Goller isoliert, setzt er irreale Verknüpfungen und Integrationen, die einerseits gewohnte Sichtweisen verfremden, andererseits aber neue Metawirklichkeiten schaffen, in denen das Zusammenfließen von Vergangenheit und Gegenwart in einer alternativen Existenz möglich ist.

Eine Fortsetzung findet diese metareale Dingmagie in den Maschinenbildern des Düsseldorfer Bruno Goller-Schülers KONRAD KLAPHECK (geb. 1935). Er macht Geräte des technischen Alltags wie Schreib- und Nähmaschine, Registrier- und Rechenmaschine, Telefon und Schuhspanner zu hintergründigen Aussageträgern menschlicher Eigenschaften (Abb. 108). Gegenstände dieser Art sprechen Gefühle aus und schaffen Assoziationen, das Banale wird zum Monster und das Pathetisch-Posenhafte erstarrt in Trivialität. Klaphecks fotografisch exakt gemalte Apparaturen, die sich der Gefahr eines bloßen Trompe l'oeil-Effektes durch ihre Isolation in einem perspektivenlosen Raum entziehen, formulieren im Westdeutschland der ausgehenden fünfziger Jahre sicher am prägnantesten die figurative Opposition zum Gestus der lyrischen Abstraktion, aber auch noch zehn Jahre später die Antithese zur Werbetypologie der Pop Art.

Der objektivierten und dennoch sehr emotionalen Sprachform von Konrad Klapheck verwandt sind die sachlichen Figurationen von Anzugknöpfen, Hemdenkragen, Krawattenknoten und gescheitelten Haarpartien des Italieners DOMENICO GNOLI (geb. 1933). Hier artikuliert sich die selbstentfremdete Persönlichkeit des Zivilisationsmenschen nur noch durch die Akribie des Staffagedetails (Abb. 107). Dabei verweist die überscharfe, superlativische Reproduktion des Pars-pro-toto-Ausschnittes mit magischer Deutlichkeit auf den entindividualisierten, uniformen Massenmenschen, der im Zeichen des totalen Konsumdeterminismus selbst zum austauschbaren Warenartikel erstarrt.

Außer dem malerischen Neosurrealismus blüht seit den ausgehenden fünfziger Jahren auch eine neosurreale Objektkunst auf, die an das Prinzip der surrealen Dingmetamorpho-

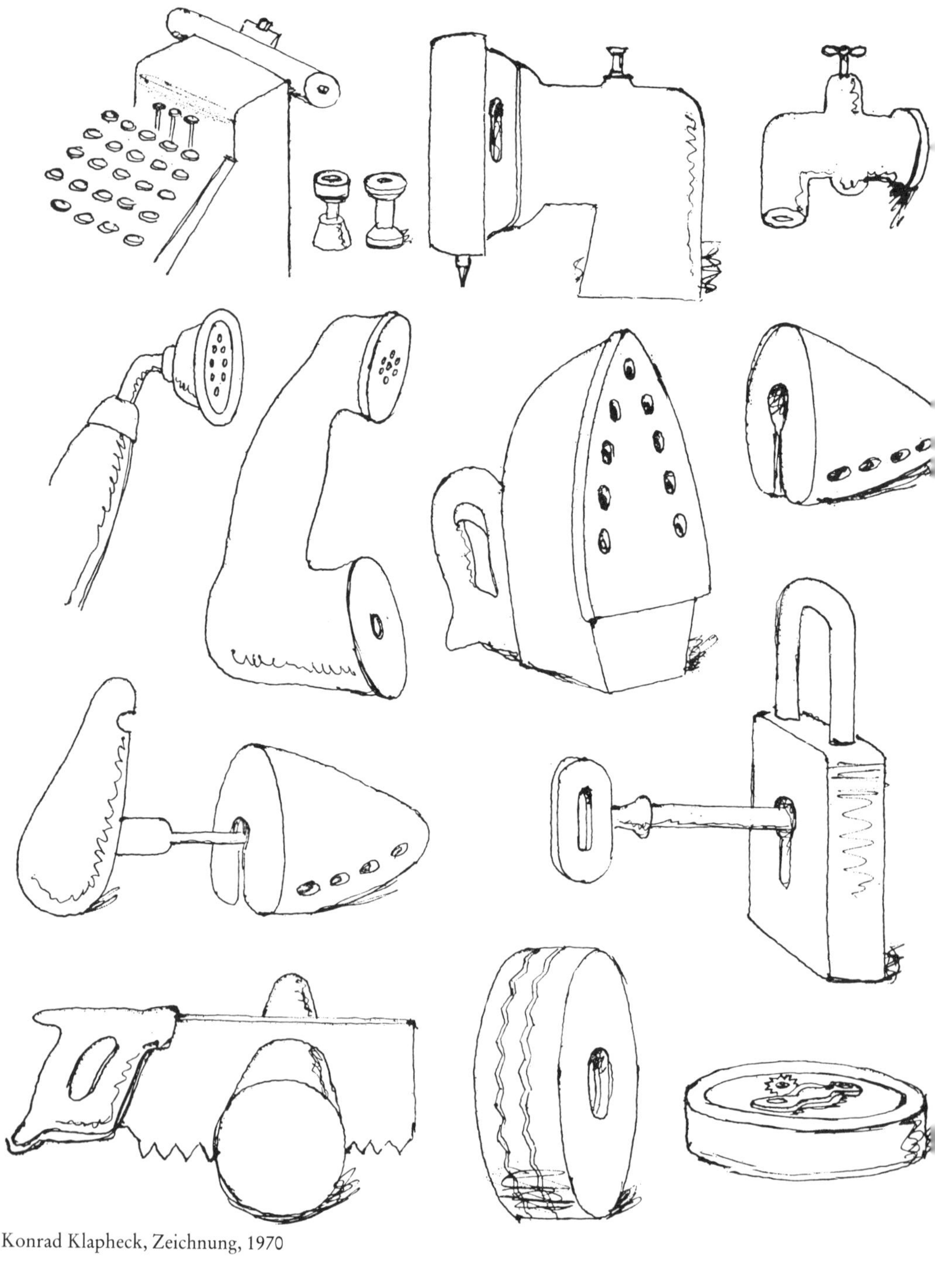

Konrad Klapheck, Zeichnung, 1970

sen anknüpft. Das gilt in Amerika gleichermaßen für ENRICO BAJ (geb. 1924) und JOSEPH CORNELL (geb. 1903), die in Parallele zu den Akkumulationsschränken des französischen Nouveau Réalisme ausgefallene Assemblage-Kästen bauen und diese mit einem absurden Nebeneinander trivialer Gegenstände füllen, um auf diese Weise eine phantastisch-magische Objektpoesie zu provozieren, wie auch für LOUISE NEVELSONS (geb. 1900) suggestive Holzkisten, in die alle möglichen Holzteile aus dem Alltagsleben, vom Stuhlbein bis zum Hammerstiel, wie kostbare Reliquien eingestellt sind und dadurch eine totemhafte Wirkung erzeugen können (Abb. 94).

Der Österreicher CURT STENVERT (geb. 1920) kann seine zwischen Neodada und Neosurrealismus angesiedelten Assemblagen auf dem Boden des Phantastischen Realismus aufbauen, den die Wiener Schule vorbereitet hat. Stenverts Objektkunst zeichnet sich durch eine Mischung aus Wiener Humor, spielerischer Dingpoesie und makabrer Ironie aus. Seine pointensicheren Assemblagen und Environments greifen mit vollen Händen in die Konsumkramkiste des Alltags und stoßen uns in ihren eigenwilligen Kombinationen mit moralisierender Schärfe auf die brutalen Aspekte unserer sozialen Realität. In diesem Sinne wird Stenvert in den sechziger Jahren auch ein sehr bewußter Antipode zur Pop Art. Denn während die Pop Art die Schönheiten modernistischer Neonfassaden entdeckt und imitiert, blickt Stenvert in das Gefüge jenseits dieser Glitzerfolien, er zeigt uns, wie Glamour ganz plötzlich in Kitsch umkippt, wie Idole in Mülltonnen stürzen und sich mühsam aufgebaute Ordnungsschemata im brutalen Zerstörungsmechanismus präziser Kriegsplanungen auflösen (Abb. 88).

Solche Mischung aus Sozialkritik und surrealem Hang zum Absurden begegnet ebenso bei dem Schweden CARL FREDERIK REUTERSWARD (geb. 1934) wie auch bei dem Deutschen HANS PETER ALVERMANN (geb. 1931), die mit Hilfe der absurden Provokation auf politische Mißstände hinzuweisen versuchen (Abb. 89).

Bei den Amerikanern EDWARD KIENHOLZ (geb. 1927) und PAUL THEK (geb. 1933) präsentiert sich die neosurreale Objektkunst im sog. Tableau oder Environment als eine magisch suggestive Horrorkunst des Schocks. Die Objektmontagen erweisen sich im Schockerlebnis als Widerspiegelung einer entlarvten, in sich grotesken Realität, die im Alltag den Mantel konventioneller Ordnung trägt, aber unter dieser Hülle grauenhafte Entfremdung und kranke Leidenschaft verbirgt. Die Dinge werden in den Assemblagen zu eingefrorenen Situationen menschlichen Schicksals, indem ihre Verfallspatina, ihre eindringliche Materialsprache auf den grotesken Schein konventioneller Alltagsordnung verweist (Abb. 83).

3 Nouveau Réalisme – New Realism – Neuer Realismus

Um 1960 machen sowohl in Amerika als auch in Europa Künstler von sich reden, die mit neuen Techniken und ungewohnten Materialien das Leben in die Kunst hineinholen möchten. ›Wirklichkeit‹ und ›Neuer Realismus‹ sind die Reizworte, mit denen sie den traditionellen Elfenbeinturm der Kunst effektiv sprengen und dem alltäglichen Leben öffnen wollen.

Aus der Integration des Konsumalltags in die Kunst entstehen innovative künstlerische Präsentationsformen wie die Akkumulation als Anhäufung von Gegenständen, das Environment als begehbare Plastik, die Installation als Raumgestaltung. In Frankreich wird der Kritiker Pierre Restany zum Theoretiker des Nouveau Réalisme, einer Künstlergruppierung, der sich Tinguely, Arman, Dufrêne, Hains, Klein, Raysse, Rotella, Spoerri und Villeglé zugehörig fühlen.[7] Der Nouveau Réalisme bleibt stets eine lose Gruppe, die für viele und vieles offen ist und engen Gedankenaustausch mit gleichgesinnten amerikanischen Künstlern wie Christo, Jasper Johns, Robert Rauschenberg, Cy Twombly, John Chamberlain und Richard Stankiewicz pflegt. Die in New York aufgewachsene, geborene Französin Niki de Saint-Phalle findet durch die Freundschaft mit Tinguely zum Nouveau Réalisme.

Die amerikanische Parallelbewegung nennt sich konsequenterweise ›New Realism‹, bis sie später rückwirkend der Pop Art einverleibt wird, da sie mit der direkten Thematisierung der urbanen Realität in ihrer künstlerischen Praxis und mit der wertneutralen Annahme der trivialen Konsumkultur ein unmittelbarer Wegbereiter der Pop Art ist.

In den Akkumulationen und Fallenbildern von Arman und Spoerri dokumentiert sich der Nouveau Réalisme in reinster Form. FERNANDEZ ARMAN (geb. 1928) stellt Gruppen von identischen oder ähnlichen Gegenständen in Schaukästen zusammen (Farbtafel 47) und versucht mit diesen Anhäufungen »Ereignisse in der Schwebe zu lassen, Bewegungen einzufrieren«. In solchen Akkumulationen macht Arman deutlich, daß gleiche Gegenstände, die gleichen Funktionscharakter haben, in ihrer äußeren Erscheinung keineswegs gleich sind, sondern individuelle Eigenschaftswerte besitzen, die erst in der Anhäufung der gleichen Dinge sichtbar werden. Die Akkumulation erweist sich nur scheinbar als chaotisch, vielmehr entwickeln die Dinge in den durchsichtigen Schaukästen einen Verweisungshorizont, der die moderne Lebenssituation, das Okkupiertsein von Technik und Konsum, offenlegt.

DANIEL SPOERRI (geb. 1930) klebt und nagelt auf einer Holzplatte fest, was sich gerade auf dem Tisch befindet: Geschirr mit Speiseresten, Malutensilien, gefüllte Aschenbecher und beliebige Abfälle (Farbtafel 46). Diese Fallenbilder, bei denen die Montage nur die technische Funktion hat, das Befestigungsproblem der diversen Gegenstände auf einer Holzplatte zu lösen, bedeuten für Spoerri Situationen festzuhalten, die der Zufall geschaffen hat.

Jean Tinguely schafft mit seinen kinetischen Apparaturen aus Schrotthaldenmüll moderne Metaphern des Alltags als Miteinander von Zufall und Ordnung (Abb. 91), und CÉSAR (geb. 1921) läßt Autokarosserien und Ölkannen zu »Compressions«, zu stelenartigen Blöcken, zusammenpressen. MARTIAL RAYSSE (geb. 1936) präsentiert die klischeehaften Wunschbilder der Massenzivilisation mit allen Mitteln kosmetischer Verschönerung, um mit pointierter Deutlichkeit ihre Wirkungsfunktion zu demonstrieren, und der ganze Dekor des täglichen Lebens in der Großstadt wird von ihm dabei verwendet. Die Montagetechnik dient ihm dazu, den dekorhaften, kosmetischen Schmuck seinen Bildern regelrecht einzuverleiben. So verstärken Neon- und Fluoreszenzlampen die Leuchtkraft seiner Anilinfarben und werden zu Botschaften sinnenaufreizender Ikonografie.

Die sogenannten ›Affichisten‹, FRANÇOIS DUFRÊNE (geb. 1930), RAYMOND HAINS (geb. 1926) und JACQUES VILLEGLÉ (geb. 1926) initiieren mit ihren »Dessous«, der Freilegung von übereinandergeklebten Plakatschichten, ein neues Gestaltungsprinzip, das der deutsche Neue Realist Wolf Vostell seinem Décollage-Begriff eingliedert, weil es sich hier um eine destruktive Veränderung von Materialien mit bewußtseinskritischer Appellationskraft handelt. Die Plakatzerfetzung wird auch von Vostell selbst (Abb. 84) und von dem Italiener MIMMO ROTELLA (geb. 1918) als Dada-Gestik (Farbtafel 49) praktiziert, wobei die Wortfragmente und Schriftüberlagerungen, die im Prozeß des Abreißens oder Verwischens entstehen, den künstlerisch interessanten Effekt ausmachen, mit dessen Hilfe Vostell politische und sozialkritische Provokation zu erzeugen sucht. Christo verpackt Gegenstände aller Art, um durch deren Verhüllung das Bewußtsein auf die alltäglich gesehene und nie wirklich wahrgenommene Umgebung unserer Lebensrealität und deren Veränderungen zu konzentrieren (Abb. 90).

Die amerikanischen New Realists haben mit ihren Assemblagen vergleichbare Zielsetzungen wie ihre französischen Kollegen. RICHARD STANKIEWICZ (geb. 1922) baut wie Tinguely Objektmontagen aus Metall-Objets trouvés, und JOHN CHAMBERLAINS (geb. 1927) demolierte Autokarosserien lassen sich mit den Kompressionen Césars vergleichen (Abb. 82).

Wie unterschiedlich und kontrastreich das künstlerische Umfeld der Neuen Realisten in Amerika und Frankreich ist, läßt sich an Niki de Saint-Phalle und Cy Twombly verdeutlichen. NIKI DE SAINT-PHALLES (geb. 1930) *Nana*-Puppen, aus buntbemaltem Papiermaché zu riesigen Frauenfiguren mit draller Expressivität aufgebläht, haben unmittelbaren Bezug zur populären, lautstarken Bildwelt der Jahrmarktsästhetik. Um vieles stiller gibt sich dagegen die Zeichennotation von CY TWOMBLY (geb. 1929), die aus dem Abstrakten Expressionismus hervorgeht. Twombly kritzelt spontane, kryptische Zeichen auf Schiefertafeln oder putzartige Malgründe, die an Dubuffet erinnern, um den Sgraffiti auf Straßenpflastern und Häuserwänden nachzugehen und die Sprache der Straße der Kunst zu integrieren (Abb. 159).

Obwohl das ›Erste Manifest‹ des Nouveau Réalisme, von Pierre Restany formuliert, im Sinne des dadaistischen Antikunst-Programms »die letzten Atemzüge« einer Malerei mit Öl auf Leinwand ankündigt[8], haben die mit Alltagsgegenständen, trivialen Werkstoffen und neuen mixed-medialen Methoden arbeitenden Neuen Realisten dennoch eine unübersehbare Anbindung an historische Traditionen der Kunst. Nicht nur, daß sie auf Ideen des Futurismus und Dadaismus zu Beginn dieses Jahrhunderts zurückgreifen, auch die klassischen Motivationen von Malerei und Skulptur sind bei ihnen auszumachen: »Césars Blöcke aus Autoblech variieren das Thema der Stele, Spoerris Fallenbilder sind in ihrer Vielschichtigkeit Verwandte des holländischen Stilleben, Tinguelys kinetische Kunst hält sich an die Genres barocker Plastik, an Brunnen-, Theater- und Gartenarchitektur, Niki de Saint-Phalles Frauengestalten sind Verwandte der klösterlichen Wachsfiguren aus dem 18. Jahrhundert.«[9]

Als Jean Tinguely 1970 vor dem Mailänder Dom mit der Enthüllung eines monumentalen Phallus das Ende des Nouveau Réalisme verkündet, hat sich diese Bewegung weltweit ausgedehnt und verzweigt, zugleich hat man sie bereits mit der Pop Art zu einer großen Stilrichtung zusammengebracht.

Inzwischen versuchen Künstler allenthalben, Kunst und Leben anzunähern, wobei eine intensive Nutzung aktionshafter, mixed-medialer und multimedialer Ausdrucksformen zu beobachten ist. Der Deutsche TIMM ULRICHS (geb. 1940), der sich als Hannoveraner seinem berühmten Dada-Vorgänger Kurt Schwitters nahe fühlt, stellt 1965 auf der Berliner ›Juryfreien‹ seine eigene Person als »erstes lebendes Kunstwerk« aus und tut dies als Demonstration eines neuen Kunstanspruchs, für den alles, was nach dem Willen des Künstlers Kunst sein soll, auch Kunst ist.

Der amerikanische Maler ROBERT INDIANA (geb. 1928) leitet mit riesigen textmodulierenden Farbtafeln eine lettristisch-emblematische Kunst ein, die vor allem in Deutschland im Rückgriff auf die Tradition dadaistischer Publikationsorgane mit freier Typografie reiche Entfaltung findet. Von dem signalhaften Hard Edge der Nachmalerischen Abstraktion ausgehend, verbindet Indiana in seinen lettristischen Schablonen-Assemblagen die Pop-Ikonografie der Verkehrszeichen und Reklametafeln mit einem romantisch gefärbten, sozialkritischen und sozialreformerischen Engagement, das mit schlagwortartigen Appellen unmittelbar durch visuelle Impulse zur Besinnung aufrütteln will. Mit ernstem moralischem Pathos tritt Indiana in seinen berühmten *Love*–Bildern (Farbtafel 50) für das oberste Postulat der Menschlichkeit ein und setzt seine bildnerische Konzeption durch die eigenwillige Modulation der Buchstabentypen von den Konsumklischees der Pop Art ab. Die in großen leuchtintensiven Ringen oder Quadraten auf die Leinwand gespritzte Acrylfarbe trägt den Buchstaben-Text aus der Bildtiefe in den Vordergrund, so daß der Text auch als provozierend-kritische Aussage über die soziologische Struktur des American way of life relevant wird. Die Farbe formiert sich als bildästhetischer Interpretationsfaktor des Textes, indem sie ihren Symbolwert in Szene setzt. So versteht sich das aus vier Tafeln bestehende *Love rising* – in Schwarz und Weiß gemalt –, das zuerst auf der ›Martin Luther King Memorial Exhibition‹ des New Yorker Museum of Modern Art 1969 gezeigt worden ist, als beschwörende Formel für eine Beendigung der permanenten Grausamkeit, für eine friedliche Koexistenz der schwarzen und weißen Bevölkerung in den USA. Mit seinem romantisch-pathetischen Sozialengagement bildet Indiana eine sehr eigenwillige, vom Abstrakten Expressionismus beeinflußte Variante emblematischer Figuration. Viele europäische Vertreter dieser mixedmedialen Kunstäußerung, die Elemente der literarischen und bildnerischen Kunst synthetisiert, arbeiten im Anschluß an das dadaistische Vorbild der Zeitungscollagen und Simultandichtungen aus den zwanziger Jahren und bemühen sich um den Aufweis der bildästhetischen Qualität von komponierter Typografie. Gleichzeitig soll durch die Poetisierung des nüchternen Druckverfahrens die Befreiung des Wortes, des Lautes aus zweckdeterminierter Nutzung vollzogen werden.

Der tschechische Künstler JIŘÍ KOLÁŘ (geb. 1914), der zunächst als freier Schrifsteller arbeitete, bezeichnet sich auch in seiner bildkünstlerischen Collagetätigkeit als Dichter, da es ihm vornehmlich um die Provokation von poetischer Sensibilität geht, der alle Mittel des Sinnenreizes dienlich sind. Gemäß der Schwitters-Maxime von der konsequenten Dichtkunst, die mit der Unterscheidung von Buchstabenkomposition, Klangwert und Bedeutung eine Analyse des Begriffs ›Wort‹ erstellt, operiert Kolář in freier Ideenassoziation mit collagierten Zeitungsbuchstaben, aus denen er auf Überraschung zielende Buchstabenkombinationen als visuelle Bildgedichte zusammenklebt. Ein weiterer Schritt führt zum lettristisch-

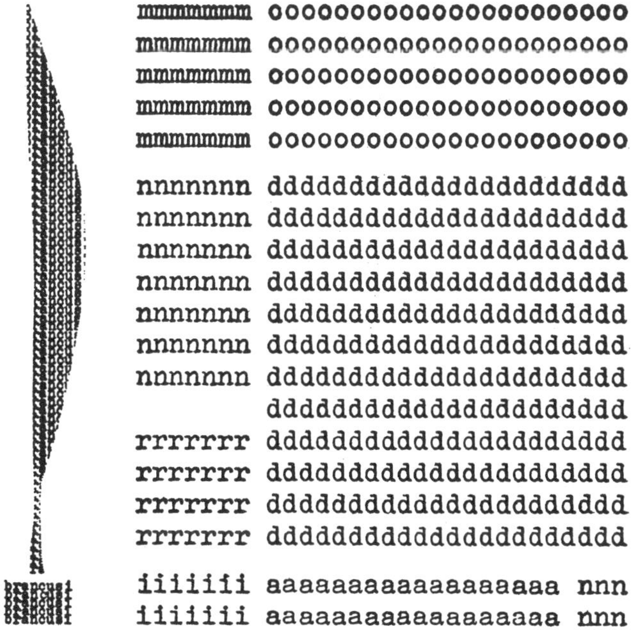

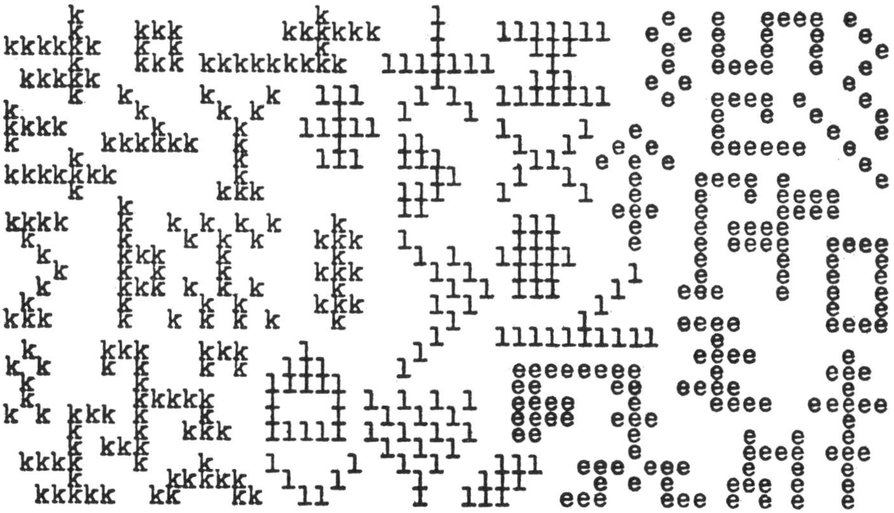

Visuelle Bildgedichte von Jiří Kolář (Brancusi · Mondrian · Klee)

poetischen Objekt: Ein Kunststoff-Apfel wird mit zerschnittenem Zeitungspapier beklebt und gewinnt seinen spezifischen Reiz durch die Verbindung der haptischen Objekteigenschaft mit der lesenden Betrachtung, so daß eine neue mixed-mediale Buchstabenrezeption jenseits von rationalen Zweckvorstellungen entsteht. Zugleich formiert sich eine symbolische Assoziationsmöglichkeit der Bedeutung zwischen dem Apfelessen und dem Buchstabenverschlingen der Konsumliteratur und Zwecktypografie.

In ähnlicher Weise wie bei Jiří Kolář bedürfen auch die Gedichte des österreichischen Literaten ERNST JANDL (geb. 1925) einer intermedialen Interpretation. So formuliert Jandl sein Gedicht ›Moral‹ aus vielen pyramidenhaft übereinandergeschichteten Buchstaben m, denen in der untersten Linie wie ein winziger Schwanzansatz der restliche Teil des Wortes als vieldeutiges »oral« angefügt ist. Die Verschlüsselung des literarischen Aussagewertes im lettristischen Bild erweist sich in dieser Form im Vergleich zu einer logisch-syntaktischen Formulierung als bedeutend ausdrucksintensiver.

Ernst Jandl

Auch die Lesetexte von DIETER ROTH (geb. 1930) entfremden sich bewußt durch eigenwillige Wortschreibung, Syntax und Typografie von der üblichen Schriftlogik. Die Schrift wird von ihrer Funktion, Sprachvehikel zu sein, gelöst und zeigt sich durch das ›Versprechen von Bildern‹ in ihrem Handlungsprozeß. Die Abwendung von der üblichen Schriftregel macht den Verbrauchsdeterminismus des sprachgebundenen typografischen Schriftbildes bewußt und verweist zugleich in den ›Mundunculum‹-Stempeldrucken auf die ästhetische Reizwirkung des verbilderten Wortelementes im zweckfreien Anschauungszusammenhang.

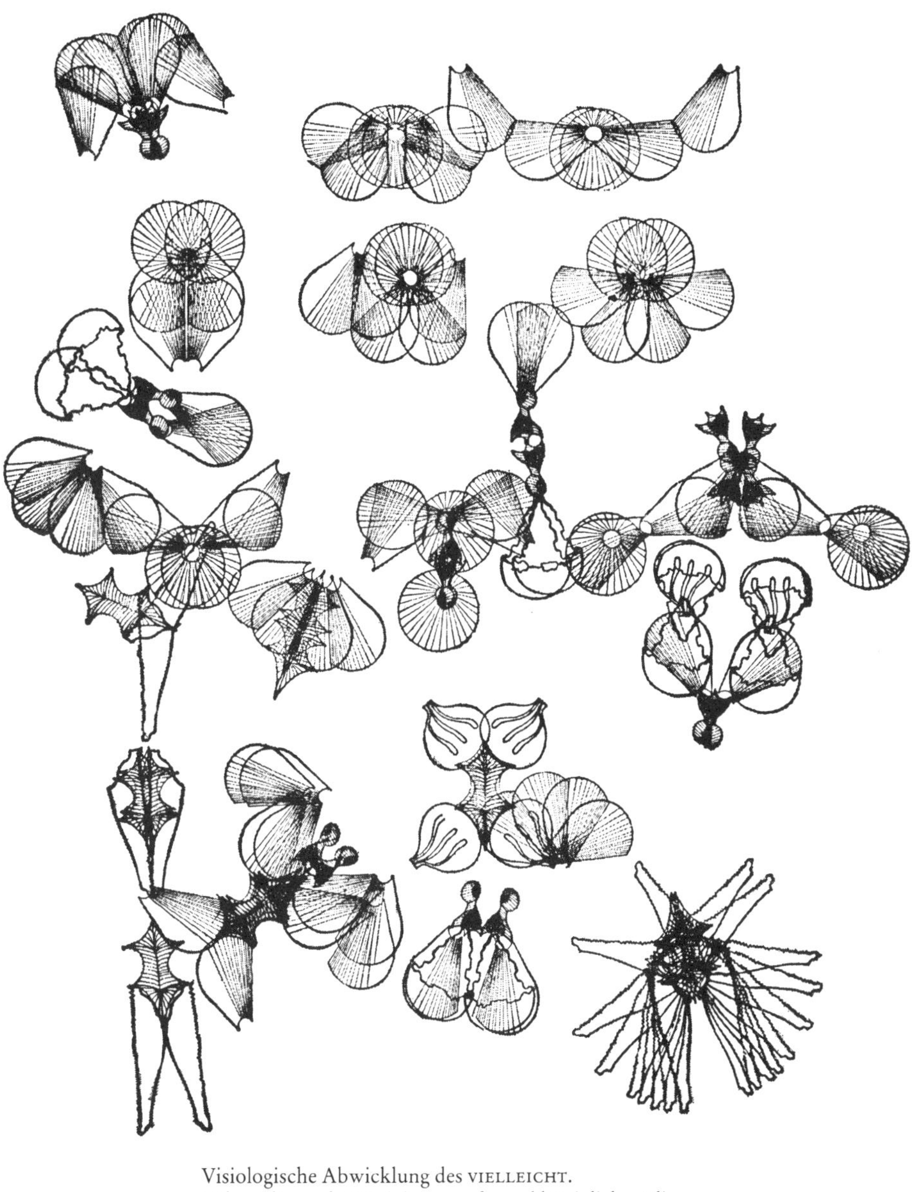

Visiologische Abwicklung des VIELLEICHT.
Oder: Fliegende Königinnen aufgrund königlicher Fliegen.
Wie Quantität Qualität wird.
Oder: Fliegende Königinnen.
Aus: Diter Rot: ›Mundunculum‹, 1967

FRANZ MON (geb. 1926) begreift seine Lesetexte sprachanalytisch als linguistische Spiele, die nicht sinnentfremdet, aber sinnoffen sein wollen für ein elementares Sprachverständnis. Daher verstehen sich die Bildtexte Mons wie seine experimentellen Hörspiele als Sprechanregungen, da der Buchstabentext letztlich aus dem gesprochenen Wort entstanden ist und von der Lautartikulation seine spezifischen Eigenschaften erhalten hat, die durch die strenge Schriftlogik der geschriebenen Literatur verzerrt worden sind. Während Dieter Roth und Jiří Kolář das Klangelement des Wortes aus dem Buchstabenbild herausnehmen, konzentriert sich Franz Mon bewußt auf den Sprachlaut als selbständige Ausdrucksqualität. Roth und Kolář intendieren die Komposition mit dem von Begriffen entbundenen, emblematischen Buchstaben, Mon spielt mit den Möglichkeiten der sprachlichen Klangassoziation.

1966 ediert Franz Mon eine Anthologie zur konkreten Poesie, in die er auch Arbeiten eines bis dahin im Westen völlig unbekannten Künstlers aus der DDR aufnimmt, die *Sprachblätter* von CARLFRIEDRICH CLAUS (geb. 1930). Diese gezeichneten oder gedruckten Schriftbilder werden häufig auf mehreren skripturalen Bildschichtungen mit Hilfe von sich überlagernden Transparentfolien zusammengefügt. Auf den ersten Blick erscheinen die Clausschen Notate wie expressiv-kalligrafische Zeichnungen, erst bei genauerer Betrachtung nimmt man wahr, daß die filigranen Figurationen buchstäblich aus Schriftfolgen herauswachsen und daß die einzelnen geschriebenen Worte und Sätze einen gesellschaftspolitischen oder philosophischen Sinnzusammenhang besitzen, in dem der Künstler in großer Nähe zu seinem Philosophenfreund Georg Lukács über einen humanen Sozialismus reflektiert.

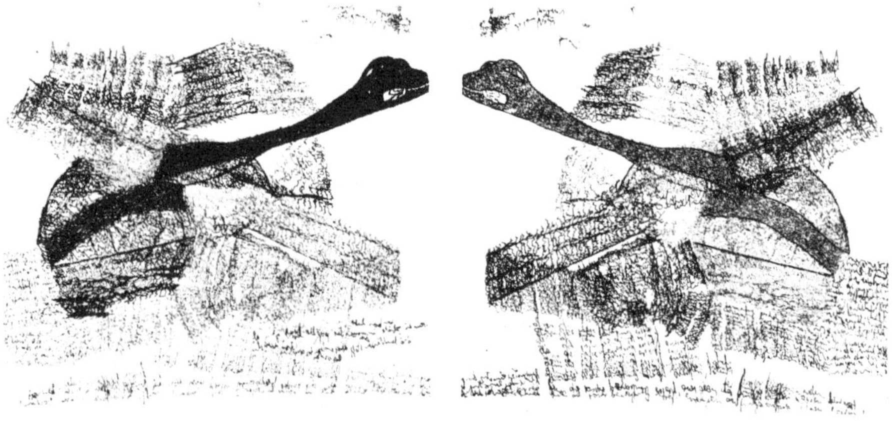

Carlfriedrich Claus, Erkenntnis (Vorder- und Rückseite), 1972. Beidseitig beschriebenes Transparentpapier, 17 × 17 cm

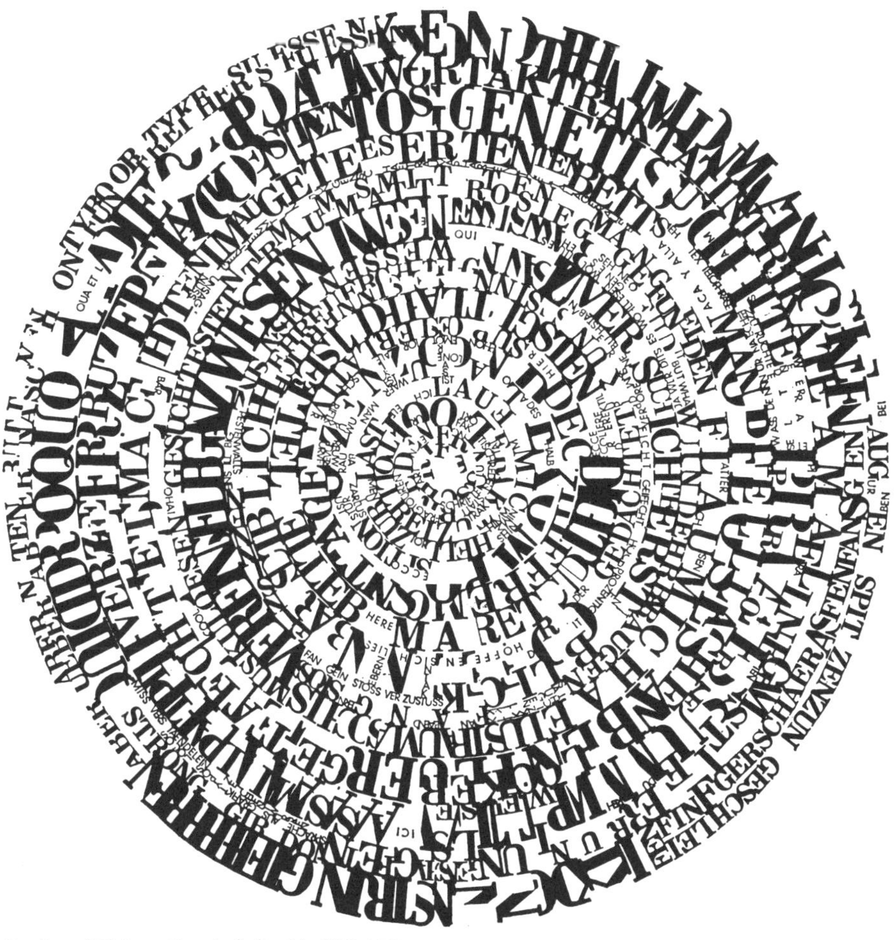

Ferdinand Kriwet, Rundscheibe Nr. XII, 1963

FERDINAND KRIWET (geb. 1942) operiert in seinen lettristischen Bildbändern und Transparentobjekten sowohl mit der Komposition von Buchstabenfolgen als auch mit dem assoziativen Lautklang. Bei Kriwet weitet sich die mixed-mediale Textpräsentation zu neuen Formen einer spektaktulären theatralischen Gestik des Wortes aus. Die Medien der modernen Information wie Tonband, Diapositiv, Film, Transparentfolie werden in den künstlerischen Artikulationsprozeß integriert. Es entsteht ein Sprache-Text-Theater, das eine totale Unmittelbarkeit der Umsetzung von Sprache in Sehtexte beabsichtigt.

In den »gebilderten« Figurationen von THOMAS BAYRLE (geb. 1937) ist nicht der Buchstabe, sondern ein seriell verwendetes Bildelement Strukturraster der Darstellung. So for-

Thomas
Bayrle,
Fenster,
1969

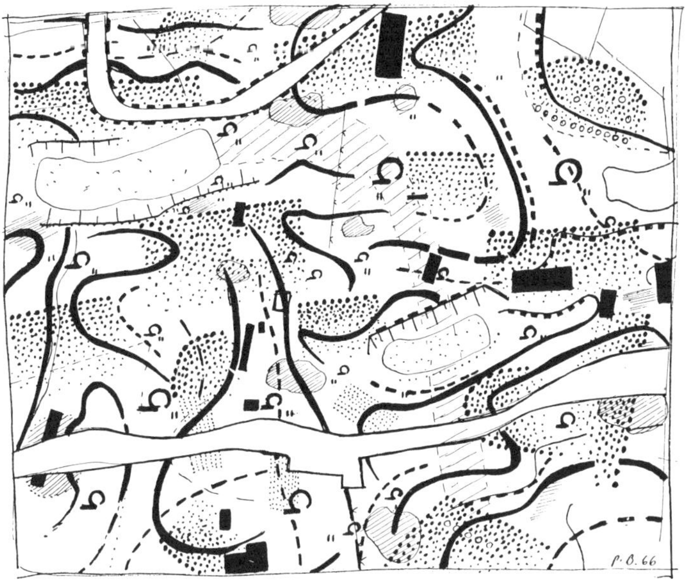

Peter Brüning, Zeichnung, 1966

miert sich ein riesiger ›Oktoberfestbierkrug‹ aus vielen kleinen Bierseideln, eine übergroße Kuh aus Lasso schwingenden ›Milk brothers‹, ein Fenster aus vielen aneinandergesetzten Fenstern, deren Gesamtbild wiederum zu einem superlativischen Fensterbild zusammengeht.

Das Bemühen um neue emblematische Alphabetisierungen, das sich bei Bayrle als figuratives Bildraster präsentiert, kann aus unterschiedlichen Zeichensystemen hervorgehen. PETER BRÜNING (1929–1970), aus dem lyrischen Informel kommend, arrangiert kartografische Zeichen als semantische Bildelemente zu künstlichen Landschaftsbeschreibungen, die durch diagrammartige Bogenlinienstraßen verbunden werden. Das einzelne kartografische Kürzel besitzt einen präzisen Formelinhalt und Signalwert, entstanden aus der subjektiven, bildkalligrafischen Benennung landschaftlicher Gegebenheiten durch den Künstler. Mit dem semantischen Bildalphabet der künstlichen Kartografie strukturiert Brüning ästhetische Landschaftsbilder, die eine harmonische Integration von Natur und Verkehrstechnik im Modell beschreiben. »Wenn das Zeichen zum Objekt wird, wird jedes Element des Kodes zu einem realen Element der bezeichneten Wirklichkeit. Die semiologische Sprache basiert auf dem vollständigen Aufgehen der Idee in der Form, so daß beide identisch werden.«[10]

Auch in der Plastik lassen sich ähnliche emblematische Alphabetisierungen als bildhafte Informationsträger beobachten. Brüning selbst erhält den Auftrag für eine Autobahnplastik, und auch OTTO HERBERT HAJEK (geb. 1927), der seine skulpturale Tätigkeit mit informellen Gesten begonnen hat, gelangt in den sechziger Jahren zu zeichenhaften Farbraumkonzeptionen, die sich als Orientierungshilfen im Raum durch ihre funktionelle Farbsemantik begreifen.

4 Pop Art und Post-Pop Art

Die Pop Art hat zwei voneinander unabhängige Keimzellen in Amerika und England. Wie bereits erwähnt, bildet in den Vereinigten Staaten die neodadaistische Kunst des New Realism mit ihrer Thematisierung der großstädtischen Industriekultur eine Quelle der dortigen Pop Art. Eine weitere Wurzel hat die amerikanische Pop Art in der ›American Scene‹ der dreißiger Jahre, wobei man Edward Hopper in den ausgehenden fünfziger und frühen sechziger Jahren zunehmend in seiner herausragenden Bedeutung wahrnimmt. So vermag sich Hopper, der in klaren, von wenigen Bildmotiven getragenen Kompositionen die Szene des amerikanisch-bourgeoisen Kleinstadtlebens mit seiner »scheußlichen Schönheit« darstellt (Abb. 47) und eine »möglichst genaue Übertragung der persönlichen Eindrücke von der Natur« auf das künstlerische Bild als sein wesentliches Ziel apostrophiert, in wachsendem Maße als Repräsentant eines »neuen Geistes in der Kunst« nach dem Abstrakten Expressionismus zu exponieren. Bis in die sechziger Jahre hinein malt Hopper seine Bilder mit dem gleichen festgefügten Stil, der den intensiven Licht-Schatten-Kontrast als Verweis auf die kleinbürgerliche Leere des ›American way of life‹ in der Provinz nutzt.

Die englische Pop Art erwächst aus einer selbständigen Volks- und Subkultur, zu deren Publikationsmedien vor allem Reklameannoncen, Trivialmagazine und Science-fiction-Illustrationen gehören. Ihre Geburtsstunde hat die englische Pop Art in der Londoner Whitechapel Art Gallery mit der berühmten Ausstellung ›This is Tomorrow‹, die eine hautnahe Demonstration für die Identifikation von Kunst und Leben ist. Denn Künstler wie Eduardo Paolozzi und Richard Hamilton entdecken die Ikonografie des Kinos, des Fernsehens, der Illustrierten und der Zeitungen als Bildquelle für die Kunst. Neben der Volkskultur bezieht die englische Pop Art wichtige Anregungen von Francis Bacon, der seine verwischten Porträtstudien nach Zeitungsfotos berühmter Persönlichkeiten erstellt. Zugleich realisiert Bacon im Londoner Institute of Contemporary Arts den ersten environmentalen Großraum anläßlich der Ausstellung ›Parallel of Life and Art‹ 1953. Hier präsentiert er eine umfangreiche Kollektion seiner Bilder sowohl an den Wänden hängend wie auch von der Decke herabschwebend, wodurch die fotografischen Verwischungseffekte gesteigerte Ausdruckskraft erlangen und den Besucher der Ausstellung vollständig umfangen.

Beide Richtungen der Pop Art stellen im Anschluß an den Neuen Realismus die Frage: »Wie nah kann ein Kunstwerk seiner Quelle sein und dabei seine Identität wahren«, und beiden gemeinsam ist die zwiespältige Haltung von Verehrung und ironischer Distanz zur Pop Culture, d. h. zu der im Gegensatz zur traditionellen Hochkultur massenmedial verbreiteten Konsumkultur: »Pop Art will ohne jede Illusion die Dinge selbst zu Wort kommen lassen« (Warhol). Beide Richtungen konzentrieren sich auch in gleicher Weise auf aktuelle Themen und Erscheinungen der jeweiligen Zeitsituation und nutzen die künstlerischen Möglichkeiten der Collagetechnik, um mit greller, oft ins Ironische übergreifender Schärfe die Lebensform moderner Zivilisation im Bild festzuhalten, die von Konsumgütern als Sozialfetischen, von banalen Idolen und von einem trivialen Unterhaltungsbedürfnis bestimmt ist.

Die erste Pop Art-Gruppe, die sich mit der Trivialkultur in England befaßt und die bereits erwähnte Ausstellung ›This is Tomorrow‹ einrichtet, ist die ›Independant Group‹, zu der neben Intellektuellen aus verschiedenen Wissenschaftsbereichen die Künstler Eduardo Paolozzi, Richard Hamilton und McHale gehören. Man analysiert die Bildstruktur der industriellen Werbung und reflektiert über Technologie und Science-fiction. Das chromblitzende Auto, das Flugzeug, die grelle Typografie und Bilderwelt der Boulevardblätter und Magazine sowie die fluoreszierenden Transparentreklamen der Verkaufszentren bilden das Themenrepertoire dieser frühen Pop Art, die alle diese antiintellektuellen, werbepsychologischen Kreationen der Volkskultur in den bewußten Reflexionszusammenhang ihrer Collagekunst transformiert.

Für die Ausstellung ›This is Tomorrow‹ fertigt RICHARD HAMILTON (geb. 1922) eine Collage mit dem Titel *Just what is it that makes today's homes so different, so appealing?* an, die das ikonografische Material der Pop Art programmhaft zusammenfaßt (Abb. 117). Die Collage enthält alle Klischees, die das Herz des Konsumbürgers erfreuen, angefangen von der Reklame für Reizwäsche bis hin zur Welt der Autos, des Pin-up und Bodybuildung, des Fernsehens und der Illustriertenreportage. Die verschiedenen Teile der Collage sind mit akribischer Gründlichkeit wie eine Maschine zusammengebaut, so daß man sie weniger in ihren Einzelheiten als vielmehr aus ihrer durch Collage erzeugten Gesamtwirkung betrachtet. Hamilton bearbeitet die vorgefertigten Fundstücke des Alltags durch die Collagierung so weit, bis eine homogene Bildassoziation entsteht. An der Wand des Collage-Interieurs hängen ein Ahnenbild, ein Varieté-Programm und ein romantischer Comic strip, und zwischen Staubsauber, Fernsehgerät und Magnetophon präsentieren sich die nackten Gestalten eines verführerischen Mädchens und eines posierenden Athleten. In weiteren Collagen stellt Hamilton menschliche Individuen in der Beziehung zur mechanisierten Umwelt dar, dabei sind bestimmte Details durch aufgeklebte Porträtfotos und technische Illustrationen besonders kenntlich gemacht, eine Collagetechnik, der auch Paolozzi intensiv nachgeht.

EDUARDO PAOLOZZI (geb. 1924), der in Großbritannien aufgewachsene gebürtige Italiener, zeigt auf der Ausstellung ›This is Tomorrow‹ in London allerdings keine Pop Art-Collagen, sondern ein mythisch wirkendes Environment, das man als eine Frühform von individueller Mythologie bezeichnen könnte und das Einflüsse von Dubuffet nicht verleugnet. Zwischen 1950 und 1956 beschäftigt sich Paolozzi ausgiebig mit dem Thema ›Kopf‹ und entwickelt eine Protofigur der menschlichen Zerstörung, in der sich Aspekte des Art brut mit dem dadaistischen Kopfdummy von Raoul Hausmann *Der Geist unserer Zeit* (1919) verbinden.[11] Es entsteht eine Roboterstele mit zerstörter Physiognomie, deren Organe sich mehr und mehr in ein technisches Zahnradgefüge verwandeln (Abb. 113).

In Amerika ist der Übergang vom New Realism zur Pop Art fließend. Manche Interpreten ordnen bereits Robert Rauschenbergs Combines, Jasper Johns' Fahnenbilder, Larry Rivers' Fotoübermalungen und Claes Oldenburgs Eßwaren-Sortiment der Pop Art zu, andere betrachten Jasper Johns' Repliken von Campell's Suppendosen als erste Pop Art-Realisationen. Die Begriffsbildung ›Pop Art‹ datiert der Kunsthistoriker Lawrence Alloway als verbindliche Stilbezeichnung in die Zeit von 1954 bis 1957, als die Trivialkultur in Gestalt von

Reklameannoncen und Science-fiction-Illustrationen in den Magazinen blüht und eine grelle, aufdringliche Neonwerbung das urbane Straßenbild prägt. Die klassische amerikanische Hard Core-Pop Art grenzt die bis heute wichtige Pop-Anthologie von Lucy R. Lippard aus dem Jahr 1966 auf die großen New Yorker Künstlerpersönlichkeiten Roy Lichtenstein, Andy Warhol, Tom Wesselmann und James Rosenquist ein, dazu einige Künstler der amerikanischen Westküste wie Mel Ramos, Wayne Thiebaud oder Ed Ruscha. Sie alle benutzen die grelle Leuchtfarbenpalette der modernen Reklame sowie die Gegenstände des Warenhauses als bildkonstitutive Mittel der Malerei. Der kühle New Yorker Reklame-Stil formiert sich um 1960. Zu dieser Zeit haben die großen Repräsentanten der New Yorker Pop-Szene bereits ihre eigene Pop-Ikonografie entwickelt, wobei es wichtig ist zu betonen, daß jeder Pop-Künstler trotz des Bezuges zur Trivialkultur seine eigene Formensprache oder Stilisierung ausbildet.

Die Landschaften und Comic strips von ROY LICHTENSTEIN (geb. 1923), bewußt in der Technik der Rastermodulation gemalt (Farbtafel 53), emanzipieren sich gänzlich von jeder subjektiven Emotion. Die Bilder wirken wie programmierte Stereotypen, deren einzelne Figurationselemente beliebig austauschbar werden, die Comic strip-Gestalten agieren und fühlen mit leerer entindividualisierter Trivialgestik. Die Konsumwelt verdichtet sich in klassisch-distanzierter Manier zur reinen Formschablone. Die Reklameemblematik verliert in der artifiziellen Ikonografie ihren Fetischcharakter, sie wird zum sublimierten Abbild. Die kullernden Tränen aus dem glatten übergroßen Stargesicht im Comic strip-Bildstil liquidieren sich selbst in ihrer Hohlheit und entsubjektivierten Bildverdichtung innerhalb der harten Rasterstrichstruktur.

Roy Lichtenstein, Studie zu *Modern Painting with Jonic Column*, 1967

Während Lichtenstein die totale kühle Entindividualisierung der industriellen Gesellschaftsstruktur mit ihren narkotisierenden Kommunikationsmethoden Reklame und Trivialliteratur in sorgfältig durchkomponierten, überdimensionalen Comic strips widergespiegelt, integriert sich ANDY WARHOL (geb. 1930) bewußt dem standardisierten, mechanischen Arbeitsprozeß der modernen Produktionsmaschinerie. Sein Ausspruch: »Ich würde gerne eine Maschine sein«, dokumentiert das veränderte künstlerische Selbstverständnis, das neue ästhetische Empfinden von Warhol, das die Aufgabe des Individualkultes propagiert und sich selbst als Kreativitätsmotor innerhalb eines großen kollektiven Herstellungsapparates versteht. Das Programm der Andy Warhol-Produktion wird von den Produkten der Reklame- und Vergnügungsindustrie bestückt, aus denen die Warhol-Firma in Analogie zur industriellen Produktion Figurationsmotive für ihre ornamentalen Spiele wie etwa die geschichteten Brillokartons, die gemalten Suppenbüchsen und die diversen Superstar-Porträts auswählt. Die Bezeichnung »Superstar« beschränkt sich bei Warhol nicht auf die Leinwandidole der amerikanischen Filmglamourwelt, sondern sie gilt für alle von Warhol reproduzierten Gegenstände: Das Pin-up-Girl, die Campbell-Dose, der Homosexuelle und der Politiker, das Rock-Idol (Abb. 114) und die Witwe des amerikanischen Präsidenten John F. Kennedy, der Mord und der spektakuläre Todessprung von einem Hochhaus, sie alle sind gleichermaßen die Superstars der Warhol-Produktion. Die Reizpose wird in der stereotypen Aufzeichnung des Serienbildes oder des Filmablaufs stilisiert, worin auch die spezifische Eigenart der Warhol-Kunst begründet ist. Die künstlerische Reflexion verzichtet gänzlich auf die Erfindung individueller Sujets und beschränkt sich statt dessen auf die verdichtende Darstellung des Lebens, der Aktion, und in diesem Sinne ist die perfekte Funktionalität der Maschine ihr erstrebenswertes Ideal.

TOM WESSELMANN (geb. 1931) führt in seinen Collagen die von Rauschenberg entwickelte kombinierte Assemblagetechnik weiter und kreiert eine Synthese aus Gemäldewand und Environment, die in ihrer Ausstrahlung – verglichen mit den Combine Paintings von Rauschenberg – wesentlich vordergründiger, ja spontaner im direkten Bezug zur Alltagssituation sein will. Wesselmanns berühmte Superassemblagen, die *Great American Nudes*, verarbeiten die Ästhetik des Abstrakten Expressionismus in den Motivrahmen einer plakativen Pop-Thematik. Wesselmann collagiert zunächst im Combine Painting-Verfahren auf einer riesigen Leinwandfläche, die im Verlauf des Kompositionsprozesses durch die Assemblage von Konsumrequisiten wie Radios, Fernsehgeräte, Telefone, Heizkörper, Tische, Fenster, ja Badewannen zur raumplastischen Wandtafel ausgeweitet wird und sich nur dadurch vom Environment unterscheidet, daß sie allein die frontale Ansicht gestattet. Die Lust zur ständigen Ausweitung unterwirft diese Tableaus stets neuen inspirativen Veränderungsprozessen; die Collage wird zum Spiegel eines spezifischen alltäglichen Zeitabschnittes, der seine Fixierung von den Banalitäten eines Fernsehprogramms, eines Schlafzimmers, eines Walt Disney-Heftes bezieht. Wesselmann transformiert somit die abstrakte motorische Aktionsgebärde des Action Painting auf den alltäglichen Zeitablauf, der durch banale Konsummodalitäten und leere Handlungen determiniert wird, zugleich aber im gestischen Abbild seinen ironisch-ästhetischen Effekt entfaltet und in der korrespondierenden Spannung zwischen

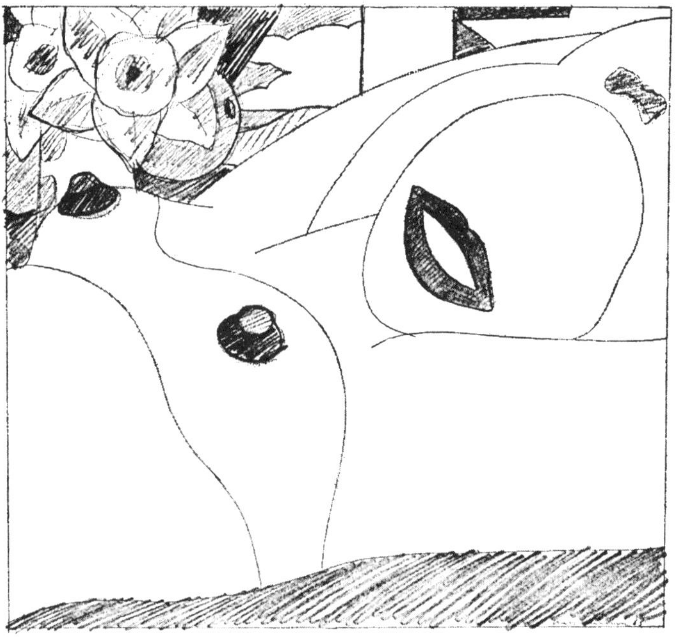

Tom Wesselmann, Zeichnung, 1965

gemaltem Bildteil und Collage die künstliche Heraushebung aus dem trivialen Lebensprozeß in die stilisierende Distanz erfährt (Farbtafel 54).

Im Verlauf seiner Arbeit an den *Great American Nudes* vergrößert Wesselmann seine Bildformate in superlativische Dimensionen, so daß er aus Mangel an entsprechend großen Assemblagerequisiten gezwungen ist, seine Markenartikel selbst zu fabrizieren. Die Komposition erreicht dadurch eine noch stärkere Perfektionierung in der design- und werbegerechten Stilisierung und Farbgebung; die Pop-Etikettierung steigert sich in den idealen Reklamestil, der in seiner blanken antisentimentalen Einfachheit und Kühle zugleich wieder abstrakte Qualitäten gewinnt.

JAMES ROSENQUIST (geb. 1933) formuliert seine Pop-Ikonografie im ästhetischen Spiel mit den Effekten des Werbe-Illusionismus. Seine in mehreren Schichten gestaffelten, übergroßen Raumgemälde erdrücken den Betrachter zunächst mit ihrer neongrellen Totalansicht, die in phosphoreszierender Farbintensität eine Detailrezeption beim ersten Hinblicken verhindert. Erst die genauere Betrachtung entschlüsselt den klaren, formalen Bildaufbau und die Technik des Manipulierens mit der Tiefenperspektivik, die sich aus dem Ineinandergreifen mehrerer transparenter Folien mit verschiedenen Flächenmaßen und Raumanordnungen ergibt. Das Gesamtbild entpuppt sich als ein komplizierter, doch optisch durchkonstruierter Apparat, der das Artifizielle – das Perfekt-Arrangierte an sich – glorifiziert und als die relevante Wirklichkeit der Moderne registriert; das künstlich geschaffene Arrangement bestimmt Leben und Kunst zugleich. Rosenquist operiert in seinen bemalten Transparentfilmen mit den Möglichkeiten der Reklamepsychologie, die präzise den visuellen Vibrationseffekt einer Neonfarbe oder einer Aluminiumfolie innerhalb eines spezifischen Figurationszusammenhangs der Werbeemblematik vorherberechnen kann (Farbtafel 55).

Von James Rosenquist führt ein direkter Weg zu den Tendenzen einer parodistischen Reklameaffirmation, wie sie bei den kalifornischen Pop-Malern Wayne Thiebaud, Mel Ramos und Edward Ruscha begegnet.

Mit äußerster Akkuratesse und kräftig greller Schattenkonturierung übersteigert WAYNE THIEBAUD (geb. 1920) in seinen gemalten Bonbonmaschinen, Torten- und Süßwarensortiments den unmittelbaren Genußreiz seiner realen Vorlagen. Mit bewußter Deutlichkeit läßt Thiebaud seine pastig-sahnig gemalten Konditoreiprodukte in perspektivischer Dreidimensionalität originalgetreu wirken, so daß der Betrachter durch eine kontraststarke grelle Bildausleuchtung mit der totalen Raumillusion konfrontiert wird. Die Assimilierung von Abbild und Wirklichkeit ist übernaturalistisch auf die Spitze getrieben. Das Ölbild wird in ambivalenter Zweideutigkeit zur Hommage an den optischen Sinnenreiz des Gewöhnlichen und andererseits in der übersteigerten Grellheit zum parodistischen Destillat der modernen Zivilisation.

Ähnliches gilt für die Pin-up-Girls, die MEL RAMOS (geb. 1935) in vulgär-vitaler Posierung auf seine gemalten Warenartikel drapiert (Abb. 115). Indem Ramos die triviale Glamourgestik emblematisch zum Faszinosum der Personendarstellung erhebt, parodiert er in gleicher Manier wie Wayne Thiebaud die hohle Kommerzialisierung der Triebbefriedigung. Sexualität und Genußartikel verschiedenster Art identifizieren sich in der gemeinsamen Reklamesteigerung.

Auch ED RUSCHA (geb. 1937) akzentuiert in seinen Bildern, die er als präzise Kopien von fotografischen Vorlagen abzeichnet, eine totale Anonymität. Seine konturscharfen und streng perspektivisch gemalten Tankstationen und Boulevardhochhäuser mit vielzähligen geschichteten Wohnungszellen werden zu ironischen Emblemen der perfekten anonymen Kommerzialisierung aller Lebensbereiche.In artifizieller Angleichung an seine Bildthematik benutzt Ruscha die gleiche Technik, wie sie von der Gebrauchsgrafik zu Werbezwecken verwendet wird.

Eine spezifische Außenseiterposition im Rahmen der amerikanischen Hard Core-Pop Art nimmt RICHARD LINDNER (geb. 1901) ein. Der gebürtige Hamburger, der 1941 nach Amerika emigriert ist, komponiert seine Bilder mit metallgreller Farbpalette und kritisch engagiertem Inhalt. Die glitzernd oberflächliche Exaltation der modernen Vergnügungswelt figuriert sich bei Lindner zum grotesken Menschen-Spiel-Automatismus im surrealistisch übersteigerten Neonröhren- und Vinylplüsch des modernen Hinterhaus- und Dockhallenamüsements. Sex entpuppt sich als fratzenhaft-groteske, bezahlte Schaustellung, Mode als Uniformierung mit anderen Vorzeichen und Vergnügen als zwanghaftes Abreagieren gestauter Aggressivität. In ihrer sensiblen Farbmodulation und fast abstrakt-strengen Flächenstrukturierung gewinnt die schwülstige Plattheit des billigen Konsumvergnügens ästhetische Reizwirkung. Die stilisierende Bestandsaufnahme Lindners schafft in ihrer strengen Komposition so viel Distanz zu der lärmenden Brutalität der Amüsierschuppen, daß sich die explosive Ballung der sinnlich grellen Neonfarbenskala nicht gestisch entladen kann. Lindner bildet innerhalb der amerikanischen Hard Core-Pop Art bereits den Übergang zur Post-Pop-Kunst, die sich nicht mehr nur auf die kühle Ironie beschränkt, sondern die Formensprache der Satire, des Absurden und der Karikatur in Ausnutzung surrealistischer Einflüsse mit dem Ziele der aggressiven Provokation einsetzt.

Die Übergangszeit von der frühen englischen Pop Art Richard Hamiltons und der ›Independant Group‹ bis zu den großen englischen Pop-Artisten der sechziger Jahre wird von den beiden Künstlern Peter Blake und Richard Smith bestimmt, da sie unbeeinflußt von amerikanischen Stiltendenzen ihre eigene typische Bildikonografie entwickeln. PETER BLAKE (geb. 1931) entdeckt die ästhetische Poesie des Pin-up-Kitsches und steht mit dieser parodistischen Glamour- und Sex-Pop Art den Magazincollagen von Richard Hamilton nahe. RICHARD SMITH (geb. 1931) figuriert seine Bilder zunächst während der gemeinsamen Atelierzeit mit Peter Blake in Anlehnung an die Verpackungsemblematik der Zigarettenschachteln. Nach seinem Amerika-Aufenthalt findet Richard Smith in ähnlicher Manier wie der amerikanische Maler der Westküste BILLY AL BENGSTON (geb. 1934) zu einer ungegenständlichen Form der Pop Art, die abstrakte Vorgänge oder Zustände mit den plakativen Pop Art-Mitteln der scharfen Konturierung und der süßlich direkten Farbgestik in Szene setzt.

1961 konstituiert sich in England eine neue Pop Art-Gruppe junger Künstler mit David Hockney, Allen Jones, Peter Philips und Derek Boshier, die unter dem Einfluß der beiden Amerikaner Jim Dine und R. B. Kitaj mit den amerikanischen Modalitäten der Pop Art und des Neodada vertraut gemacht werden. Der Happening-Künstler Jim Dine formiert zusammen mit R. B. Kitaj einen neuen Pop-Stil, der mit subjektiven Gebärden und gegenständlichen Metamorphosen jongliert. Die spezifischen Kreativitätsmöglichkeiten des Happening, die spontane Improvisation, die unmittelbare Entäußerung des momentanen Sentiments werden als noch unverbrauchte Ausdruckselemente für die Pop Art-Malerei fruchtbar gemacht.

Für JIM DINE (geb. 1935) können die simpelsten Dinge – Kleider, Werkzeuge, ›Vegetables‹ – ähnlich wie bei Claes Oldenburg zu Wegstationen der Selbstvergewisserung im Bild werden (Abb. 112). In den wie naive Kinderkritzeleien wirkenden Zeichnungen, Lithografien, Aquarellen und Collagen steht das Ich als unsichtbarer zentraler Mittelpunkt in jeder Figuration, es verschlüsselt sich als unmittelbare naive Artikulationsgestik im einzelnen Bildsujet und in den notizenhaften Schrifthinweisen. Die Dinge verlieren ihre banale anonyme Benutzungsnorm und entfalten in der subjektiven künstlerischen Figuration eine an ihnen ungewohnte Feierlichkeit.

Auch bei R. B. KITAJ (geb. 1932) entspringt der Reiz der Collage-Bilder der impulsiv-persönlichen Assoziationsbewegung einer vielschichtigen Wirklichkeitserfahrung. Im Anschluß an die surrealistisch-dadaistischen Erfahrungshorizonte von Duchamp und Max Ernst führt Kitaj mit dem dekorativen Figurations- und Farbinstrumentarium der Pop Art die leidenschaftliche Analyse einer psychologisch motivierten Imagination weiter. Die Fakten des alltäglichen Geschehens werden in der Collage unter spezifisch-subjektiven Denkprinzipien gerafft. Das unmittelbare Engagement verschlüsselt sich in ungewöhnlichen Motivkombinationen, die im Alltagsleben gemeinhin als Plattitüden gelten, in Kitajs Collagierung jedoch hinter dem vordergründigen Klischeecharakter ihre latent suggestive Strahlkraft entwickeln. Der Themenhorizont der Kitaj-Bilder wird nie von einer einzigen Problematik beherrscht. So stellt sich die Geschichtswirklichkeit bei Kitaj als das Ineinandergreifen von hohler Ideologie und leidenschaftsgetriebenem Gewaltexzeß dar, wobei das eine Motiv zugleich das andere kommentiert. Die Komplexität der faktischen Wirklichkeit und der subjektiven Erfahrung von Wirklichkeit intensiviert sich in der persönlich-motivierten Bildmontage, die zugleich in kalligrafischen Wortkommentaren ihrerseits eine übergreifende Relativierung erfährt. Die Information will in keiner Weise fixiert sein, sie hält sich offen für das Anschauungsmaterial, für den Kombinationsprozeß des analysierenden Bewußtseins; sie nimmt sich selbst stets wieder zurück, denn nicht die Information als solche ist letztlich wesentlich, sondern die voraussetzungslose Beweglichkeit des Geistes innerhalb der unendlichen Summe faktischer Bedingtheiten. Für Kitaj ist die Leere und Isolation des einzelnen im sozialen Gefüge der modernen Welt die eigene psychologisch-miterlittene Wirklichkeit, und da der assoziierende Geist nur solche Fakten substantiell verarbeiten kann, die irgendwie als subjektives Zeiterlebnis relevant geworden sind, wird für Kitaj die Szene der gegenwärtigen Gesellschaftsstruktur ebenso wie die Zeit vor und nach dem Zweiten Weltkrieg zum bildhaft-reflektierten Imaginationsfeld (Farbtafel 51).

DAVID HOCKNEY (geb. 1937), der jüngste englische Pop-Künstler aus dem Kreis um Jim Dine und R. B. Kitaj, begann seine Blitzkarriere bereits mit 22 Jahren als gefeiertes, frühreifes Naturtalent. Hockney malt unmittelbar das, was ihm persönlich in seiner Umgebung beachtenswert und interessant erscheint. Ohne Rücksicht auf irgendwelche Normen figuriert er, was seinen exakt-beobachtenden Blick spontan tangiert, ohne jedoch das subjektive Engagement in den Bildausdruck zu integrieren. Seine Bilder besitzen die Naivität der Kitaj- und Dine-Artikulationsgestik, zugleich aber auch die kühle Nüchternheit der reinen Pop-Kunst. Seine in fast beunruhigender Starrheit gemalten Villenvorortlandschaften erinnern in ihrer dekorativen Flächigkeit und Leere an Edward Hopper. Indem er dem Bildausdruck durch transparente Beleuchtungsmodulation eine eigenwillige, ambivalent flächige Perspektivik verleiht, transformiert Hockney seine eigene Affiziertheit in das scheinbar objektive Abbild. Das realistisch gemalte Motiv verwandelt sich in ein stilisiertes Porträt von Natur. Ähnliches zeigt sich bei den Hockney-Figuren, die – häufig mit autobiografischen Zügen versehen – zugleich durch stilisierte, zeit- und raumentgrenzte Posen in die distanzierte Objektivität gerückt werden.

ALLEN JONES (geb. 1937) beschränkt seinen Themenkreis auf wenige Motive, die alle dem Bereich des Erotischen verhaftet sind und in ständig neuen Metamorphosen gemalt werden. Die geschlechtliche Beziehung wird in verschiedensten Formen der erotischen Symbolik betont und zugleich verfremdet. Eine hermaphroditische Emblemfigur mit Allerweltsgesicht verkörpert symbolisch den geschlechtlichen Trieb, die Krawatte wird zum phallischen Zeichen der männlichen Potenz, das mit Strumpf und hochhackigem Schuh bekleidete Frauenbein zum Sinnbild weiblicher Erotik, die sich zum Sex-Appeal-Fetischismus steigert.

Allen Jones, Zeichnung, 1967

Die lebensgroßen Mädchenstatuen von Allen Jones, die wie dralle Schaufensterpuppen als Stuhl und Tisch posieren und zugleich praktisch verwendbar sind, schockieren durch die atemberaubende Echtheit ihrer aufreizenden Haltung, die das zudringliche Pin-up auf die äußerste Spitze treibt (Abb. 118). Allen Jones liefert mit seinen Puppen mehr als die Imitation der Wirklichkeit, er zeigt den Sex-Appeal in stilisiert-kühler Perfektion. Die Pin-up-Möbelpuppen verweisen sowohl auf den Warencharakter spezifischer Erotik als auch auf die sadomasochistische Ambivalenz des Sex-Appeals als zugleich anziehender und abstoßender Triebreiz.

PETER PHILLIPS (geb. 1939) und DEREK BOSHIER (geb. 1937) sind die einzigen innerhalb der Künstler-Gruppe um Kitaj und Dine, die die vorgeprägten Klischees der industriellen Welt in ihre Pop-Illustrationen einbeziehen und mit diesem Werbestil der amerikanischen Hard Core-Pop Art näherstehen als der psychologisierenden hermetischen Bildsprache von Kitaj und Jim Dine.

Die englische Pop Art verzweigt sich nach 1963 in diverse Mischformen, die aus den Stilkonzepten der subjektiven Pop-Psychologisierung und der Hard Core-Pop Art neue Varianten in der Ausnutzung der modernen Kommunikationstechniken entwickeln.

Eduardo Paolozzis Serigrafien seit 1967 zeigen eine neue Konzeption von Pop-Ikonografie, die als ornamentale Bildfolge manipulierbare aufgerasterte Bildsequenzen formuliert. Das systematische Figurationsschema erinnert an ein Kaleidoskop, das alles registriert und dann wohlgeordnet durcheinanderschüttelt.

JOE TILSON (geb. 1928) experimentiert mit den Bildmöglichkeiten der modernen Kommunikationsmedien: Film, Fernsehen und Zeitung. Tilson übernimmt die simultane Informationsgestik der Rasterbildaufzeichnungen im Fernschreiber oder die vollständige Diapositivaufnahme einschließlich des dunklen markenbeschrifteten Zelluloid-Transportstreifens in seine grafischen Arbeiten und erreicht damit einen unmittelbar zeitbezogenen Bildausdruck. In seinen Collagen benutzt Tilson mit Vorliebe echtes Filmmaterial und Zeitungsausschnitte, um eine direkte Assimilation von medialer Information und künstlerischer Reproduktion zu realisieren, denn die künstlerische Abbildung der Pop-Kultur versteht sich als präzisierende Information, die zwischen unreflektiertem Konsum und Bewußtwerdung vermittelt.

Auf europäischem Boden entwickelt sich neben der eigenständigen Pop Art der Engländer in der Auseinandersetzung mit der New Yorker Pop-Kunst eine engagierte Form von Post-Pop Art, die mit den ikonografischen Mitteln der Hard Edge-Figuration eine gesellschaftskritische Aussage vermitteln will. Die Künstler ÖYVIND FAHLSTRÖM (1928–1977), HERVÉ TÉLÉMAQUE (geb. 1937) und BERNARD RANCILLAC (geb. 1931) konzipieren ihre Comic strip-Variationen aus Elementen von Pop, Surrealismus, Neodada und Neuem Realismus (Abb. 119).

In Deutschland inszeniert sich die Post-Pop Art als kritisch-ironischer Feldzug gegen die manipulative Figuration des modernen Reklame-Gebrauchs. SIEGFRIED NEUENHAUSEN (geb. 1931) benutzt die plastischen ›Vulgärformen‹ von bemalten Pappmaché-Figuren, um die Spannung zwischen banaler Stofflichkeit und klischeehafter Idolverherrlichung im moritatenhaften, drastischen Schießbudenjargon unmittelbar zu vergegenwärtigen. Indem der monströse Busen der Pin-up Torsi aus Pappmaché ebenso wie der uniformierte Normalanzug von kleinbürgerlichen Männerbüsten in ihrer penetranten Serienfiguration zum Allgegenwartsprodukt erhoben wird, parodiert Neuenhausen mit diesen trivial-sentimentalen Dekorationsattrappen den hohlen Kirmesbudenschwulst der modernen Werbungsmethoden. Im Verlauf der frühen siebziger Jahre entstehen aus den Pin-up-Persiflagen und Schießbuden-Jedermännern Folterpuppen ohne Gesicht, deren Körpern man dennoch eine unmenschliche Qual ansieht. Mit diesen Folterpuppen weist Neuenhausen auf die vielen Menschenrechtsverletzungen hin, die trotz einer hohen Zivilisation immer stärker anwachsen; selbst noch nach Auschwitz schreckt man vor dem systematischen rassistisch oder ideologisch motivierten Völkermord nicht zurück (Abb. 122).

Auch der Isländer ERRO (geb. 1932) benutzt die Suggestivkraft der fotonahen Figuration als ideologie- und gesellschaftskritisches Instrument. Seine Autofriedhöfe (Abb. 120) und Vietnamkriegsszenen zeigen die Kehrseite des Glamour, eine sich selbst zerstörende Verbrauchskultur.

Der Italiener MICHELANGELO PISTOLETTO (geb. 1933) spezialisiert sich auf ein Kunstkonzept, das mit den Mitteln der Collage und Fotomontage die Normalität der unmittelbaren Umgebung in das Bewußtsein kritisch-ironischer Reflexion rückt. Pistoletto setzt sich mit dem Medium des Spiegels auseinander, indem er dessen irritierende Spiegelungen durch aufgesetzte szenarische Fotomontagen verstärkt. Das Moment der Irritation erwächst aus der Wechselwirkung zwischen fotografischen und reflektierten Elementen, die verschiedene visuelle Möglichkeiten eröffnen. Der Betrachter, daran gewöhnt, sich auf die Darstellung im Kunstwerk selbst zu konzentrieren, entdeckt plötzlich bei Pistoletto, daß er auch seinem eigenen Reflex gegenübersteht. Schwierig ist es außerdem, die Diskrepanz der Größen zu verkraften: Die durch die Fotomontage auf den Spiegeln vorgegebenen Gestalten sind im

Verhältnis zum Spiegelbild des Betrachters entweder zu klein oder zu groß. Daraus folgert, daß der Betrachter bei Pistoletto nicht einfach mit sich selbst das Bild vervollständigt, sondern in die Lage versetzt wird, sein Spiegelbild als Ablenkung oder peinliche Störung zu empfinden. Die Peinlichkeit besteht nicht nur darin, daß man sich selbst sieht, sondern auch in dem Gefühl, eine intime Szene zu stören (Abb. 125).

Bereits vor dem Neuen Realismus und der Pop Art wird ein sozialkritischer ›Realismo‹ von dem Italiener RENATO GUTTUSO (geb. 1912) vertreten, dem politischen Kämpfer im Brechtschen Sinn, der den Faschismus mit allen malerischen Stilmitteln des 20. Jahrhunderts geißelt und sich politisch der Kommunistischen Partei Italiens anschließt. Zunächst unter dem Einfluß von Picassos *Guernica* stehend, entwickelt Guttuso nach 1945 einen neorealistischen, dramatisch-expressiven Stil, der Elemente des Expressionismus, des Kubismus von Léger, der sizilianischen Volkskunst miteinander verbindet und in den sechziger Jahren auch das Sprachrepertoire der Pop Art verwendet (Abb. 121). Im Kielwasser der Neuen Figuration wird man plötzlich auf Guttuso verstärkt aufmerksam, der als eine der wenigen westlichen Künstlerpersönlichkeiten bereits in den ausgehenden fünfziger Jahren die Mauer des Eisernen Vorhangs durchbrechen kann und Einfluß nimmt auf den Sozialistischen Realismus in der DDR. Ein Wandbild, das Gerhard Richter vor seinem Überwechsel von der DDR in die Bundesrepublik Deutschland 1958 in Dresden realisiert, zeigt in der expressiven Stilisierung und in der pathetischen Gestik deutlich den Einfluß von Guttusos ›Realismo‹.[12] 1959–60 malt Guttuso mit *Die Diskussion* ein Szenarium politisch diskutierender Arbeiter, das für das zentrale Bildgenre des erzieherisch wirkenden Arbeiterbildes in der DDR-Kunst der sechziger Jahre wegweisend wird und bis in die Typenzeichnung der einzelnen Figuren Nachahmung findet (z. B. von Willi Neubert).

5 Fotorealismus

Ein zentrales Kennzeichen der Pop Art besteht darin, alles aufzuzeigen und zu überzeichnen, worauf sich das Interesse der großen Masse konzentriert, von der Coca-Cola-Flasche über die verschiedenen Klischees der Werbung bis hin zum Comic strip als Standardliteratur der Verbrauchsgesellschaft. Die Pop Art zeigt den Konsumcharakter der Dinge nicht wie der Neue Realismus am abgenutzten, vom Verbrauch oft geschundenen Gegenstand, sondern sie zeigt ihn nagelneu, übergroß, übergrell, in appetitlicher Folienverpackung.

Während sich der Neue Realismus und die Pop Art stärker auf das Zeigen von Realität konzentrieren, beschäftigt sich der seit 1969/70 zu beobachtende Fotorealismus mit den verschiedenen Formen von Realitätswahrnehmung und Realitätsvermittlung. In ihren fotografisch exakten Figurationen, die projizierten Dia-Bildern auf einer Riesenleinwand gleichen, zeigen die hyberrealistischen Bilder die verschiedenen Möglichkeiten einer fotografischen Veränderung der Realität, indem sie ihr Sujet den Techniken fotografischer Manipulation aussetzen, von der Verschiebung der Tiefenperspektive bis zur Verwischung von Vordergrund und Überbelichtung. Dabei werden Werbetechniken der Abbildungsmanipulation offengelegt, indem man sich mit krasser Deutlichkeit dieser Werbetechniken der Reklamefotografie bedient.[13]

So vielschichtig wie das Spektrum der kunsthistorischen Vorläufer von der Neuen Sachlichkeit und der klassischen Trompe l'œil-Malerei bis zur Pop Art ist auch das Erscheinungsbild des Hyperrealismus, der die Illusion von Realität und die Realität der Illusion zur Grundthematik seiner Malerei und Plastik macht.

Die Methode des Überbetonens, wie sie von den satirischen Vertretern der Neuen Sachlichkeit, Otto Dix und George Grosz, angewendet wurde, konzipierte eine neue Form realistischer Darstellung, die nicht mehr wie der impressionistische Naturalismus auf illusionistischer Abbildung der Wirklichkeit beruht, sondern mit scharfen Blicken diese Realität bis in ihre verborgenen Tiefen aufschlüsseln und ins Bewußtsein bringen will. Das gemalte Bild wird dadurch zugleich Realitätszerstörung und Realitätsversicherung, indem es die Realität mit der Präzision der Fotolinse darstellt, die schärfer artikuliert als das menschliche Auge. Diese Superschärfe des gemalten Realitätsausschnittes vermittelt in der Affirmation der Realität zugleich den Zwiespalt, die verfremdende Distanz, die zur Reflexion über den abgebildeten Sachverhalt anregt. »Wirklicher als wirklich« ist das Motto dieser realistischen Tendenz, deren Malerei deutlich machen will, daß optische Erfahrung nicht zur Erkenntnis ausreicht und an entscheidenden Stellen sogar versagt.

Der Realismus als neue Figuration hat sowohl auf der amerikanischen als auch auf der europäischen Szene eine reiche Vielfalt der Darstellung gefunden; keine Stilrichtung der Nachkriegskunst hat in kurzer Zeit so viele Vertreter hervorgebracht wie dieser Realismus, der die Wirklichkeit der Illusion ergründet. Howard Kanovitz, einer der frühen Künstler des amerikanischen Neuen Realismus, formuliert sein künstlerisches Anliegen in dem lapidar prägnanten Satz: »Alles ist, wie es ist, und ist doch anders, als es erscheint.«

Die Verlorenheit der Dinge steigert sich bei HOWARD KANOVITZ (geb. 1929) durch den Kontrast zwischen dem silhouettenhaft gezeichneten, szenischen Bildvordergrund und einem einfarbig-flächigen Bildhintergrund, der den dargestellten Figuren und Gegenständen eine irritierende Entrücktheit aus dem Raum-Zeit-Gefüge aufzwingt (Abb. 126). Die Differenzierung zwischen Bildvordergrund und Bildtiefe wird von den einzelnen Künstlern auf subjektive Weise unterschiedlich konzipiert. SIDNEY TILLIM (geb. 1925) verwendet das Kanovitz-Raummodell in umgekehrter Formulierung, er drapiert eine manieriert verfremdete Figurenszene gleichsam als modernen Mythos vor einen realistisch abgemalten Landschaftshintergrund. ALEX COLVILLE (geb. 1920) setzt seine Kompositionen von fotografischen Momentaufnahmen als zeitlose Zuständlichkeiten ab, indem er alle Bildteile schatten- und perspektivenlos ohne variierte Tiefenschärfe figuriert. Diese Farbgebung, die sich nicht mehr an den visuellen Vorstellungen des menschlichen Auges, sondern an teleskopartigen Superkameras orientiert, verleiht den Bildern ein gebrochenes Verhältnis zur augenfälligen Wirklichkeitserscheinung.

LOWELL NESBITT (geb. 1933) realisiert die mystifizierende Distanzierung von der naturalistischen Wirklichkeitsimitation durch eine künstliche Lichteinwirkung im Stile der Werbefotografie, indem er den präzise figurierten Bildgegenstand gezielt ausleuchtet und den räumlichen Kontext in tiefem Dunkel beläßt, so daß die Lichtmodulation das Thema artikuliert. Die von der Pop Art als Reaktion auf den Abstrakten Expressionismus postulierte, objektivierende Distanz zum Sujet gewinnt hier eine neue Funktion, sie wird in der Übersteigerung zur Wirklichkeitsverunsicherung des Betrachters. Der Porträtmaler CHUCK CLOSE (geb. 1940) zeigt mit der brutalen Überschärfe seiner Riesenleinwände die feinsten Details des Gesichtes; Falten, Poren, Narben und Barthaar, nichts wird ausgespart, alles erscheint mit der Deutlichkeit einer klinischen Analyse bis zum psychologischen Schock. Mit dieser Malweise geht Close über die glatte Scheinrealistik des Fotoporträts hinaus, indem er die ungeschminkte Wirklichkeit der Physiognomie als Vorlage seiner Bilder wählt.

Das Auto als Standardsymbol und Wunschobjekt moderner Zivilisation wird besonders von den amerikanischen Fotorealisten Ralph Goings, Don Eddy, Richard Estes und John Salt als Sujet gewählt (Farbtafel 56). Während RICHARD ESTES (geb. 1936) die Lichtreflexe auf den chromblitzenden Stahlblechen eleganter Rennwagen bevorzugt, wählt JOHN SALT (geb. 1937) das verschrottete Autowrack als Thema seiner Malerei. Bei RALPH GOINGS (geb. 1928) wird das geräumige Familienauto vor Villa, Garten und Swimming-pool drapiert, den Markenzeichen des bürgerlichen Wohlstands.

Fast karikaturhafte Züge gewinnt die krasse Realistik DON EDDYS (geb. 1944) in den Ferienbildern amerikanischer Mittelstandsbürger an den Stränden Floridas, die ihre plumpe Wohlstandsfülle – in Shorts und Ministrandkleid gezwängt – der gleißenden Sonne aussetzen. ROBERT COTTINGHAM (geb. 1935) malt Segmente von Hausfassaden und Leuchtreklamen, die wie die isolierten Vergrößerungen eines Teleobjektivs wirken, während Richard Estes in seinen Schaufensterbildern die Spiegelreflexe der Scheiben als Medien einer verschachtelten Realitätswiedergabe benutzt. Autos und Passanten spiegeln sich im Reflexbild des Glases und drängen das Interieur der Schaufenster, das ausgestellte Warenangebot, in den Hintergrund. Die Malerei wird mit realistisch-figurativen Mitteln zum Instrument der Realitätsverdoppelung, verschiedene Ebenen möglicher Seherfahrung schieben sich im Bild mit Hilfe der Spiegelreflexion ineinander.

Das Spiel mit der Realitätserscheinung verstärkt sich bei Ben Schonzeit, Franz Gertsch und Richard McLean, die mit verschiedenen fotografischen Manipulationseffekten operieren. BEN SCHONZEIT (geb. 1942) spielt mit wechselnden Brennweiten, die eine künstliche montagehafte Schichtung verschiedener Bildebenen gestatten. Gewohnte perspektivische Verhältnisse werden verkehrt, so daß fast surreale Verwischungseffekte und Unschärfen entstehen. RICHARD MCLEAN (geb. 1934) malt seine Jockeys, Pferde und ländlichen Pferdebesitzer mit der Farbpalette einer überbelichteten Kodakfotografie und läßt sie in posenhafter Gestik erstarren.

FRANZ GERTSCH (geb. 1930), der seine Bilder von projizierten Diapositiven abmalt, konzentriert sich auf die transparente Wiedergabe des phosphoreszierenden Kunstlichtes, das die Gegenstände seiner Bilder in reine Farbwerte entmaterialisiert. Das Bild reproduziert den perfekten Schein der Realität, die scheinbare Realitätsversicherung des Zelluloidbildes wird zur schockartigen Realitätsverunsicherung auf der überdimensionalen gemalten Leinwand (Farbtafel 57).

In radikaler Abkehr von der erlebbaren Realität verbildlicht sich diese Verunsicherung bei JOHN CLEM CLARKE (geb. 1937) durch die Flucht in die posenhafte Mythologiedarstellung. Auch PHILIP PEARLSTEINS (geb. 1924) muskulöse Akte thematisieren die Pose. Seine Paare auf Teppich, Sofa und Stuhl verlieren jede personale Identität; wie teilnahmslose erotische Maschinen räkeln sie ihre physisch intakten Körper ohne Emotion und Lust in porträthafter Starre.

Ähnliches gilt für die skulpturalen Aktfiguren JOHN DE ANDREAS (geb. 1941), deren Erscheinung sich auf die entindividualisierte, pure Nacktheit reduziert (Abb. 123). Die Skulpturen des Amerikaners DUANE HANSON (geb. 1925) verbinden Elemente des amerikanischen Hyperrealismus mit den kritischen Intentionen der Berliner Realisten, mit denen Hanson während eines DAAD-Aufenthaltes in Berlin 1972 enge Kontakte pflegt. Seine typischen Gestalten des American way of life sind Situationsstudien unserer modernen Gesellschaft, in der sich der Mensch der Vereinzelung in der Masse und damit der Selbstentfremdung ausgeliefert sieht. Die Existenz der einkaufenden Hausfrau mit Talmikette, Lokkenwickler und Haarnetz verliert sich in der stupiden Geste des monotonen Gangs durch das Warenhaus (Abb. 124). Hier wird der Realismus zur psychologischen Studie moderner Lebensexistenz, ein Anliegen, das auch den westdeutschen kritischen Realismus motiviert.

In den siebziger Jahren richtet sich die Aufmerksamkeit auch auf eine Gruppe spanischer Künstler, die als sogenannter Spanischer Realismus eine sehr poetisch-stille Form magischrealistischer Malerei in von technischer Brillanz geprägten, subtilen Bleistiftzeichnungen vorlegen. Typisch für alle vier Mitglieder dieser Gruppe sind schlichte Interieurs, denen eine befremdliche Leere eigen ist. Neben diesem Grundsujet findet sich bei FRANCISCO LOPEZ (geb. 1932) eine Vorliebe für eindringliche Porträts, denen er die gleiche statuarische Stille zu geben weiß wie seinen menschenleeren Innenräumen. Seine Frau ISABEL QUINTANILLA (geb. 1938) bevorzugt stillebenhafte Arrangements, die – mit effektvoller Beleuchtungstechnik gemalt – eine seltsame Mischatmosphäre aus Idylle und kalter Verlorenheit ausstrahlen. MARIA MORENO (geb. 1933), die Frau von ANTONIO LOPEZ-GRACIA (geb. 1936), liebt Landschaften und Gärten, denen sie eine magische Entrücktheit verleiht. Diese Art der suggestiven Objektsprache steht in wohltuender Distanz zur oft allzu bunten Glamourwelt des Hyperrealismus.

Eine überraschende Parallele zu diesen spanischen Realisten weist eine ebenfalls aus Spanien stammende, in der DDR lebende Künstlerin auf, NURIA QUEVEDO (geb. 1938). Deren mit sensibler Farbigkeit gemalte Landschaften und Stadtausschnitte erweisen sich als soziale Psychogramme, in denen die Situation des Menschen in der Doppelbödigkeit moderner Zivilisation gleichnishaft durch eine verhaltene Dingmagie zum Tragen kommt.

6 Kapitalistischer, pathetischer und kritischer Realismus, Identitätssuche westdeutscher Künstler

Eine eigenständig gewachsene Pop Art-Parallele gibt es zur Zeit der amerikanischen und englischen Pop Art in der Bundesrepublik Deutschland gar nicht. Als man ab 1965 Pop Art hierzulande in Galerien und Museumsausstellungen rezipiert, hat sie in ihren Heimatländern den Höhepunkt schon längst überschritten. Denn noch immer wirkt die Phasenverschiebung nach, die westdeutsche Kunst seit dem Informel benötigt, um Anschluß an die internationale Stilentwicklung der Avantgarde zu finden.

Mit ›Zebra‹ – dazu gehören DIETER ASMUS (geb. 1939), PETER NAGEL (geb. 1941), NIKOLAUS STÖRTENBECKER (geb. 1940) und DIETMAR ULLRICH (geb. 1940) – bildet sich in den ausgehenden sechziger Jahren eine Gruppe, die Pop Art und fotorealistische Elemente in einer unterkühlten, dingmagischen Realistik verarbeitet und damit auf ihre Weise eine oppositionelle Ikonografie und Bildsprache zum längst in Agonie befindlichen Abstrakten Expressionismus sucht (Abb. 109). Ein Gemisch aus neurealistischer Collage nach Magazinvorlagen und gemaltem Pop Art-Blow up sind am Ende der sechziger Jahre die fragmentierten Zitate aus Industrieproduktion, Designstyling und Werbung bei FRITZ KÖTHE (geb. 1916) und PETER KLASEN (geb. 1935), in denen sich Konsumaffirmation und -kritik eigentümlich verschränken.

Stärker als die Pop Art hat der französische und amerikanische Neue Realismus sowohl als Aktionskunst wie auch als bildnerische Gestaltung eigenständigen Nachhall auf der westdeutschen Kunstbühne. Die an John Heartfields dadaistische Collagesatiren anschließende politisch-kritische Plakatkunst von KLAUS STAECK (geb. 1938) kann sich ebenso internationale Beachtung erobern wie westdeutsche Variationen der aufrüttelnden Wahrnehmungsverunsicherung, wie sie in STEFAN WEWERKAS (geb. 1928) schrägen, funktionales Wohnen ironisierenden Möbel- und Raumarchitekturen oder in Dieter Roths farbenschillernden Schimmelüberwucherungen von Alltagsutensilien zu beobachten sind.

Die eigentlich wegweisenden Potenzen einer wiedergewonnenen Figuration können sich in Westdeutschland aber ansonsten nur ganz allmählich behaupten und werden zum Teil zunächst sogar ignoriert. Solches Schicksal trifft nicht nur die Münchner Künstler der Gruppe SPUR, sondern auch die Berliner Realisten, die angesichts der Mauer die Aufteilung Deutschlands in einen dem westlichen und einen dem östlichen Machtblock zugehörigen Teilstaat viel unmittelbarer wahrnehmen und in ihren Auswirkungen reflektieren als der Durchschnittsbundesbürger, den zu dieser Zeit nichts mehr fasziniert als die technischen Wunder und das Werbe-Knowhow aus der Neuen Welt jenseits des Atlantik.

Diese Tendenz bekommt noch 1968/69 der Beuys-Schüler JÖRG IMMENDORFF (geb. 1945) zu spüren, der sich in seinen frühen LIDL-Aktionen und -Malereien mit direkter, politischer Propagandasprache um eine Kunstform bemüht, die hautnahe Probleme der Werktätigen in deren Jargon anspricht und durch eine naiv-ironische Kinderbildsprache das politische Establishment zu provozieren sucht. Erst ein Jahrzehnt später wird derselbe Künstler mit seinen großen Deutschlandbildern internationale Anerkennung finden.

Die Arbeitssituation eigenständiger westdeutscher Künstler ist in den sechziger Jahren durch die Tatsache geprägt, daß sich in der ersten Hälfte dieses Jahrzehnts in der Bundesrepublik noch keine starke Opposition zum Informel etablieren kann und daß dann in der zweiten Hälfte der sechziger Jahre die Faszination angesichts der leicht konsumierbaren Hard Core-Pop Art aus Amerika wiederum so groß ist, daß man jeden gegen die Pop Art gerichteten kritischen Aspekt, der von hiesigen Künstlern formuliert wird, als ideologisches Pamphlet beiseite drängt.

Als doppelte Oppositionserklärung, nämlich gegen Abstrakten Expressionismus und gegen die Pop Art, versteht sich die *Demonstration für den kapitalistischen Realismus,* die Gerhard Richter und Konrad Lueg am 11. Oktober 1963 veranstalten, indem sie sich und ihre Werke unter dem Motto ›Leben mit Pop‹ in einem Düsseldorfer Möbelhaus inmitten der Ausstellungsstücke zur Schau stellen. Im Hinblick auf die Pop Art ist diese Aktion ein ironisches Spiel mit der Konsumwelt. So irritiert KONRAD LUEG (geb. 1929) die Fahrstuhlbenutzer des Möbelhauses mit lebensgroßen Pappmaché-Figuren von J. F. Kennedy und dem Düsseldorfer Galeristen Alfred Schmela, wobei mit parodistischem Hintersinn auf deren jeweilige Starrollen in Politik und Kunst angespielt wird. Die Selbstausstellung im Düsseldorfer Möbelhaus Berges wird die Geburtsstunde des Kapitalistischen Realismus, der eine Frühphase im Werk von Gerhard Richter und Sigmar Polke beschreibt und im ironischen Wortspiel mit dem Sozialistischen Realismus neben der Distanz zur Pop Art auch die Absetzung von jenem ostdeutschen Realismus signalisiert, den beide aus der DDR in den Westen übergewechselte Künstler in den fünfziger Jahren kennengelernt haben. Was SIGMAR POLKE (geb. 1942) ab 1962 in flächig-plakativen oder Punkt für Punkt gemalten Rasterbildern an trivialer Motivik zitiert, Pressefotos, Pin-up-Girls, Socken, Hemden, Kekse, Kokospalmen und Flamingos, könnte der Pop Art entstammen. Doch anders als die Dingapotheosen der Pop Art wählt Polke solche banalen Dingzitierungen, um gerade durch die Belanglosigkeit seiner Sujets die Bedeutung der inhaltlichen Dimension in seinen Bildern zu nivellieren. Wichtig ist vielmehr das Malen selbst als die Art und Weise, wie er das Dingzitat präsentiert (Farbtafel 65). In den Rasterbildern ist es der Effekt der monumentalen Anonymisierung, den die spezifische Malerei der Punkt-für-Punkt-Rasterung bewirkt. In anderen Bildern geschieht genau das Umgekehrte: Wenn Polke auf Billigtischtüchern, Kunststoffplüschteppichen und Wolldecken emotionale Figurationen oder gestisch spontane Kurvaturen malt, dann ist hier ebenfalls nicht die Motivik wichtig, sondern die Metamorphose, die der besondere Malakt mit den trivialen Malgründen vollzieht. Zugleich zitiert Polke hier parodistisch die emotional aufgeladene amorphe Gestik der fünfziger Jahre, um durch deren Konfrontation mit der kleinkarierten Ornamentik der zeitgleichen Dekostoffe die zum Design verflachte Substanz des Spätinformel zu hinterfragen.

GERHARD RICHTERS (geb. 1932) ambivalentes Verhältnis zur Pop Art ist in seinen frühen Bildern der Jahre 1962–1969 ähnlich strukturiert wie bei Sigmar Polke. Auch er intendiert in nach Zeitungsreportagen, unbekannten Personenfotos, Farbmusterkarten und Städteansichten gemalten Bildern, die das Sujet fotorealistisch aufblasen, aufrastern oder verwischen (Farbtafel 63), Distanz zu bedeutungsvollen Inhalten im Verzicht auf eine sichtbare emotionale Interpretation. Wichtig werden für Richter der Malvorgang und die Malkultur, die er dadurch in den Vordergrund rückt, daß er sie im Kontrast zu seinen Sujets einsetzt. So steht z. B. eine romantisch verwischte Malweise häufig im Gegensatz zur trivialen Motivik, während großräumige Städteansichten puzzleartig aus pastos aufgeschmierten Farbstreifen zusammengesetzt werden. In immer neuen Variationen und Gegenbildern wird die Malerei auf diese Weise bei Richter zum analytischen Klärungsvorgang über das seit dem Ende der illusionistischen Malerei nicht mehr thematisierte Verhältnis von realer Wirklichkeit, Bildwirklichkeit und Abbild. Was also in den sechziger Jahren von Polke und Richter erarbeitet wird, ist eine Befragung der Malerei nach ihren eigenen Bedingungen, ein Thema der Kunst, das sich in den siebziger Jahren zur zentralen Fragestellung der westlichen Kunstszene herausschälen wird.

Zukunftsweisend sind auch die manifesthaft verkündeten Zielsetzungen, die Georg Baselitz und Eugen Schönebeck in Westberlin bereits 1961 als »pathetischen Realismus« im ›Ersten Pandämonium‹ formulieren. Wie Polke und Richter kommen auch diese beiden Künstler gerade aus der DDR und suchen hierzulande nach einer neuen Orientierung ihrer Malerei. Da sie diese an den westdeutschen Hochschulen durch die dortige Informel-Dominanz nicht finden können, gewinnen sie ihre eigenen Neuansätze aus einer subjektiv-expressiven Malerei, die Elemente des romantischen Pathos mit direkten Bezügen zum deutschen Expressionismus zusammenbringt. Bei EUGEN SCHÖNEBECK (geb. 1936) überwiegt die obsessive Bedrängtheit und Isolation der Künstlerexistenz, ein sehr deutsches Thema, das seine Traditionen über den Expressionismus heraus bis in die Romantik und noch weiter bis zu Matthias Grünewald zurückführen kann. Von ihm beeindrucken parabelhafte Bildfindungen wie die *Kreuzigung* von 1964 (Abb. 101) oder wie das Porträt des damals noch inhaftierten mexikanischen Malers *Siqueiros* von 1966; spiegelt sich doch hier symbolisch für die gesamte Auf- und Umbruchsituation der sechziger Jahre bis 1968 das Schicksal des ideologisch verfolgten Künstlers wider. Freiheit ist plötzlich nicht mehr nur wie in den fünfziger Jahren festgemacht an sich überschlagender Aufbautatkraft, wachsender Prosperität und Freund-Feind-Schemata des Kalten Krieges, sondern Freiheit stellt sich in diesen Bildern als ein Begriff dar, der seine demokratische Verwirklichung in Ost und West immer noch schuldig geblieben ist.

Bei GEORG BASELITZ (geb. 1938) äußert sich die oppositionelle Haltung zu malerischen Konventionen darin, daß er eine genrehafte Motivik wie die Landschaft, das Porträt und den Akt auf den Kopf stellt, um dadurch das Bild von seiner Inhaltlichkeit zu befreien und die pathetische Malgebärde, also die Malerei an sich, in den Vordergrund zu heben (Farbtafel 64). Zugleich drückt sich die Sehnsucht nach einem unverbrauchten Pathos und nach ekstatisch-expressiver Malhaltung in der Vision vom ›neuen Menschen‹ aus, der sich zu seiner Selbstentfremdung bekennt, statt sich wie bisher selbst zu betrügen, indem er seine gebrochene Existenz hinter Konsumtrivialitäten verschanzt.

Ähnliche Entwürfe einer subjektiv-expressiven Malerei liefert 1963 die von BERND KOBERLING (geb. 1938) und KARL HORST HÖDICKE (geb. 1938) ebenfalls in Berlin gegründete Gruppe ›Vision‹. Wie bei den pathetischen Realisten Schönebeck und Baselitz verbinden sie den expressiven Aufschrei gegen die gesellschaftlichen Verhältnisse mit der Sehnsucht nach Veränderung sowie mit der Utopie einer individuellen Freiheit und entgrenzten Selbstverwirklichung der Kunst. Dieses Miteinander spiegelt sich sowohl in den romantischen *Lappland-Landschaften* von Bernd Koberling in der Verschmelzung von Gefahr und Sehnsucht nach einer heilen Natur (Abb. 102) wie auch in den *Passagebildern* der Großstadt von K. H. Hödicke, die beides, Faszination und Irritation, in sich vereinen (Abb. 103).

Schließlich stößt 1963 noch MARKUS LÜPERTZ (geb. 1941) zu dieser Berliner Kunstszene mit ihrer romantisch-expressiven Opposition zur Pop Art und zum Informel. Er liefert der neuen Gegenständlichkeit mit seinen *Dithyramben* eine weitere Facette expressiver Pathetik. Dazu bedient sich Lüpertz simpler und zugleich in ihrer Figuration offener Motive, die im Sinne seines dithyrambischen Pathos expressiv aufgeladen und so monumentalisiert werden, daß in ihnen die Ausdrucksgebärde an sich stärker hervortritt als ihr gegenständlicher Inhalt (Abb. 105). Lüpertz legt auch offen, was die deutsche Nachkriegspolitik mit der Wirtschaftswundereuphorie und der globalen Westorientierung zu verdecken sucht: ein nicht bewältigtes deutsches Natioalpathos, das sich auch im Nachkriegsdeutschland an bestimmten Emblemata der Wappen und Nationalfarben spontan aufblähen kann.

Mit der Selbsthilfegalerie ›Großgörschen 35‹ schaffen sich die Berliner Kunstrebellen einen unabhängigen Ereignis- und Ausstellungsort für ihre ungewöhnlichen Kunstaktivitäten. Hier verkündet Markus Lüpertz sein Manifest: »Die Anmut des 20. Jahrhunderts wird durch die von mir erfundene Dithyrambe sichtbar gemacht«, und aus der Erinnerung an deutsche Traditionen der Romantik und des Expressionismus erwächst hier erstmals wieder der Keim einer nationalen Malerei.

Zum Freundeskreis der Großgörschen-Künstler gehört auch ANTONIUS HÖCKELMANN (geb. 1937), dessen erotisch wuchernde oder urschlammartig kriechende Plastiken aus Ton, Gips und Zement wie naturhaft embryonale Gebilde vornehmlich an der Decke der Kreuzberger Kneipe ›Käfig‹ zu sehen sind, denn auch diesen Einzelgänger meidet der offizielle Kunstbetrieb. Solches Desinteresse bekommt damals fast jeder figurative Maler zu spüren, der nicht auf Pop Art ausgerichtet ist.

So bleiben auch Tadeusz und Pfeuffer mit ihrem frühen Werk im Abseits und werden erst im Erfolgsstrom der neuen deutschen Malerei zu Beginn der achtziger Jahre eine breitere Resonanz erfahren, die sie eigentlich schon viel früher verdient haben. In den sechziger Jahren stellt NORBERT TADEUSZ (geb. 1940) der Pop Art-Glätte eine fast gewaltsame Expressivität entgegen, die den Beuys-Schüler vor allem mit der Verdichtung seiner verlorenen Akte zu Symbolen der Kreuzigung in die Nähe der deutschen Expressionisten Lovis Corinth und Max Beckmann, aber auch von Francis Bacon rückt (Abb. 100), seine Akte zeigen getriebene, wehrlose Kreaturen, vom Sex ebenso wie vom Tod stigmatisierte Körper, deren Einsamkeit durch schonungslose Draufsichten und Farbkontraste unterstrichen wird.

HELMUT PFEUFFERS (geb. 1933) Akte muten wie tektonisch zerklüftete Felsschichtungen an, während seine Landschaften »organisch-fleischliche Ausdrucksformen« vorweisen: Gemeinsam ist beiden Sujets der Ausdruck eines bis zur Bedrohung fließenden Kraftstroms, in dem sich physische und psychische Natur vereinen.

In keiner deutschen Stadt ist am Ende der sechziger Jahre der künstlerische Widerhall auf die 68er Studentenrevolte so groß wie in Berlin, wo 1967 der Student Benno Ohnesorg erschossen wird und wo ideologische Gegensätze im Blickzwang der Mauer anders aufeinanderprallen als in Westdeutschland. Hier ist es naheliegend, die expressive Appellationskraft zu reaktivieren, die kritische Veristen wie George Grosz, Otto Dix oder John Heartfield im Nachkriegsberlin der zwanziger Jahre benutzten, um die zwischen Tangorausch und blanker Not oszillierende Metropole Berlin mit ihren sozialen Spannungen und Aggressionen zu porträtieren.

Bereits unmittelbar nach dem Zweiten Weltkrieg hat es mit Malern wie OTTO PANKOK (1893–1966), HANS PURRMANN (1880–1966) und KARL HOFER (1878–1955) eine gewichtige ältere Generation gegeben, die an den deutschen Vorkriegsrealismus Anschluß suchte, aber in ihrer Wirkungsmöglichkeit in den fünfziger Jahren von der Übermacht der international verbreiteten lyrischen Abstraktion völlig ins Abseits gedrängt wurde.

Das gesamte Ausdrucksrepertoire der kritischen Veristen läßt sich erst wieder Jahrzehnte später bei den Berliner Realisten wiederfinden. »Die veristische Schärfe in den Bildern von Wolfgang Petrick, die detailversessene Präzision in den montageartigen Zeichnungen von Klaus Vogelgesang und die hart gegeneinander gesetzten Motive in den Arbeiten von Peter Sorge erschienen als neuer zeitgemäßer Ausdruck einer besonderen Berliner Kunsttradition, die... in der Spannung zwischen expressionistischer Gebärde und sachlich-aggressiver Weltsicht entstanden war. Der ›Kritische Realismus‹ spiegelte wiederum das Lebensgefühl einer Generation, die sich in politischer Opposition mit der schlechten Wirklichkeit einer restaurierten Gesellschaft auseinandersetzte. Die große Stadt als Brennpunkt des sozialen Geschehens wurde damit erneut zu einem großen Thema der Kunst.«[14]

Die Gruppe der Berliner Realisten formiert sich aus dem vielschichtigen Umfeld der Selbsthilfegalerie ›Großgörschen 35‹, deren Hinterhof-Fabriketage in der zweiten Hälfte der sechziger Jahre Sammelbecken und Sprungbrett für alle Kunstaktivitäten ist, die in Opposition zum Informel stehen. Als ›Secession Großgörschen 35‹ geben sich die Berliner Realisten 1966/67 ein linkskritisches Programm, das sich künstlerisch an den Berliner und Dresdner Veristen der zwanziger Jahre orientiert.

Zur Gruppe gehören Ulrich Baehr, Werner Berges, Hans Jürgen Diehl, WOLFGANG PETRICK (geb. 1939), Peter Sorge und Lambert Maria Wintersberger. 1972 erweitert sich der Kreis unter dem Gruppennamen ›Aspekt‹ um Bettina von Arnim, Arwed Gorella, Maina-Miriam Munsky und Jürgen Waller. Später stoßen noch Hermann Albert, Klaus Vogelgesang und der Bildhauer Joachim Schmettau dazu. Gemeinsam ist allen, daß sie dem Wohlstandsbürgertum ein fratzenhaftes Spiegelbild vorhalten und den lächelnden Pin-up-Klischees von Pop und Fotorealismus die Alternativrealität von Folter und Gewalt aus Vietnam und Südamerika entgegenwerfen.

Aggressive Karikaturzeichnungen von spießbürgerlicher Idyllik mit Eigenheim und Hollywoodschaukel aus dem Versandkatalog, mit Fußballhysterie und Porno-Sex kommen hier ebenso zu Wort wie eine kalte Fotoobjektivität und ironische Montagetechnik, mit deren Hilfe die ›Kritischen Realisten‹ eine direkte Auseinandersetzung suchen und zur Politkunst

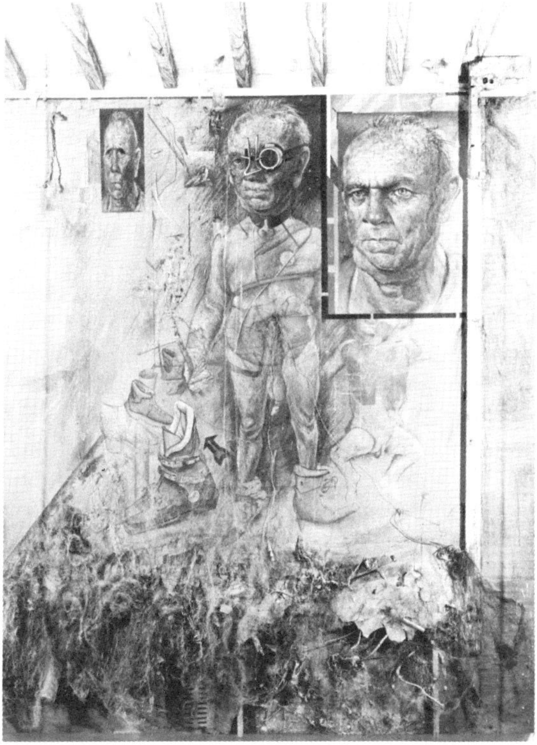

Wolfgang Petrick, Innenraum, 1975. Assemblage, 195 × 150 cm, Sprengel Museum Hannover

tendieren. Mit den Mitteln der Überpointierung und grotesken Verzerrung, mit Blow-up-Ausschnitten, plakativer Flächigkeit und raffinierter Perspektivenüberdehnung legt man den Finger der Kritik auf Manipulation, Korruption, Ausbeutung und Terror aller Art, aber man sieht auch das selbstentfremdete Individuum im Streß eines aufgezwungenen Wohlstandsfetischismus und das private Leid der Hilflosen und Gescheiterten in den Randgruppen einer modernen Funktionsgesellschaft.

Neben der Gruppe ›Aspekt‹ und den ›pathetischen Realisten‹ um Markus Lüpertz und Georg Baselitz beherbergt Berlin noch eine dritte realistische Gruppierung, die 1973 feierlich gegründete ›Schule der neuen Prächtigkeit‹, der Manfred Bluth, Johannes Grützke, Matthias Koeppel und Karlheinz Ziegler angehören. Hier gibt es keinen einheitlichen Gruppenstil, allenfalls häufige Rückbezüge auf das spezifische Berliner Milieu und Kulturklima. Bekannt wird aus dieser Gruppe vor allem JOHANNES GRÜTZKE (geb. 1937), der die Symbolfiguren des Kapitalismus und Marxismus-Leninismus in grotesken Posen zu Gartenzwergen schrumpfen läßt, während er den Durchschnittsbürger zu dramatischer Größe monumentalisiert und stets mit seinen eigenen Gesichtszügen ausstattet, um auf diese parodistisch-hintergründige Weise die doppelbödige Trivialität des Alltags zu entlarven.

7 Emanzipierter Sozialistischer Realismus in der DDR

Nach der stereotypen Nachahmung des sowjetischen Sozialistischen Realismus in den fünfziger Jahren zeigt die DDR-Kunst ab Mitte der sechziger ein gewandeltes Bild. Im März 1972 propagiert die offizielle Kulturpolitik der DDR unter dem Stichwort »Weite und Vielfalt der realistischen Malweise« unter ihren Künstlern den Mut zum stilistischen Experiment und legitimiert einen Wandlungsprozeß in der Malerei der DDR, der sich faktisch schon in den ausgehenden sechziger Jahren vorbereitet hat. Kurt Hager umreißt in einer Rede vor der Deutschen Akademie der Künste im März 1972 die inhaltlichen Leitlinien:

»Der Arbeiter – wie jeder Bürger unserer Republik – will ein ganzer Mensch sein, er will auch durch die Kunst als ein ganzer Mensch erfaßt werden, in allen seinen Beziehungen und Lebensäußerungen.« Mit dieser Forderung nach Vielfalt der Malweise wird keine inhaltliche Veränderung der sozialistischen Malerei in der DDR legitimiert, etwa im Sinne der Realismusdiskussion von Roger Garaudy und Ernst Fischer als inhaltliche Grenzenlosigkeit, sondern Hager gibt hier das Startzeichen zu darstellerischen Experimenten. Das neue sozialistische Menschenbild der Kunst ist nun nicht mehr ein herkulischer Held mit aufgekrempelten Ärmeln und mit der Kelle in der Hand wie in den fünfziger Jahren, sondern ein technologisch und ideologisch umfassend gebildeter »homo universalis«, der formal große Ähnlichkeit mit dem Menschenbild der Renaissance hat. Stilistisch vorbildlich für das gewandelte Erscheinungsbild der Malerei werden Künstlerpersönlichkeiten wie Willi Sitte, Bernhard Heisig, Werner Tübke, Wolfgang Mattheuer und Harald Metzkes. Indem sie in das Rampenlicht der Öffentlichkeit treten, wird auch das Interesse westlicher Kunstkritik an der DDR-Malerei zunächst erst zaghaft, aber dann immer merklicher geweckt.

Von dieser sogenannten mittleren Malergeneration werden auch die beiden zentralen Gattungen der DDR-Malerei geprägt, die das Erscheinungsbild des Sozialistischen Realismus bis heute tragen: die Arbeiterszenerie und das Historienbild.

Für das gewandelte Erscheinungsbild der Arbeiterszenerie gehen von WILLI SITTE (geb. 1921) wichtige Impulse aus. Denn Sitte entwickelt im Verlauf der sechziger Jahre aus diversen Stilzitierungen und motivischen Versatzstücken eine montagehafte Kompositionsweise, die ihm eine geballte Bilddramatik gestattet, ohne daß dadurch den Figuren das Typische im Sinne einer modellhaften weltanschaulichen Allgemeinverbindlichkeit genommen würde. Das von Sitte als ›Simultanbild‹ charakterisierte Malverfahren besteht in der Verschmelzung mehrerer fragmentarischer Einzelszenen zu einem geschlossen wirkenden Gesamtbildkörper, eine Darstellungsmethode, die der Hallenser den Fotomontagen John Heartfields sowie bei Renato Guttuso abgesehen hat. Darüber hinaus bedient sich Sitte zusätzlich einer impressionistisch-expressiven Farbigkeit und einer kubofuturistischen Strukturierung, die seinen Gemälden trotz der realistischen Figurenzeichnung eine strahlenenergetische, leicht zur Abstraktion neigende Dynamik verleihen. So wundert es nicht, daß von offizieller Seite Sittes *Chemiearbeiter am Schaltpult* (1968) und *Leuna* – Fassung von 1969 (Abb. 149) – sehr rasch als gelungene Modellikonen für die Darstellung einer technologisch gebildeten sozialistischen Arbeiterpersönlichkeit apostrophiert und dann auch mehr oder weniger qualitätvoll nachgeahmt werden. Denn man empfindet das Simultanbild nicht nur als zeitgemäße Pathosformel für den angezielten technologisch-wissenschaftlichen Fortschritt unter sozialistischen Vorzeichen, es läßt sich ebenso als symbolische Darstellung der marxistisch-leninistischen Dialektik, also des Denkens in Widersprüchen, interpretieren.

Neben dem Arbeiterbild nimmt das Historienbild einen herausragenden Stellenwert innerhalb der DDR-Kunst ein. Im Hinblick auf gattungsgeschichtliche Traditionen greift dieses Genre auf jene repräsentativ-akademischen Figurenkompositionen zurück, wie sie bis zum 18. und 19. Jahrhundert unter Einbeziehung religiöser, mythologischer und dichterischer Sujets ausgebildet worden sind. Im Sozialistischen Realismus der DDR hat das Historienbild eine doppelte Aufgabenstellung gesellschaftspolitischer Art zu leisten:

Einmal soll es die gesamte Kulturgeschichte der Menschheit unter Aspekten des Marxismus-Leninismus als historische Globalentwicklung zum »Sieg des Proletariats« in Bildern bewußt machen. Zum anderen soll diese Bildgattung seit den sechziger Jahren dazu beitragen, eine sozialistische deutsche Nationalkultur als staatliche Legitimation der DDR aufzustellen und möglichst überzeugend zu begründen.

Genau in diesem Sinne interpretiert Willi Sitte mit dem Gemälde *Leuna* den sozialistischen Werktätigen im »Arbeiter- und Bauernstaat DDR« als den moralischen Sieger der

Wolfgang Mattheuer,
Hinter den sieben Bergen,
Holzschnitt, 1970

Geschichte, weil er sich (im Gegensatz zum kapitalistisch ausbeutenden oder ausgebeuteten Bürger der Bundesrepublik) vom faschistisch-militaristischen Ausbeutertum befreit habe. Für solche weltanschaulich argumentierenden Sujets, die über ein konkret erzähltes, historisches Erscheinungsbild hinausgehen, weil sie ideologische Querverbindungen zwischen Vergangenheit und Gegenwart setzen, findet die DDR-Kunstkritik in den sechziger Jahren die Genrebezeichnung ›Epochenbild‹.

BERNHARD HEISIG (geb. 1925), der sich stilistisch stark an die Expressionisten Lovis Corinth und Oskar Kokoschka anlehnt, greift immer wieder das Thema der Pariser Kommune auf und illustriert mit leidenschaftlichem Temperament die historischen Episoden der Revolution als stellvertretende Szenarien für die Kriege des 20. Jahrhunderts bis hin zum Vietnamkrieg. So besitzt das Historienbild bei ihm einen sinnbildlichen Verweishorizont, der ein bestimmtes Ereignis zu symbolischer Perspektivik verdichtet (Abb. 150).

Neben Heisig profiliert sich vor allem WOLFGANG MATTHEUER (geb. 1927) als der große Virtuose in der allegorischen Verdichtung, wobei seine nüchterne Realistik zusammen mit einer suggestiven Farbwirkung hinter scheinbar lakonisch-einfacher Dingwelt eine sehr vielschichtige Tiefgründigkeit entwickelt. Mattheuers Allegorien vom alttestamentarischen *Kain*-Mord bis zur Tragödie des *Sisyphos* aus der antiken Mythologie entziehen sich jeder eindeutigen Interpretation durch die Tatsache, daß der Maler seine Symbolfiguren zumeist mit seinen eigenen Gesichtszügen ausstattet und sie dadurch über das Zitat hinaus zu komplexen Selbstmitteilungen verschlüsselt. In Mattheuers Werk klingt somit bereits in den ausgehenden sechziger Jahren jene inhaltliche Vertiefung an, welche die Malerei der siebziger Jahre so deutlich von der Kunstszene der sechzige Jahre abhebt.

Andere Aufbruchsinitiativen der DDR-Kunst aus der dogmatischen Zwangsjacke des Sozialistischen Realismus akzeptiert die Partei wesentlich zähflüssiger als die Etablierung der Historienallegorie und der komplexen Sinnbildaussage. Absolut schwierig bleibt noch in den sechziger Jahren die Situation derjenigen Künstler, die sich wie MAX UHLIG (geb. 1937) informeller Ausdrucksmittel bedienen oder gar den verbotenen Dialog mit westlichen Künstlerkollegen, Galeristen und Institutionen anstreben, wie dies GERHARD ALTENBOURG (geb. 1926) tut. Seine mit dem Farbstift Strich für Strich gezeichneten Phantasiefiguren und Landschaften verbergen hinter ihrer feinnervigen Poesie eine subtile Form von Selbstreflexion und Selbstaussage. Da Altenbourgs individuelle Kunst in der DDR zunächst keinerlei Verbreitungsmöglichkeit besitzt, sucht dieser Thüringer Einzelgänger den Dialog mit dem Westen. Er schafft dies mit einem simplen Trick, indem er seinen Zeichnungen vom DDR-Zoll die Kunstqualität mit Brief und Siegel aberkennen läßt.

Ganz in der Isolation eines Dissidenten muß RALF WINKLER alias A. R. PENCK (geb. 1939) arbeiten, der es schon am Beginn der sechziger Jahre wagt, gegen alle Schwierigkeiten enge Kontakte zu seinen Westberliner Freunden Georg Baselitz und Michael Werner zu pflegen und seine Werke gelegentlich in Werners Galerie auszustellen. Der Künstlername Penck greift mit Anspielung auf Ralf Winklers persönliche Vorliebe für die Strichfiguren der glazialen Höhlenkunst auf den Leipziger Geografen und Geomorphologen Albrecht Penck (1858–1945) zurück, der durch bedeutende Forschungsarbeiten zur Eiszeit bekannt gewor-

Gerhard Altenbourg, *Traurig-lichter Tag, gleitend,* 1979. Bleistift, Aquarell, chinesische Tusche, Kreide, 25,5 × 56 cm, Galerie Brusberg, Hannover

den war und den Penck bereits als Schüler eifrig gelesen hatte. Schon in seiner Schulzeit hatte sich Penck neben der Malerei mit Literatur, Musik, Tanz, Philosophie, Mathematik, Kybernetik, Physik und Technik beschäftigt und leitete auf der Basis eines fundierten kulturellen Wissens seine individuelle Zeichensprache aus Erkenntnissen der Systemtheorie ab, wobei die einzelnen Zeichen nicht von spezifischen semantischen Alphabeten ausgehen, sondern aus grafischen Elementen verschiedenster Kulturen und Kulturepochen entwickelt sind. Neben Elementen aus unterschiedlichen Schriftsystemen wie Hieroglyphen, Runen, Buchstaben bedient sich Penck der piktogrammhaften Höhlenmalerei – gerade hier zieht ihn neben der vereinfachenden Reduktion auf kürzelhafte Signale die magische Praxis als Rückverweis auf die Wirklichkeit an –, aber er bedient sich auch mathematischer, geometrischer und technischer Zeichensymbole, denen durch Umformung, Vereinfachung und Veränderung ihre neue Funktion im Signal-Zeichen von Stand-Art, einer Begriffssynthese »aus Standard und Standarte, aus Stand und Art, aus Bestand und Kunst«, zugewiesen wird (Farbtafel 66).

Penck gehört in Dresden u. a. mit PETER HERRMANN (geb. 1937) und PETER GRAF (geb. 1937) einer sehr privaten Künstlergruppe an, die sich seit 1954 um den Dokumentar- und Experimentalfilmer Jürgen Böttcher zusammenfand. JÜRGEN BÖTTCHER (geb. 1931), der sich als Maler das Pseudonym STRAWALDE zulegt und der schon in seiner Dresdner Akademieausbildung als Individualist kritisiert worden war, besitzt in diesem Dresdner Freundeskreis die Rolle einer Vaterfigur. Gemeinsam verlebt man die Freizeit, um zusammen malen zu können (denn fast alle Gruppenfreunde sind als Nichtmitglieder des Künstlerverbandes in anderen Berufen tätig), und dazu zieht man sich in einsame bäuerliche Landschaftsregionen zurück. Im Ambiente dieses fast arkadisch anmutenden ländlichen Miteinanders, das so sehr zu den reglementierten Normen des sozialistischen Gesellschaftslebens kontrastiert, findet Strawalde eine poetische Kalligrafie leichthändiger, kürzelhafter Notationen, die durch hauchzarte Farbhinterlegungen und Collageaperçus eine zauberhafte Intimität und subjektive Wärme ausstrahlen. In der Kürzelhaftigkeit der psychogrammartigen Zeichensetzungen gibt es direkte Korrespondenzen zwischen Penck und Strawalde, während Peter Herrmann und Peter Graf stärker die romantisierende Farbigkeit von Strawalde übernehmen und diese mit Einflüssen aus Klees ›Zwitschermaschine‹ zusammenbringen.

Während Altenbourg und Penck trotz aller Widrigkeiten relativ früh an der Westkunstszene beteiligt werden, vermag der gewandelte Sozialistische Realismus bei Sitte, Heisig oder Mattheuer erst in den siebziger Jahren die Aufmerksamkeit westlicher Kunstinteressenten zu erregen.

In der zweiten Hälfte der sechziger Jahre verstärkt die Produktion von Bildbänden aus der Geschichte der modernen bürgerlichen Kunst den Einfluß von Matisse, Picasso, Léger und der Expressionisten auf die DDR-Maler, dazu gelangen die Altmeister der Neuen Sachlichkeit zu neuer Anerkennung und erhalten Vorbildcharakter. Auch die sozialistisch-antifaschistische Kunst der vierziger Jahre im Anschluß an den expressiven Realismus der Käthe Kollwitz und der ASSO, die man unter sowjetischem Druck ab 1949 durch einen plakativ-dogmatischen Sozialistischen Realismus ersetzt hatte, wird umfassend rehabilitiert. Das gilt vor allem für WILHELM RUDOLPH, (1889–1982) OTTO GRIEBEL (1895–1972) oder CONRAD FELIXMÜLLER, (1897–1977) die nach 1945 den direkten Anschluß an den deutschen Expressionismus und Verismus gesucht hatten, dann aber ihren Stil und Inhalt am Beginn der fünfziger Jahre den sowjetischen Vorstellungen anpassen mußten.

Den stilistischen Experimentierfreiraum, den der 8. SED-Parteitag 1971 öffnet, nutzen die DDR-Künstler nicht nur zur Erprobung »neuer Handschriften«,sondern sie wagen auch eine Aufweichung und Erweiterung der inhaltlich fixierten Bildgenres, indem sie den traditionell optimistischen Charakter des sozialistischen Arbeiterbildes durch eine verstärkte Artikulation von Konflikten relativieren.

Im Bereich der Arbeiterporträts fällt eine Ernüchterungstendenz auf, die sich besonders in Wolfgang Mattheuers berühmtem Bildnis der *Ausgezeichneten* (1973/74) äußert. Ein in monochromer Farbe gemalter Bildhintergrund und ein weißer Tisch, der die Frau wie eine Barriere isoliert, konzentrieren die Aufmerksamkeit des Betrachters ganz auf die Psyche dieser dem Rentenalter nahen Frau und auf die daraus abzuleitenden Probleme. Das Gemälde spricht dabei keinen Konfliktstoff unmittelbar an, sondern es zwingt durch seine sinnbildlich gesetzte Farbe und durch die an Madonnenbilder angelehnte Stilisierung zur eigenständigen Reflexion. Von diesem entheroisierten Bildtyp geht eine große Wirkung auf die jüngere Malergeneration aus, wobei sich vor allem die Leipziger Szene als wegweisende Kunstschule in den siebziger Jahren profiliert.[15]

Derartige Problematisierungstendenzen äußern sich zuweilen auch im Historienbild, obwohl sich hier doch eher eine Neigung zum literarisierenden und allegorisierenden Akademismus abzeichnet. Dabei hat Tübkes Bauerkriegsgemälde für die Gedenkstätte in Bad Frankenhausen insofern eine dominierende Wirkung, als dessen Entwurfproduktion das

49 Willi Sitte, Leuna 1969, 1969

50 Bernhard Heisig, Seeräuberjenny, 1979/80

151 Werner Tübke, Beweinung, 1980

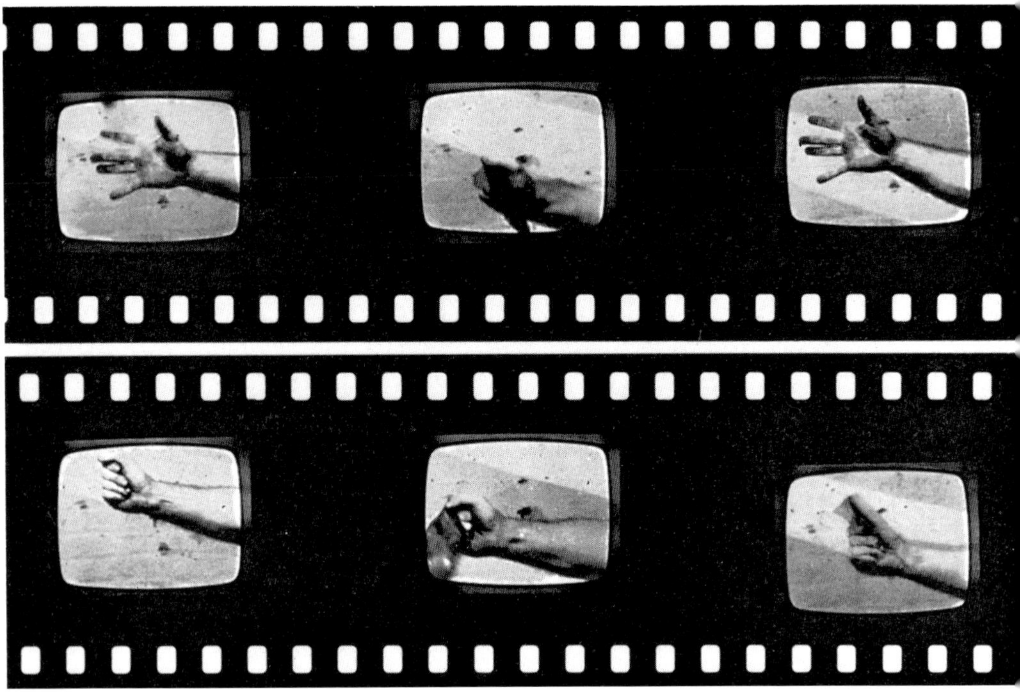

152 Richard Serra, Performance für das Videotape ›Identifications‹, Fernsehgalerie Gerry Schum, 1971

153 Nam June Paik, Mixed-Media-Filme, 1968

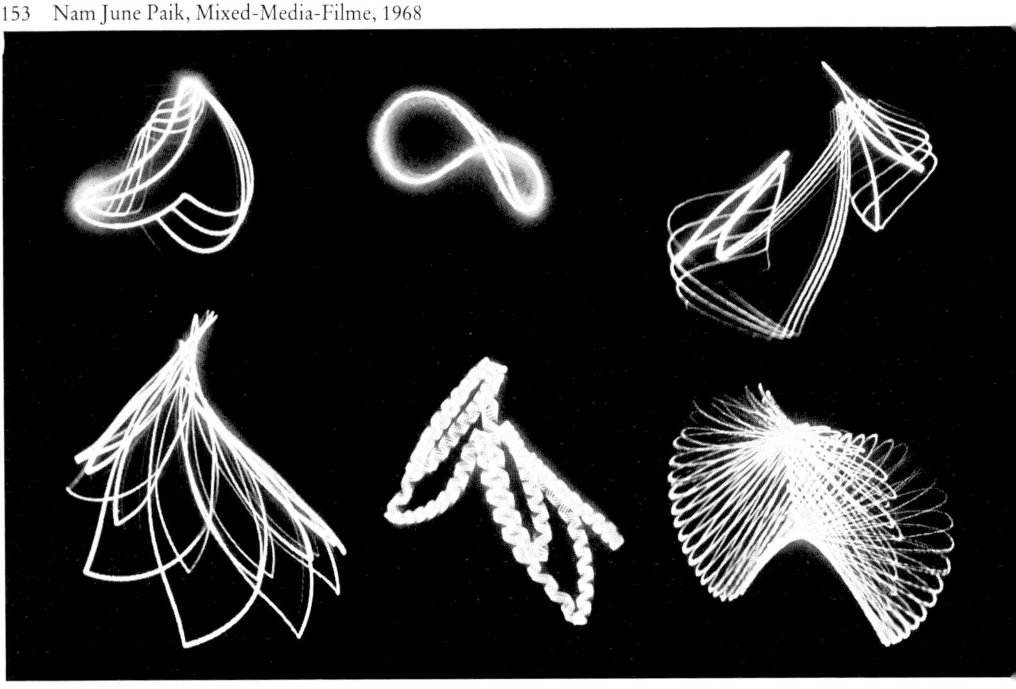

54 Jürgen Klauke, Installationsfoto zum 2-Mann-Stück ›Die Melancholie der Stühle‹, Städtische Galerie im Lenbachhaus, München 1981

155 Ulrike Rosenbach, Die Eulenspieglerin, 1984

156 Astrid Klein, Zwischenbereich, 1986

157 Michael Buthe, Hommage an die Sonne, 1971

158 Nancy Graves, Shaman, 1970

159 Cy Twombly,
Verbrechen aus Leidenschaft, 1960

160 Arnulf Rainer, Detail aus ›20 Selbstdarstellungen‹, 1969–72

161 Anne und Patrick Poirier, Journal herbier, 1971

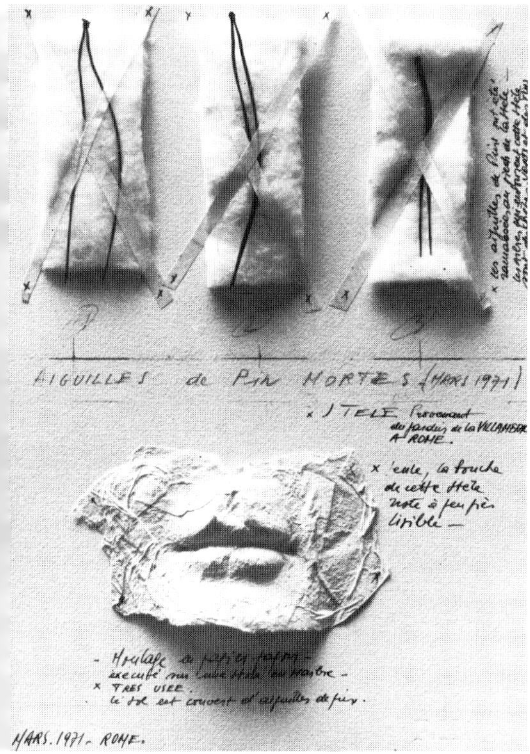

162 Jürgen Brodwolf, Eckensitzer, 1973/74

163 Bruce Naumann,
Elliptischer Raum, 1972

164 Richard Serra, Installation aus Stahlplatten,
documenta 5, 1972

165 Dan Graham, Two Adjacent Pavilions, 1981

166 Richard Long, Kreis, 1972

167 Panamarenko, Luftschiff, 1970/71

168 Palermo, Wandmalerei, 1971

169 Daniel Buren, Une peinture en 5 sur deux murs, 1973/76

70 Reiner Ruthenbeck, Tisch auf Stahlstäben, 1984

71 Imi Knoebel, ohne Titel, vierteilig, 1970

172 Keith Haring, ohne Titel (April 11), 1984

173 Crash, Big Explosion, 1984 ▷

174 Kenny Scharf, Moonray Man, 1983–84

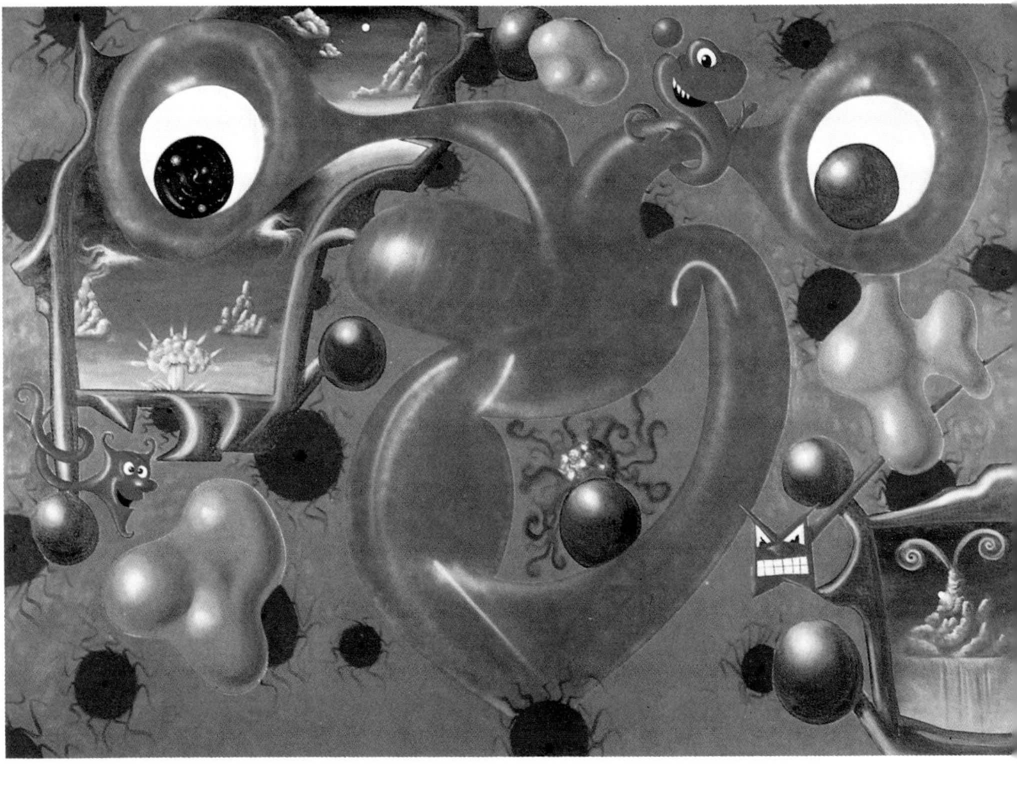

'75 Mike Glier, Wall Painting, Installation in der Galerie Tanja Grunert, Köln 1986

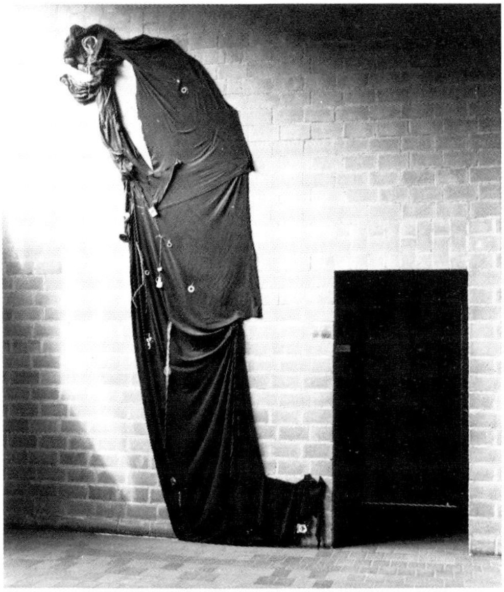

176 Felix Droese, Mutter/Hungertuch/18. 11. 1981

'77 Jonathan Borofsky, Hämmernde Männer, Installation documenta 7, Kassel 1982

180 Maria Lassnig, Die Berufung, 1981

181 Martin Disler, Riders on the Storm, 1984

}2 Rainer Fetting, Mauer, 1980

78 Walter Dahn, Copyrightman (Top of the World), 1985

79 Donald Baechler, Holiday in Cambodia II, 1985

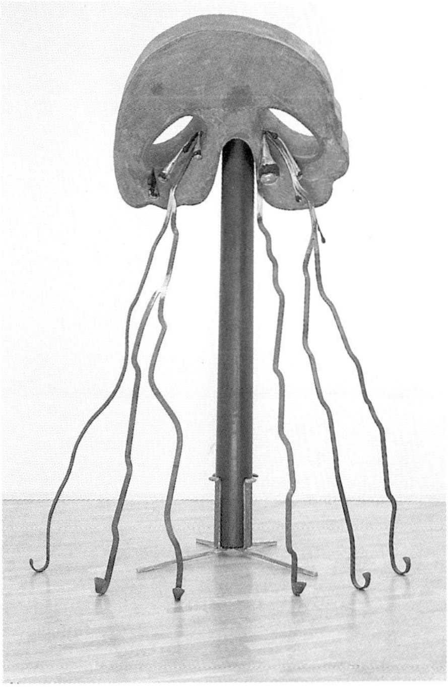

183 Dieter Teusch, Ödipus, 1984

84 Gérard Garouste, La chambre rouge, 1983

185 Milan Kunc, Zwei Sonnen, 1985

◁ 186 George Condo, The Self-creator, 1984

187 Julian Opie, Sunday Morning, 1985

188 Bill Woodrow, By the Light of Day, 1986

189 John Ahearn, Pat and Salina at Play, 1983

190 Robert Kushner,
Two Women in Necklaces, 1984

.91 Jenny Holzer, Selection from Survival series, 1983

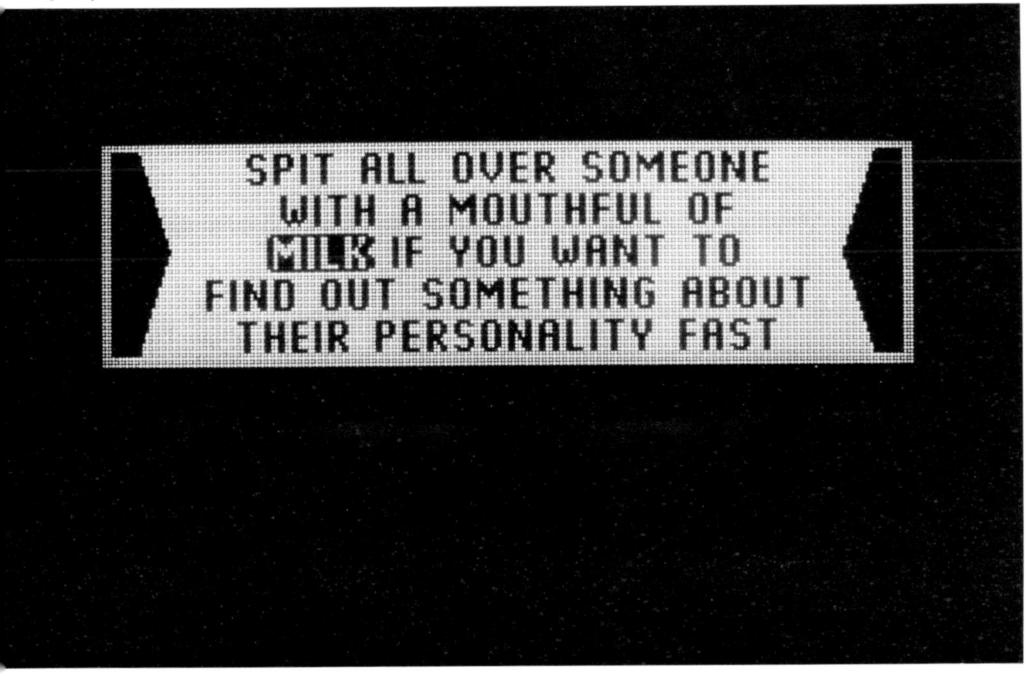

192 Reinhard Mucha, Düsseldorf-Derendorf, 1986

193 Ludger Gerdes, Trialektik (Meine Gedanken kreisen um Dich / 2) für Dan Graham, 1986

Schaffen WERNER TÜBKES (geb. 1929) in der ganzen zweiten Hälfte der siebziger Jahre maßgeblich bestimmt (Abb. 151). Das Monumentalbild stellt sich als mosaiksteinhaft komponiertes Geschichtskaleidoskop zur *Frühbürgerlichen Revolution in Deutschland* dar, das in vielzähligen Einzelszenen unter Einbeziehung von so bedeutenden Gestalten der deutschen Kulturgeschichte wie z. B. Dürer und Luther entfaltet wird. Genrehaftes wie eine Buchdruckerei und handfest gezeichnetes bäuerliches Milieu stehen neben bewußt gesetztem Pathos. Aber trotz aller Lust an einer fast Breughelschen Bilderzählung vergißt Tübke nie sein ideologisches Gesamtkonzept.[16] Zahlreiche Konfliktbilder lassen sich allerdings nicht mehr der einen oder anderen traditionellen Bildgattung zuordnen, sondern bilden eine eigene Gattung, die sich mit unübersehbaren Problemhorizonten der DDR-Gegenwart beschäftigt. Themen solcher Art sind vor allem ein wachsendes Bedürfnis nach privaten Freiräumen sowie der Hinweis auf Auswüchse eines bornierten Bürokratismus in der Kommunikation zwischen Staat und Individuum oder einer konsumbedingten Vermassungsgefahr. Andere Künstler richten den warnenden Finger auf Fragen des Umweltschutzes (Gudrun Pontius, *Eine Landschaft,* 1981/82) oder auf Konflikte, die aus der sich vergrößernden Kluft zwischen den Generationen und ihren unterschiedlichen Ansprüchen erwachsen (Heidrun Hegewald, *Spielendes Kind,* 1974). Auffallend ist auch eine wachsende Hinwendung zum reflektierenden Menschenbild und Selbstporträt, das die Sinnfrage nach der politischen Meinungsfreiheit ebenso impliziert wie die nach der eigenen Existenz: EBERHARD LÖBEL (1938–1984), *Stilleben mit Selbstbildnis,* 1971; HERTA GÜNTHER (geb. 1934), *Rolltreppe,* 1979; WOLFGANG PEUKER (geb. 1945), *Wände,* 1981; Dagmar Stoev, *Selbstbildnis mit Bildern,* 1981/82; Rainer Schade *Der Abweichler,* 1982).

Diese erstaunlichen, zum Teil gar brisanten Problematisierungen, wie sie vor allem seit der zweiten Hälfte der siebziger Jahre zu verzeichnen sind, hat die Malerei der DDR in eine Konfliktaussage hineingeführt, die zuweilen ideologisch dogmatisierte Vorstellungen des real existierenden Sozialismus der DDR relativieren kann. Es wundert daher nicht, daß die SED solche Konfliktaufladung seit 1980 mit Argwohn beobachtet hat und daß viele Künstler deswegen mehr und mehr den Rückzug in eine hermetisch verschlüsselte Symbolaussage unter Zuhilfenahme der Mythologie und der literarischen Fabel ergriffen haben. Diese Flucht in eine chiffrierte Symbolaussage paart sich nicht selten mit einer Rückzugstendenz auf die eigene Innerlichkeit und das persönliche Betroffensein durch konkrete Erscheinungen einer inhumanen Realität in Gestalt von Ängsten und Leidenssituationen verschiedenster Art. Auch hier wird oft die Ausdruckssprache des allegorischen Bildes gewählt, wenn etwa HANS-HENDRIK GRIMMLING (geb. 1947) die Wechselwirkung von Gewalt und Leiden durch ein laokoonhaftes Knäuel aus verbundenen Köpfen, Armen und Beinen ausdrückt (*Schuld der Mitte,* 1981/82), wenn ANETTE PEUKER-KRISPER (geb. 1949) die Zwangsmaske des in der Tübinger Heilanstalt eingeschlossenen *Hölderlin von 1806* (1981/82) zum Symbol für jede Form von psychischer Bedrängnis verdichtet oder wenn MICHAEL MORGNER (geb. 1942) die stilisierte Figur eines *Schreitenden* zur Chiffre für existentielle Grenzsetzungen verrätselt.

Der für die bundesrepublikanische Kunstszene am Beginn der achtziger Jahre kennzeichnende Regionalismus ist zur gleichen Zeit auch in der DDR-Kunstlandschaft zu beobachten.

Statt der klaren Dominanz der Leipziger Schule in den siebziger Jahren gibt es nun auch ebenso relevante Dresdner, Karl-Marx-Städter oder Ostberliner Szenen mit eigener Prägung. Dabei zeichnet sich in Malerei (HARTWIG EBERSBACH [geb. 1943], HUBERTUS GIEBE [geb. 1953], WALTER LIBUDA [geb. 1950], ANGELA HAMPEL [geb. 1956]) und Skulptur (WERNER STÖTZER [geb. 1931]) ein Neoexpressionismus ab, in dem sich neben dem gesellschaftspolitischen Erziehungsauftrag, den alle sozialistische Kunst zu erfüllen hat, ein erstaunlicher Individualismus in der Reflexion und in den Bildfindungen mit mythologischen Vorlieben und einem wachsenden nationalen Traditionsbewußtsein verschränken kann.[17] Zugleich reduziert sich in der DDR-Kunst am Beginn der achtziger Jahre die traditionelle Vorrangstellung der Malerei zugunsten von mixed-medialen Kunstformen, in denen sich Performance, Dichtung, Design, Filmvorführung, Diaprojektion, Fotografie und Fotocollage mit malerischen und zeichnerischen Elementen mischen (LUTZ DAMMBECK [geb. 1948], WOLFRAM ADALBERT SCHEFFLER [geb. 1956], THOMAS FLORSCHÜTZ [geb. 1957]). Dabei ist eine starke Nachwirkung von Pencks Ausdruckssprache zu beobachten, der 1982 die DDR verlassen hat.

Anmerkungen

1 Siehe dazu Katalog ›Cobra, Spur, Wir, Geflecht, Kollektiv Herzogstraße‹, Galerie im Ganserhaus, Wasserburg/Galerie der Künstler, München/Bonner Kunstverein und Gesellschaft für aktuelle Kunst e. V., Bremen 1983–85.

2 Siehe die Darlegung der neosurrealistischen Objektkunst, S. 277.

3 Götz Adriani, Katalog Robert Rauschenberg. Zeichnungen, Gouachen, Collagen 1949 bis 1979, München und Zürich 1979, S. 7f.

4 Siehe dazu S. 245.

5 Götz Adriani, Katalog Robert Rauschenberg, a. a. O., S. 12ff.

6 Lucy R. Lippard, Pop Art, München 1968.

7 Pierre Restany, Les Nouveaux Réalistes, Paris 1968.

8 Zitiert nach Katalog ›Westkunst‹, Messehallen Köln 1981, S. 242.

9 Werner Jehle, Spiel mit der Wirklichkeit, in: Katalog ›Skulptur im 20. Jahrhundert‹, Basel, Merian-Park 1984, S. 152–156.

10 Selbstzeugnisse in: Rolf-Gunter Dienst, Deutsche Kunst: eine neue Generation, Köln 1970.

11 Winfried Konnertz, Eduardo Paolozzi, Köln 1984, S. 79ff.

12 Jürgen Harten in: Katalog ›Gerhard Richter-Bilder 1962–1965‹, Städtische Kunsthalle Düsseldorf 1986, S. 17, Abb. 9.

13 Siehe Peter Sager, Neue Formen des Realismus. Kunst zwischen Illusion und Wirklichkeit, Köln ^{2}1977.

14 Wolfgang Jean Stock, Vorwort in: Katalog ›Gefühl und Härte‹. Neue Kunst aus Berlin, Kunstverein München 1982, S. 7.

15 Siehe hierzu den Katalog ›Zeitvergleich. Malerei und Grafik aus der DDR‹, hrsg. vom Art-Kunstmagazin, Hamburg 1982 sowie Lothar Lang, Malerei und Graphik in der DDR, Leipzig und Luzern 1979, Taschenbuchausgabe Leipzig 1984.

16 Der Gesamtentwurf befindet sich als Leporello-Reproduktion im Katalog ›Zeitvergleich‹, a. a. O.

17 Siehe dazu Katalog ›Dresden heute. Malerei und Graphik nach 1945‹, hrsg. von Hedwig Döbele, Ravensburg 1985/86.

IV Verknappte Formen

In den frühen sechziger Jahren kann die Pop Art mit ihrer grellbunten Unkompliziertheit einen kometenhaften Aufstieg verzeichnen, wie ihn die Kunstszene des 20. Jahrhunderts in einer vergleichbaren unmittelbaren Rezeption für keine andere Stilrichtung erlebt hat. Aber genauso rasch, wie diese aus der Sub- und Trivialkultur entwickelte Bildersprache mit den Klischees der Illustrierten und Werbetafeln den Publikumsgeschmack erringt, verliert sie ihre Brisanz und erhält schon Ende der sechziger Jahre die Aura musealer Klassizität. Neue Tendenzen formulieren sich als Reaktion, wobei vor allem Minimal Art, Land Art und Konzeptuelle Kunst eine dominierende Rolle spielen.

1 Minimal und Land Art

Die Minimal Art stellt der suggestiven Bildwelt der Pop Art eine Ausdrucksweise im Bereich skulpturaler Gestaltung entgegen, die ihr Ausdruckspotential auf ein knappes, axiomatisch verwendetes Formenvokabular beschränkt. Zugleich ist sie aber auch eine Gegenreaktion auf den Kult von Emotion und individueller Artikulation im Abstrakten Expressionismus sowie eine Fortsetzung der Shaped Canvases in der Farbfeldmalerei. In dem Wunsch, jede Spur von Illusion, Metaphorik oder Symbolik auszuschalten, entstehen Arbeiten, deren Formensprache auf lapidar einfache Grundstrukturen reduziert ist.

So trägt eine richtungweisende Ausstellung 1966 im New Yorker Jewish Museum, in der die typischen Merkmale der Minimal Art deutlich herausgearbeitet werden, den Titel ›Primary Structures‹. Viele Arbeiten der Minimal Art bestehen wie bei dem Amerikaner SOL LEWITT (geb. 1928) aus seriell aufgereihten gleichen Einzelteilen, die sich erst durch das Prinzip der Serienreihe als Skulptur entfalten. Dabei wird der Formenkanon der Serienelemente auf wesentliche, zumeist geometrische Determinanten des Volumens, wie Quadrat, Kugel, Kubus, oder Wechsel von Positiv- und Negativform reduziert, so daß sich der räumliche Kontext, in dem sich die Elemente als Serie artikulieren, ebenso gewichtig akzentuieren kann wie das Objektarrangement (Abb. 129).

Die Minimal-Objekte verstehen sich weniger als Skulpturen denn als Sehbarrieren, durch die die Aufmerksamkeit des Betrachters auf raumfunktionale, d. h. zugleich architektonische Aspekte ausgerichtet wird. Morris sagt in seiner Begründung für die Notwendigkeit, die einfachen Determinanten des Raumes zur Anschauung zu bringen: »Einfachheit der

Form bedeutet nicht unbedingt auch Einfachheit des künstlerischen Erlebnisses. Einheitliche Formen reduzieren die Beziehungen nicht, sie ordnen sie. Wenn die beherrschende hieratische Natur der Einheitsform als Konstante agiert, werden alle partikularisierenden Beziehungen von Größenordnung, Proportion und so weiter dadurch nicht aufgehoben, sondern eher fester und untrennbarer verbunden.«

ROBERT MORRIS (geb. 1931) kreiert mit seinen Fiberglas-Anbauteilen eine mobile Minimal Art, die im Gegensatz zu Sol LeWitts Gitterkonstruktionen aus Stabkästen weniger das Prinzip des strengen ›law and order‹ markieren als die designschöne, haptische Form, deren Reiz in der Veränderlichkeit und kreativen Raumausnutzung liegt. Im Jahre 1967 zeigte die New Yorker Galerie von Leo Castelli ein Riesenbassin und eine abgerundete Riesenschale mit offener Mitte, die Morris beide aus den gleichen plastischen mobilen Grundelementen konstruiert hatte (Abb. 128). Diese ausgestellten Raumformen artikulieren die Nähe der Minimal Art zur raumgerechten Innenarchitektur. Das kreative Moment der Minimal Art konzipiert sich als Visualisierung von einfachen, durch Proportionalverhältnisse determinierbaren Raumformen, die den Raum als solchen formulieren.

CARL ANDRE (geb. 1935) zeigt in seinen Kostruktionen das mathematische Beziehungssystem zwischen Menge und Einheit, zwischen Gewicht, Form und Material, um auf diese Weise eine Begriffvorstellung von der Gesamtfunktion zu provozieren (Abb. 146).

DONALD JUDD (geb. 1928) benutzt als Grundmaterial und sichtbaren Denkwegweiser den bausteinartigen Metallwürfel, der in seiner faktischen Existenz keine andere künstlerische Aussage erlangt als die visuelle Begrenzung eines Innenraumes, Außenraumes, Umraumes, die sich als Determinanten aus der Raum-Objekt-Beziehung ableiten (Abb. 133).

Das Prinzip der konsequenten Serie ist auch eine Reaktion auf Tachismus und Informel, deren exzessiv freie Bildformationen durch eine determinierte Anordnung abgelöst werden. So sind Minimal-Strukturen auch bei Künstlern zu finden, deren Werk anderen Stilformen wie der Monochromie und der Farbfeldmalerei zugeordnet werden. Das gilt zum Beispiel ebenso für die deutschen Monochromen Reimer Jochims und Raimund Girke wie auch für den niederländischen ›Nul‹-Vertreter Jan Schoonhoven. Serielle Strukturen tauchen aber schon in den fünfziger Jahren bei Piero Manzoni und ›Zero‹ sowie bei dem Pop Artisten Andy Warhol auf; ihnen allen ist die Entpersönlichung und Objektivierung der künstlerischen Aussage wichtig, die das Prinzip der Serie provoziert.

Unter den deutschen Künstlern hat PETER ROEHR (1944–1968) schon relativ früh, nämlich am Ende der sechziger Jahre, den Mut zur konsequenten Formreduktion auf die pure Serie. Ästhetisch vom Nouveau Réalisme ausgehend, entwickelt er eine stringente Bildanordnung der »präzisen, unvariierten, lückenlosen Reihung«, die jede Art von individueller Einflußnahme in Form von Gestik, zufälligen Affekten oder Kompositionen weitgehend vermeidet (Abb. 138). So entstehen Arbeiten mit Elementen, die mit Rechen- und Schreibmaschinen oder Typo- und Textmontagen hergestellt werden. Andere Arbeiten beziehen das Serienelement aus einem Foto, einem industriell geformten Gegenstand, einem Werbespruch oder einer Filmsequenz.[1] Serielle und reduktive Elemente zeigen sich auch im mathematischen Kalkül der ersten stereometrischen Pappfaltungen und Papierarbeiten von ERWIN HEERICH (geb. 1922), die zwar schon seit den beginnenden sechziger Jahren entstehen, die aber mit der Minimal Art erst angemessen rezipiert werden (Abb. 130).

Neben der raumbezogenen stereometrischen Minimal Art entwickelt sich im Anschluß an Yves Kleins monochrome Farbtafeln eine Minimal Art der lichtwertigen Raumfarbe aus der nachmalerischen Abstraktion. Beschränkt sich bei DAN FLAVIN (geb. 1933) die künstlerische Konzeption der Neonleuchtröhren auf das Spannungsverhältnis zwischen Licht und Raum (Abb. 127), so wird sie bei JOHN MCCRACKENS (geb. 1934) lackierten Brettern aus Sperrholz und Fiberglas auf eine farbige Licht-Raum-Kausalität ausgeweitet. Die an weitflächige Wände gelehnten farbigen Bretter von McCracken demonstrieren die unterschiedliche Raumbenennung durch Farbdiffernzierung.

Was die Minimal-Künstler anhand von plastischen Objekten demonstrieren, zeigen die Künstler der Land Art in großräumigen Konzepten. Im Gegensatz zur objektivitätsbemühten Minimal Art ist der Land Art eine romantische Komponente eigen, insofern der Künstler die Absicht verfolgt, der Natur eine spezifisch menschliche Markierung als Manifestation von Geist und kreativer Potenz zu geben. In der Land Art wird der natürliche Landschaftsraum zum künstlerischen Gestaltungsmitttel gemacht, wobei ihre Hauptvertreter WALTER DE MARIA (geb. 1935), MIKE HEIZER (geb. 1944), JAN DIBBETS (geb. 1941) und ROBERT SMITHSON (geb. 1938) ihre geometrisch klaren Markierungen mit Vorliebe in den weiten Landschaftsräumen der Wüsten und Küstenregionen realisieren (Abb. 136). Diese Markierungen konkretisieren sich in künstlichen Umgestaltungen der natürlichen Räume, wenn z. B. Robert Smithson eine spiralenförmige Erdaufschüttung in einem See vornimmt (Abb. 134) oder Jan Dibbets in den Küstensand der Nordsee mit Hilfe eines Bulldozers eine trapezoide Form einzeichnen läßt, die dann in der Foto- oder Videoaufzeichnung als Quadrat erscheint (Abb. 135). Diese vergängliche Dokumentation menschlicher Anwesenheit in einem von Menschen unberührten, leeren, schweigenden, »religiösen« Raum ist, wie Heizer sagt, ein Protestakt gegen die Künstlichkeit der modernen Großstadtwelt, die Metall- und Kunststoffästhetik in ihrer glatten Perfektion, aber auch gegen den »Utilitarismus der Kunst« (Abb. 137).

Für solche nur temporär existierenden Land Art-Realisationen wird die Film-, Video- und Fotodokumentation das zentrale Vermittlungsinstrument, das nicht nur die fertige Realisation, sondern auch die Phasen des Entstehungsprozesses festhält. Die erste Fernsehgalerie von Gerry Schum hat sich mit ihren Videoproduktionen gerade für die Land Art große Verdienste erworben, existieren doch viele Land Art-Projekte heute nur noch in den Videoaufzeichnungen und Standfotodokumentationen dieser Galerie.

Die Verwandlungen natürlicher Räume können sich sowohl in großen Dimensionen als auch in unscheinbaren Details vollziehen, jede Veränderungsgeste ist ein einflußreicher Bestandteil der Beziehung zwischen Mensch und Umwelt. Die Land Art ist eng verbunden mit dem Medium Video, das eine Aufzeichnung des künstlerischen Prozesses in der Landschaft möglich und durch die Vorführung des Videotapes ständig reproduzierbar macht.

2 Konzeptuelle Kunst

In der Reaktion auf die Dominanz der Pop Art bildet sich in den ausgehenden sechziger Jahren neben Minimal Art und Land Art die konzeptuelle Kunst heraus, die weniger bildliche Anschaulichkeit sein will als vielmehr Vergegenwärtigung methodischer Übung im Anschluß an philosophische, technologische und soziokulturelle Erkenntnisse und die das puristische Erscheinungsbild der bildenden Kunst in den siebziger Jahren prägt. Als ernstzunehmende Methode künstlerischer Auseinandersetzung gerät die sogenannte Concept Art 1969 durch die Initiative des amerikanischen Galeristen Seth Siegelaub ins allgemeine Bewußtsein, da er im Rahmen eines Seminars über ›Kunst und Technologie‹ erstmals Arbeiten seiner Freunde Robert Barry, Douglas Huebler, Lawrence Weiner und Joseph Kosuth einer größeren Öffentlichkeit vorstellt. Das methodisch-philosophische Anliegen dieser konzeptuellen Kunstrichtung läßt sich am prägnantesten an der berühmt gewordenen frühen Arbeit von JOSEPH KOSUTH (geb. 1938) *One and Three Chairs* (Abb. 143) erklären.

Während die meisten Concept-Künstler ihren Weg von der Minimal Art aus beschreiten, ist die Quelle der Kosuth-Arbeiten in der Pop Art zu suchen. Das Darstellungsrepertoire der Pop Art spiegelt sich in *One and Three Chairs* in der Art der Visualisierung eines modellhaften Abstraktionsprozesses. Das Stück besteht aus einem einfachen Stuhl sowie einer fotografischen Reproduktion dieses Stuhles und einer lexikalischen Definition von Stuhl, aus Websters Wörterbuch abfotografiert und vergrößert. Die Sätze sind in einer sauber abgegrenzten Rubrik gefaßt und stehen wie die Stuhlreproduktion in schwarzer Farbe auf einem überdimensionalen weißen Grund, d. h. wie bei der Pop Art wird hier ein Wirklichkeitszitat ohne Veränderung in einen künstlerischen Zusammenhang eingefügt. Gleichzeitig zeichnet sich aber auch der konsequente Weg eines systematischen Abstraktionsprozesses ab: Gegenüber dem wirklichen Stuhl ist die fotografische Reproduktion eine abstrakte Wiedergabe der Erscheinung Stuhl, und gegenüber diesem wiederum ist die lexikalische Beschreibung eine neuerliche Steigerung. In dieser Bildkonzeption wird trotz dieser Pop Art-Mittel deutlich, daß hinter der artistischen Arbeit von Kosuth eine veränderte Kunsttheorie steht, die Kunst in ihrer Sinnbestimmung ganz anders begreift als die Pop Art. Kunst wird hier in ihrer eigenen Funktion problematisiert, indem das Anschauungsprinzip als wesentlicher Bestimmungsfaktor für Kunst in Frage gestellt ist.

In *One and Three Chairs* wird deutlich ablesbar, welchen begrenzten Informationswert sowohl das reale Ding wie auch die visuelle Abbildung und die sprachliche Formulierung besitzen. Der begrifflichen Formulierung des Wörterbuchs und dem Foto fehlt die materialhafte Qualität, die jedoch der reale Stuhl vermitteln kann. Der reale Stuhl ist als Gegenstand seinerseits nicht in der Lage, die logische Kennzeichnung der bestimmenden Merkmale eines Stuhles zu geben, die in der lexikalischen Begriffsbestimmung voll enthalten ist. Das Foto ermöglicht die Identifikation des bestimmten Einzelstuhls in seinen individuellen Erscheinungsformen, eine Leistung, die von der lexikalisch allgemeinen Bestimmung nicht erbracht werden kann.

One and Three Chairs beinhaltet daher bereits auch die Kritik an der Ikonografie der Pop Art, die zwar noch benutzt, aber zugleich auch überwunden wird. Die visuelle Abbildung der Realität leistet keinerlei Typisierung oder Systematisierung der Realität, da sie aus der subjektiven Wahrnehmung resultiert. Kosuth aber will die Objektivierung der Kunst und ihre Gleichsetzung mit anderen Geistestätigkeiten wie der Philosophie, der Linguistik und sucht nach den neuen methodischen Perspektiven künstlerischer Formulierung. Dieser Objektivierungsprozeß wird von ihm dadurch eingeleitet, daß er die Logik von Kunst in der Parallele zur Sprache erkundet. Dies geschieht in den visuellen Definitionstafeln, die auf *One and Three Chairs* folgen. Die verschiedensten Formen von Klassifikation, von Bezeichnung der Realität, werden hier vorgestellt und dem Vergleich ausgesetzt. Das verbale Zeichen tritt neben die vielfältigen Kategorien des optischen Zeichens, und damit überlagern sich die Bereiche der bildenden Kunst, der Linguistik und der Dichtung. Die Syntax der Wahrnehmungsbezeichnung wird in ihrem ganzen Umkreis modellhaft vergegenwärtigt, so daß ihr Wechselverhältnis, ihre Einzelleistung und ihre Grenze sichtbar werden. In dieser Konzeption wird das Bild zum grammatikalischen Zeichen eines methodischen Denkverlaufes, zum Diagramm eines Bewußtwerdungsaktes.

Zeitweise steht Kosuth der englischen ART & LANGUAGE-Gruppe nahe, die die systematische Analyse der Bedingungen, unter denen Kunst existent ist, in Gestalt von Texten und eigenen Zeitschriftenveröffentlichungen vornimmt. Dabei rückt der Kunst-Kontext als System mit allen sozialen Implikationen im Anschluß an Duchampsche Problemstellungen durch die Readymades in den Mittelpunkt gedanklicher Auseinandersetzung.

Kunst als System zu begreifen und zu realisieren, motiviert auch den in New York lebenden deutschen Künstler HANS HAACKE (geb. 1946). Haacke, der zunächst in enger Kooperation mit der ›Zero‹-Gruppe stand, reinigt in den sechziger Jahren seine künstlerischen Arbeiten von allen emotionsbezogenen Dekoreigenschaften und beschränkt sich in seinen physikalischen, biologischen und sozialen Systemen auf die modellhafte Darstellung komplexer und in sich abgeschlossener Bedingungssysteme, die er in der Wirklichkeit als Kausalgesetzlichkeit vorfindet. Diese Arbeit der Realzeitsysteme beginnt mit einfachen physikalischen Kondensationskästen, in denen Haacke den permanenten Aggregatwechsel des Wassers in der Abhängigkeit von bestimmten Temperaturverhältnissen des Umraums zur Anschauung bringt. Diese modellhafte Isolierung eines abgeschlossenen Prozeßsystems wird dann auf biologische Bereiche übertragen. 1969 stellt Haacke den Brutvorgang und den Wachstumsunterschied von Küken aus, die in verschiedenen Abständen in Brutkästen ausschlüpfen. Andere biologische Realzeitsysteme zeigen die Staatenorganisation von Ameisen (Abb. 144) oder die ökologische Wechselwirkung zwischen Landschaft und Tierwelt. Seit 1970 überträgt Haacke dieses Realzeitsystem auch auf gesellschaftsfunktionale Zusammenhänge und macht z. B. bestimmte Wechselwirkungen zwischen dem Wohnprofil des New Yorker Stadtteils Manhattan und den dort herrschenden Grundbesitzverhältnissen deutlich. Dabei bedient er sich in der präzisen Strukturierung und Problemdifferenzierung der jeweiligen Bedingungskomplexe einer Informationsmethodik, wie sie von der wissenschaftlichen Forschung bereitgestellt worden ist.

JAN DIBBETS (geb. 1941) systematisiert den Lauf der Zeit zur visuellen Information und schafft sich in grafischen Fotosequenzen ein verblüffend einfaches Verfahren, um die nichtanschaubare Zeit unmittelbar einsichtig zu schematisieren. In den siebziger Jahren treten auch Licht und Schatten sowie Perspektive, d. h. Phänomene des Zeitverlaufs, in den Mittelpunkt seiner Arbeit mit montierten Landschaftsfotos.

Charakteristisch für die konzeptuelle Kunst von ROBERT BARRY (geb. 1936) sind Arbeiten mit gedanklich-assoziativen Prozessen, die sich letztlich erst in der Vorstellung des Betrachters verwirklichen. Die tautologische Benutzung von Wort und Foto dient dem Künstler dazu, diese Medien zu rein optischen Signalen umzufunktionieren. BERNARD VENET (geb. 1941) sucht in seinen Arbeiten alle Zeichen subjektiver Gestaltung zugunsten objektiver Information auszuschalten, indem er Ergebnisse geistes- und naturwissenschaftlicher Disziplinen in Gestalt von Fachbüchern oder Beschreibungen als Readymades präsentiert. VICTOR BURGIN (geb. 1941) steht mit linguistisch-soziologischen Texten, die durch Fotografien aus der Werbung verstärkt werden, Art & Language nahe, zeigt aber eine intensive politisch-kulturkritische Einstellung.

Bei ON KAWARA (geb. 1933) ist die konzeptuelle Arbeit Mittel der eigenen Identitätsfindung und der unmittelbaren, existentiellen Bewältigung jedes einzelnen Tages. So fixieren Telegramme und Postkarten Ort und Zeit des individuellen Lebens, und Fotokopien von Landkarten verzeichnen den an bestimmten Tagen zurückgelegten Weg als Ortswechsel.

DOUGLAS HUEBLER (geb. 1924) konzentriert sich auf die funktionale Ortsbestimmung durch Raum und Zeit und setzt damit ähnlich wie Carel Visser und Carl Andre Grundideen der Minimal Art fort. Die Minimal Art hat für die Rezeption wie auch für die künstlerische Praxis der Concept Art wesentliche Vorarbeit geleistet, indem sie den Betrachter zu engagierter physischer und psychischer Beteiligung ihrer künstlerischen Produktion herausfordert. Dies wird besonders am Werk von CARL ANDRE (geb. 1935) ablesbar, der mit seinen seriellen Bodenmarkierungen durch Platten oder Nägel eine räumliche Situation schafft, die ein eigenwilliges Verhältnis zwischen Binnen- und Außenraum begründet (Abb. 146).

CAREL VISSER (geb. 1927) steht in der Tradition des niederländischen Konstruktivismus, führt aber skulpturale Themen auf ihre Strukturprinzipien zurück, ein Anliegen, das ihn mit der Concept Art verbindet. Prozesse wie Zusammensetzen, Zerteilen und Reduzieren werden von Visser in Werkgruppen systematisiert (Abb. 145).

Im Kontext Duchampscher Ideen und Konzepte ist auch die Arbeit von Lawrence Weiner und der beiden lebenden Skulpturen Gilbert & George zu sehen. Duchamp hatte mit seinen Readymades das Prinzip des Ausstellens als eine Deklarationsmöglichkeit von Kunst manifestiert, und eine ähnliche Auffassung verbirgt sich hinter der Ideenausstellung von LAWRENCE WEINER (geb. 1940), die ihren Realitätswert allein aus ihrer Veröffentlichung bezieht und die Notwendigkeit der Ausführung relativiert. Damit wird dokumentierte Sprache zum Medium der bildenden Kunst, ein Prozeß, der sich bereits in der Fluxus-Bewegung angebahnt hatte. GILBERT & GEORGE (Gilbert geb. 1943, George geb. 1942), das artistische Paar, erweitern den Kunstbegriff durch die radikale Deklaration aller ihrer Gesten zur künstlerischen Tätigkeit. Unter der Devise ›Art for all‹ wird jede Handlung in eine Perspektive der

Kunst überführt, das Leben wird zur Skulptur. »Ich glaube«, bekundete der englische Maler und Zeichner David Hockney nach einem opulenten Essen, wozu ihn Gilbert & George eingeladen hatten, »daß das, was sie tun, eine Ausweitung der Idee ist, daß jeder ein Künstler sein kann. Was sie sagen oder was sie tun, kann Kunst sein. Conceptual Art ist ihrer Zeit voraus, sie weitet den Horizont.«

1966 geht die deutsche Künstlerin HANNE DARBOVEN (geb. 1941) nach Amerika, um dort in engem Kontakt zu Sol LeWitt zu arbeiten. Unter seinem Einfluß entwickelt die Hamburgerin konstruktionsartige Zeichnungen auf Millimeterpapier und füllt Schreibblätter mit ausgeschriebenen Zahlen, wobei die Worte, dem Prinzip der seriellen Reihung folgend, jeweils denselben Zahlenwert (*Drei, Drei, Drei.* 1967) wiederholen. Ab 1968 reduziert sie ihre Schreibbilder auf die einfachste Operationsmethode der Mathematik, auf die Addition von Zahlen zu Summen und Quersummen, wobei sie Kalenderdaten reproduziert. 1969 kehrt Hanne Darboven nach Hamburg zurück und beginnt mit dem Aufschreiben von Dichtung nach eigenen »Indices«; ab 1975 beschäftigt sie sich mit ihrem Hauptwerk, der *Schreibzeit,* in der sich das Notationssystem auf das Nachschreiben von erlebter Geschichte als Selbst- und Zeitversicherung ausweitet und zur Zahlencodierung Worttexte, Diagramme und Fotografien hinzukommen. »Hanne Darboven benutzt als künstlerisches Mittel vor

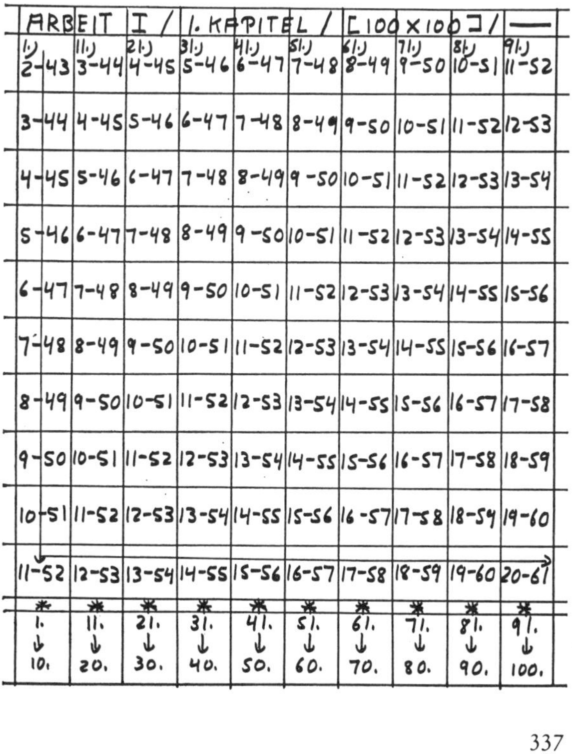

Hanne Darboven, Zeichnung

allem das Schreiben, Abschreiben, Kopieren, Abzählen, Aufrechnen. Tag für Tag legt sie in einer Art Logbuch ihre Aufzeichnungen nieder... eine Reflexion über die Grenzen unserer Vorstellungskraft in Bezug auf die täglich mehr oder weniger gleichgültig von uns registrierten Informationen und Nachrichten.«[2]

RUNE MIELDS (geb. 1935) gelangt in den siebziger Jahren nach ihren ›Röhrenbildern‹ zu abstrakten Arbeiten mit mathematischen Systemen, deren Abläufe sie in meist vielteiligen, großformatigen Bildfolgen notiert. ROMAN OPALKA (geb. 1931) beschreibt in seinen mit weißer Tuschfarbe auf grauem Grund gemalten Zahlenbildern die eigene Existenz in kontinuierlich fortlaufenden Zahlenreihen, wobei der an- und abschwellende Pinselduktus den Farbauftrag rhythmisch dynamisiert.

Ausgelöst durch die analytischen Untersuchungen der Konzeptuellen Kunst, setzen auch auf dem Gebiet der Malerei Bestrebungen ein, sich mit den eigenen Grundlagen zu befassen. Den analytischen Aspekten sowie der kühl-rationalen Arbeitsweise und den behandelten malerischen Grundsatzproblemen versucht man dabei in Bezeichnungen und Ausstellungstiteln wie ›Analytische Malerei‹, ›Geplante Malerei‹ oder ›Fundamental Painting‹ gerecht zu werden.

Ausgangspunkt der künstlerischen Arbeit des Franzosen DANIEL BUREN (geb. 1938) ist das Bemühen, Malerei auf Grundstrukturen zu reduzieren, was bei ihm zur ständigen Verwendung senkrechter, abwechselnd weißer und farbiger Streifen führt. Das gemalte Bild dieser Konzeption ersetzt Buren bald durch handelsübliche gestreifte Markisenstoffe, Papierbögen oder Plastikfolien, um durch die Neutralität des Materials das Prinzip der Organisation eines Ortes durch das System Kunst zu visualisieren. Das Kunstkonzept Burens ist zugleich antiillusionistisch und antimuseal, denn Prinzipien traditioneller Komposition verschwinden in diesen stets gleichbleibenden Streifen und relativieren jegliches Formproblem (Abb. 169). Besonders radikale Ergebnisse finden sich außer in den Streifen Burens auch bei NIELE TORONI (geb. 1937), der den Bildgegenstand auf Pinselabdrücke reduziert und so den Akzent ganz auf den Problemkomplex von Farbe, Format, Malgrund verlagert.

Der Amerikaner ROBERT RYMAN (geb. 1930) verzichtet ganz auf die Farbe als gestisches Element. Seine anti-illusionistischen weißen Bilder entstehen ohne Komposition, sondern allein durch die spezifische Markierung der tragenden Bildelemente: Bildträger, Farbmaterial und Farbauftrag. Ryman exerziert diverse Farbaufträge mit Öl, Emaillack, Kunststofffarbe etc. sowie verschiedene Bildträger wie Leinwand, Pappe bis zu Kupfer mit ihren jeweiligen Bedingungen durch und demonstriert auf diese Weise das wechselseitige Abhängigkeitsverhältnis von Malgrund und Malauftrag.

BRICE MARDEN (geb. 1938) führt das Prinzip der Shaped Canvases und die Farbfeldmalerei weiter. Er arbeitet in den siebziger Jahren mit monochromen, durch Beimischung von Grau getrübten Farbflächen, deren durch Wachs erzielte stumpfe Oberflächen kein Licht reflektieren, obwohl sie den Eindruck erwecken, als könnten sie gleichzeitig Licht absorbieren und reflektieren.

Die französische Gruppe SUPPORTS/SURFACES mit häufig wechselnden Gruppenmitgliedern befaßt sich, wie der Name sagt, mit Bildträger (Support) und Bildfläche (Surface) und analysiert diese handwerklichen Träger der Malerei unter Einbeziehung von politischem Gedankengut aus dem Marxismus und Maoismus.

ROBERT MANGOLD (geb. 1937) benutzt geometrische Grundformen wie Linien oder Kreise, deren konsequente Exaktheit jedoch durch kaum wahrnehmbare Unregelmäßigkeiten gestört wird. Auf diese Weise visualisiert der Amerikaner jene Grenzlinie, wo das menschliche Auge Störungen einer klaren Struktur zu registrieren vermag oder sie einfach ignoriert (Abb. 139).

3 Post-Minimal, Arte Povera, Process Art

Im Gegensatz zur Abstraktion in der Konzeptuellen Kunst und in Reaktion auf die perfekten geometrischen Formen der Minimal Art betont Post-Minimal-Kunst die Dinghaftigkeit der Objekte und erforscht die Reize noch unverbrauchter, d. h. bis dahin noch nicht oder nur selten verwendeter Materialien wie Blei, Filz, Gummi, Kohle, Sand, Stein oder Zement, wobei die besonderen Eigenschaften wie trockene, spröde oder stumpfe Beschaffenheit herausgestellt werden. Wegen der offensichtlichen Dürftigkeit der Materialien prägt der italienische Kritiker Germano Celant 1967 für diese Strömung den Begriff ›Arte Povera‹. Die ebenfalls sich abzeichnende Tendenz zur scheinbaren ›Formlosigkeit‹, die sich z. B. im Verstreuen des Materials im Raum äußert, führt 1968 zur Prägung des Begriffs ›Anti-Form‹ für diese Richtung durch Robert Morris, und die Verwendung von Naturstoffen wie Wasser, Schnee, Blätter, Gras und Zweige sowie der Einsatz von Naturkräften wie Wind, Wachstum von Pflanzen und Schwerkraft – also die Einbeziehung von Veränderungen bzw. die stärkere Betonung des Entstehungsprozesses gegenüber dem Endprodukt – erbringen die Bezeichnung Prozeßkunst. Post-Minimal stellt keine eigenständige künstlerische Richtung dar, sondern betrifft meist nur einen Teilaspekt oder einen Abschnitt im Schaffen des jeweiligen Künstlers.

Der Fernsehfilm ›Identifications‹ von Gerry Schum wird zu einer ersten konzentrierten Artikulationsebene dieser Suche nach unverbrauchten Materialien, neuen Medien und Prozessen der Gestaltgebung. Die einzelnen Visualisierungsprozesse haben dabei noch sehr unterschiedliche Ausgangspunkte. BARRY FLANAGANS (geb. 1941) Stück, da ein bei Ebbe in den Sand gebohrter hohler Plexiglaszylinder während der Flut ein vertikales Loch im Meer schafft, artikuliert eine Übergangsphase von Land Art zu konzeptueller Kunst, während Joseph Beuys bewußtseinskritisch auf den Manipulationsvorgang durch die modernen Kommunikationsmedien verweist, indem er, vor einer verklebten Fernsehmattscheibe sitzend, seinen Kopf mit Boxhandschuhen behämmert. REINER RUTHENBECKS (geb. 1937) und ULRICH RÜCKRIEMS (geb. 1938) Arbeiten aber zeigen Material- und Prozeßkunst im oben skizzierten Sinne als Gestaltwerdung bisher noch nicht kunstwürdiger Werkstoffe. Bei Ruthenbeck vollzieht sich das gestische Veränderungsprinzip z. B. an einem Stapel dunkler Papierbögen, die, einzeln zu Papierknäueln zerdrückt, auf einen Berg gehäuft werden, der in Aussehen und Größe keinerlei Ähnlichkeit mehr mit der vorhergehenden geometrischen

Stapelform besitzt. Rückriem demonstriert die Gebärde der Gestaltgebung an geschichteten Steinquadern, die durch die spezifische Handhabe des Stürzens eine völlig neue Formkonstellation gewinnen (Abb. 142).

In allen bildhauerischen Werken Rückriems bleibt der Arbeitsprozeß eindeutig ablesbar: Teilung oder Verdoppelung von Steinvolumen, Veränderung der Volumen (Stahl) und Ergänzung (Holzarbeiten). Ruthenbeck thematisiert dagegen in seinen Stücken ungewohnte Relationen, etwa Raumbezüge in Gestalt von überraschenden Verspannungen zwischen gewöhnlich fremden Formen (Abb. 170) und Materialien sowie spröde Materialeigenschaften anhand von stumpfen Stoffen wie z. B. Asche.

Dagegen sind ANSGAR NIERHOFFS (geb. 1941) Arbeitsprozesse regelrechte Attacken auf das Material, wenn er riesige Metallbleche, die nur mit maschinellem Hochdruck in Flächen gepreßt werden konnten, durch Knickungen und Faltungen gewaltsam deformiert. Und dennoch ist das künstlerische Ergebnis dem von Ruthenbeck und Rückriem in seinem Wesen nicht unähnlich. Denn hier wie dort ist der Arbeitsprozeß des Künstlers dem Material in deutlichen Spuren eingeschrieben und verleiht ihm überraschend neuartige Attribute, die dem Werkstoff ohne die spezifische Bearbeitungsform nicht sichtbar anhaften würden.

Das Thema der Gestaltgebung durch die den Werkstoffen spezifisch innewohnenden Materialeigenschaften entwickelt sich konsequent aus der Minimal Art. So wundert es auch nicht, daß es Minimal-Vertreter wie Carl Andre und Robert Morris sind, die zu der Materialkunst des Post-Minimal überleiten. Carl Andre entdeckt die immanenten Formkräfte des Stofflichen gerade durch die geometrische Strukturierung seiner Minimal-Objekte. Indem er zum Beispiel formgleiche Metallquadratplatten, die jedoch aus verschiedenen Metallen bestehen, alternierend zu einem großen Feldquadrat zusammensetzt, erwächst aus dem analytischen Formkonzept der geometrischen Addition eine monumentale Gesamtwirkung im Raum, in der sich durch die jeweils spezifischen Materialerscheinungsweisen zweier verschiedener Metallsorten ein plastisches Energiefeld mit einem eigentümlichen Wechselverhältnis von Expansion und Kohäsion abspielt.

Robert Morris gelangt bereits 1968 von starren Materialien zu weichen Werkstoffen, wie z. B. dem fünfmal horizontal geschlitzten *Grauen Filz* von 1973, dessen Werkkonzeption aus dem materialbedingten Gestaltungsprozeß resultiert: »Die riesige Filzbahn ist nur in den oberen Ecken an der Wand befestigt, der oberste Steg dementsprechend gestreckt. Alle folgenden hängen, zusehends mehr wegen des sich vergrößernden Spielraums, nach unten durch, so daß der oben noch schmale lippenförmige Spalt an Breite gewinnt. Das Material mit seiner Schwere selbst diktiert die Bewegung, die an ein Herabfließen von Wasser in sukzessive sich füllende Tröge erinnert. Zugleich handelt es sich um eine heraldisch einprägsame Gestalt.«[3]

Bei RICHARD SERRA (geb. 1939) führt die Berührung mit der Arte Povera zu Experimenten mit technischen Stoffen in ungewöhnlicher Zusammenstellung wie z. B. Gummi und Neon. In prozeßhaften Arbeiten (Abb. 152) tritt dann um 1970 das Problem der Schwerkraft auf. Serra thematisiert in Riesenskulpturen wie *Terminal* (1976/77) die Fähigkeit von gigantischen Cortenstahlplatten, sich wie Kartenblätter in einem Spielkartenhaus wechselseitig zu stützen, wenn die richtige Balance gegeben ist, und durch die spezifische Nutzung der stützenden Schwerkraft offene, halboffene oder geschlossene Raumeinheiten zu schaffen (Abb. 164).

Die fragilen Metallarbeiten von WOLFGANG NESTLER (geb. 1943) aus Stahlband und Draht sowie die durch bloße Ausponderierung im Raum stehenden Stäbe von KARL MICHAEL WITLATSCHIL (geb. 1953) demonstrieren – in einer stillen und antimonumentalen Erscheinungsweise – im Grunde das gleiche Prinzip einer durch Schwerkraft ausgewogenen Balance, wie sie in Serras superlativischen Stahlplatten des Hoch- und Tiefbaus zum Tragen kommt.

Eine bedeutsame Anregerin der Arte Povera ist die gebürtige Deutsche EVA HESSE (1936–1970), die schon im Kindesalter als jüdische Emigrantin nach Amerika gelangte. Sie entwickelt in den sechziger Jahren eine introvertierte, sehr persönliche plastische Konzeption, die Textilien, Gummi, Kunstharze, Fiberglas, also spröde und weiche Werkstoffe, zu seriellen und zugleich auch amorphen Formen arrangiert und das Installationsprinzip stets aus der spezifischen Materialbeschaffenheit ableitet. Das gilt z. B. für *Accession* (Abb. 141), einen Kasten aus milchiger Glasfasermasse, den die Künstlerin mit regelmäßig angeordneten Löchern perforiert hat. Durch jedes dieser Löcher ist ein kurzer Gummischlauch gezogen, dessen Ende jeweils in das Innere der Box leicht überstehend wie ein Fühler hineinragt und die innere Wand der außen glatten Box in eine weiche haptisch reizintensive Oberfläche verwandelt.

Während Eva Hesse das Spannungsverhältnis zwischen spröden und weichen Stoffen und damit zwischen analytischen und amorphen Strukturformen auslotet, konzentriert sich das Interesse des Italieners GIOVANNI ANSELMO (geb. 1934) besonders auf das Spannungsverhältnis zwischen organisch vergänglichen und harten dauerhaften Materialien wie Stein. Solche Erforschung von Werkstoffen und Materialkombinationen, die die Kunst noch nicht verbraucht hat, besitzt in den Beuysschen Werkstoffen Filz und Fett, Kupfer und Blei eine bereits lange zuvor ausgebildete parallele Tendenz mit großer Wirkungskraft.

Innerhalb dieser Grammatik von als Kunst verwendbaren Objekten besitzen die Dinge technischer Herkunft die gleiche Bedeutung wie natürliche Dinge, sie beziehen ihren Wert allein aus der Tatsache, Werkzeuge der Phantasie zu werden, so daß die Neonröhre (Abb. 131) bei KEITH SONNIER (geb. 1941) letztlich die gleiche Funktion besitzen kann wie die Fettecke, der Filzstoff, der mit Erde gefüllte Kasten bei Joseph Beuys. Die Sichtbarmachung von methodischen Bezügen, von Funktions- und Situationszusammenhängen ist eine der wichtigsten Anregungen, die Beuys der jüngeren Generation verfügbar macht. Von der eindrucksvollen ›Armut‹ und der unmittelbar berührenden Dinghaftigkeit, die den Beuysschen Objekten und Installationen eigen ist, gehen fruchtbare Impulse für eine Reaktion auf die perfekten geometrischen Formen der Minimal Art aus.

Was diese Arte Povera des Übergangs allerdings mit der Minimal Art gemeinsam hat, ist ihre unbedingt präzise Form- und Materialanalytik. Was sie aber über die Minimal Art hinausführt, läßt sich als eine spirituelle Dimension beschreiben, die hinter der einfachen Stofflichkeit aufzuleuchten vermag. Die spirituelle Dimension des Post-Minimal tritt am eindrucksvollsten bei den Beuys-Schülern Blinky Palermo und Imi Knoebel in Erscheinung.

PALERMO (1943–1977) bewegt sich stets in verschiedenen Werkgattungen nebeneinander: Er malt Bilder und Aquarelle, zeichnet und collagiert, konzipiert Stoffbilder, Objekte und Wandmalereien, die der jeweiligen Räumlichkeit genau angepaßt werden. Dadurch ist es Palermo möglich, das räumliche Schwingen und plastische Ausgreifen seiner Farbformen in den verschiedenen Medien vergleichend zu analysieren und jeweils doch mit einer zwingenden Individualität zur Anschauung zu bringen. Malerei wird nicht mehr nur an einen einzigen Trägergrund angebunden, die Leinwand, sondern sie erweitert sich in der Benutzung gewonnener analytischer Erkenntnisse in komplexe Raumgestaltungen und übereinandergelegte Bildebenen, wobei eine Nesselfarbbahn genauso wie ein mit roter Bleimennige bemaltes Stahlquadrat neue Dimensionen von Farberfahrung offenlegen kann (Abb. 168). Palermo benutzt stets ein klares Formenvokabular. Immer wieder trifft man auf Winkel- und Dreieckformen, die sowohl in zahlreichen Zeichnungen, Aquarellen, Gouachen und Bildern wie auch in den Objekten und Wandmalereien latent oder formbeherrschend vorhanden sind. Besondere Bedeutung und raumorganisierende Kraft hat dabei das blaue Dreieck, in dem sich von Malewitsch und Yves Klein übernommene Farberfahrungen in der Berührung von Farbform und Trägergrund zu einer neuen Dimension, nämlich zu der für Palermo so charakteristischen und faszinierenden Staffelung von Farbebenen entschieden erweitern.

Auch IMI KNOEBEL (geb. 1940) beschäftigt sich in den siebziger Jahren in analytischen Serien mit den Problemen der Malerei als solcher und gelangt von sehr puristischen Experimenten mit weißen Bildern und weißen Lichtprojektionen zu überlagerten Farbrechtecken mit Mennige-Bemalung und schließlich zu grellfarbigen und gestisch-expressiven Farbsetzungen auf geschichteten Sperrholz-, Hartfaser- und Metallplatten, die unter spezifischen Raumbedingungen inszeniert werden (Abb. 171). Auch hier ist die Interaktion zwischen Raum, Trägergrund und Farbe wie bei Palermo das eigentliche Thema der Arbeiten, deren Installationen sich erst in der Wahrnehmung des Betrachters als atmosphärische Verdichtung unter spezifischen Raum- und Lichtbedingungen realisieren.

Im Bereich der Skulptur erscheinen nach 1975 verstärkt symbolische Bezüge und meditative Funktionen, wobei eine wechselseitige Anregung von Materialkunst und Individueller Mythologie als Ursache gegeben sein mag. So provoziert die Installation des Japaners NORIYUKI HARAGUCHI (geb. 1946) auf der documenta 6 (1977), ein riesiges, mit Rohöl gefülltes Eisenbecken, beim Betrachter fernöstliche Konzentration. Symbolische Verbindung von Natur und Technik ist die ebenfalls auf der documenta 6 realisierte Brückeninstallation von GEORGE TRAKAS (geb. 1944), *Union Pass* (1977), bestehend aus einer Stahl- und einer Holzbrücke, die zueinander Gegenachsen bilden. In einem Sprengungsprozeß ist der Treffpunkt beider Brücken gelöst, in der Sprengung verschmelzen die alte Struktur, die der Holzsteg symbolisiert, und die neue Konstruktionsstruktur der Stahlbrücke ineinander. Die Wasserskulpturen von MICHAEL SINGER (geb. 1945), aus Land Art-Konzeptionen hervorgegangen, haben dagegen eine romantisch retrospektive Symbolik, indem sie auf vergangene Entdeckerfreuden in unberührter Natur anspielen.

Ein präzises Strukturenalphabet besitzt auch die der Arte Povera nahestehende Process Art, wobei die Grenzziehungen fließend sind. Ulrich Rückriems Skulpturen enthalten ebenso wie die Arbeiten von Robert Morris und Richard Serra in der Thematisierung der prozeßhaften Gestalterzeugung zentrale Elemente der Process Art.

Prozeßdemonstrationen par excellence sind die Arbeiten von Franz Erhard Walther und Klaus Rinke aus den siebziger Jahren. In seinem *1. Werksatz* (1963–1968) faßt FRANZ ERHARD WALTHER (geb. 1939) 58 verschiedene von ihm entworfene und von seiner Frau Johanna genähte Objekte zusammen, die als Arbeitsmaterialien zur Auslösung von Grunderfahrungen nutzbar sind (Abb. 147): »Grund-Erfahrungen eines Benutzers mit sich selbst, seinen Vorstellungen, seinem Körper, verschieden geformten Objekten, mit anderen Benutzern; Erfahrungen, die bei der Ich-Findung, der Selbst-Definition, der Selbst-Erweiterung, der ›Selbstproduktion‹, der Orientierung und Bewußtseinsbildung helfen, indem so abstrakte Begriffe wie Maß, Energie, Denken, Zeit, Raum, Gewicht etc. anschauliches Erleben werden. Erfahrungen, die so vielfältig und systematisch auf die Beziehungen von Gedanken, Worten, Handlungen, Zuständen, Objekten und Personen untereinander verweisen, daß man den Werksatz ohne weiteres als eine dreidimensionale Grammatik und die Arbeit mit ihm als empirische, angewandte Beziehungswissenschaft bezeichnen könnte.«[4] In Diagrammzeichnungen zum *1. Werksatz* vermittelt Walther zahlreiche Nutzungsanregungen, während ein seit 1969 in Angriff genommener *2. Werksatz* die Themenkreise der ersten Instrumentariensammlung erweitert.

Vergleichbare Intentionen verfolgt auch KLAUS RINKE (geb. 1939) mit seinen sogenannten *Primärdemonstrationen.* Bekannt wird Rinke 1968/69 durch aktionshafte Arbeiten, in denen er mit Hilfe von begehbaren Wassersäcken, Schöpfvorgängen und Schlauchleitungen Wasser als plastisches prozessuales Material vorführt. Dabei dient ihm der plastische Werk-

Klaus Rinke, Diagramm zu Abb. 148

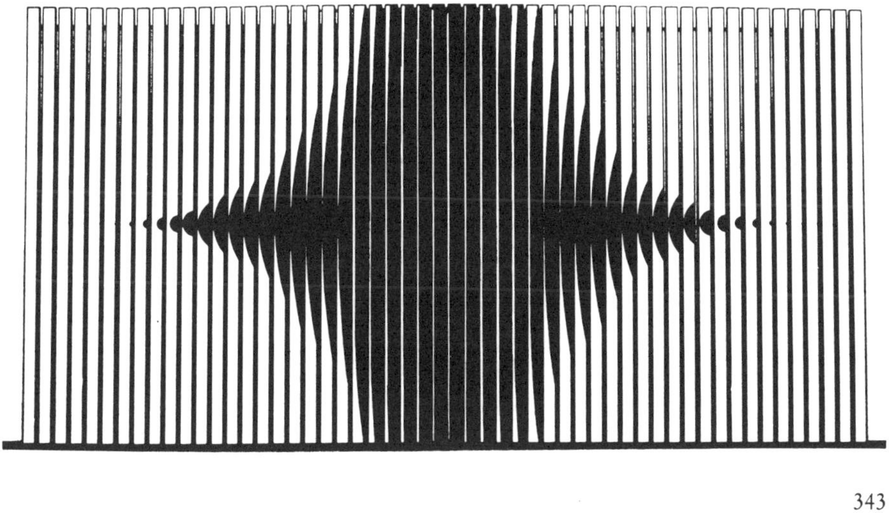

stoff Wasser dazu, Zeit durch den Zustand des Fließens und Gravitation durch die absolut waagerechte Oberfläche von stehendem Wasser zu definieren. Ab 1970 entwickelt Klaus Rinke ›Primärdemonstrationen‹ dieser Art mit dem eigenen Körper, die – in Foto- und Zeichnungssequenzen systematiert – die Körpergestik als stoffloses Material der Kunst exemplifizieren (Abb. 148), wobei in diesen Arbeiten Relationen von Raum und Zeit als Prozeßabläufe definiert werden.

Neben einer sich im Anschluß an Happening und Fluxus theatralisch gebärdenden, narrativen Aktionskunst gibt es eine prozeßhafte Body Art seit den ausgehenden sechziger Jahren, die den menschlichen Körper mit Gesicht, Hautoberfläche, Nägeln etc. zum künstlerischen Werkstoff macht und deshalb in den Kontext der Post-Minimal-Thematik hineinreicht. Die dabei erfolgenden Manipulationen der Körperoberfläche werden zuweilen bis zur Verwundung getrieben, weshalb die Body Art häufig als theatralische Gestik mißverstanden worden ist. Tatsächlich aber konzentriert sie sich auf eine Selbsterfahrung durch sinnliche Wahrnehmung des eigenen Körpers. Das geschieht z. B. durch Abbrennen und Ausreißen der Körperbehaarung oder langandauerndes Reiben der Haut bei VITO ACCONCI (geb. 1940) in dem Stück *Rubbing Piece* von 1970, durch übermäßige Sonnenstrahlung bei DENNIS OPPENHEIM (geb. 1938) in dem Werkstück *Reading Position for Second Degree Burn,* 1970, bei dem sich auf der Brust des Künstlers ein daraufliegendes Buch nach dem Sonnenbad als weiße Fläche abzeichnet. Verwandte Arbeiten finden sich in Arnulf Rainers Selbstbemalungen (Abb. 160) sowie in den Gesichtsverzerrungen (1968) von BRUCE NAUMANN (geb. 1941).

Wichtiges Aufzeichnungsmedium für diese Body Art wird neben der Fotosequenz das Videoband, das zudem mit Feedback und anderen Tricks eine Fülle von Collagemöglichkeiten bereitstellt und vor allem dazu in der Lage ist, zeitlich begrenzt existierende Erscheinungen und Prozesse konzentriert aufzuzeichnen. Für einige Künstler wird es wichtig, das Moment der Gestalterzeugung nicht nur als Anschauungsphänomen, sondern als psychisches Erlebnis zu erfahren. Solche physisch und psychisch erlebten Bewußtwerdungsvorgänge provoziert MARIA NORDMAN (geb. 1943) in Gestalt von dunklen irritierenden Räumen, die nicht durch greifbare Wände, sondern durch Lichtzonen gegliedert werden.

Der Amerikaner DAN GRAHAM (geb. 1942) konfrontiert den Benutzer seiner *Two Adjacent Pavilions* (1978–81) mit einem irritierenden Vexierspiel, das er durch einen technisch kalkulierten Wechsel zwischen Spiegel- und durchsichtigen Wandeinheiten erzeugt. Diese Irritationen werden noch durch architektonisch benutzte Videokameras gesteigert, wenn ein Fernsehmonitor die durch Video aufgezeichnete Raumwirklichkeit zeitlich versetzt in denselben Raum tautologisch noch einmal hineinholt (Abb. 165).

Bei Bruce Naumann kann sich die Gestalterfahrung als Körpererlebnis bis zur Angst in den Korridorkonstruktionen steigern. Um 1969 baut Naumann eine Passage von nur 50 cm Breite, aber 3 m Höhe und 7 m Länge, mit der er dem Benutzer ein Angebot gibt, selbst zum Performer zu werden, wenn er sich durch diesen schmalen Korridor zwängt und sich den dabei aufkommenden Angstgefühlen in selbstgesteuerter Intensität aussetzt. Später erhalten diese Korridore elliptische Krümmungen, um durch die Ungewißheit, ob der Gang ein offenes Ende hat oder nicht, die psychische Irritation der Angst zu intensivieren (Abb. 163).

Andere Künstler provozieren eine gesteigerte Wahrnehmungssensibilität, indem sie durch frappierende Metamorphosen und Gestalterzeugungen die konventionelle Erfahrung irritieren. So sind die kantigen Hölzer des Schweizers MARKUS RAETZ (geb. 1941) – mehr oder weniger scheinbar willkürlich auf dem Boden liegend – auf den ersten Blick als abstrakte Plastik ausgerichtet. Nur wenn man dieses Arrangement umschreitet, stößt man zu einem bestimmten Zeitpunkt auf den spezifischen Standort, von dem aus sich die Strichfolge der ausgelegten Hölzer plötzlich zu einer figurativen Gestalt, zu einem Kopf oder einer liegenden Figur, formiert.

Verfremdungseffekte sind auch das verbindende Kennzeichen der vielschichtigen Bildstrukturen bei RICHARD ARTSCHWAGER (geb. 1924). So werden in seinen Bildern Fotos durch starke Rasterung zu fast monochromer Punktstruktur verfremdet und dann auf Hartfaserplatten übertragen, wobei der Eindruck einer grauen Gleichförmigkeit entsteht, die den figurativen Inhalt des Fotos fast ganz überdeckt.

Ist hier jeweils Magrittes *Ceci n'est pas une pipe* und damit der anschauungsmäßige Verweis auf die Unterscheidung zwischen Gemachtem, Wahrgenommenem und mit Bedeutung Ausgestattetem zitiert, so gilt das in noch größerem Umfang für das Werk von MARCEL BROODTHAERS (1924–1976). Er projiziert das Verwechselspiel mit Worten und Begriffen auf Dinge, die wir durch die künstlerische Formulierung in einem neuen Kontext sehen. Broodthaers greift sich zumeist ein banales Sujet aus der Alltagswirklichkeit, und indem er den Begriff des Sujets in seiner Wörtlichkeit darstellt, transformiert er ihn in eine ironische Distanz der Verfremdung, die kritisches Sehen möglich macht, weil sie auf ein gebrochenes Verhältnis zwischen Wahrnehmung, Bezeichnung und Bedeutung hinweist. Diese ironische Brechung zeigt ein neues elementares Verhältnis zum Einfachen, indem sie das Gesehene bezweifelt, solange es nicht in seiner komplizierten Wirklichkeit erkannt ist. Das Faszinierende an diesem in Bildern vollzogenen Reflexionsprozeß liegt in der stets gewahrten Heiterkeit, die alles Zwanghafte verdrängt und den Akt des Denkens und Erkennens als das wahrhaft Humane manifestiert.

Dieses Spiel mit Widersprüchen zwischen Zeichen und Bezeichnetem führt zuweilen, vor allem in der Zeichnung, zu humorvollen Bilderrätseln, wie sie z.B. in den Arbeiten von ROBIN PAGE (geb. 1932) begegnen. Page zeigt die Groteske einer wörtlichen Bildwiedergabe, indem er eine gebräuchliche Wortkombination in ihrer realen Begriffskompilation bildlich vergegenwärtigt. Daraus resultiert eine fast literarische Ironie, die mit der Widersprüchlichkeit konventioneller Bezeichnungsmechanismen operiert. Vieles an dieser Kunst ist ausgesprochen konzeptuell, jedoch gestattet der stark bildhafte Anschauungscharakter der einzelnen Werke keine Zuordnung zur eigentlichen Concept Art.

Anmerkungen

1 Katalog Peter Roehr, hrsg. von Rudi H. Fuchs, Werner Lippert, Paul Maenz, Charlotte Pogenenske und Burkhard Brünn, Köln 1976 (Kunsthalle Tübingen u. a. 1976/77)
2 Marie Luise Syring in: Katalog ›ein anderes Klima‹, Städtische Kunsthalle Düsseldorf 1986, S. 54.
3 Franz Meyer, Gestaltwahrnehmung und Struktur, in: Katalog Skulptur im 20. Jahrhundert, Basel, Merain-Park 1984, S. 168ff.
4 Hermann Kern, Zeit, Energie, Prozeß, Denken, Sprache – einige Aspekte der Arbeit von Franz Erhard Walther, Diagramme zum 1. Werksatz, Kunstraum München 1976, S. 10ff.

V Pluralität der Zeichen – postmodernes Bewußtsein

1 Individuelle Mythologien und private Chiffren

In Abwandlung des Ausdrucks »Poetic Image« von Paul Klee hat die documenta 5 (1972) unter der Thematik ›Individuelle Mythologie‹ erstmals eine bestimmte Richtung zusammengefaßt und der Öffentlichkeit vorgestellt, die dem Objektivitätsbedürfnis der Minimal Art das dezidierte Bekenntnis zur Subjektivität entgegenhält. Dabei besitzen die Kunstproduktionen dieser subjektiven schöpferischen Aussage keinen gemeinsamen Nenner, sondern sie entziehen sich vielmehr einer pauschalierenden Typisierung durch ihre vollkommen offene Form und einmalige Identität des Künstlers. Der äußeren Erscheinung nach sind die Individuellen Mythologien jedoch verständlich und von anderen Tendenzen abgrenzbar durch ihre Darstellung konzentrierter Intensität des Erlebens, das sich nicht mehr vorrangig an formalen Kriterien, sondern an der spürbaren Identität von künstlerischer Absicht und künstlerischem Ausdruck orientiert. Den Individuellen Mythologien, zu denen die documenta 5 Künstler wie Paul Thek, Christian Boltanski und Etienne Martin sowie den Beuysschen Besucherraum für Demokratie und Byars' Visualisierungen rechnet, ist ein ureigener, geistiger Raum gemeinsam, in dem ein einzelner jene Zeichen und Signale setzt, die seine Welt bedeuten (Szeemann). Die Individuelle Mythologie manifestiert ein neu erlebtes und erprobtes Individualitätsbewußtsein innerhalb der Gesellschaft.

Die Individuelle Mythologie ist in ihrer Bildwelt die Suche nach einer verlorengegangenen arkadischen Geborgenheit, die durch das Eintauchen in unterbewußte Träume und mythologische Vorstellungen sowie durch meditative Übung wieder freigelegt werden soll. Damit verbunden ist eine neue Zeichenmystik, die den dargestellten Dingen im Sinne magischer Symbolik beigegeben wird.

Kultische Montagen dieser Art sind die environmentalen Metamorphosen von PAUL THEK (geb. 1933), die einen individuellen mythischen Symbolhorizont aus Themen des Alten Testaments sowie der nordischen Mythologie erstellen und eine geheimnisvolle, ekstatische Dingverzauberung kraft der eigenen Halluzination schaffen (Farbtafel 58). Die symbolische Grabmystik, die bei Theks Installation auf der documenta 5 begegnet, findet sich auch im Werk von MICHAEL BUTHE (geb. 1944), der sich mit seinen sonnenkultischen Refugien und mit dem Fluidum orientalischer Meditation ein eigenes Paradies seiner alchimistischen Phantasie konstruiert, wo Blühen und Vergehen, Leben und Tod miteinander verschmelzen (Abb. 157). Die verwendeten Einzelsymbole sind bei Thek und Buthe variable Zeichen, die ein verschlüsseltes Beziehungssystem der inneren Sinngebung erstellen, das nur dem Eingeweihten verstehbar wird, der sich in das private Mythenlabyrinth hineinversetzt. Objekttitel wie ›Krippe‹, ›Pyramide‹, ›Arche‹ bei Thek und wie ›Sonne‹ bei Buthe unterstreichen den mythologischen Symbolcharakter dieser Werke als individuelle Kosmoserfahrung.

Symbolische Mystifikation findet sich auch in den assoziationsstarken Objekten von Joseph Beuys, Etienne Martin und Franz Eggenschwiler. Während die Beuysschen Objekte metaphorische Zeichen für existentielle Grunderfahrungen darstellen, wie etwa die Polaritäten Wärme-Kälte, Ost-Westkultur, Leben-Tod, Ordnung-Chaos, so sammelt FRANZ EGGENSCHWILER (geb. 1930) mit poetischer Zuneigung die Gebrauchs- und Zerfallsspuren gefundener Objekte, um sie in schreinartiger Entrücktheit gegen den Gebrauchsmechanismus der Konsumgesellschaft zu verteidigen. Die Dinge werden zu Spuren individueller Erfahrung, deren Horizont die wechselnden Stadien des Erlebens zwischen Glück und Leid umschließt (Abb. 95).

Die Suche nach der Geborgenheit menschlicher Existenz findet sich auch im *Mantel* von ETIENNE MARTIN (geb. 1913), der als ständig weitergeführtes Lebenswerk des Künstlers die Zeichen der Jahre sammelt und in seiner symbolischen Schlüsselbildlichkeit Assoziationen an Schwitters' Merzbau nahelegt. Der Mantel wird zum Dokument individueller Erfahrung und schützt in seiner verdeckenden Funktion das Ich zugleich gegen die bedrohliche Außenwelt.

PANAMARENKOS (geb. 1940) poetische Luftschiffe dokumentieren sich als spielerische Präzisionsmaschinen ohne Zweck. Die Technik dient hier dem freien Assoziationsspiel mit den Träumen des Ikarus. Technische Perfektion führt sich in diesen kunstvollen Flugmaschinen ad absurdum, da die Ballone sich zwar aufblähen und die Motore mit Donnergeräusch funktionieren, die Flugkörper selbst sich aber nie in die Lüfte schwingen können. Der Nonsens zeigt hier hintergründig seine Berechtigung als Widerspruch von Wunsch und Wirklichkeit in der menschlichen Phantasie (Abb. 167).

Die amerikanische Künstlerin NANCY GRAVES (geb. 1940) findet nach einer Periode gegenständlicher Figuration die Rückkehr zu ambivalenten Ausdrucksformen, die auf der Grenzlinie zwischen Abstraktion und Figuration die Bildwelt des Archetypischen, Prähistorischen wiederentdecken. In der Ergründung ihrer eigenen Visionen findet Nancy Graves die biomorphen Strukturen eines kollektiven Urbewußtseins (Abb. 158).

RICHARD LONG (geb. 1945) formt Steinskulpturen aus konzentrisch gelegten Basalt- oder Kieselsteinen, die an astronomische Sonnenzeichen oder Kultstätten archaischer Kulturen erinnern (Abb. 166), kulturhistorische Bezüge, auf die auch die poetisch meditativen Stücke von JANNIS KOUNELLIS (geb. 1936) unsere Aufmerksamkeit lenken. Bei Kounellis spielt das Zitat geschichtskultureller Konventionen eine zentrale Rolle als Stoffrepertoire für Konfrontationen von Natur- und Kultursymbolen. Auf der documenta 7 (1982) stellt Kounellis einen mit Hut und Mantel versehenen Kleiderständer vor eine vergoldete Mauerwand und setzt auf diese Weise Verbindungen zwischen der ritualhaften überhöhenden Kultur des alten Byzanz und unserer modernen Welt, wobei das harmonische Miteinander der Installationselemente den Betrachter unmittelbar durch die magische Aura der Präsentation zu kulturmythischen Assoziationen stimulieren kann (Farbtafel 59).

Persönliche mythologische Bezüge begegnen seit einigen Jahren auch in den mystischen Zeichen der RUNE MIELDS (geb. 1935), deren Notationssystematik außereuropäischen und prähistorischen Kulturen entstammt, sowie in den bilderbogenartigen Zeichnungsfolgen von FRITZ SCHWEGLER (geb. 1935), den *Effeschiaden.* Diese betexteten Bilder, die in ihrer kürzelhaften und dennoch zugleich sehr poetischen Emblematik »das Banale und das Heilige« gleichermaßen sagbar machen wollen, erinnern wie Votivtafeln mit ihrem vagen Dialektanklang und ihrer naiven Bildwörtlichkeit an die in der künstlerischen Hochsprache weitgehend verlorengegangene Fähigkeit der Volkssprache, ein reiches und dem Empfinden adäquates Wortrepertoire für das außerordentliche Gefühl zu speichern.

Über den absurden Widerspruch zwischen der gleichzeitigen Informationsüberflutung und ideenhaften Substanzarmut der perfektionierten modernen Mediengesellschaft reflektiert JOCHEN GERZ (geb. 1940) seit 1970 mit einer Vielzahl subtiler Verweigerungsgebärden, die sich aus frühen Arbeiten einer konkreten Poesie entwickelt haben. Gerz weist in verschiedenen Formen von Text- oder Bildbeschreibungen immer wieder darauf hin, daß mit der vergrößerten Präzision der Beschreibung die Möglichkeit der Kontaktfindung eher schwindet als wächst. Konsequente Folge dieser Erkenntnis ist schließlich der totale Verzicht auf Kontakte zur Umwelt in dem sogenannten *Transsibirischen Prospekt* (1977), eine Moskau-Wladiwostok-Reise mit Rückfahrt bei verdunkelten Fenstern und ohne jeden Ausstieg aus dem Zugabteil. Dabei wird es letztlich unwichtig, ob der Künstler diese Reise realiter überhaupt angetreten hat, denn die hier praktizierte Kontaktlosigkeit ist so perfekt, daß ihrer Realisierung jeder Sinn abgeht. 1976 verdichtet Gerz seine Verweigerungsgebärden in einem sehr poetischen Dingsymbol, einem hölzernen Pferdemonstrum für die Biennale Venedig, »das so im Raum steht, daß es nicht hineinpaßt«. In seiner grotesken Monumentalität verweist dieser Koloß auch auf die heutige Bedeutungslosigkeit historischer Reiterstandbilder, sind sie doch nichts anderes mehr als übriggebliebene Staffagen einer sprachlos gewordenen Allegorie, deren Verweishorizont nicht mehr funktioniert. In einer Verbindung von Texten, Fotografien, Installationen und Videoarbeiten konfrontiert Jochen Gerz immer wieder seine Individualität zur Außenwelt, er hält Erlebnisse, Begegnungen, Gesten und Beobachtungen fest. Doch diese Protokolle schaffen keine direkten Beziehungen, sondern in ihnen manifestiert sich Kultur als ein Ritual, an dem zwar jeder Einzelne teilhat, das aber nach Belieben zitiert, amputiert, verwandelt und weitergeführt wird, ein Sisyphos-Prozeß, in den sich der Künstler fatalistisch einverleibt weiß. Der Mensch hat keine anderen Sprachformen als diejenigen, die seit Jahrtausenden verfügbar sind.

Um der Vereinzelung und der Angst vor dem Selbstverlust zu begegnen, orientieren sich zahlreiche Künstler in den siebziger Jahren quasi archäologisch und ethnologisch an der Geschichte der menschlichen Kultur, eine Methodik, die A. R. Penck schon in den sechziger Jahren wirksam erprobt hat, als er, in der DDR lebend, seine Vereinzelung und seine gesellschaftspolitische Außenseitersituation in einer piktogrammhaften Bildsprache reflektierte, die der Höhlenmalerei entlehnt war.

Spurensicherung bedeutet das dokumentarische Sammeln von Zeichen einer vergangenen Wirklichkeit durch Fotografieren, Nachbilden, Rekonstruieren und Vervollständigen. Dieses retrospektive Sichten von vergangener Wirklichkeit will nicht als Flucht vor der Gegenwart verstanden sein, sondern als Suche nach verborgenen Zusammenhängen, die als Muster einer Selbstfindung in der Hektik der heutigen Zeit benutzt werden können. Die individuelle Methode dieser Spurensammlung darf daher nicht mit weltfremder Innerlichkeit identifiziert werden, vielmehr erwächst aus der Beobachtung und Freilegung gefundener Spuren der Vergangenheit ein soziales Raster, das vom Rezipienten auf eigene Weise weiter gefüllt werden kann. Das Finden historischer Zusammenhänge wird zugleich das Auffinden des eigenen Selbst, indem sich das Muster der Rekonstruktion auf die Wiederbelebung verschütteter Erinnerungsfragmente übertragen läßt. Das Grundmaterial dieser Kunstrichtung besteht aus Herbarien, Archiven, Inventaren und archäologischen Forschungsdaten, die zu einem individuellen Bildsystem verarbeitet werden.

In dieser Weise rekonstruiert DIDIER BAY (geb. 1944) seine eigene Biografie, deren bildhaft rekonstruierte Wiedergabe ihm erlaubt, das für ihn in der Rückschau Wesentliche herauszuheben, auch wenn – oder gerade weil – es ihm im historischen Lebenslauf als solches nicht bewußt war. Wichtiges Hilfsmittel für diese biografische Suche nach der eigenen Identität ist das Bilddokument, das durch die textliche Ergänzung ein neues Eigenleben entfalten kann.

Auch CHRISTIAN BOLTANSKI (geb. 1944) bildet seine Inventare aus Fotografien, gesammelten Gegenständen und Textkommentaren, um Zeitsituationen als Ereignis festzuhalten. Im Unterschied zu Bay geschieht Boltanskis Sammeln nicht autobiografisch, sondern das Leben einer anonymen Person steht durch subjektive Lebenszeugnisse für das Rekonstruieren von individuellen Lebensspuren an sich. Die Vielzahl der gesammelten Biografien schafft ein museales Ausstellungsrepertoire, aus dem sich ein methodisches Raster dieser individuellen Spurensicherung herauskristallisiert.

PAUL-ARMAND GETTE (geb. 1927) verwischt die Grenzen zwischen dem Besonderen und dem Allgemeinen, indem er das wissenschaftliche System der Botanik bzw. der Zoologie anhand von Untersuchungen begrenzter Orte wie Pariser Parkplätze umkehrt – statt Blumen katalogisiert Gette z. B. Unkraut. JEAN LE GAC (geb. 1936) ironisiert das Problem von Realität und Fiktion durch eine exotische Weltreise in Paris, und er verquickt seine Biografie mit den fiktiven Daten einer Figur aus einem Abenteuerroman.

JÜRGEN BRODWOLFS (geb. 1932) miniaturhafte Schaukästen operieren mit der Metapher; die zerdrückte Farbtube wird zum symbolischen Zeichen eines gequälten Menschenbildes, das durch die Schaukastenperspektive für den Betrachter in seiner bedrängenden Aussagedichte noch gesteigert wird. Die Tubenmenschen erscheinen wie Leichname oder ausgeblutete zerschundene Körper, die aus ihren Grabkammern zu neuem Leben erweckt werden (Abb. 162).

ANNE und PATRICK POIRIER (beide geb. 1942) suchen den direkten Reiz des archäologischen Abenteuers in der Rekonstruktion antiker Ruinen, wie sie besonders in Ostia begegnen. Mit Hilfe von Plänen und Ausgrabungsberichten sammeln und rekonstruieren sie die antiken Stätten und schaffen mit der Berücksichtigung von Details wie Werkzeugen, Pflanzenspuren, Grabmälern und Scherben die Neubelebung einer vergangenen Lebenswirklichkeit (Abb. 161), wobei die Trennung von realer Historie und Phantasiekonstruktion irrelevant wird. Wichtig allein ist das individuelle Entdecken einer Lebensform, die in ihrem Eigenleben verstanden wird.

Der Amerikaner CHARLES SIMONDS (geb. 1945) errichtet seit 1970 in den alten Mauern New Yorks eine Miniaturarchitektur für imaginäre ›kleine Leute‹, wobei er Anregungen aus der indianischen Mythologie mit dem romantischen Wunsch nach einem archaischen Naturarkadien verbindet.

Dem Verfallenen und Unscheinbaren widmet DOROTHEA VON WINDHEIM (geb. 1945) ihre Aufmerksamkeit, als sie 1973 die Fassaden der Fortezza da Basso in Florenz im Strappo-Verfahren der Freskorestauratoren mit der ganzen amorphen Patina von Alter und Verschleiß abnimmt und damit dieser Oberflächentextur auch die Spuren geschichtlichen Ereignisreichtums einverleibt. Ein echter Spurensicherer ist auch NIKOLAUS LANG (geb. 1941), der z. B. die Relikte einer bayrischen Kleinbauernfamilie, der Geschwister Götte, in Sichtkästen archiviert hat und damit eine regelrechte Feldforschung betreibt, die schließlich auf ihn selbst zurückführt.

Die Aneignung von historischen Feldforschungsmethoden zur Selbsterforschung, wie sie auch in der strukturalistischen Philosophie dieser Zeit betrieben werden, prägt par excellence die Installationen von ANNA OPPERMANN (geb. 1940) in ihrem faszinierenden Miteinander von Bewahren, Konstruieren, Reproduzieren und Verwandeln. Ausgangspunkt der Ensembles sind für gewöhnlich banale Gegenstände, von denen die Künstlerin ein Bild herstellt, wobei diese Bildwerdung mit einem spezifischen Prozeß subjektiver Symbolisierung und mystifizierender Verrätselung verbunden ist. Technisch geschieht das Abbilden durch Zeichnung und Fotografie. Anschließend werden Abbild und Gegenstand zu einem Arrangement zusammengefügt, wozu die Künstlerin zumeist eine Raumidee auswählt. Dieses Arrangement wird seinerseits wieder abgebildet, durch Gegenstände erweitert und erneut bildnerisch reproduziert. Auf diese Weise entwickelt sich ein beliebig wiederholbarer Erweiterungsprozeß, in den auch die einzelnen Ausstellungen der Ensembles eingebunden werden. »Damit ist Anna Oppermanns Ensemblekunst ein dynamischer Prozeß, in dem sich aus einer begrenzten Möglichkeit eine unendliche Vielzahl von Formulierungen ergibt.«[1] Zugleich verdichten sich hier verschiedene Zeitebenen zu einer mehrdimensionalen Schichtung von Wahrnehmung, die ebenso das Wirkliche wie das individuell Gedachte zu speichern vermag.

Auffallend ist die erzählerische Funktion, die in den individuellen Mythologien Fotografie, Video und Diagramm einnehmen. Waren diese Medien in der Minimal Art und konzeptuellen Kunst objektive Medien im Sinne von Dokumentation, so werden sie nun als Träger einer narrativen Ichgebärde benutzt. Ähnliches geschieht mit den bildnerisch genutzten Gegenständen und Materialien. Sie präsentieren nicht mehr ihre eigene Qualität, sondern sie werden zu symbolischen Sinnträgern für individuelle Emotionen.

Bei WILLIAM WILEY (geb. 1937) und JUD FINE (geb. 1944) gewinnt das Spurensammeln sogar Züge einer pfadfinderhaften Romantik, die den Geist geschichtlicher Ereignisse in der Magie der symbolischen Zeichensetzung beschwört. Jud Fines farbige Bambusstöcke mit Stein und Schnüren stehen für historisch berühmte Führerpersönlichkeiten und verdinglichen den Mythos von Befreiungskriegen und volksstämmiger Selbstbehauptung. Die Objekte animieren den Betrachter mit der suggestiven Kraft ihrer Materialien zur freien Assoziation und schaffen einen neuen intensiven Dingbezug, der in der Alltäglichkeit verlorenging und nur in der Faszination der Rückschau auf vergangene Mythen wiedergefunden werden kann.

Die Erweiterung des Kunstbegriffs in mentale Räume, in denen kulturelle, historische und symbolische Bezüge wieder zum Tragen kommen, ist in der internationalen Kunstentwicklung erstmals seit langer Zeit wieder vorrangig eine europäische, keine amerikanische Initiative. Neben Joseph Beuys sind an diesem Prozeß vor allem italienische Künstler aus dem Umfeld der Arte Povera beteiligt. Die Erweiterung des Kunstbegriffs in mentale Räume wird dabei als notwendige, sinnliche Alternative der Kunst zur technologisch rationalisierten Eindimensionalität der modernen Zivilisation empfunden, notwendig angesichts der Grenzen, die das industriell-technische Wachstum in den siebziger Jahren im gigantischen Rüstungswettlauf sowie in der rapiden Umwelt- und Naturzerstörung findet.

Dagegen setzen Künstler wie GIUSEPPE PENONE (geb. 1947), GIOVANNI ANSELMO (geb. 1934) und LUCIANO FABRO (geb. 1936) ihre genauen Beobachtungen physikalischer und organischer Phänomene in der Natur. So beobachten sie die Prozesse des natürlichen Wachstums, indem sie mit geringfügigen und sorgfältig dosierten Eingriffen (z. B. Einbindung eines Metallstabes in den Baumwuchs) die Gesetzmäßigkeiten von Naturabläufen untersuchen und dadurch auf die Notwendigkeit eines sinnvollen Wechselbezuges zwischen Natur und menschlicher Kulturtätigkeit hinweisen. Da die moderne Zivilisation mit ihrer rigorosen Naturausbeutung und Naturokkupation die Balance zwischen Mensch und Natur gestört hat, ist es eine zentrale Aufgabe der Kultur, in der Bewußtwerdung natürliche Evolutionsprozesse zu aktivieren. In den Iglus von MARIO MERZ (geb. 1925) wird daher die archetypische Bauweise der nomadischen Völker als symbolisches Modell einer vitalen Erneuerung des gestörten Natur-Mensch-Verhältnisses vorgestellt (Farbtafel 60).

Aus der Naturerfahrung erwächst auch körperliche, kulturelle und historische Selbsterfahrung und damit jener mentale Raum, aus dem ein erweiterter plastischer Kunstbegriff mit direkter Beziehung zum Leben hervorgeht. Künstler wie JAMES LEE BYARS (geb. 1932) sind schließlich in der Lage, allein durch die stille, konzentrierte Darbietung ihrer Person eine mystische-geheimnisvolle Aura zu schaffen, in der kulturelle und historische Bezüge aufscheinen und eine fragende Verweisfunktion erhalten.

Eine Erweiterung der Performance bis in Tabuzonen des menschlichen Verhaltens wird von JÜRGEN KLAUKE (geb. 1943) vorgenommen. Schonungslos macht der Künstler sein eigenes Ego mit Mimik und Gestik, mit Intellekt und Emotionen zum Medium einer existentiellen Realitätsbeobachtung und rührt dabei an die ethischen und konventionsbedingten Konfliktpunkte des individuellen und kollektiven Bewußtseins. Zentrale Momente dieser persönlichen Erfahrung objektivieren und verdichten sich dann in ritualisierten Performances und in einer inszenierten Fotografie, die in kalkulierten Gesten ihren provokativen Gehalt genau ausbalanciert (Abb. 154), während andererseits gesellschaftliche Zwänge mitsamt ihrem deformierenden Einfluß auf die Psyche des einzelnen in sehr spontanen, autobiografisch persönlichen Zeichnungen formuliert werden.

In der zweiten Hälfte der siebziger Jahre erweisen sich Performance, Fotografie und Videokunst mehr und mehr als sehr ausdrucksstarke, weil noch unverbrauchte Medien der Selbsterfahrung. So gelingt ASTRID KLEIN (geb. 1951) mit Hilfe einer großflächig verwendeten Rayogrammtechnik, bei der mehrere Belichtungsschichten überlagert werden, eine malerische Handhabung der Schwarzweißfotografie. Ihre schattenhaften Bilder leisten auf diese Weise eine suggestive Verdichtung jener vielfältig sich überblendenden Bild- und Erfahrungsebenen, die im Alltag auf die menschliche Psyche einwirken (Abb. 156).

Während Astrid Klein das Obsessive des Alltäglichen bildnerisch psychologisiert, beschreitet KATHARINA SIEVERDING (geb. 1944) mit ihren riesigen Farbfotografien den umgekehrten Weg, weg von der individuellen Emotion, hin zum kalkulierten Effekt, indem sie durch die fotografische Inszenierung der Realität dem Alltag eine kollektive nüchterne Dramatik abgewinnt.

Auch die Amerikanerin JENNY HOLZER (geb. 1950) beschäftigt sich in ihrer Kunst mit der Normalität der Straße, um diese in ihrer Unverbindlichkeit zu verunsichern. Zunächst versuchte sie dieses Ziel mit absurden Texten zu erreichen, die sie in Reklamemanier plakatmäßig auf die verrotteten Häuserwände New Yorks aufklebte. Seit 1982 ersetzt Jenny Holzer diese grellbunten Papiere durch elektronische Reklamelaufbänder, in die sie ihre Texte einspeist (Abb. 191). Die aufrüttelnde Wirkung dieser spotartigen Kunst resultiert aus der eklatanten Spannung, die zwischen dem Reklamemedium und der sehr persönlichen, häufig auch politisch engagierten Botschaft der elektronischen Schriftbänder besteht. Dabei sind Jenny Holzers Sätze betont neutral formuliert, was sie von üblichen Reklameslogans durch einen seltsam gleichmütigen Rhythmus unterscheidet. Da heißt es z. B.: »Es ist in deinem eigenen Interesse, eine Möglichkeit zu finden, sehr zärtlich zu sein«, oder: »Vertane Phantasien, die nicht Eimer voll Blut zeigen?«[2]

Eine komplexe Arbeit aus Performance, Video-Installation, Videotape und Zeichnung nutzt ULRIKE ROSENBACH (geb. 1943), um konventionell verkrustete Zwänge in der gesellschaftlichen Kommunikation bloßzulegen und diese durch kreative Energien zu verändern. War dieser Befreiungsimpetus zunächst eine persönliche Entwicklung unter feministischen Vorzeichen, so erweitert sich die Thematik der Ulrike Rosenbach in den achtziger Jahren in eine komplexe Reflexion, in der diverse Mythen der Menschheitsgeschichte – antike und alttestamentarische Stoffe – ineinanderfließen und sich alchimistisch mit modernen Begriffen verbinden. Die Performances der Künstlerin sind dabei so weit offen, daß jede einzelne Aktion zu neuen Bild- und Begriffsüberlagerungen führen kann (Abb. 155).

Mythologische Anspielungen und Überlagerungen von Natur-, Kultur- und Technik-Begriffen finden sich bei REBECCA HORN (geb. 1944), die sich seit den siebziger Jahren mit einer komplizierten Mischung aus Videokunst, Performance und Rauminstallation beschäftigt. Sie konstruiert Körper-Raum-Installationen, bei denen programmierte technische Bewegungsabläufe organische und physiologische Vorgänge symbolisieren. Der große Reiz dieser Installation besteht darin, daß Rebecca Horn mit sparsamen, von funktionaler Technik gezeichneten Objekten durch das Zusammenspiel der kinetischen Reflexe, die diese Körper interagierend vollziehen, eine spezifische Atmosphäre erzeugt, die kulturhistorische Assoziationen bis zur antiken Mythengeschichte aktiviert.

2 Streifzüge zwischen Tradition und Zeitgeist

Die wachsende Rückwärtssicht der Künstler beschränkt sich im Verlauf der siebziger Jahre nicht nur auf die Mythengeschichte der Menschheit, sondern es läßt sich auch vielerorts eine Malerei beobachten, die sich mit der nationalen politischen und kulturellen Geschichte beschäftigt, wobei es sehr verschiedene, auffallend subjektivistische Sichtweisen auf die jeweils zitierten historischen Traditionen gibt. Dennoch kann man eine verbindende Motivation hinter dieser Beschäftigung mit der Historie diagnostizieren: Aus den Widerständen und Konfliktpotentialen der von Menschen erlebten Geschichte will man persönliche Erinnerungen, Hoffnungen und gegenwärtige Bedrängnisse beschwören und problematisieren, ohne dabei einem neuen Historismus zu frönen.

Zu den wichtigsten Vertretern dieser Richtung zählen in der Bundesrepublik Deutschland Jörg Immendorff und Anselm Kiefer. Schon in den frühen siebziger Jahren entwickelt ANSELM KIEFER (geb. 1945) den Mut, verdrängte deutsche Geschichte, auch die des Dritten Reiches mitsamt ihren emotionsträchtigen Stimulationssymbolen und -riten zu thematisieren. In Gestalt von Dachbodenausschnitten und romantisierenden zentralperspektivischen Wald- oder Feldlandschaften erprobt Kiefer die Malerei wie einen Bühnenraum in ihrer inszenatorischen Potenz. Wenn Kiefer zwischen 1972 und 1974 in immer neuen Varianten Estriche malt, wobei die Maserungslinien der Holzbalken einen bühnenhaften Raum schaffen, dann geschieht das, um in diese formal geschlossene, motivgehaltlich aber sehr offene und leere Raumeinheit mit Hilfe der Phantasie andere Wirklichkeitsebenen hineinzuprojizieren und zu speichern. Diese Projektionen, die sich zumeist auf einer merkwürdig flachen Ebene vor dem eigentlichen Bildraum aufhalten, entstammen vorwiegend der deutschen Nationalgeschichte, der germanisch-nordischen Mythologie und religiös-biblischen Stoffen. Ihre Beschwörung erfolgt unter Verwendung von emblematischen Bildzeichen: etwa das Feuer für die christliche Dreifaltigkeit, die Malerpalette für den künstlerischen Genius (Farbtafel 67), das Schwert Notung für den Nibelungenfluch und der bleierne Flügel für den Schmied Wölund (Wieland) aus der Edda.

Dadurch, daß jedoch letztlich kein Bild das befriedigt, was an Erwartungshaltung beim Betrachter provoziert wird, bricht sich die projizierte Vorstellung buchstäblich an den Wänden der Holzinnenräume und an den Grenzen der Landschaftsfluchtlinien. Denn Kiefer beläßt es nicht allein bei der Imagination des Heroischen als affektive Reizpotenz, er setzt neben diese nur verschwommen greifbare emotionale Dimension eine zweite, die das affektiv zitierte Mythen- und Geschichtspotential in seinem ideologischen Mißbrauch und in seiner Desavouierung als kolportiertes Bildungsgut erkennen läßt. An dieser Stelle verschiebt sich der affektive Reiz in einen hinterfragenden Reflexionsspielraum. Was hier von

Kiefer als deutliche Vergangenheitsbewältigung in Bildern geschieht, nennt Günter Metken sehr treffend eine »Archäologie der Trauer«.[3]

Eine individuelle deutsche Historienmalerei findet sich in der zweiten Hälfte der siebziger Jahre auch bei dem Beuys-Schüler und ehemaligen LIDL-Propagandisten JÖRG IMMENDORFF (geb. 1945). Anlaß für diese Malerei war eine Reise Immendorffs in die DDR nach Ostberlin, um sich dort mit dem damals noch in Dresden lebenden Penck zu treffen. Seit dieser Begegnung malte Immendorff eine Serie großformatiger Tafelbilder mit dem Titel *Café Deutschland,* in denen er bewußt ein emotionales Gegenbild zu Renato Guttusos *Café Greco* und dessen politisierendem Realismus setzt. Dabei ist zu erinnern, daß Renato Guttusos Malerei seit den sechziger Jahren den Sozialistischen Realismus in der DDR stark beeinflussen konnte. Immendorffs *Café Deutschland* ist kein Literatencafé wie Guttusos *Café Greco,* sondern eine lärmerfüllte Diskothek der Düsseldorfer Altstadt, die er zum fiktiven Austragungsort seines privaten Ost-West-Konfliktes in der Freundschaft mit Penck macht. Hier trifft er den Freund, hier befragt er die zum Teil zwielichtigen Vaterfiguren der deutschen Nation und die Repräsentanten der ideologischen Konfrontation und findet emblematische Symbole für seine uneingelösten Träume: das Brandenburger Tor mit der stürzenden Quadriga (Farbtafel 68), den deutschen Adler als Alptraum, das mit Eis überdeckte Deutschland, in dem noch die Panzer des Krieges stecken. Private Horizonte und politischer Sinngehalt vermischen sich in expressiven Bilderrätseln, die sich bewußt der eindeutigen Aussage, aber auch der politischen Freundfeindschematisierung widersetzen und die zugleich vorbelastete nationale Symbole wie das Brandenburger Tor und den deutschen Adler für eine echte Vergangenheitsbewältigung einer läuternden Wiederaneignung unterziehen.

Mit dem Reflex der deutsch-deutschen Nachkriegsgeschichte in privaten Schicksalen, denen politische Parolen keine Hilfe sind, beschäftigt sich auch FELIX DROESE (geb. 1950). Er ist einer der wenigen unter den jüngeren deutschen Künstlern, der sich mit dem Fatalismus des zynischen Zeitgeistes nicht abfinden mag, sondern das Leiden an der Weltangst im Sinne der christlichen Erlösungsidee für sich ganz persönlich als eine Potenz der Läuterung zu nutzen sucht. So greifen seine Papierschnitte sowie seine Grafiken, Zeichnungen, Objekte und Installationen aus Holz, Glas, Stoff und anderen Materialien neben dem Aspekt der Angst immer wieder Todessymbole des christlichen Glaubens wie das Totenbett und das Totenschiff, vor allem aber die Kreuzessymbolik, die auch bei Joseph Beuys sehr häufig eine zentrale Rolle als Erlösungssymbol spielt, auf, wobei die persönlichen Visionen eines modernen Opfertodes unter dem Zeichen der Atombombe in der Konfrontation mit säkularisierten Erlösungsträumen neuzeitlicher Weltanschauungen auf ihre Tragfähigkeit befragt werden (Abb. 176). Wenn Droese einem seiner Papierschnitte den Titel gibt *Ich bin bereit, ohne den Schutz militärischer Rüstung zu sterben,* dann ist das durchaus kein zynischer Kommentar zum Wettrüstungsgalopp der Supermächte, sondern es ist die Aufforderung an das eigene Ich und das jeweils einzelne Du, die »Unmenschlichkeit einer Politik der Abschreckung offenzulegen«.

Es kann kaum verwundern, daß sich in Berlin schon wesentlich früher als in der übrigen Bundesrepublik ein verstärktes Geschichtsbewußtsein und ein eigenwilliger Umgang mit der jüngeren deutschen Vergangenheit in der Kunst niedergeschlagen hat. Ist doch die geteilte Stadt, an deren Grenzen noch vor Jahren der Kalte Krieg eskalierte, den Berlinern selbst inzwischen mehr und mehr zu einer alltäglichen Selbstverständlichkeit insofern geworden, daß man mit der Mauer zu leben gelernt hat. In Kreuzberg spielen Kinder unter den Graffiti-Zeichnungen auf der westlichen Mauerseite, und der Blick von so manchem Mietshausbalkon geht hier nach drüben in das andere Berlin, jenseits der Mauer, ein Thema, das bei KARL HORST HÖDICKE (geb. 1938) in den siebziger Jahren immer wieder auftaucht. Wie die Großstadtexpressionisten der zwanziger Jahre richtet auch Hödicke seinen Blick in subjektiver Perspektivik auf das zeittypische Berlin von heute zwischen Wolkenkratzern und Abbruchhäusern, er malt den Gropiusbau am Rande der Mauer, während in der nahen Ferne der Alexanderturm von drüben zu sehen ist.

Es ist dieses Ambiente von normal gewordenen geschichtlich schizophrenen Gegensätzlichkeiten, aus dem eine Gruppe von jungen Künstlern schließlich am Ende der siebziger Jahre ein neues Metropolenbewußtsein entwickelt (Abb. 182). Nicht von ungefähr zitiert RAINER FETTING (geb. 1949) in einer Gemäldefolge ab 1978 statt eines Selbstbildnisses van Gogh, um seine eigene künstlerische Situation zu problematisieren, wobei er die für van Gogh charakteristische Einheit von Seelenstimmung und Landschaft für sich selbst an die Berliner Mauer verlegt und damit das expressionistische Motivzitat einer ganz spezifischen, sehr persönlichen Brechung unterzieht. Ein anderer Berliner Maler, der wie Fetting aus dem Berliner Schülerkreis von Hödicke stammt und in Berlin-Kreuzberg lebt, HELMUT MIDDENDORF (geb. 1953), schreibt 1974: »Die Stadt als Thema gefiel mir sehr gut, war als Thema nicht abgegrast, sondern ein solides und neues Thema.«[4]

Im Gegensatz zum Berliner Neoexpressionismus artikuliert sich eine neu aufkommende politische und kulturelle Protestmalerei andernorts eher ironisch. So geht um 1970 aus der Beuys-Klasse an der Düsseldorfer Kunstakademie die Gruppe ›YIUP‹ hervor, deren Name eine witzige Anspielung auf die häufig gebrauchte rheinische Dialektversion des Beuysschen Vornamens ›Joseph‹ ist. Aus der persiflagehaften, kabarettistischen Aktionskunst dieser Studentengruppe geht im Verlauf der siebziger Jahre dann die Gruppe ›Normal‹ mit PETER ANGERMANN (geb. 1945), JAN KNAP (geb. 1949) und dem Tschechen MILAN KUNC (geb. 1944) hervor, der in seiner Heimat zunächst den Sozialistischen Realismus kennengelernt hatte und im Westen nun ironischen Spaß an einer persiflierenden Umkehrung von plakativer Politpropaganda und pathetischem Kunstschwulst entwickelt. In ihren häufig gemeinsam gemalten Bildern scheuen die Künstlerfreunde ›Normal‹ daher nicht vor einem witzigen Umgang mit politischen Klischeevorstellungen zurück und entlarven das häufig pathetisch aufgeladene Politikervokabular als hohle Vermarktungsstrategie. Dabei sind Entlarvung und Sympathie die Mittel, mit denen man hier das Normale, das Vernünftige relativiert. Für die Normal-Künstler gibt es auch keine Grenzziehung mehr zwischen Kunst und Kitsch, zwischen Museum und Warenhaus, sondern für sie ist das Kaufhausbild eine ebenso konkrete und ernstzunehmende Alltagsnormalität wie die hohe Kunst. Es ist nur konsequent, daß die Gruppe ihre eigentliche Selbstverwirklichung in Straßenmalaktionen sucht, die 1980 in Düsseldorf, Paris und New York stattfinden. Dabei gelingt es ihnen, mit Hilfe witziger

Bildeinfälle und mit einer sicheren Pointenschlagkraft einen Brückenschlag zwischen Kunst und Alltag mit vielfältigen, politischen und kunstgeschichtlichen Anspielungen zu realisieren.

Graffiti-Kunst

Als 1979 in der ruhegewohnten Schweiz jugendliche Aussteiger gegen das politische und kulturelle Establishment in den sog. ›Zürcher Unruhen‹ aufbegehren und mit ihrer frechen, anarchistisch provokativen Szene-Zeitschrift ›Stilett‹ einen gruppenspezifischen subkulturellen Life-Style verkünden, irritiert ein einzelgängerischer Schweizer Sprühdosenkünstler, HARALD NÄGELI (geb. 1940), als ›Sprayer von Zürich‹ mit geheimnisvoll dunklen Strichmännchen auf Häuserwänden, Straßen und Mauern das Schweizer Bürgertum dermaßen, daß man den Straßenkünstler trotz internationaler Proteste sogar gerichtlich belangt.

In New York sind es um 1980 die Graffiti-Maler der Subways, die mit skripturalen Sprühdosen-Bildern auf U-Bahnzügen ihren sozialen Protest und ihre eigenwillige, frechsubjektive Kunst in der Verbindung von südamerikanischen und indianischen Mythenzeichen und großstädtischer Subkultur artikulieren. Kunst, in Sekundenschnelle mit der Sprühdose auf fahrende Züge aufgebracht, wird für diese zumeist jugendlichen Maler aus den ethnischen Minderheiten New Yorks zur Möglichkeit, aus Diskriminierung und Arbeitslosigkeit auszubrechen und dabei den eigenen Träumen nachzugehen. Charakteristisch für diese subkulturelle Graffiti-Kunst aus typografischen und emblematischen Zeichensetzungen ist ihre Anonymität. Die Künstler arbeiten häufig unter Decknamen, die sie auch noch beibehalten, als die Graffiti-Kunst von den Galeristen entdeckt wird. Dabei verraten die Pseudonyme zuweilen einiges über die Individualität des jeweiligen Spraykünstlers: CRASH (John Matos) hat eine Vorliebe für explodierende Bomben, stürzende Flugzeuge und Autokarambolagen (Abb. 173), während DAZE (Chris Ellis) ein Faible für Comics, Film, Tanz und großstädtische Alltagskultur erkennen läßt. Weitere jugendliche Graffiti-Maler verbergen sich hinter LADY PINK (Sandra Fabara), TOXIC (Torrick Fabara), FUTURA 2000 (Leonhard Meburr) und NOC 167 (Melvin Samuels jr.). Besonders auffällig sind die Graffiti von LEE (Lee Quiñones), weil sie eine raffinierte Dreidimensionalität besitzen.

Zu den Star-Sprayern der Galerieszene sind KEITH HARING (geb. 1958) und KENNY SCHARF (geb. 1958) mit ihren witzigen Strichmännchen-Karikaturen geworden, wobei diese weißen Hochschulabsolventen unter den Emaillack-Sprayern die farbenfrohen Zeichenkürzel der New Yorker Subway-Kunst auf die Leinwand übertragen und mit den Sprachformen des Comic und der Werbeindustrie verbinden (Abb. 172, 174).

Transavantgarde

Mit den ironischen Persiflagen von ›YIUP‹ und ›Normal‹ sowie mit der amerikanischen Graffiti-Kunst tritt in der zweiten Hälfte der siebziger Jahre eine Kunst in Erscheinung, die ihre Originalität nicht aus einer stilistischen Innovation im Sinne des bisher verbindlichen

Avantgardebegriffs, sondern aus einem Eklektizismus bezieht, der in subjektiver Freizügigkeit Zitate aus unterschiedlichen kulturellen Ebenen, ethnischen Kulturen und kunstgeschichtlichen Epochen miteinander verbindet. Die kunstgeschichtliche Literatur der achtziger Jahre hat für diesen subjektiven Umgang mit der gesamten Kunst- und Kulturgeschichte von den antiken Mythenbildern bis hin zur konzeptuellen Kunst den Begriff Postmodernismus oder Transavantgarde eingeführt. Der Aufbruch in diesen Postmodernismus erfolgt nicht wie die vorherigen Stilwandlungen der bildenden Kunst seit den fünfziger Jahren in Amerika, sondern im alten Europa, und dort zunächst in Italien, wo die kulturellen Traditionen des Abendlandes als imaginative Impulse einer Ruinenpräsenz hautnah zu greifen sind. So verkündet der römische Kunstkritiker Achille Bonita Oliva: »Die Idee der Kunst am Ende der siebziger Jahre ist die, wieder das Vergnügen und die Gefahr zu entdecken, den Stoff des Imaginären, der aus Umherschweifen und Anecken, aus Annäherungen, niemals aber aus endgültigen Festlegungen besteht, kräftig zu vermengen. Die Bilder der Transavantgarde stellen Rätsel und Lösung zugleich dar. Die Transavantgarde erlaubt der Kunst eine Bewegung in alle Richtungen, einschließlich die der Vergangenheit.«

Vorreiter unter den italienischen Transavantgardisten sind einerseits die Maler Carlo Maria Mariani und Salvo und auf der anderen Seite Vertreter der Arte Povera wie Jannis Kounellis, der bereits in den frühen siebziger Jahren zur bildnerischen Problematisierung des Spannungsverhältnisses zwischen Natur und Kultur das Zitieren von Kulturrelikten nutzt. Dabei geht Kounellis davon aus, daß bestimmte ruinenhafte Relikte der kulturellen Vergangenheit und symbolische Zeichen einen allgemeinverständlichen Sinnhorizont haben, den man per Chiffre zitieren kann.

CARLO MARIA MARIANI (geb. 1932) malt in den siebziger Jahren Bilder, die aus dem 18. Jahrhundert von Angelica Kauffmann oder Jacques Louis David stammen könnten, zeigen sie doch den idealischen Menschen dieser klassizistischen Epoche inmitten eines realitätsentrückten, arkadischen Ambiente. Dabei spielt Mariani mit dem Brechungseffekt, den das kunsthistorische Wissen im Kopf des Bildbetrachters hervorruft, indem dieser den zitierten Bildtypus als einen anachronistischen Fremdkörper im künstlerischen Zeitkontext empfindet. Auch SALVO (geb. 1947) beschäftigt sich mit den Stiltraditionen seiner Heimat Italien. Schon zu Beginn der siebziger Jahre praktiziert er eine Verbindung von konzeptueller Kunst und wiedergefundener Malerei, indem er bekannte Gemälde aus dem 16. Jahrhundert kopiert, allerdings sind die Gestalten insofern verfremdet, als er sie mit seinen eigenen Gesichtszügen ausstattet – eine anspielungsreiche verschlüsselte Zitiermethodik, die im übrigen auch von einigen Malern aus der DDR in den siebziger Jahren, z. B. von VOLKER STELZMANN (geb. 1940), kultiviert wird.

Aus diesem subtil ironischen Malumgang mit der Kunstgeschichte entwickelt sich in der zweiten Hälfte der siebziger Jahre vor allem in Italien eine subjektive, individuell verrätselte Zitierkunst, die sich die kühnsten Streifzüge durch die Jahrhunderte und Kombinationen von verschiedensten Kulturbereichen gestattet. Die Hauptvertreter dieser transavantgardistischen Malerei, die der deutsche Kunsthistoriker Wolfgang Max Faust sehr treffend als »Arte Cifra« bezeichnet hat, sind Sandro Chia, Enzo Cucchi, Mimmo Paladino und Francesco Clemente. Gemeinsam ist diesen Italienern eine Vorliebe für antike und christlich-mythologische Heldenfiguren, deren heroische Tragik auf neu erfundenen Schauplätzen dramaturgisch oder elegisch inszeniert wird. Während SANDRO CHIA (geb. 1946) und ENZO CUCCHI (geb. 1950) eine expressive Farbigkeit und pointenstarke Effekte lieben, in deren Mitte sie Zyklopen (Farbtafel 69), Zentauren oder Heilige agieren lassen, bevorzugen MIMMO PALADINO (geb. 1948) und FRANCESCO CLEMENTE (geb. 1952) hintergründige Fabeln, die mit archaischer Mystik erzählt werden und den Bildinhalt betont in visionäre Wirklichkeiten mit sehr persönlichen Emotionen entrücken (Farbtafel 71).

Neben die Verknüpfung von antiker und christlicher Motivik tritt eine häufige Zitierung von außereuropäischen Symbolen und Formen, die genauso wie die Anspielungen auf die abendländische Kunstgeschichte in einem fragmentarischen Verweishorzont belassen werden. Die Zusammenbindungen der eklektischen Zitate entziehen sich einer eindeutigen Sinnbenennung und verschlüsseln sich statt dessen zu individuellen Chiffren.

In den achtziger Jahren greift diese subjektivistisch chiffrenhafte Konzeption einer mit kulturellen Traditionen spielenden und erzählerisch angelegten Malerei auch auf die Skulptur über, wobei eine starkfarbige Übermalung die Holz- und Bronzeskulpturen expressiv akzentuiert (Farbtafel 70).

Wilde Malerei, Wild Style

Eine vergleichbare ›postmoderne‹ Besinnung auf das, was kunst- und kulturgeschichtlich vor der Moderne war, bricht ab 1976 auch in Deutschland, Frankreich und den USA auf und wird aufgrund der Opposition zur vorangegangenen intellektuellen Concept Art als ›Wilde Malerei‹, ›Figuration libre‹ oder ›Wild Style‹ beschrieben. Dabei empfindet man die Wiederkehr einer unbekümmert fabulierenden Malerei als eine »Befreiung von den repressiven Zwängen des Intellekts, der über die Kunst der vergangenen Dekade seine Herrschaft ausgeübt hatte« (Bob Rosenblum). Die bis zur konzeptuellen Kunst gültige Vorherrschaft eines einzigen verbindlichen Stils verschwindet mit dieser neuen subjektiven Malerei hinter einer Pluralität gleichzeitig miteinander und gegeneinander konkurrierender Tendenzen. Diese antiavantgardistische Reaktion um 1977 ist also zugleich Wiedergewinnung einer subjektivistischen Malerei und Blick zurück auf Traditionen, wobei sich in Deutschland vor allem in Westberlin neoexpressionistische Ausdrucksformen herausfiltern. Diese ›Heftige Malerei‹, wie sie 1980 anläßlich einer ersten größeren Ausstellung im Berliner ›Haus am Waldsee‹ typisiert wird, greift sowohl auf den klassischen Brücke-Expressionismus und Oskar Kokoschka wie auch auf jene expressiv-subjektive Figuration zurück, die Maler wie Georg Baselitz, Bernd Koberling und Karl Horst Hödicke bereits in den frühen sechziger Jahren gegen die damaligen Stilverbindlichkeiten in Berlin postuliert hatten. So wundert es nicht, daß die jungen heftigen Maler wie SALOMÉ (Wolfgang Cilarz, geb. 1954), Rainer Fetting, Helmut Middendorf und BERND ZIMMER (geb. 1948) als Berliner Kunststudenten zum Schülerkreis von Koberling und Hödicke gehören und daß sie mit der Galerie am Moritzplatz eine Selbsthilfegalerie in Berlin-Kreuzberg gründen, die dem Großgörschen-Unternehmen der »pathetischen Realisten« aus den sechziger Jahren unmittelbar vergleichbar ist. Eine dritte Wurzel hat die ›Heftige Malerei‹ im existentiell geprägten Abstrakten Expressionismus, wie er exemplarisch bei de Kooning, den Cobra-Malern oder auch bei Walter Stöhrer innerhalb der deutschen Malereitradition begegnet. Darüber hinaus werden auch Picasso, van Gogh, Francis Bacon und vor allem Francis Picabia bildnerisch ausgeschlachtet, der schon zu Dada-Zeiten eine subjektive eklektische Zitiermalerei mit vielschichtigen ironischen Anspielungen betrieben hatte.

Während Bernd Zimmer Elemente einer natursehnsüchtigen Landschaftsmalerei aufgreift, wie sie im frühen Brücke-Expressionismus begegnet, finden sich bei Rainer Fetting, Helmut Middendorf und Salomé Anklänge an den Großtstadt-Expressionismus, wobei das spezifische Berliner Stadtklima mit der schizophrenen Situation der Mauer als emotionaler und stimulierender Resonanzraum für ekstatische Sehnsüchte und einen hemmungslos individualistischen oder gar exzentrisch subjektivistischen Lebensstil empfunden wird (Abb. 182). Ihre Spontaneität beziehen die Maler der Moritzplatz-Galerie aus der Musikszene des Berliner Unterground, und wie die punkige New-Wave-Musik ist die Berliner wilde Malerei eine emotionale Mischung aus dionysischem Rausch, Exhibitionismus, Aggression, Obsession, Einsamkeit und Gruppen-Feeling.

Im weiteren Wirkungsumkreis der Kreuzberger Moritzplatz-Künstler bewegt sich um 1980 auch ELVIRA BACH (geb. 1951) mit ausgeprägt erotischen Figurenbildern, deren Körperinszenierungen eine eigentümliche Spannung zwischen vitaler grellbunter Direktheit und maskenhafter Statuarik aufweisen. Des weiteren sind INA BARFUSS (geb. 1949) und THOMAS WACHWEGER (geb. 1944) zu nennen, die gelegentlich gemeinschaftlich an einer Bildkonzeption arbeiten. Bei ihnen bezieht sich die chiffrehaft oder allegorisch formulierte Verbildlichung von Obsessionen, Aggressionen und Ängsten direkt auf den Bereich des Psychischen, wobei überkommene Verhaltensmuster von der Paarbeziehung bis hin zur konventionellen Rollenzuweisung und zu Kommunikationsklischees auf ihre latenten Unterdrückungsstrategien reduziert werden.

Eine Explosion spontaner Malerei findet am Ende der siebziger Jahre auch in dem Kölner Gemeinschaftsatelier an der Straße ›Mülheimer Freiheit‹ Nr. 110 statt, wo Hans Peter Adamski, Peter Bömmels, Walter Dahn, Georg Jiři Dokoupil, Gerhard Kever und Gerhard Naschberger einträchtig nebeneinander, gelegentlich sogar miteinander auf derselben Leinwand, malen. Auch hier läßt sich ein starker Einfluß der neuen Musikszene als Stimulanz spontaner Malgesten beobachten. Doch dieser verbindet sich nicht wie in Berlin mit expressionistischen Traditionsanleihen, sondern mit einem ›stillosen‹ Nebeneinander und Übereinander diverser Stile, wie es bei Francis Picabia, Sigmar Polke und den Italienern begegnet. Da es keinen sogenannten Gruppenstil gibt, sondern das Verbindende lediglich in der spontan vollzogenen Alternativmalerei zur Concept Art liegt, fällt die Gruppengemeinschaft sehr rasch auseinander. Der zyklisch angelegte, subjektive Stilwechsel ist bei GEORG JIŘI DOKOUPIL (geb. 1954) besonders deutlich ausgeprägt, wobei er Widersprüche und Brechungen, ironische Wortspiele, Werbezitate und Motivpointen (Farbtafel Umschlag-Innenklappe) zum Kennzeichen seiner virtuosen Kombinationskunst macht.

Auch WALTER DAHN (geb. 1954) malt vorzugsweise in Zyklen, doch neben eigenwilligen motivlichen und stilistischen Anleihen bei Art brut oder den Spraybildern der Graffiti-Kunst besitzen seine sehr persönlich und zeichenhaft notierten Bildsujets ein spannungsreiches und zugleich poetisches Miteinander von gedanklicher Kombinatorik und starker emotionaler Aussage (Abb. 178).

Wolfgang Max Faust bezeichnet diesen bewußt, um nicht zu sagen exzessiv durchexerzierten Stileklektizismus als »Malerei zwischen allen Stühlen« und weist dabei auf den entscheidenden Unterschied zwischen den Kölner ›Wilden‹ und den Berliner ›Heftigen‹ hin, wenn er das Fehlen jeder Eindeutigkeit und die positive Erprobung eines Dilettantismus als typisch für die ›Mülheimer Freiheit‹ apostrophiert.[5]

Auch die jüngste Kunsttradition der analytischen Malerei aus den siebziger Jahren besitzt als »Malerei über Malerei« unter den Kölnern eine große Nachwirkung, wenn sie ihr Medium in seinen malerischen Möglichkeiten unbekümmert ausloten. Dabei gehen hierzu starke und unmittelbare Impulse von einer alchimistisch anmutenden, farbirisierenden Malerei aus, die Sigmar Polke am Ende der siebziger Jahre mit Hilfe von chemischen Reaktionen und Metalloxydationen auf seinen Gemälden vollzieht. Ebenso wegweisend wie Sigmar Polke ist der zu dieser Zeit auch in Köln arbeitende Gerhard Richter mit seinen ›Abstrakten Bildern‹, die auf z. T. riesigen Leinwänden rein imaginative, tief gestaffelte Phantasieräume mit einer starkfarbigen raffiniert gestischen Malerei erzeugen. Im Kontext solcher Malerei-als-Malerei-Experimente malt PETER BÖMMELS (geb. 1951) eine Serie von sog. ›Haarbildern‹, in denen er ein eigenwilliges Figurationsverfahren entwickelt. Bizarre Figuren und Formen werden, statt mit Farbe, mit zusammengeklebten Haarbüscheln auf eine weiße Leinwand als Zeichnung aufgebracht.

Walter Dahn übernimmt in den achtziger Jahren die Spraydosenmalerei der Graffiti-Kunst, eine Arbeitsweise, die ihn in die Nähe zu dem New Yorker Maler DONALD BAECHLER (geb. 1956) rückt (Abb. 179). Ein anderer in Köln lebender Maler, STEFAN SZCZESNY (geb. 1951), praktiziert eine zugleich akademisch und dekorativ anmutende Zitiermalerei, indem er unbekümmert klassische Motive in der Tradition von Henri Matisse und Francis Picabia reaktiviert, eine vergleichbare Methode findet sich auch auf den Bildern des Berliner Malers DIETER HACKER (geb. 1942), dessen Motiv- und Stilzitate jedoch stärker einer symbolisch-expressiven Tradition entlehnt sind und damit in ihrem Ausdruck der neoexpressionistischen Berliner Grundtendenz nahestehen. Hier definiert sich künstlerischer Subjektivismus allein in der autonomen und individuellen Handhabe der Zitatenkombination.

Während die Berliner wilde Malerei deutliche Züge einer expressiv oder zynisch ausgesprochenen Obsession aufweist, dominiert andernorts, darunter auch in Köln, stärker das Moment der Ironie. In Hamburg steigert sich der Subjektivismus der jungen Generation am Beginn der achtziger Jahre bei MARTIN KIPPENBERGER (geb. 1953), WERNER BÜTTNER (geb. 1954), ALBERT OEHLEN (geb. 1954 und MARKUS OEHLEN (geb. 1956) bis zur anarchischen Persiflage und absurd-frechen Provokation im Dada-Geist. Alles wird relativiert, was die Gesellschaft mit Wertmaßstäben genormt hat. Dabei ist der Spott ein ebenso eifrig benutztes Sprachmittel von Bildfindungen, aber auch von Aktionen und Fotosequenzen wie der Nonsenstext, den man sowohl in scheinbar naivem Dilettantismus wie auch mit blasphemisch überzogenem Pathos zum Einsatz bringt. Diese zynische Verunsicherungsstrategie spiegelt gleichermaßen eine verunsicherte Wirklichkeitsrezeption wie auch den Verlust der früheren Stilverbindlichkeiten, sie richtet sich daher auf alles, was man als kulturelle Tätigkeiten bezeichnen kann, auf Politik und Moral ebenso wie auf die Kunst und deren Affirmation, selbst die eigene Person wird von der sich bis zur bösartigen Fratze auskotzenden Kulturfrustration nicht geschont.

In Österreich trägt die wilde Malerei, vertreten durch SIEGFRIED ANZINGER (geb. 1953), ALOIS MOSBACHER (geb. 19564) und HUBERT SCHMALIX (geb. 1952), ähnlich wie in Berlin neoexpressionistische Züge, wobei hier die historische Anbindung beim österreichischen Fauvismus und Expressionismus zu suchen ist. Auffallend für diese österreichische wilde Malerei ist eine orgiastisch zelebrierte Farbigkeit, die ihre Quellen sicher bei Schiele und Klimt hat. Auch die Themen dürften mit Tod, Erotik und Selbstdarstellung eine zentrale Wurzel im spezifisch österreichischen Expressionismus haben, eine andere wichtige Quelle wird man allerdings auch im Wiener Aktionismus zu suchen haben, wo das Moment eines orgiastischen Exhibitionismus breite Entfaltung in den sechziger Jahren fand. Eine direkte Vorbildfigur besitzt die neue österreichische Malerei in MARIA LASSNIG (geb. 1919), die nach einem längeren USA-Aufenthalt in den siebziger Jahren nach Österreich zurückkehrte und als erste eine den Wiener Aktionismus kennzeichnende obsessive Selbsterfahrung in subjektive Malerei umzusetzen verstand (Abb. 180).

Bei dem Schweizer MARTIN DISLER (geb. 1949) erhält die Malerei als intime Erlebnissphäre mit erotischen Dimensionen einen ähnlichen Stellenwert, den sie im Rahmen des Abstrakten Expressionismus mit anderen stilformalen Vorzeichen bei Jackson Pollock hatte. Denn für Disler ist der in starker Erregung vollzogene Malakt »der Ort der unmittelbaren Selbstverwirklichung in der Integration von Bild und Bildvision«. So sind Dislers Bilder letztlich eine extreme und »egozentrische Manifestation seiner selbst«.[6] Die Farbe reproduziert in ihrer labyrinthischen Bewegung das ekstatische Aufschäumen der Erregung (Abb. 181).

In Amerika greift der wilde Malstil erst in den beginnenden achtziger Jahren, also mit einiger Verzögerung gegenüber Europa, um sich. Rein amerikanischen Ursprungs ist die bereits genannte, aus ethnisch subkulturellen Quellen sich speisende Graffiti-Kunst. Ihre Auswirkungen machen sich nicht nur in den kalligrafischen Spraybildern eines Keith Haring oder Kenny Scharf bemerkbar, sondern ebenso in den graffitiartigen Figurationen von Donald Baechler, hinter deren ironischen Pointen sich über den naiven Bildwitz hinaus auch Dimensionen der Angst und der Obsession verbergen. Nähen zur lapidaren Spontaneität der Graffiti-Malerei haben auch die lebensecht bemalten Gipsfiguren von JOHN AHEARN (geb. 1951), weil sie wie eingefrorene, aber dennoch vitale Situationen der Slumwirklichkeit anmuten und damit eine direkte emotionale Botschaft ausstrahlen (Abb. 189). Eine andere Version wilder Malerei begegnet in Amerika vor allem in der sog. Pattern oder Decorative Art, die eine patchworkartige, großflächige und farbenfrohe Ornamentgestaltung in Anlehnung an Henri Matisse mit den aus Europa übernommenen spontan expressiven Malgesten verbindet. Während bei ROBERT KUSHNER (geb. 1949) und ROBERT S. ZAKANITSCH (geb. 1935) die dekorative Figuration und das unmittelbar an Stoffmuster erinnernde Ornament überwiegt, wobei Versatzstücke von Matisse, Cocteau und Picasso mit erfrischender Unbekümmertheit annektiert werden (Abb. 190), tritt bei JUDY RIFKA (geb. 1945) die informelle Gebärde deutlicher in Erscheinung.

Die Möglichkeiten des gestischen Ausdrucks hat JONATHAN BOROFSKY (geb. 1942) für Amerika schon in der zweiten Hälfte der siebziger Jahre wiederentdeckt. Auf der documenta 7/1982 zählte seine Figurengruppe der *Hämmernden Männer* (Abb. 177) zu den eindrucksvollsten Rauminstallationen: Schwarze, schattenhafte Riesengestalten vollzogen eine roboterhaft programmierte Hammerbewegung, wie man sie von Ölbohrtürmen her kennt. Ihre obsessive Gestik vermittelte sich dem Betrachter als Metapher für das seelenlose Funktionieren eines von Technik und Profit getriebenen menschlichen Handelns. Neben der informellen Gebärdensprache zeigt sich hier auch ein deutlicher Anschlußpunkt an die American scene der zwanziger Jahre, was im übrigen auch für die genrehaften Szenarien von ERIC FISCHL (geb. 1948) gilt, die, trotz ihrer Anleihen bei europäischen Malern wie Manet, stark an Edward Hopper erinnern.

Eine ähnlich suggestive Wirkung wie Borofskys figurative Gebärdensprache kann der junge MIKE GLIER (geb. 1953) mit einer 1986 vielbeachteten Rauminstallation in einer Kölner Galerie erzeugen. Mit Hilfe eines komplexen Arrangements aus Wandmalerei sowie aus versetzt in den Raum hineinragenden Leinwänden und Figurensilhouetten, deren strenge, perspektivenbetonte Schwarzweißmalerei an die klassische Reportagefotografie erinnert, gelingt Glier eine höchst dramatische Inszenierung von grausamer Gewalt und tödlicher Angst. Obwohl diese malerische Installation direkt auf die blutige Unterdrückung der Schwarzen durch die Weißen in Südafrika und den US-Südstaaten anspielt, weitet sich die Ausdruckspotenz dieses Themas zu einer Assoziationsdichte aus, die über das gewählte politische Sujet weit hinausgreift (Abb. 175).

Eine komplexe Zitatenmalerei nach europäischer Manier findet sich dagegen bei Julian Schnabel und David Salle. Während DAVID SALLE (geb. 1952) eine an Francis Picabia, gelegentlich auch an Sigmar Polke erinnernde Motiv- und Stilüberlagerung für seine komplexen Bilderzählungen nutzt (Farbtafel Umschlaginnenklappe), kombiniert JULIAN SCHNABEL (geb. 1951) religiöse, mythische und anthropologische Motive zu einem eklektischen Bildganzen, dessen individuelle Handschrift durch eigenwillige malerische Experimente unterstrichen wird (Farbtafel Umschlaginnenklappe). So verwendet Schnabel mit Vorliebe malereifremde Werkstoffe wie Porzellanstücke, Samt, Häute und Aluminium und praktiziert zugleich eine ritualhafte Organisation seiner Bildinhalte, indem er eine Fülle von Zeichen und Emblemen um eine zentrale Bildmitte gruppiert.

Figuration libre

Parallel zur Entwicklung einer neuen französischen Geschichtsschreibung im Kontext der sog. ›Nouvelle Histoire‹ hat sich in Frankreich am Beginn der achtziger Jahre eine betont geschichtsorientierte Kunst etabliert. Hatten in den siebziger Jahren der Strukturalismus, die Psychoanalyse Jacques Lacans und die Semiotik eine methodensuchende, analytisch konzipierte Kunst provoziert, die ihr Interesse auf die sprachlichen und sozialen Strukturbedingungen von Kunst konzentrierte, so läßt sich in den achtziger Jahren auch in Frankreich der bereits als symptomatisch für den neuen Zeitgeist konstatierte Hang zu einer neuen narrativen Kunst beobachten, wobei hier die künstlerische Beschäftigung mit der Geschichte gepaart ist mit psychoanalytischen, religionswissenschaftlichen und anthropologischen Aspekten, die schon in der französischen Spurensicherung zu Tage traten. Bildnerisch äußert sich dieses verstärkte Geschichtsinteresse in Gestalt von antiken Mythen, christlichen Symbolen, religiösen Legendenerzählungen. Die Kulturgeschichte erscheint dabei in Fragmente zerbrochen, wie ein Mosaiksteinhaufen, den man neu zusammensetzt, und scheinbar ungeordnet werden Brüchstücke aus Vergangenheit, Gegenwart und Zukunft miteinander verbunden. So beschäftigt sich FRANÇOIS ROUAN (geb. 1943) mit den sienesischen Fresken von Lorenzetti, wobei sein Formenrepertoire zugleich – sehr auf die jüngste Kulturtradition bezogen – figürliche und abstrakte, beschreibende und strukturierende Elemente verbindet. Damit spiegelt sich in dieser Malerei die der französischen ›Figuration libre‹ zugrundeliegende geschichtsphilosophische Erkenntnis von Michel Serres wider, der in Fortsetzung der Denkansätze von Levi-Strauss und Foucault in den siebziger Jahren auf die problematische Kluft zwischen den theoretisch entwickelten Sinn- und Strukturmethoden der Wissenschaft und der komplexen Konkretheit der real existierenden Welt hinweist. Um sich der Konkretheit nach den Jahren der konzeptuellen Methoden und Strukturbildungen wieder anzunähern, entwickelt die Kunst in Anwendung der neuen Geschichtsphilosophie eine verschachtelte Bildwirklichkeit, in der mehrere Ebenen örtlicher und zeitlicher Art sowie verschiedene Kulturen untereinander subjektiv verbunden werden. Anstelle konzeptueller Strukturen tritt also der »Anachronismus als neue Methodik«, in der sich zugleich der Authentizitätsanspruch von Kunst durch das Moment des Absurden relativiert. Keiner spricht das deutlicher aus als GÉRARD GAROUSTE (geb. 1946), der griechische Mythen, »in der Art akademischer Salonmalerei des 19. Jahrhunderts gekleidet, wiedererzählt am Ende des 20. Jahrhunderts; ein bestimmter Stil einer bestimmten Epoche wird als verführerisches, aber zugleich in die Irre führendes Mittel zum Zweck verwendet. Der Maler schlüpft sozusagen in die Rolle eines anderen, früheren Künstlers. Thematik und Stil werden einem Prozeß der Enthistorisierung unterworfen und sind nichts anderes mehr als ironische Neuinszenierungen alter Strukturen. Versuch einer Auflehnung gegen das Bewußtsein, daß das Subjekt dem Einfluß der geistigen Strukturen seiner Zeit ausgeliefert ist«[7] (Abb. 184).

Neben dieser geschichtsorientierten Malerei besitzt die französische ›Figuration libre‹ mit ROBERT COMBAS (geb. 1957) und HERVÉ DI ROSA (geb. 1959) auch eine dem amerikanischen Pattern Painting verwandte zeichenhafte Figuration, die Comic-Elemente, Graffiti-Kalligrafien und primitivistische Symbole zu einer satirisch-ironischen Bildwelt zusammenfügt und dabei pointierten Witz mit gesellschafts- und kulturkritischen Akzenten verbindet.

Kunst als Inszenierung

Je reichhaltiger die jüngste Malerei allenthalben die Kunst- und Kulturgeschichte nach Zitaten und Versatzstücken durchforstet, um so mehr schälen sich spezifische Gruppierungen einer inszenierten Kunst heraus. Ende 1985 diagnostiziert eine Ausstellung im Museum Folkwang, Essen, mit dem Titel ›Künstliche Paradiese‹ neue surreale Konstruktionen, wobei sich die Künstler der erweiterten Möglichkeiten von Collage und Montage in der Malerei sowie des Assemblageprinzips im Bereich der Plastik bedienen. Die betont artifizielle oder manieristische Benutzung von Versatzstücken und deren gleichzeitige Verwandlung im spezifischen Kontext der Kombination erinnern sowohl an die Dada-Handschrift Picabias wie auch an die surrealistischen Collageerzählungen von Max Ernst, wo Zitate aus der Kunst und der Gebrauchsgrafik der eigenen Phantasie dienstbar gemacht wurden. Milan Kuncs Malereien der Jahre 1984/85 wirken wie moderne Arcimboldo-Varianten, eine Meerlandschaft verwandelt sich durch die spezifische Wahl der Versatzstücke zugleich vexierbildhaft in ein Gesicht (Abb. 183).

GEORGE CONDO (geb. 1957) ironisiert sich und die Welt in grotesken Clownerien, wobei die lockere Eleganz seiner Wort-Bild-Spielereien frappiert (Abb. 186). Die ironische Inszenierung kunstgeschichtlicher Versatzstücke aus allen Jahrhunderten fällt vor allem bei DAVID BOWES (geb. 1957) ins Auge, der seine Bilder sehr überlegt aus einer Kombination von antiken und christlichen Mythen sowie diversen Stilanleihen konstruiert und dabei großen Wert auf die Verschmelzung der Anleihen zu einem in sich geschlossenen Bildkörper legt. Ähnliches geschieht in den Materialassemblagen von DIETER TEUSCH (geb. 1940), wo die artifizielle Pointe aus der Spannung zwischen Material und deren neuer Sinngebung im Kontext der Plastik entsteht (Abb. 185). Die Dimension einer phantastischen Künstlichkeit resultiert hier nicht aus dem traumatischen Unterbewußtsein, aus dem der klassische Surrealismus seine kreativen Quellen schöpfte, sondern aus der artifiziellen Konstruktion, die gekonnt mit Täuschung und Hintersinn jongliert und zugleich ironisch auf die Alltagskultur von heute und deren unbekümmerte Anverwandlung aller verfügbaren Bildikonen in der Werbung und in den Massenmedien reagiert.

In diesem Sinne treiben auch die Skulpturen des Briten JULIAN OPIE (geb. 1958) ein ironisch hintersinniges Spiel mit den Dingsymbolen unseres Alltags. Opie reproduziert in pointierter Komposition jene Utensilien, die wir täglich unreflektiert benutzen oder um uns haben: Kochtopf, Lampe, Bücher, Telefon. Die verunsichernde Spannung des künstlerischen Zitats resultiert allein aus der skulpturalen Präsentation, die sich einer gestischen Farbakzentuierung und einer artifiziellen durchkomponierten Konstruktion bedient (Abb. 187). Dieses irritierende Metamorphosenprinzip kennzeichnet ebenso die Skulpturen von BILL WOODROW (geb. 1948), dessen Arbeiten eine Gruppe jüngerer britischer Bildhauer, zu denen auch RICHARD DEACON (geb. 1949) und TONY CRAGG (geb. 1949) gehören, international bekannt gemacht haben. Typisch für sie alle ist ein formal sicherer Kompositionsumgang mit Industriematerialien und Gegenständen, die der Alltagskonsum als verbraucht beiseite gelegt hat und die nun in der skulpturalen Gestaltung eine poetische oder als Pointe angelegte

Metamorphose erfahren. Nur durch die artifizielle Kombination und minimale Veränderungen bringt der Künstler seine Fundobjekte dazu, dem Betrachter eine Geschichte plausibel zu erzählen (Abb. 188).

Als modellhafte Inszenierung präsentieren sich die Skulpturen einer Düsseldorfer Bildhauergruppe, die sich in einem Zwischenbereich von Plastik und Architektur bewegen und deren Erzählcharakter ebenfalls deutlich in Erscheinung tritt. REINHARD MUCHA (geb. 1950) irritiert in sperrigen Podest-Installationen aus Stühlen, Hockern und Kastenkonstruktionen gewohnte Proportions- und Gewichtserfahrungen (Abb. 192). HUBERT KIECOL (geb. 1950) gelingt es, Serien von unscheinbaren grauen Betonklötzen allein durch ihre Rauminszenierung hieratisch oder rhythmisch zu strukturieren.

Dagegen spielen die plastischen Arbeiten von LUDGER GERDES (geb. 1954) mit den Möglichkeiten einer bühnenbildhaften Inszenierung, auf der postmoderne Architekturzitate im kleinen Format unter Einbeziehung von malerischen Akzenten in ihrer subjektiven Erzählpotenz ebenso wie in ihren Konstruktionsmöglichkeiten erprobt werden. Wie das Formenrepertoire der Vergangenheit, so ist auch die Realität von heute in diese Werke einbezogen »und so transformiert, daß Hoffnungen auf eine Gestaltung, eine Veränderung auf eine Harmonie entstehen können. Es konkretisiert sich ein Wille, eine Vernunftskraft, die Formen aus der Realität zu einer neuen verändert.«[8]

Anmerkungen

1 Hans Peter Althaus, Kreative Bildsprache, Anmerkungen zur Emblemkunst Anna Oppermanns, in: Katalog Anna Oppermann, Ensembles 1968–1984, Hamburg und Brüssel 1984, S. 9f.
2 Katalog ›ein anderes Klima‹. Künstlerinnen gebrauchen neue Medien. Städtische Kunsthalle Düsseldorf 1986, S. 32.
3 Günter Metken, in: Katalog ›von hier aus‹. Zwei Monate neue deutsche Kunst in Düsseldorf, Messe Halle 13. Düsseldorf 1984, S. 70.
4 Katalog ›Die wiedergefundene Metropole‹. Neue Malerei in Berlin, Palais des Beaux-Arts Brüssel, Kulturabteilung der Bayer AG Leverkusen 1984, S. 23.
5 Wolfgang Max Faust, Einblicke in die Neue Deutsche Malerei, Begleitbuch zum gleichnamigen Videoband, Köln 1985, S. 9.
6 Katalog Martin Disler, Museum Folkwang Essen, und ARC/Musée d'Art Moderne de la Ville de Paris, 1985.
7 Marie Luise Syring, in: Katalog ›Geschichte als Widerstand. Aspekte zeitgenössischer Kunst in Frankreich‹, Association Française d'Action Artistique, Städtische Kunsthalle Düsseldorf und Badischer Kunstverein Karlsruhe 1985/86, S. 17.
8 Wulf Herzogenrath, Präzise Orte, in: Katalog ›Sieben Skulpturen‹, Kölnischer Kunstverein 1986, S. 9f.

Ausgewählte Literatur

Vorbemerkung: Die folgende Übersicht stellt nur eine kleine Auswahl wichtiger Arbeiten zusammen, die dem Leser vor allem nähere Informationen zu Einzelfragen erschließen sollen. Angesichts der raschen Wandlungsprozesse, denen die internationale Kunstszene gegenwärtig unterworfen ist, muß betont werden, daß Ausstellungskataloge neben den internationalen Kunstzeitschriften eine besondere Bedeutung für jeden erlangt haben, der sich fortlaufend über neueste Entwicklungen unterrichten möchte.

ALLOWEY, LAWRENCE: Fluxus. Chronology, documents and essays from the most radical and experimental art movement of the 60's, New York 1970

American Sculpture of the Sixties, Los Angeles 1967

Alltag und Epoche. Werke bildender Kunst der DDR aus fünfunddreißig Jahren, Altes Museum Berlin (Ost), 1984

ARGAN, GIULIO C. / PONENTE, NELLO: *Die Kunst des 20. Jahrhunderts. 1900–1940.* Propyläen-Kunstgeschichte, Bd. 12, Berlin 1977

ARNASON, H. M.: Geschichte der modernen Kunst. Malerei, Skulptur, Architektur, New York/Bremen 1970

Art Allemagne Aujourd'hui, Musée d'Art Moderne de la Ville de Paris, 1981

Aufbrüche. Manifeste, Manifestationen, Städtische Kunsthalle Düsseldorf, 1984

BARRETT, CYRIL: Op Art, Köln 1974

BAUMEISTER, WILLI: Das Unbekannte in der Kunst, Köln ²1960

BECKER, JÜRGEN / VOSTELL, WOLF: Happenings. Fluxus, Pop Art, Nouveau Réalisme. Eine Dokumentation, Reinbek 1965

BENJAMIN, WALTER: Das Kunstwerk im Zeitalter seiner technischen Reproduzierbarkeit, Frankfurt a. M. 1963

BENSE, MAX: Einführung in die informationstheoretische Ästhetik, Reinbek 1969

Bewogen – Beweging, Stedelijk Museum Amsterdam, Moderna Museet Stockholm, 1961

BIANCHI, PAOLO (Hrsg.): Graffiti. Wandkunst und wilde Bilder, Basel/Boston/Stuttgart 1984

Bildwechsel, Neue Malerei aus Deutschland, IBK Berlin, 1981

BLOK, COR: Geschichte der abstrakten Kunst 1900–1960, Köln 1975

BRETON, ANDRÉ: Die Manifeste des Surrealismus, Reinbek 1968

BRION, MARCEL: Die Geschichte der abstrakten Malerei, Köln ²1962

BROCK, BAZON: Ästhetik als Vermittlung. Arbeitsbiographie eines Generalisten, hrsg. von Karla Fohrbeck, Köln 1977

BURNHAM, JACK: Kunst und Strukturalismus. Die neue Methode der Kunstinterpretation, Köln 1973

BUSSMANN, GEORG (Hrsg): Kunst im 3. Reich. Dokumente der Unterwerfung, Frankfurt a. M. 1974

CELANT, GERMANO (Hrsg.): Ars Povera, Tübingen 1969

CLAUS, JÜRGEN: Expansion der Kunst. Action, Environment, Kybernetik, Technik, Urbanistik, Reinbek 1970

CLAUS, JÜRGEN: Kunst heute. Personen, Analysen, Dokumente, Reinbek 1965

CLAUS, JÜRGEN: Theorien zeitgenössischer Malerei in Selbstzeugnissen, Reinbek 1963

Cobra, Spur, Wir, Geflecht, Kollektiv Herzogstraße, Galerie im Ganserhaus Wasserburg, Galerie der Künstler München, Bonner Kunstverein, Gesellschaft für aktuelle Kunst e. V. Bremen, 1983–1985

Conceptual Art, Arte Povera, Land Art (hrsg. von Germano Celant), Turin 1970

DAVIS, DOUGLAS: Vom Experiment zur Idee. Die Kunst des 20. Jahrhunderts im Zeichen von Wissenschaft und Technologie. Analysen, Dokumente, Zukunftsperspektiven, Köln 1975
Deutsche Kunst im 20. Jahrhundert. Malerei und Plastik 1905–1985, Staatsgalerie Stuttgart 1986
DIENST, ROLF-GUNTER: Deutsche Kunst: eine neue Generation, Köln 1970
DIENST, ROLF-GUNTER: Noch Kunst. Neuestes aus deutschen Ateliers, Düsseldorf 1970
Documenta II, Bd. 1 Malerei; Bd 2 Skulptur; Bd. 3 Druckgrafik, Kassel 1959
Documenta III, Bd. 1 Malerei, Skulptur; Bd. 2 Handzeichnungen, Kassel 1964
Documenta IV, Bd. 1 und 2, Kassel 1968
Documenta 5, Kassel 1972
Documenta 6, Bd. I Malerei, Plastik, Performance; Bd. II Fotografie, Film, Video; Bd. III Handzeichnungen, utopisches Design, Bücher, Kassel 1977
Documenta 7, Bd. 1 und 2, Kassel 1982
Düsseldorfer Szene, Kunstmuseum Luzern, 1969
ein anderes Klima, Künstlerinnen gebrauchen neue Medien, Städtische Kunsthalle Düsseldorf, 1986
EINSTEIN, KARL: Die Kunst des 20. Jahrhunderts, Berlin 1926
ELSEN, ALBERT E.: Pioneers of modern sculpture, Hayward Gallery, London 1973
The European Iceberg, Art Gallery of Ontario, Toronto (Kanada), 1985
Expressions – New Art from Germany, The St. Louis Art Museum, PS1 New York, Long Island City, 1983
FAUST, WOLFGANG MAX / DE VRIES, GERD: Hunger nach Bildern. Deutsche Malerei der Gegenwart, Köln 1982
FELIX, ZDENEK: Geschichte der neueren Malerei. Von Cézanne bis heute. Luzern 1979
FINCH, CHRISTOPHER: Pop Art. Object and image, London 1968
FISCHER, ALFRED / STEMMLER, DIERK (Hrsg.): Sammlung deutscher Kunst seit 1945. 2 Bde., Bonn 1983
FRANKE, H. W.: Phänomen Kunst. Die naturwissenschaftliche Grundlage der Ästhetik, München 1967
FRY, EDWARD: Der Kubismus, Köln 1966
Gefühl und Härte. Neue Kunst aus Berlin. Kunstverein München, 1982
Gegen-Bilder. Die Kunst der jungen deutschen Generation, Bad. Kunstverein Karlsruhe, 1981
GIEDION-WELCKER, CAROLA: Plastik des XX. Jahrhunderts, Stuttgart 1955
GOLDING, JOHN: Cubism. A history and an analysis, 1907–1914, London 1968
GRAY, CAMILLA: Das große Experiment. Die russische Kunst 1863–1922, Köln 1974
GRASSKAMP, WALTER: Mythos Documenta. Ein Bilderbuch zur Kunstgeschichte, in: Kunstforum International, Bd. 49, Heft 3, 1982
GROHMANN, WILL (Hrsg.): Neue Kunst nach 1945. Malerei, Köln 1958
GRUBER, BETTINA / VEDDER, MARIA: Kunst und Video, Köln 1983
HAASE, AMINE: Gespräche mit Künstlern, Köln 1981
HAFTMANN, WERNER: Deutsche abstrakte Malerei, Baden-Baden 1953
HAFTMANN, WERNER: Malerei im 20. Jahrhundert. München ^{4}1965
Handbuch Museum Ludwig. Kunst des 20. Jahrhunderts. Gemälde, Skulpturen, Collagen, Objekte, Environments, Museum Ludwig Köln, 1979
Happening und Fluxus. Materialien. Kölnischer Kunstverein, 1970
HARTEN, JÜRGEN (Hrsg.): Prospect – Retrospect. Europa 1946–1976. Text: B. H. D. Buchloh, Düsseldorf 1976
HAMMACHER, A. M.: Die Entwicklung der modernen Skulptur, Berlin 1973
Heftige Malerei, Haus am Waldsee Berlin, 1980
HELD, JUTTA: Kunst und Kunstpolitik 1945–49. Kulturaufbau in Deutschland nach dem 2. Weltkrieg, Berlin 1981
HERMAND, JOST: Die restaurierte Moderne. Zum Problem des Stilwandels in der bildenden Kunst der Bundesrepublik Deutschland um 1950, in: Stil und Gesellschaft. Ein Problemabriß, hrsg. von Friedrich Möbius, Dresden 1984 (›Fundus‹-Bücher)
HERMAND, JOST: Pop international. Eine kritische Analyse, Frankfurt a. M. 1971
HOFMANN, WERNER: Grundlagen der modernen Kunst, Stuttgart 1978
HONISCH, DIETER/JENSEN, JENS CHRISTIAN (Hrsg.): Amerikanische Kunst von 1945 bis heute. Kunst der USA in europäischen Sammlungen, Köln 1976

HONNEF, KLAUS: Concept Art, Köln 1971
HUGHES, ROBERT: Der Schock der Moderne. Kunst im Jahrhundert des Umbruchs, Düsseldorf/Wien 1980
Im Westen nichts Neues. Wir malen weiter, Kunstmuseum Luzern, 1981
JAFFÉ, HANS L. C.: Mondrian und De Stijl, Köln 1967
JAFFÉ, HANS L. C./ROTERS, EBERHARD: Die Malerei im 20. Jahrhundert, Gütersloh 1963
KANDINSKY, WASSILY: Über das Geistige in der Kunst. Einführung Max Bill, Bern ([10]1973)
KAPROW, ALAN: Assemblage, Environment and Happenings, New York 1965
KLAPHECK, ANNA: Vom Notbehelf zur Wohlstandskunst. Kunst im Rheinland der Nachkriegszeit, Köln 1979
KLOTZ, HEINRICH: Die Neuen Wilden in Berlin, Stuttgart 1984
Künstliche Paradiese, Museum Folkwang Essen, Kunstverein München, 1985
KUHIRT, ULLRICH (Hrsg.): Kunst der DDR 1945–1959, Leipzig 1982
KUHIRT, ULLRICH (Hrsg.): Kunst der DDR 1960–1980, Leipzig 1983
KULTERMANN, UDO: Neue Dimensionen der Plastik, Tübingen 1967
KULTERMANN, UDO: Neue Formen des Bildes, Tübingen 1969
KULTERMANN, UDO: Radikaler Realismus, Tübingen 1972
Kunst in der Bundesrepublik Deutschland, Nationalgalerie Staatliche Museen Preußischer Kulturbesitz, Berlin 1985
Kunstlandschaft Bundesrepublik. Junge Kunst in deutschen Kunstvereinen. Arbeitsgemeinschaft deutscher Kunstvereine, Stuttgart 1984
Land Art, Dokumentation der Fernsehgalerie Schum, Berlin 1969
LANG, LOTHAR: Malerei und Graphik in der DDR, Leipzig und Luzern 1979, Taschenbuchausgabe Leipzig 1984
LEXIKON DER KUNST in fünf Bänden. Architektur, Bildende Kunst, Angewandte Kunst, Industrieformgestaltung, Kunsttheorie, Leipzig 1968–1978
Licht und Bewegung, Kunsthalle Bern 1965
LIPPARD, LUCY R.: Pop Art. Mit Beiträgen von Lawrence Alloway, Nancy Marmer, Nicolas Calas, München 1968
LIPPARD, LUCY R. (Hrsg.): Six years. The dematerialization of the art object from 1966 to 1972, London 1973
LUCIE-SMITH, EDWARD: Kunstrichtungen seit 1945, Wien/München/Zürich 1970
MAENZ, PAUL: Die 50er Jahre. Formen eines Jahrzehnts, Stuttgart 1978, Köln 1984
Magischer Realismus in Spanien heute, Frankfurter Kunstkabinett 1970
MALEWITSCH, KASIMIR: Die gegenstandslose Welt, Köln 1962.
METKEN, GÜNTER: Spurensicherung, Kunst als Anthropologie und Selbsterforschung. Fiktive Wissenschaften in der heutigen Kunst, Köln 1977
Minimal Art, Den Haag 1968
MON, FRANZ (Hrsg.): Movens, Wiesbaden 1960
MOTTE, MANFRED DE LA (Hrsg.): Dokumente zum deutschen Informel, Bonn 1976
MÜLLER, HANS-JÜRGEN: Kunst kommt nicht von Können, Stuttgart 1972
MULLER, JOSEPH-EMILE: DuMont's kleines Lexikon des Expressionismus, Köln 1974
MURKEN-ALTROGGE, CHRISTA/MURKEN, AXEL: Prozesse der Freiheit. Vom Expressionismus bis zur Soul and Body Art, Köln 1985
GISLIND NABAKOWSKI (Hrsg.): Video – 20 Jahre später. Eine Zwischenbilanz, in: Kunstforum International, Bd. 77/78, Heft 9–10, 1985
New Art, Tate Gallery London, 1983
A New Spirit in Painting, Royal Academy of Arts London, 1981
Lex Nouveaux Fauves – Die neuen Wilden, Neue Galerie – Sammlung Ludwig Aachen, 1980
OHFF, HEINZ: Pop Art und die Folgen, Düsseldorf 1968
Origen y Vision – Ursprung und Vision, Centre Cultural de la Caixa de Pensions Barcelona, Palacio Velazquez Madrid, Fröhlich und Kaufmann Berlin, 1984/85
PIERRE, JOSÉ: DuMont's kleines Lexikon des Surrealismus, Köln 1973
PEONSGEN, GEORG/ZAHN, LEOPOLD VON: Abstrakte Malerei. Eine Weltsprache, Baden-Baden 1958
POPPER, FRANK: Die kinetische Kunst. Licht und Bewegung, Umweltkunst und Aktion, Köln 1975
POPPER, FRANK: Naissance de l'Art Cinétique, Paris 1967

Primary Structures, Jewish Museum, New York 1966

RAUM, HERMANN: Die Bildende Kunst der BRD und Westberlins, Leipzig 1977

Realismus. Zwischen Revolution und Reaktion 1919–1939. Centre George Pompidou und Staatliche Kunsthalle Berlin, München 1981

RICHTER, HANS: Dada – Kunst und Antikunst, Köln [4]1978

RICHTER, HORST: Geschichte der Malerei im 20. Jahrhundert. Stile und Künstler, Köln 1981

RICKEY, GEORGES: Constructivism. Origins and Evolution, New York/London 1967

ROH, JULIANE: Deutsche Kunst der 60er Jahre. Malerei, Collage, Op Art, Graphik, München 1971

ROSE, BARBARA: Amerikas Weg zur modernen Kunst. Von der Mülltonnenschule zur Minimal Art, Köln 1969

ROSENBLUM, ROBERT: Die moderne Malerei und die Tradition der Romantik. Von C. D. Friedrich zu Mark Rothko, München 1981

ROTERS, EBERHARD: Europäische Expressionisten, Gütersloh 1971

ROTZLER, WILLY: Objektkunst. Von Duchamp bis Kienholz, Köln 1972

RUDENSTINE, ANGELICA ZANDER (Hrsg.): Russian Avant-Garde Art. The George Costakis Collection, New York/London 1981

RUHRBERG, KARL: Der Schlüssel zur Malerei von heute, Düsseldorf/Wien 1965

Rundschau Deutschland, Lothringer Straße 13, München 1981

SAGER, PETER: Neue Formen des Realismus. Kunst zwischen Illusion und Wirklichkeit, Köln 1973

SCHMALENBACH, WERNER: Die Kunstsammlung Nordrhein-Westfalen in Düsseldorf, Köln 1970

SCHMIED, WIELAND: Neue Sachlichkeit und magischer Realismus in Deutschland 1918–1933, Hannover 1970

SCHNEEDE, UWE: Malerei des Surrealismus, Köln 1973

SELZ, JEAN: Ursprünge der modernen Plastik, München 1963

SEUPHOR, MICHEL: Die Plastik unseres Jahrhunderts. Wörterbuch der modernen Plastik, Köln 1959

'60'80 Attitudes – Concepts – Images, Stedelijk Museum Amsterdam, 1982

Sieben Skulpturen, Kölnischer Kunstverein, 1986

Skulptur im 20. Jahrhundert, Merian Park/St. Jakob/Basel, 1984

Strategy get Arts, International Art Festival Edinburgh, 1970

Sammlung Karl Ströher, Kunstverein und Nationalgalerie Berlin, Städtische Kunsthalle Düsseldorf, 1968

Szene Rhein-Ruhr, Museum Folkwang Essen, 1972

Tendenzen der zwanziger Jahre, Nationalgalerie, Staatliche Museen Preußischer Kulturbesitz Berlin 1977

TAUSK, PETR: Die Geschichte der Fotografie im 20. Jahrhundert, Köln 1977

THOMAS, KARIN: Die Malerei in der DDR 1949–1979, Köln 1980

THOMAS, KARIN: Zweimal deutsche Kunst nach 1945. 40 Jahre Nähe und Ferne, Köln 1985

THOMAS, KARIN/DE VRIES, GERD: DuMont's Künstlerlexikon von 1945 bis zur Gegenwart, Köln 1977

Transformer. Aspekte der Travestie, Kunstmuseum Luzern 1974

VALLIER, DORA: Geschichte der Malerei 1870–1940. Die Ursprünge, die Strömungen und die Maler in Frankreich, Deutschland, Italien, Rußland, Belgien, England, Holland, USA, Köln 1963

Der versiegelte Brunnen, Goethe-Institut Rotterdam, 1984

Videokunst in Deutschland 1963–1982, Kölnischer Kunstverein, 1982

VOGT, PAUL: Geschichte der deutschen Malerei im 20. Jahrhundert, Köln 1972

VOGT, PAUL: Malerei der Gegenwart von 1945 bis heute, München/Zürich 1981

von hier aus. Zwei Monate neue deutsche Kunst in Düsseldorf, Halle 13, Messe Düsseldorf, 1984

WALDBERG, PATRICK: Der Surrealismus, Köln 1965

WALKER, JOHN A.: Kunst seit Pop Art, München/Zürich 1975

Weggefährten – Zeitgenossen, Altes Museum Berlin (Ost), 1979

WEIGERT, HANS: Die Kunst am Ende der Neuzeit, Tübingen 1956

WEMBER, PAUL: Bewegte Bereiche der Kunst, Krefeld 1963

WESCHER, HERTA: Die Geschichte der Collage. Vom Kubismus bis zur Gegenwart, Köln [2]1974

Westkunst – Zeitgenössische Kunst seit 1939, Messe Köln, 1981

When Attitudes Become Form, Kunsthalle Bern, ICA London, Haus Lange Krefeld, 1969

Die wiedergefundene Metropole. Neue Malerei in Berlin, Palais des Beaux-Arts Brüssel, Kulturabteilung der Bayer AG Leverkusen, 1984

Wiesbaden Fluxus 1962–1982, Museum Wiesbaden/Nassauischer Kunstverein, Harlekin Art, Neue Galerie Kassel, daadgalerie Berlin, 1982/83

WINGLER, HANS M.: Das Bauhaus. Weimar – Dessau – Berlin 1919–1933, Bramsche 1962

WILLIAMS, EMMETT (Hrsg.): Anthology of Concrete Poetry, New York 1967

WINKLER, GERD: Kunstwetterlage, Stuttgart 1973

ZAHN, LEOPOLD: Eine Geschichte der Modernen Kunst. Malerei, Plastik, Architektur, Berlin 1958

10 junge Künstler aus Deutschland, Museum Folkwang Essen, 1982

Zeitgeist, Martin-Gropius-Bau Berlin, 1982/83

Zeitvergleich, Malerei und Grafik aus der DDR, hrsg. vom Art-Kunstmagazin, Hamburg 1982

Zero – Der neue Idealismus, Kestner-Gesellschaft Hannover, 1965

ZIMMERER, RAINER: Die Kunst der verschollenen Generation. Deutsche Malerei des Expressiven Realismus. Von 1925 bis 1975, Düsseldorf/Wien 1980

20 Deutsche, Onnasch Galerie Berlin und Köln, 1971

Zwischenbilanz, Neue deutsche Kunst. Neue Galerie am Johaneum Graz, Villa Stuck München, Rheinisches Landesmuseum Bonn, 1984

Zwischen Plastik und Malerei, Kunstverein Hannover und Haus am Waldsee Berlin, 1984

12 Environments, Kunsthalle Bern, 1968

12 Künstler aus Deutschland, Kunsthalle Basel, Museum Boymans-van Beuningen Rotterdam, 1982

Abbildungsverzeichnis mit Copyright-Nachweis

Farbabbildungen

Umschlagvorderseite:

links oben:
Robert Indiana, Love (Ausschnitt), 1968. Farbserigrafie, 80 × 86 cm
rechts oben:
Roy Lichtenstein, M-Möglicherweise (Bild eines Mädchens) (Ausschnitt), 1965. Öl auf Leinwand, 152 × 152 cm. Museum Ludwig, Köln. © VG Bild-Kunst, Bonn/VAGA, New York, N.Y., 1986
links unten:
August Macke, Mutter und Kind im Park (Ausschnitt), 1914. Leinwand auf Pappe, 56,3 × 46 cm. Hamburger Kunsthalle
rechts unten:
Sandro Chia, Boy with Ram, 1983. Bemalte Bronze, 152 × 66 × 19,5 cm. Galerie Bruno Bischofberger, Küsnacht

Umschlagrückseite:

links oben:
Arman, Tanto tiene tanto vale (Ausschnitt), 1963. Akkumulation, 30 × 20 cm. Kaiser-Wilhelm-Museum, Krefeld. © VG Bild-Kunst, Bonn/SPADEM, Paris, 1986
rechts oben:
László Moholy-Nagy, Komposition Z VIII (Ausschnitt), 1924. Leimfarbe auf Leinwand, 114 ×132 cm. Staatliche Museen Preußischer Kulturbesitz, Nationalgalerie, Berlin (West). © Hattula M. Hug, Ann Arbor (USA)
links unten:
Jannis Kounellis, ohne Titel, 1975. Installation documenta 7, Kassel 1982
rechts unten:
Jörg Immendorff, Brandenburger Tor, 1983. Bemalte Bronze. Galerie Michael Werner, Köln. © Galerie Michael Werner, Köln

vordere Umschlaginnenklappe:

links oben:
David Salle, War mein Mann Arzt oder Patient. Zeitgeist Painting Nr. 1, 1982. Acryl auf Leinwand, 396,2 × 297,2 cm. Mary Boone Gallery, New York
rechts oben:
Julian Schnabel, Two Swans in Love, 1982. Öl auf Holz, 263 × 173 cm. Im Besitz des Künstlers
unten:
Georg Jiři Dokoupil, 4711, 1985. Gebrannter Ton mit Pigmentfarben bemalt, 38 × 48 × 15,5 cm. Galerie Paul Maenz, Köln. © Galerie Paul Maenz, Köln

1 Henri Matisse, Luxus, 1907. Öl auf Leinwand, 210 × 138 cm. Musée d'Art Moderne, Paris. © VG Bild-Kunst, Bonn/SPADEM, Paris, 1986
2 Paul Signac, Die roten Türme (Ausschnitt), 1913. Öl auf Leinwand, 73 × 92,5 cm. Museum Folkwang, Essen. © VG Bild-Kunst, Bonn/SPADEM, Paris, 1986
3 E. L. Kirchner, Der Knabe mit dem Vogel, 1918/19. Öl auf Leinwand, 97 × 74 cm. Privatsammlung. © Copyright (für die Werke von E. L. Kirchner) by Dr. Wolfgang und Ingeborg Henze, Campione d'Italia
4 Marc Chagall, Das bäuerliche Leben, 1925. Öl auf Leinwand, 100 × 81 cm. Albright-Knox Art Gallery, Buffalo. © 1986, Copyright by A.D.A.G.P., Paris & COSMO-PRESS, Genf

Schwarzweißabbildungen

of Modern Art, New York (Stiftung James Thrall Soby). © 1986, Copyright by A.D.A.G.P., Paris & COSMOPRESS, Genf

33 Joan Miró, Objekt, 1936. Assemblage: ausgestopfter Papagei, Holz, Hut, Landkarte, Zelluloidfisch und andere Materialien, 81 × 30,1 × 26 cm. The Museum of Modern Art, New York (Geschenk von Herrn und Frau Pierre Matisse). © 1986, Copyright by A.D.A.G.P., Paris & COSMOPRESS, Genf

34 Pablo Picasso, Gitarre, 1912. Blech und Draht, 77,5 × 35 × 19,3 cm. The Museum of Modern Art, New York (Geschenk des Künstlers). © VG Bild-Kunst, Bonn/SPADEM, Paris, 1986

35 Max Ernst, Habakuk, 1928/29. Gips, 52 cm hoch. Wilhelm-Hack-Museum, Ludwigshafen. © VG Bild-Kunst, Bonn/SPADEM, Paris, 1986

36 Kasimir Malewitsch, Schwarzes und rotes Quadrat, um 1913. Öl auf Leinwand, 72 × 44 cm. The Museum of Modern Art, New York

37 El Lissitzky, Proun 12 E, um 1920. Öl auf Leinwand, 57 × 42 cm. Harvard-University, Cambridge (Mass.), (Sammlung Busch-Reisinger). © VEB Verlag der Kunst, Dresden

38 Alexander Rodtschenko, Raumkonstruktionen, 1919–20. Holz (teilweise getönt), Eisennägel, 46,5 × 19,5 × 17 cm. Wilhelm-Lehmbruck-Museum der Stadt Duisburg

39 Wladimir Tatlin/Rekonstruktion von Martyn Chalk, Eckrelief, 1915 (rekonstruiert und nachgebaut 1969/70). Eisen, Aluminium, Zink, etc., 78,8 × 152,4 × 76,2 cm. Annely Juda Fine Art, London

40 Naum Gabo, Lineare Konstruktion im Raum, 1949. Plastik und Nylonfaden, 91 cm hoch. Privatbesitz

41 Alexander Calder, Little Spider, um 1939. Mobile (bemalter Stahl, Draht). Privatbesitz, New York. © 1986, Copyright by A.D.A.G.P., Paris & COSMOPRESS, Genf

42 Johannes Itten, Die Begegnung, 1916. Öl auf Leinwand, 105 × 80 cm. Kunsthaus Zürich

43 Oskar Schlemmer, Die Geste, Tänzerin, 1922. Öl und Tempera auf Leinwand, 200 × 100 cm. Bayerische Staatsgemäldesammlungen, Staatsgalerie moderner Kunst, München. © Familie Schlemmer, Oskar Schlemmer Nachlaß, Badenweiler und Stuttgart

44 Charles Demuth, ›...und das Haus des Tapferen‹, 1931. Öl auf Platte, 76,2 × 60,9 cm. The Art Institute of Chicago (Geschenk von Georgia O'Keeffe)

45 Tamara de Lempicka, Selbstporträt, 1932. Öl auf Leinwand, 35 × 26 cm. SPADEM-Phototeque, Paris. © Photo SPADEM, Paris 1986. © VG Bild-Kunst, Bonn/SPADEM, Paris, 1986

46 Charles Sheeler, Fuge, 1940. Tempera auf Leinwand, 28,5 × 33,5 cm. Museum of Fine Arts, Boston (Arthur Mason Knapp Fund)

47 Edward Hopper, New York Movie, 1939. Öl auf Leinwand, 82 × 102 cm. The Museum of Modern Art, New York

48 Anton Räderscheidt, Die Rasenbank, 1921 (verschollen). © VG Bild-Kunst, Bonn, 1986

49 Christian Schad, Agosto, der Flügelmensch und Rascha, die schwarze Taube, 1929. Öl auf Leinwand, 120 × 80 cm. Galleria del Levante, Mailand. © G.A. Richter, Rottach-Egern

50 Rudolf Schlichter, Porträt von Egon Erwin Kisch, 1928. Öl auf Leinwand, 88 × 62 cm. Städtische Kunsthalle, Mannheim

51 A. A. Deineka, Die Verteidigung Petrograds, 1927. Staatliche Tretjakow-Galerie, Moskau

52 Richard Oelze, Erwartung, 1935/36. Öl auf Leinwand, 81,5 × 100,5 cm. The Museum of Modern Art, New York

53 Julius Bissier, nach der Befruchtung, 1938. Tusche auf Japanpapier, 25,1 × 17,2 cm. Kunstsammlung Nordrhein-Westfalen, Düsseldorf. © 1986, Copyright by COSMOPRESS, Genf

54 Pierre Soulages, Komposition, 1956. Öl auf Leinwand, 161,5 × 113,5 cm. Kunsthalle, Hamburg. © 1986, Copyright by A.D.A.G.P., Paris & COSMOPRESS, Genf

Copyright-Nachweis der Textabbildungen

Fotonachweis

ACL, Brüssel Abb. 1
Jörg P. Anders, Berlin Abb. 8, 27
Archiv Städtisches Kunstmuseum, Bonn Ft. 62
Bildarchiv Preußischer Kulturbesitz, Berlin Ft. 19; Abb. 96
O. Baker, New York Abb. 61
B. Becher, Düsseldorf Abb. 65
H. Bracht, Frankfurt/M. Abb. 138
Deutsche Fotothek, Dresden Abb. 149
Fotostudio Freytag, Stuttgart Ft. 18
H. Friedrich, Köln Abb. 136, 137
Giraudon, Paris Abb. 16, 19
Galerie Gmyrek, Düsseldorf Abb. 100
R. Häusser, Mannheim Abb. 140
F. Hewicker, Kaltenkirchen Abb. 10
J. Heyde, Paris Abb. 29
W. Keseberg, Köln Abb. 131, 145
Kiessling, Berlin Abb. 13
Bernd Kirtz, Duisburg Abb. 38
W. Klein Abb. 53, 108
Ralph Kleinhempel, Hamburg Umschlagvorderseite; Ft. 11; Abb. 54
Karl Heinz Krings, Hamburg Ft. 58; Abb. 139, 157, 160, 163, 166, 167
Galerie Jan Krugier, Genf Abb. 107
Jochen Littkemann, Berlin Ft. 61; Abb. 101, 103
Galerie Paul Maenz, Köln Abb. 45, 161
A. Morain, Paris Abb. 31
Wolfgang Morell, Bonn Abb. 171
Ann Münchow, Aachen Abb. 118, 124
Michel Nahmias, Poissy Abb. 80
F. Oleski Abb. 105
E. Pollitzer, New York Abb. 112
T. Rautert Abb. 147
Rheinisches Bildarchiv, Köln Abb. 12, 20, 64, 66, 72, 73, 83, 84, 91, 92, 94, 98, 106, 114, 119, 141, 158, 159
Galerie Ricke, Köln Abb. 132
Henning Rogge, Berlin Abb. 9
Ulrike Rosenbach, Köln Abb. 155
Heinz-Josef Schmitz, Hürth Abb. 176
Schmitz-Fabri, Köln Abb. 123, 133
Lothar Schnepf, Köln Abb. 192
Schoenen + Jünger, Aachen Abb. 184
Shunk Kender, New York Abb. 82
Photo SPADEM, Paris Abb. 45
S. Sunami, New York Abb. 60
Ivan Dalla Tana Abb. 189
Marc Vaux, Paris Abb. 24
Vista Point, Köln Abb. 165, 177
J. Webb, London Abb. 116
Werbedienst v. Werthern, München Abb. 59

Die Vorlagen zu allen übrigen Abbildungen entstammen den Archiven des DuMont Buchverlages, der Autorin, der Künstler sowie den Standortangaben gemäß des Abbildungsnachweises.

Personenregister

Zweimal deutsche Kunst nach 1945

40 Jahre Nähe und Ferne

Von Karin Thomas. 322 Seiten mit 55 farbigen und 281 einfarbigen Abbildungen, Literaturverzeichnis, Register und synoptischer Übersicht zu politischen und kulturellen Daten, kartoniert (DuMont Dokumente)

»Eine gute Nase für die Gegenwartsszene hat sie schon immer besessen, Karin Thomas, Autorin des Buches.
Man hat bei ihr stets die Gewißheit, trotz der schnellen Produktion ein gründlich vorbereitetes und sauber recherchiertes Werk zu kaufen. Darüber hinaus schreibt die Autorin flüssig und verständlich, ohne in allzu journalistische Wort-Kunst abzugleiten.
Nach den Rückschaubüchern über die Bundesrepublik ist ihr mit diesem Buch sicher ein Trend-Setter geglückt, denn parallel zum wachsenden Stolz auf die deutsche Nachkriegskunst und zum historischen Bewußtsein kommt das grundsätzlich große Interesse am anderen Deutschland. Und das Stichwort ›sozialistischer Realismus‹ ist als Formel für die Beschreibung der DDR-Kunst längst zu platt.«

Badisches Tagblatt

Joseph Beuys

Leben und Werk

Von Götz Adriani, Winfried Konnertz und Karin Thomas. 391 Seiten mit 141 einfarbigen Abbildungen und Zeichnungen, Bibliographie (DuMont Taschenbücher, Band 108)

»Eine bemerkenswerte Monographie. Anhand von Dokumenten, Kommentaren und ausführlichen Gesprächen mit dem Künstler zeichnen Götz Adriani, Winfried Konnertz und Karin Thomas den Werk- und Lebenslauf eines Künstlers nach, der ungewöhnliche Popularität genießt, dessen Werke aber zwischen Bewunderung und Unverständnis schwanken. Eine mitreißende Lektüre.«
Abendzeitung Nürnberg

»Der Band bietet viele Verständigungshilfen und Hinweise, die diesen ungewohnten Umgang mit der Kunst erleichtern.
Der Künstler, Lehrer und gesellschaftlich verantwortliche Mahner Beuys, soweit man diese Dreiteilung überhaupt vornehmen sollte, wird in diesem Buch gut dokumentiert. Viele bisher unveröffentlichte Stellungnahmen von Beuys selbst, dazu viele Zitate aus Rezensionen, die seine Arbeit begleiteten, ergänzen die Analyse der Autoren.« *Norddeutscher Rundfunk*

DuMont's kleines Sachwörterbuch zur Kunst des 20. Jahrhunderts

Von Anti-Kunst bis Zero

Von Karin Thomas. 260 Seiten mit 28 farbigen und 165 einfarbigen Abbildungen, Namensverzeichnis, kartoniert (DuMont Taschenbücher, Band 6)

»Dieses Buch bietet im Gewirr der Fachbegriffe der modernen Kunst Informations- und Verständnishilfe.« *Neue Osnabrücker Zeitung*

»Ein handliches und übersichtliches Sachwörterbuch zur Kunst des 20. Jahrhunderts, das für jeden Interessenten einen wertvollen Leitfaden an die Hand gibt, sich durch das Labyrinth der neuen Kunst hindurchzufinden, für die die alten Maßstäbe keine Gültigkeit mehr haben.« *Westfälische Nachrichten*

»Das Sachwörterbuch über die Kunst des 20. Jahrhunderts versucht Ordnung und System in die verwirrende Vielfalt der Begriffe innerhalb des Bereichs der modernen Kunst zu bringen.
Außerdem werden in diesem handlichen Band die wichtigsten Stilrichtungen der modernen Kunst besprochen und mit typischen Beispielen belegt. Das allein schon macht das Buch zu einem unentbehrlichen Ratgeber für alle, die sich in der verwirrenden Fülle neuer Begriffe zurechtfinden wollen. Das Buch ist reich illustriert, zum Teil in Farbe. Ein Namensverzeichnis ergänzt den Band.« *Offenbach Post*

DuMont's Künstler-Lexikon von 1945 bis zur Gegenwart

Von Karin Thomas und Gerd de Vries. 343 Seiten mit über 900 Stichwörtern und 296 einfarbigen Abbildungen, Literaturhinweisen zu jedem Stichwort und zu der Einführung (DuMont Taschenbücher, Band 56)

»Hier findet man tatsächlich die wichtigsten Künstlernamen, sogar mit 296 Abbildungen versehen, nicht einmal Literaturhinweise sind vergessen: ein Musterwerk an Übersichtlichkeit, Vollständigkeit und Präzision.« *Der Tagesspiegel, Berlin*

»In komprimierter, lexikografischer Ordnung wird in diesem DuMont Taschenbuch über alle Künstler der internationalen und nationalen Kunstszene informiert, die nach 1945 den Höhepunkt ihres Schaffens erlebt haben.« *Artis*

DuMont Dokumente: Gesamtübersicht

Albus, Volker / Feith, Michel / Lecatsa, Rouli / Schepers, Wolfgang / Schneider-Esleben, Claudia (Hrsg.)
Gefühlscollagen
Wohnen von Sinnen

Arnheim, Rudolf
Anschauliches Denken
Zur Einheit von Bild und Begriff

Arnheim, Rudolf
Die Dynamik der architektonischen Form

Arnheim, Rudolf
Die Macht der Mitte

Baumgart, Fritz
Stilgeschichte der Architektur

Blaeser, Rolf
Federico García Lorca als Zeichner
(September 1986)

Brauneck, Manfred
Religiöse Volkskunst

Braunfels, Wolfgang
Abendländische Stadtbaukunst

Braunfels, Wolfgang
Abendländische Klosterbaukunst

Braunfels, Wolfgang
Kleine italienische Kunstgeschichte

Brucher, Günter
Barockarchitektur in Österreich

Budde, Rainer
Köln und seine Maler 1300–1500

Burckhardt, Lucius
Die Kinder fressen ihre Revolution

Coubier, Heinz
Europäische Stadtplätze

Eckstein, Hans
Die Romanische Architektur

Faust, Wolfgang Max / Vries, Gerd de
Hunger nach Bildern
Deutsche Malerei der Gegenwart

Franke, Herbert W.
Computer-Grafik Galerie
Bilder nach Programm – Kunst im elektronischen Zeitalter

Franzke, Andreas
Skulpturen und Objekte von Malern des 20. Jahrhunderts

Froböse, Eva
Rudolf Steiner über Eurythmische Kunst

Grabar, Oleg
Die Alhambra

Gray, Camilla
Das große Experiment
Die russische Kunst 1863–1922

Grimme, Ernst Günther
Die Geschichte der abendländischen Buchmalerei

Gruber, Bettina / Vedder, Maria
Kunst und Video
Internationale Entwicklung und Künstler

Hansmann, Wilfried
Baukunst des Barock

Hansmann, Wilfried
Gartenkunst der Renaissance und des Barock

Hofstätter, Hans H.
Geschichte der europäischen Jugendstilmalerei

Jetter, Dieter
Die Geschichte des Hospitals in Europa

Kitzinger, Ernst
Byzantinische Kunst im Werden

Klee, Felix (Hrsg.)
Paul Klee Tagebücher 1898–1918

Küppers, Harald
DuMont's FARBEN-ATLAS
Über 5500 Farbnuancen mit Kennzeichnung und Mischanleitung

Kugler, Walter
Rudolf Steiner und die Anthroposophie
Wege zu einem neuen Menschenbild

Kultermann, Udo
Architekten der Dritten Welt

Kultermann, Udo
Zeitgenössische Architektur in Osteuropa

Kultermann, Udo
Die Architektur im 20. Jahrhundert

Lach, Friedhelm
Der Merz-Künstler Kurt Schwitters

DuMont Dokumente: Gesamtübersicht

Maenz, Paul
Art Deco 1920–1940

Meulen Jan van der / Hohmeyer, Jürgen
Chartres
Biographie der Kathedrale

Murken-Altrogge, Christa / Murken, Axel
Vom Expressionismus bis zur Soul and Body Art
Moderne Malerei für Einsteiger

Naredi-Rainer, Paul von
Architektur und Harmonie
Zahl, Maß und Proportion in der abendländischen Baukunst

Neumann, Wolfgang
Die Berber
Vielfalt und Einheit einer alten nordafrikanischen Kultur

Emil Nolde Mein Leben
Herausgegeben von der Stiftung Seebüll Ada und Emil Nolde

Nußbaum, Norbert
Deutsche Kirchenbaukunst der Gotik
Entwicklungen und Bauformen

Ozols, Jakob / Thewalt, Volker (Hrsg.)
Aus dem Osten des Alexanderreichs
Völker und Kulturen zwischen Orient und Okzident. Iran, Afghanistan, Pakistan, Indien

Panofsky, Erwin
Studien zur Ikonologie
Humanistische Themen in der Kunst der Renaissance

Pawlik, Johannes (Hrsg.)
Goethe Farbenlehre
Didaktischer Teil
Textauswahl mit einer Einführung und neuen Farbtafeln

Pawlik, Johannes
Praxis der Farbe
Bildnerische Gestaltung

Pawlik, Johannes
Theorie der Farbe

Pawlik, Johannes / Straßner, Ernst
Bildende Kunst
Begriffe und Reallexikon

Popper, Frank
Die kinetische Kunst

Reuther, Manfred
Das Frühwerk Emil Noldes
Hrsg. von der Stiftung Seebüll Ada und Emil Nolde

Rewald, John
Die Geschichte des Impressionismus

Richter, Hans
Dada – Kunst und Antikunst
Der Beitrag Dadas zur Kunst des 20. Jahrhunderts

Romain, Lothar (Hrsg.)
Kunstfonds e. V.
Modell einer Förderung

Rotzler, Willy
Objekt-Kunst
Von Duchamp bis zur Gegenwart

Rykwert, Joseph
Ornament ist kein Verbrechen

Sager, Peter
Neue Formen des Realismus
Kunst zwischen Illusion und Wirklichkeit

Schleier, Reinhard
DuMont's Geschichte der europäischen Druckgraphik
Von den Anfängen bis zur Gegenwart. Techniken – Meister – Wirkungen

Schneede, Uwe M. (Hrsg.)
Künstlerschriften der 20er Jahre

Schreiber, Ulla
Modelle für humanes Wohnen
Moderne Stadtarchitektur in den Niederlanden

Schwitters, Kurt
Anna Blume und andere
Literatur und Grafik
Hrsg. von Joachim Schrenk

Stützer, Herbert Alexander
Die italienische Renaissance

Thomas, Karin
Bis Heute: Stilgeschichte der bildenden Kunst im 20. Jahrhundert

Thomas, Karin
Zweimal deutsche Kunst nach 1945

Waldberg, Patrick
Der Surrealismus

Wedewer, Rolf
Landschaftsmalerei zwischen Traum und Wirklichkeit
Idylle und Konflikt

DuMont Dokumente: Gesamtübersicht

Wescher, Herta
Die Geschichte der Collage
Vom Kubismus bis zur Gegenwart

Wick, Rainer
Bauhaus-Pädagogik

DuMont Dokumente – Archäologie

Bittel, Kurt
Hattuscha
Hauptstadt der Hethiter. Geschichte und Kultur einer altorientalischen Großmacht

Gutbrod, Karl
DuMont's Geschichte der frühen Kulturen der Welt

Jansen, Michael
Die Indus-Zivilisation
(November '86)

Magall, Miriam
Archäologie und Bibel
Wissenschaftliche Wege zur Welt des Alten Testaments

Moortgat, Anton
Die Kunst des Alten Mesopotamien
Sumer und Akkad

Moortgat, Anton
Die Kunst des Alten Mesopotamien
Babylon und Assur

Reden, Sybille von
Die Megalith-Kulturen
Zeugnisse einer verschollenen Urreligion
Großsteinmale in: England – Frankreich – Irland – Korsika – Malta – Nordeuropa – Sardinien – Spanien

DuMont Dokumente – Film/Foto

Neusüss, Floris M. (Hrsg.)
Fotografie als Kunst – Kunst als Fotografie
Das Medium der Fotografie in der bildenden Kunst Europas ab 1968

Tausk, Petr
Die Geschichte der Fotografie im 20. Jahrhundert

DuMont Dokumente – Graphik

Adriani, Götz (Hrsg.)
Paul Cézanne Zeichnungen

Adriani, Götz (Hrsg.)
Toulouse-Lautrec
Das gesamte graphische Werk

Dieterich, Anton (Hrsg.)
Goya – Visionen einer Nacht
Zeichnungen

Geelhaar, Christian (Hrsg.)
Paul Klee Zeichnungen
Reise ins Land der besseren Erkenntnis

Kelen, Emery (Hrsg.)
Leonardo da Vinci Zeichnungen

Konnertz, Winfried (Hrsg.)
Max Ernst
Zeichnungen, Aquarelle, Übermalungen, Frottagen

Uitert, Evert van (Hrsg.)
Vincent van Gogh Zeichnungen

DuMont Dokumente – Musik

Klüppelholz, Werner
Mauricio Kagel 1970–1980

Konold, Wulf
Bernd Alois Zimmermann
(September '86)

Schnebel, Dieter
Mauricio Kagel Musik Theater Film

Schnebel, Dieter (Hrsg.)
Karlheinz Stockhausen
Texte zur elektronischen und instrumentalen Musik
Band 1: Aufsätze 1952–1962
zur Theorie des Komponierens

Karlheinz Stockhausen
Texte zu eigenen Werken, zur Kunst Anderer, Aktuelles
Band 2: Aufsätze 1952–1962
zur musikalischen Praxis

Karlheinz Stockhausen
Texte zur Musik 1963–1970
Band 3: Einführung und Projekte, Kurse, Sendungen, Standpunkte, Nebennoten

Karlheinz Stockhausen
Texte zur Musik 1970–1977
Band 4: Werk-Einführung. Elektronische Musik, Weltmusik, Vorschläge und Standpunkte, zum Werk Anderer

DuMont Taschenbücher

Stand Herbst '86

2 Janson, Malerei unserer Welt
3 Macke, Die Tunisreise
4 Schneede, Magritte
6 Thomas, DuMont's kleines Sachwörterbuch zur Kunst des 20. Jahrhunderts
8 Geelhaar, Klee
12 Pierre, DuMont's kleines Lexikon des Surrealismus
13 Muller, DuMont's kleines Lexikon des Expressionismus
14 Jensen, C. D. Friedrich
15 Klein, DuMont's kleines Sachwörterbuch der Drucktechnik und grafischen Kunst
18 Richter, Geschichte der Malerei im 20. Jahrhundert
23 Keller, Chagall
25 Sterner, Jugendstil
26 Jensen, Spitzweg
27 Bihalji-Merin, Die Malerei der Naiven
29 Stützer, Die Etrusker
30 Pawlik, Malen lernen
31 Selz, DuMont's kleines Lexikon des Impressionismus
32 Schneede, Grosz
33 Panofsky, Sinn und Deutung in der bildenden Kunst
35 van Uitert, van Gogh
38 Tetzlaff, Romanische Kapitelle in Frankreich
39 Elffers, TANGRAM
43 Krons, Gestalten mit Papier
44 Baumgart, DuMont's kleines Sachlexikon der Architektur
45 Jensen, Ph. O. Runge
47 Vogt, Der Blaue Reiter
50 Fiedler, Schriften über Kunst
52 Krichbaum/Zondergeld, DuMont's kleines Lexikon der Phantastischen Malerei
54 Thomas/de Vries, DuMont's Künstler-Lexikon von 1945 bis zur Gegenwart
55 Schreiner, Kreatives Arbeiten mit Textilien
56 Tetzlaff, Romanische Portale in Frankreich
57 Adriani, Toulouse-Lautrec und das Paris um 1900
58 Schöttle, DuMont's Lexikon der Fotografie
59 Munsterberg, Zen-Kunst
60 Hofstätter, Moreau
61 Schuster/Beisl, Kunst-Psychologie
63 Neuhaus, Werken mit Ton
65 Küppers, Das Grundgesetz der Farbenlehre
66 Loyd/Gardner, Mathematische Rätsel und Spiele
67 Baumgart, »Blumen-Brueghel«
69 Burger, Norwegische Stabkirchen
70 Gombrich, Kunst und Fortschritt
71 Pierre, DuMont's kleines Lexikon der Pop Art
72 Schuyt/Elffers/Ferger, Rudolf Steiner und seine Architektur
73 Sterner, Barcelona: Antoni Gaudi
74 Kleßmann, Die deutsche Romantik
77 Hainke, Siebdruck
78 Rüdiger, Die gotische Kathedrale
80 Wick/Wick-Kmoch, Kunst-Soziologie
81 Fischer, Erotik und Askese in Kult und Kunst der Inder
83 Kaemmerling, Bildende Kunst als Zeichensystem 1
84 Leber, Plastisches Gestalten
85 Loyd/Gardner, Noch mehr Mathematische Rätsel und Spiele
87 Giffhorn, Kritik der Kunstpädagogik
88 Walters/Sterner, Jugendstil-Graphik
89 Tetzlaff, Griechische Vasenbilder
90 Grassi, Die Theorie des Schönen in der Antike
91 Leber, Aquarellieren lernen
93 Elffers/Schuyt, Das Hexenspiel
94 Schreiner, Puppen & Theater
95 Hennig, Japanische Gartenkunst
96 Vierhuff, Die Neue Sachlichkeit
98 Clausberg, Kosmische Visionen
99 Fischer, Wasserburgen im Münsterland
100 Schulz, Der olle Hansen und seine Stimmungen
101 Freier, Fotografieren lernen – Sehen lernen
103 Badt, Die Farbenlehre van Goghs
104 Hansmann, Die Apokalypse von Angers
105 Foerster, Das Barock-Schloß
107 Elffers/Schuyt/Leeman, Anamorphosen
108 Adriani/Konnertz/Thomas, Joseph Beuys
109 Fischer, Hanse-Städte
110 Spitzing, Das indonesische Schattenspiel

DuMont Taschenbücher

111 Presler, L'Art Brut
112 Adrion, Die Kunst zu zaubern
113 Bialostocki, Stil und Ikonographie
114 Schulz, Der Kuckuck und der Esel
115 Hofmann, Ton
116 Champion, DuMont's Lexikon archäologischer Fachbegriffe und Techniken
117 Assunto, Die Theorie des Schönen im Mittelalter
119 Petsch, Geschichte des Auto-Design
120 Grünebaum, Buntpapier
121 Berger, Malerinnen auf dem Weg ins 20. Jahrhundert
122 Schmidt-Brümmer, Wandmalerei
123 Winzer, DuMont's Lexikon der Möbelkunde
124 Dohmen, Die Lithographie
125 Vielmuth/Kandorfer, Fachwort- Lexikon Film · Fernsehen · Video
126 Kellerer, Der Sprung ins Leere
127 Schulz, Rapunzel
128 Bro, Wie lerne ich zeichnen
129 Koch-Hillebrecht, Die moderne Kunst
130 Gruber/Vedder, DuMont's Handbuch der Video-Praxis
131 Keilhauer, Die Bildsprache des Hinduismus
132 Merker, Die bildenden Künste im Nationalsozialismus
133 Salberg-Steinhardt, Die Schrift
134 Pochat, Der Symbolbegriff in der Ästhetik und Kunstwissenschaft
135 Schüssler, Die ägyptischen Pyramiden
136 Harjes, Handbuch zur Praxis des Freien Theaters
137 Pevsner, Wegbereiter moderner Formgebung
139 Schulz, Guten Tag!
140 Schmidt-Brümmer, Alternative Architektur
141 Stützer, Die Kunst der römischen Katakomben
142 Wittkower, Allegorie und Wandel der Symbole
143 Warnke, Politische Architektur
144 Magall, Kleine Geschichte der jüdischen Kunst
145 Fixx, Rätsel und Denkspiele mit Seitensprung
146 Hagen, Meisterwerke europäischer Kunst
147 Knuf, Amulette und Talismane
148 Violet, Kleine Geschichte der japanischen Kunst
149 Treat, Detektive auf dem Glatteis
150 Lavizzari-Raeuber, Thangkas
151 Kraft, Psychoanalyse, Kunst und Kreativität heute
152 Dunkel, Schattenfiguren – Schattenspiel
153 Ebeling, Masken und Maskierung
154 Biedermann, Höhlenkunst der Eiszeit
155 Namislow, Oktagram
156 Stützer, Kleine Geschichte der römischen Kunst
157 Maenz, Die 50er Jahre
158 Rochester/Gantz, Der nackte Computer
159 Rolf, Kleine Geschichte der chinesischen Kunst
160 Freier/Sarrazin, Fotos: Selbst entwickeln – Selbst vergrößern
161 Fraenger, Von Bosch bis Beckmann
163 Küppers, Die Farbenlehre der Fernseh-, Foto- und Drucktechnik
164 Gallagher, Wohnzimmerspiele – alt und neu
165 Berger/Tugendhat, Der Garten der Lüste
166 Graak, Künstler-Spielkarten des 20. Jahrhunderts
167 Neumann, Bauhaus und Bauhäusler
168 Robbins, Das Geheimnis des goldenen Jaguar
169 Kemp, Der Betrachter ist im Bild
170 Sedlmayr, Die Revolution der modernen Kunst
171 Gombrich, Eine kurze Weltgeschichte für junge Leser
172 Schickele, Die endgültige Biographie des P.D.Q. Bach
173 Helm, 555 Teekessel
174 Salny/Grosswirth u. a., Phantastische Mensa-Rätsel
175 Frehn/Krings, Afrikanische Frisuren
177 Lampugnani, Architektur als Kultur
178 Koulen, Go
179 Kappler, Gestalten mit Sand
180 Dohmen, Tiefdruck
182 Schuster-Oeltzschner, Kunsttherapie
183 Brock/Reck/Internationales Design Zentrum Berlin e. V. (Hrsg.), Stilwandel
184 Hansmann, Balthasar Neumann

Im September '86 erscheinen:

181 Schmidt-Wulffen, Spielregeln
185 Bódy (Hrsg.), Video in Kunst und Alltag
186 Görgens, Kleine Geschichte der indischen Kunst
187 Laver, Jeder gegen jeden

Im Januar '87 erscheinen:

188 Tegtmeier, Tarot
189 Syring, Kunst in Frankreich
190 Bolz/Preyer, Indianische Kunst Nordamerikas
191 Salny/Grosswirth u. a., Das endgültige Mensa-Quiz-Buch